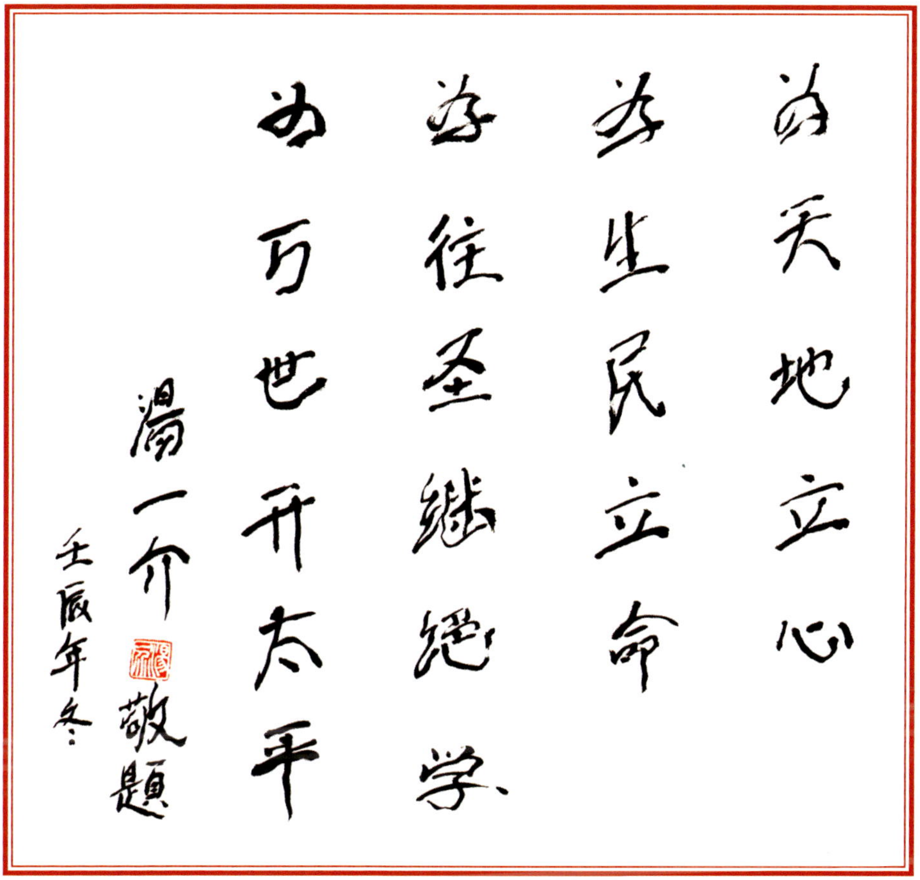

著名学者、北京大学资深教授、中国文化书院创院院长汤一介先生为《中国文化书院导师文集》题词：

北宋张载“横渠四句”——“为天地立心，为生民立命，为往圣继绝学，为万世开太平”。

中国文化书院简介

中国文化书院由著名学者梁漱溟、冯友兰、张岱年、季羡林、朱伯崑、汤一介、庞朴、李泽厚、乐黛云、李中华、魏常海、王守常等共同发起，以及杜维明、傅伟勋、陈鼓应等港台及海外著名学者共同创建，于1984年10月在北京正式成立。

中国文化书院的宗旨：通过对中国传统文化的研究和教学活动，继承和阐扬中国的优秀文化遗产；通过对海外文化的介绍、研究以及国际性学术交流活动，提高对中国传统文化的研究水平，并促进中国文化的现代化，为推动中国文化走向世界、世界文化走向中国做贡献。

師道師說

中国文化书院九秩导师文集

任继愈卷

名誉主编◎汤一介
主　　编◎王守常
选　　编◎任　远
　　　　　任　重

人民东方出版传媒
東方出版社

图书在版编目（CIP）数据

师道师说．任继愈卷／任继愈 著；任远，任重 编．—北京：东方出版社，2013.1
（中国文化书院九秩导师文集）
ISBN 978-7-5060-5989-3

Ⅰ．①师… Ⅱ．①任… ②任… Ⅲ．①任继愈（1916～2009）—文集 Ⅳ．①C53

中国版本图书馆 CIP 数据核字（2012）第 310506 号

师道师说：任继愈卷
（SHIDAO SHISHUO：REN JIYU JUAN）

作　　者：任继愈
编　　者：任　远　任　重
责任编辑：夏旭东
出　　版：东方出版社
发　　行：人民东方出版传媒有限公司
地　　址：北京市东城区朝阳门内大街 166 号
邮政编码：100706
印　　刷：三河市金泰源印装厂
版　　次：2013 年 1 月第 1 版
印　　次：2013 年 1 月第 1 次印刷
印　　数：1—5000 册
开　　本：700 毫米×960 毫米　1/16
印　　张：28.75
字　　数：322 千字
书　　号：ISBN 978-7-5060-5989-3
定　　价：49.00 元
发行电话：（010）65210056　65210060　65210062　65210063

如有印装质量问题，请拨打电话：（010）65210012

《中国文化书院导师文集》
编辑出版工作委员会

总序一

中国文化书院创办于1984年，是一所在众多老一代著名学者梁漱溟、冯友兰、张岱年、邓广铭、周一良、任继愈等先生的支持下，由一批中青年学者办起来的民间学术文化团体。到今年（2011）已经有二十七年的历史，一个纯民间的学术团体在艰难的情况下，能坚持下来，而且对推动中国学术文化的建设多多少少出了点力，是可以感到欣慰的。

自1949年后，民办的书院在中国大陆逐渐消失了，1984年中国文化书院的建立也可以算是一件新事物。据我所知，如果说中国文化书院不能算1949年后第一个颇有影响的纯民间学术文化团体，大概也是最早办起来的少数几个中的一个了。自中国文化书院建立后，全国各地出现了众多的新办书院，并恢复了多所在历史上有影响的书院。因此，说中国文化书院对民办书院起了个带头作用，大概也不为过吧！

我认为，对中国文化书院来说，也许最为宝贵的是，书院集合了一批有志发展和创新中国文化的老中青三代学者。老一代学者如梁漱溟、冯友兰、张岱年、邓广铭、周一良、任继愈等，他们的学术风范，无疑是当时维系书院的精神力量。1984年底，文化书院在中国社会科学院近代史所开会，当时我们没有院址，也没有什么经费。任继愈先生说："草棚大学可以办，我们连草棚都没有也要办。"因此，1985年3月中国文化书院借青年干部学院场地举办了第一期"中国传统文化讲习班"。这次讲习班是梁漱溟先生自1953年后的第一次公开演讲，当时梁先生已经88岁了。我们请他坐着讲，而梁先生一定要站着讲，他说这是一种规范。梁先生在演讲中高声地说："我是一个拼命干的人，我一生都是拼命干。"这对在场二百多名听众是极大的鼓舞，也给了中国文化书院在风风雨雨艰难的环境中得以支持下去的一种精神力量。

一个希望在中国发生良好作用的学术团体，应该是一个“思想自由、兼容并包”的开放型群体。中国文化书院在走过的二十多年中虽然存在过这样那样的问题，但它却是一个能容纳不同学术观点，无门户之见，有良好学术风气的团体。例如在中国文化书院中，对中国传统文化，既有持激进批判态度的青年学者，也有被视为致力复兴中国传统文化的大师，还有努力寻求使中国传统文化与西方文化接轨的中坚力量。这些在文化问题上具有不同认识的学者集合在一起，虽然对中国文化发展路向的考虑有所不同，但他们所抱有的一种推动中国文化从传统走向现代、走向世界的愿望则是一致的。在这一时期，中国文化书院也和国内外的许多学术团体和非学术团体建立了良好的合作关系。在中国文化书院导师队伍中不仅有众多的我国第一流学者，而且还聘请了一批美国、加拿大、日本、德国、澳大利亚、新加坡以及中国台湾和中国香港地区的著名学者作为导师。

中国文化书院的“宗旨”是：“通过对中国文化的教学和研究，继承和发扬中国文化的优良传统；通过对海外文化的研究、介绍和学术交流，提高对中国文化的研究水平，促进中国文化的现代化。”我们有一个共同的认识：弘扬中国文化在世界走向全球化的时刻要有一个观照全球的眼光，我们一方面要坚持自身文化的主体性，另一方面我们也要有吸收和融化其他民族文化的开放性。根据这样的认识，中国文化书院一直在努力使它成为一个更加有主体精神、更加开放、能容纳多元趋向的有朝气的学术团体。

回顾中国文化书院二十多年的历史，在它将进入“而立”之年时，我们从2010年起开始筹备编辑出版一套已故去的和现仍在世的九十岁以上导师每人一册的“文集”。在这套“文集”中，收入他们有代表性的论文和他们的子女、学生的纪念文章。这套“文集”不仅为了表示对他们的怀念和尊敬，而且它也从一个侧面反映出现代中国文化走过的历程。

在我们编辑的过程中，江力同志出力颇多，东方出版社的同仁给予大力支持，并由东方出版社出版，特此致谢。

汤一介

2011年12月1日

总序二

司马迁在《史记·天官书》中用“三五之变”来讲天运变化，也可以用来比附二十世纪的社会思想文化的变迁。那一百年里，中国社会变迁经历了上下两个五十年社会制度与文化思想的大变革。在第一个五十年的三十年代，中国思想文化经历了从“二千年来未有之变局”的阵痛，走向融合西方思想文化而从容探索建构中国式的思想文化范式的历程，造就中国近现代文化思想史的“黄金时代”。一批颇具哲学思想原创性的著作纷至展现，他们走出王国维的以西方哲学概念诠释中国哲学观念的困局。在历史考古学方面，以西方史学的理论充实了传统中国史学的纪传体叙事模式，以实证田野调查手段，让五千年古史鲜活起来。在文学领域，他们以人文主义融合了传统中国诗词歌赋的情感创造出新时代文学作品。在训诂考据文字学方面，他们用新的研究方法给这最具传统的领域增添绚丽色彩。总而言之，那三十年几乎在所有人文社会学科都产生了划时代的具有典范意义的学术成果。诚如梁启超所言：“合泰西各国学术思想于一炉而治之，以造成我国特别之新文明。”可以说今天的学人如不能承继这份学术遗产的话，是无法迈进中国学术研究的堂奥。

后五十年代始，中国社会发生了中国史上的巨变，以新中国的成立为标志，结束了中华民族近百年的屈辱史。其后三十年，曾经引导中国思想剧变的马克思主义开始了由学理向意识形态话语的转型，中国化的马克思主义，更确切地说毛泽东思想笼罩了中国思想文化界。在全球冷战格局中的中国在理论学术界，“左”倾教条主义得以大肆横行，政治批判取代了严肃的学理研究，所有学术话语都转换成意识形态斗争的语言。从而造成学术理论思想创见的贫乏，学术研究的发展由繁荣走向枯稿。人文社会学科的学术研究除在古籍史料整理上有值得称道的成绩以外，在学术理论、学术方法方面的发展则乏善可陈。待到八十年代，随着经济制度的改革和思想学术研究放开，思想界也开始了对现代化与西方现代化的种种历史成因的文化反思，西方现代学术思想再次如潮涌来，各种西方学术著作译为中文，成为最时尚的读物，演为二十世纪的第二次“西学东渐”高潮。此后又有多年的思想学术的低潮，不过那寂寞春夏还是孕育了学术思想的种子，二十世纪最后十多年学术思想的成果还是有了长足的发展。

二十世纪去了，中国文化书院的一部分导师也随之仙逝。他们大多出生在十九世纪末和二十世纪初，近百年来他们用心血写就了二十世纪学术史上最恢宏的篇章，他们的心路历程是二十世纪的生活史中最让人心痛的一页。他们有过愉快，有过迷茫，有过痛苦，但他们矢志不渝地爱着中国。他们用心用笔将世界文化迎进中国，又将中国文化介绍给世界。

这套丛书选编了中国文化书院九十岁以上的导师的最具代表性著作和他们的亲友及学生对先生的追忆而集结成书。不为歌功颂德，只为记住我们自己的老师！当然我也企盼先生生于斯，长于斯的这方土地上，也应有属于他们的一座纪念碑！

“知我者谓我心忧，不知我者谓我何求？”是为序。

后学王守常谨记

2011 年 12 月 22 日深夜

目　录

哲 学

从中华民族文化看中国哲学的未来

文化的精华部分，集中表现为哲学。我们撰写的《中国哲学发展史》给中国哲学史定义为“中国哲学史是中华民族的认识史”，这个看法提出已有十年，现在仍然没有改变。

根据多年来从事中国哲学研究的经验和走过的曲折道路，深感考察中国哲学不能仅限于哲学本身，如果能把视野扩大，从民族文化发展的广度来考察中国哲学，可能看得更清楚些。

结合中国及外国的文化历史，纵向及横向考察，有以下几种现象：

文化发展的连续现象

中华民族的文化，从原始蒙昧中摆脱出来，不断前进，走着从低级到高级的路程，不断丰富其内容，由古朴到雕饰，由质到文。哲学的发展也是这样走过来的。中华人民共和国的历史才四十多年，但说到中国文化、中国哲学史有几千年而不是四十年。新旧政权之间可以一刀两断，新老文化是不能一刀两断的。“文革”中有些人宣称要打烂一切传统，事实证明这是愚昧的，也是做不到的。真正的革命者要对人类负责，对历史负责，要吸收全人类一切有价值的文化，不能随意地割断历史。哲学的发展也是有连续性的。正是因为有连续性，研究哲学史才有意义。

文化发展的积累现象

文化有连续现象，必然产生新旧文化积累现象。文学史上从《诗经》、《楚辞》讲起。汉有汉赋，以后有骈文、五言诗、七言诗、律诗、词、曲，不断出现新的形式。人们发现，不是有了五言诗就抛弃了赋，有了词曲，五言诗、七言诗就不再流行，有了古文就不要骈文。文体越到后来越丰富，后期包容了前期。有了白话文，古文还在使用。抗战时期，毛泽东同志有一篇声讨国民党不积极抗战的通电，就是用文言写的，道理讲得很透彻，也很有气势。哲学发展也有类似现象，不是有了后来的流派，就不要以前的流派，有了汉魏就抛弃先秦。正是由于这种积累现象，才使得中国哲学的内容随着时代的推移而日趋丰富，古老的传统中包含着新鲜的内容。

文化思潮的衰减现象

这里借用电信通讯的概念，远距离的通讯联络，讯号逐渐衰减。为了防止衰减，中间设有接力站，使衰减讯号得到增益。有价值的文学作品、艺术作品，有永久的魅力，能使千百万后人为之感动。《诗经》、《楚辞》是中国不朽的作品，西方荷马的史诗、莎士比亚的戏剧也感动了千千万万的读者。随着时代的推移，它们的影响在逐渐减弱。比如"五四"前后，青年男女要求从封建束缚中求得解放，《红楼梦》的影响很大。《红楼梦》这部小说对现在的青年男女的影响比"五四"前后要小得多。

这种现象在中国哲学史上也存在。同一种思想流派在前一个时期有过广泛影响，在后一个时期影响有所减弱。如孟子在世时，用全力辟杨墨，韩非时代认为天下之显学为儒墨两大派，汉初杨、墨、儒的影响都减弱了。

有人说孔子的思想影响了中国两千多年，其影响越来越大。这种看法与实况不符。孔子思想的影响，单凭孔子思想本身，不可能越来越大，只能越来越小。孔子的影响久远和中途得到接力站补充有关。汉代有董仲舒的补充，振兴了几百年；宋朝得到朱熹的补充，又振兴了几百年。得到振兴的是董仲舒的孔子、朱熹的孔子，不能简单地说成是原来的孔子的思想永不衰减。

文化交流的融会现象

不同的文化思想的体系相接触，有时互相吸引，有时互相排斥。无论吸引还是排斥，最终总会发生融会。即使互相攻击的双方也经常从对方吸收对自己有用的东西。显著的例子如佛教与道教两种宗教相互争论了一千多年，为了战胜对方，不惜借用政治手段来打击对方。结果表明，中国的佛、道两教都吸收过对方的思想甚至教义、教理。儒、佛、道三教的关系也是这样。

正因为融会普遍存在着，我们治中国哲学史，除了探究思想的传授关系，还要注意它的融会关系。过去研究佛教、道教、儒家的历史往往是单线的，各自为战，这不符合历史的实际。写佛教专史，也要兼治道教、儒家；写儒家专史，也要兼顾佛教、道教；写道教专史，也要兼顾佛、儒，固不待言。

文化接触的势差现象

两种文化体系，发生接触，会产生影响。文化形成于一定特点，往往在批资本主义的口号下给封建主义留下了后路，甚至错误地把封建主义的东西当做社会主义的东西予以肯定。我们从事中国哲学史的研究，应该自觉地把批判封建主义的任务担负起来。

中国哲学史是中华民族的认识史，它展示出中国哲学与宗教的斗争中发展前进的历程，展示出人类抽象思维从低级向高级的发展，以及人类的认识是如何由浅入深，从片面向更多的方面扩展的。它也展示出，哲学压缩了宗教的辖区，而宗教则不断地改变着自己的形式以维护它的阵地。中国哲学史用事实说明儒教形成后，给中华民族带来的苦难，直到今天，人们还不得不背着因袭的重担，不适应现代化的步伐。

哲学史作为认识史，无疑地将为人们提供可贵的借鉴。看到前人如何克服错误，我们从中受到启发；看到后人重犯前人已经犯过的错误，我们从中得到警惕。百年前恩格斯就指出：训练思维能力，迄今为止，还没有比学习哲学史更有效的方法。今天看来，它仍然是颠扑不破的真理。

历史传统悠久，文化积累深厚，这是我们国家的特点，但特点并非尽是优点。正如鲁迅批判的所谓“国粹主义”者们，好比一个人头上长了个赘疣，对这个人来说可以说是“粹”，但这又有什么值得保存的价值呢？如果我们对遗产不善于区别什么是精华，什么是糟粕，就可能把赘疣当成“国粹”，可能把缺点、弱点当成了优点，被死人拖住活人前进的脚步。这是我们要警惕和要避免的。

哲学的永恒主题

——究天人之际

人类自从脱离动物界，进入人类社会，关心的重大而根本的问题是探索人在自然界的地位、探索人对自然界的影响以及自然界对人的影响，也就是古人所说的“究天人之际”。

人类从生活实践中，认识了有关天象、生物、化学、物理众多领域的规律，从而驾驭它，使它为人类所用。自然界广大无限，自然科学的研究、发展也没有穷尽。人类本来是自然界的一部分。随着人类文明的进步，人类对自身的认识也逐步加深，不再安心归属于自然界，听从自然界的摆布，而要参与自然界的改造。人类自从认识了自身的存在和它的独特价值，就开始了对社会、对个人的作用进行探索。人类和自然界打交道，已有二百万年以上的历史。而人类认识自己，探索社会的成因，了解如何在群体中生活，建立人际关系的规范，最多不过几千年，因而表现得很不成熟。认识自然、驾驭自然，有时成功，有时失败，算一算总账，成功多于失败，才有今天的科技成就和文明生活。

人类认识社会、驾驭社会的历史比较短暂，经验很不成熟，它认识社会、驾驭社会，有时成功，有时失败，算一算总账，成功时少，失败时多。这是当前世界苦难、政治动乱的根本原因。

研究自然界，研究者可以置身局外，对自然界进行观察、追踪、改造，有时从中切割一部分放在特殊环境内来研究。研究社会，研究历史，这是另一种对象，研究者不能站在社会之外来观察社会，更无法使历史重演以供研究者再观察一次。研究者只能作为社会成员参与社会生活，从中对它考察、认识、体验、改造。再加上每一个人所处的社会地位不同，观察的角度不同，还有，研究者个人利害关系、研究者群体利害关系不能不影响着研究者的客观性、真实性，以致引出结论的倾向性。面对同一个社会现象，却难取得共识，仁者见仁、智者见智。

自从人类发现了历史唯物主义，使人们找到了一个有效的工具，用它来观察历史现象，分析社会现象，比没有发现这种工具以前顿觉开朗。但这一方法在全体人群中还没有引起普遍重视，有时还遭到抵制。比如，社会发展有没有规律？历史进程有没有方向？天下大势是分久必合，合久必分，还是周而复始？对社会、对历史的无知，与科技界对自然的改造驾驭的成就形成鲜明的对比。

人类近百年来科学技术取得了飞速发展，看来没有造不出的器件。科技领域好像四通八达，能上天入地，创造新品种、新材料，并向创造生命进军，但人类对自己的能力、局限、弱点，迄今所知甚少。甚至没有能力弥合亲手给这个世界造成的创伤。管天管地，却管不了自己。手中握有上千件核武器，自称能毁灭地球有余，本来为了吓唬对手，却被这种亲手制造的武器搅得不得安宁；能培育高产优质的农作物，面临过剩产品却束手无策，不会分配。

如何对待人与自然的关系，如何认真认识人的社会作用，如何处理人类之间的交往，民族与民族，国家与国家，千百年来，聪明才智之士提出过不少方案，无数的政治家、改革家提出不少设计方案，人类为了改革社会，曾付出过极大代价，甚至为之牺牲了千万人的生命。迄今为止，还没有发现十全十美、为人人所接受的最佳模式。

建设有中国特色的社会主义，是中华民族的创举，并已付诸实行。经过四十多年的实际操作，已取得很大的成就。最重要的第一条成就是解决了全体人民的吃饭问题。古代号称盛世无过于汉唐，这两个朝代人口最多时达五千万，都没有解决人民的冻死、饿死的问题，灾荒之年还发生过人相食的现象。其次，改变了一百多年被凌辱、被压迫的处境，中国人民站起来了，屹立于世界大国之林，受到国际的重视。第三，中国有了自己最基本的现代化的手段，迈出了向现代化进军的第一步，成为社会主义大国。

哲学上的永恒主题——“究天人之际”，在全世界，在中国都是一个薄弱环节，这就是学术上、理论上，对自然界的知识较多，对社会（人）的知识却相对贫乏。对于社会改革、政治措施，各个民族、各个国家都有明显的地区差别和民族特性。社会科学有共同性，难处是如何把共同性与本民族的特殊性相结合。几乎没有两个国家完全相同，要各国独立探索。国家小，人口少，要学习，要改革，比较容易；出了差错，也容易纠正。像中国这样的大国，正在探索走自己的道路，没有现成榜样，前进的难度就更大。环顾世界各国，无论大国小国，强国弱国，遇到的麻烦，占首要地位的，是社会问题，是解决人们各种关系的问题，在人与自然的关系上。说到底，还是“天人之际”的老问题。

（《群言》1994 年第 2 期）

如何看待中国古代哲学中的民族哲学家

研究中国哲学史，不可避免地要遇到民族问题。近年来学术界提出要大力开展我国少数民族哲学史的研究，北方和南方都已先后有了群众性的学术团体。这是十分必要的，我也全力支持这一工作。因为中国是一个多民族的大国，虽说汉族人数众多，但少数民族是中华民族大家庭中的成员，少数民族的哲学应当成为中华民族的哲学的组成部分。

现在的问题不是要不要开展这一工作，而是如何开展这一工作。

中华民族历数千年之久，克服无数艰难险阻，融合了多种民族的优秀文化，如百川汇归大海，最后形成中华民族的文化。中国哲学史是中华民族的认识史。中国哲学是中华民族优良精神文明的集中表现。中华民族中汉族占多数，实际上，汉族是许多兄弟民族长期融合的结果，历史上并不存在“纯汉族”。

中国哲学史上的优秀哲学家、思想家，不应当只看做是汉族的，他们也属于所有兄弟民族的哲学家和思想家。比如，春秋战国时期的荆楚文化对中华民族的文化有过重大的贡献，荆楚文化的代表人物屈原、宋玉，哲学家的老子，是什么民族，现在还查不清楚，但可以断定，楚国贵族（屈氏、熊氏）不是汉族的前身。但是中国文学史、中国哲学史都把屈原、宋玉、老子写上去，因为他们都是中华民族的文学家、思想家。由此上溯，仰韶文化、龙山文化、大汶口文化、南方的河姆渡文化已被公认是中华民族文化的基础，但这些文化的创造者是什么民族？至少可以断言这些古老的文化属于中华民族，而不仅属于汉族。

从春秋战国以后的历史也表明，社会在前进，历史在进步，而推动历史前进的力量绝不只是汉族，而是中华民族的全体。秦汉时期四五百年间，六国贵族及边区牧主贵族的大迁徙、大融合，才形成了今天的汉族。南北朝时期北方的汉族地主阶级与北方少数民族贵族共同组成封建政权，史称北朝。南迁汉族与当地土著大姓相结合，共同组成封建政权，史称南朝。南北朝统治时间约三百年。这是一次更大规模的民族融合，无论南朝或北朝，都不存在有所谓纯汉族政权或纯拓跋氏、鲜卑……等政权。

隋唐皇室是汉族与北方少数民族混血的后裔。唐王朝实际上是我国多民族地主阶级共同专政的封建政权。李氏王朝自称为老聃的后裔，是受了门阀士族的社会习惯势力的影响，攀援老子以抬高身价。其实老子是什么族，出身如何，还难于找到历史凭据。

宋元明清四朝的哲学史，也是多民族不断融合、共同进步的历史。北宋时期，同时存在的还有辽与西夏。南宋时与金朝对峙。元代最高统治者为蒙古贵族，但共同统治中国的是广大汉族地主阶级。统治中国的思想工具是孔、孟为代表的儒教宗法制度。元代的哲学家不一定出身于蒙古贵族。许衡、吴澄、苏天爵、姚枢、孙安、郝经都是汉族儒者，但他们代表了蒙古贵族地主阶级的利益。耶律楚材，非蒙古族，他是元代的开国功臣，可以而且必须列入蒙古族哲学史。清代的哲学家，如李光地、张伯行、陆陇其、陆稼书也都是汉族，但他们代表了满洲贵族地主阶级的利益，可以列入满族哲学史。同样的道理，元朝诗人萨都剌的《金陵怀古》表达的是当时知识分子的发思古之幽情，并不特别代表蒙古民族的特点，其性质在思想感情上和刘禹锡《西塞山怀古》差不多。纳兰容若的《饮水词》在中国文学史上有一定的地位，但不能说他的作品体现了满族的特色。

看一个哲学家代表什么阶级、什么民族，最基本的标志是看他的作品反映哪个阶级的利益，对哪个民族有利。而不是看这个哲学家个人的出身和民族血统。马克思是德国犹太人，他的哲学并不是德国犹太民族的利益的反映。恩格斯出身资本家，并经管过工厂，但他的哲学不代表日耳曼民族，也不代表英国曼彻斯特资本家的利益，马、恩的哲学代表全世界无产阶级的利益，也是全世界被压迫民族的代言人。中国工人阶级经历了几十年的革命实践，逐渐形成具有中国特色的马克思主义、毛泽东思想。毛泽东同志是湖南人，他的革命战友多为湘、鄂、赣等地区农民、工人、知识分子，但毛泽东思想已成为中华民族的共同精神财富，决不能把毛泽东思想看做湖南汉族的哲学体系，这也是不言而喻的。

再以欧洲哲学史为例，欧洲大陆有荷兰的斯宾诺莎、法国的笛卡儿、德国的莱布尼茨，人们研究欧洲哲学史，并不因为他们分属于不同的民族就否认他们各自代表的时代精神和当时欧洲各族人民共同达到的先进认识水平。

中国哲学史，实际上是历史上中华民族精神文明的一面镜子，它以逻辑范畴的形式记录了中华民族认识世界的经历。哲学史上重要人物和学派的贡献，就在于他们曾经站在当时人类认识世界的最前列，体现了当时的思想高度，他们把当时人类认识推进到了一个新水平，无愧于他们各自的时代。有贡献的哲学家们建立的哲学体系，不应仅仅看做他们个人的见解，他们是阶级的代言人、集体的代言人。他们代表着当时先进的阶级、先进的政治集团的集体智慧。每个具体的哲学家虽然属于一定的民族，但我们研究哲学史，却不应把他看做仅仅属于某一民族的哲学家，同时也要看到它代表着全人类的先进思想。上面我们所列举的马克思、恩格斯、毛泽东、斯宾诺莎、笛卡儿、莱布尼茨等哲学家，都足以说明凡是有贡献的哲学思想家都代表着他们的时代精神，而不只限于他们自己的民族。

后人看前人的理论，不难发现他们有这样那样的缺点和错误，但更应当去发现他们比前人提出了哪些新的命题，进行了哪些有意义的探索，揭示了哪些范畴。这样，哲学史就不是一系列的错误观念的积累。而是人类认识世界、解释世界前进道路上连绵不断的里程碑。先进的哲学家或哲学流派所以称为先进，就在于他们站在当时人类认识的前端，给后人提供了精神财富。

这里并不是说不要注意各民族的哲学家。不论兄弟民族的哲学家或汉族的哲学家，只要是有贡献的，都要重视。我们要指出的是哲学是阶级社会的产物。哲学家的民族性与阶级性要结合考虑。民族性不能混同于血统论，不能光看哲学家的民族出身，还要看他代表哪个阶级、哪个集团，及其文化传统源流。哲学史不是从古到今的流水账，有闻必录，而是讲明人类认识前进的轨迹，中国哲学史即中华民族的认识史，只要是反映当时先进的认识水平的，不论是出身于哪个民族的哲学家，都要把他写上。他们都是中华民族的代表人物。正是由于这个理由，我们的中国哲学史，不去追究屈原、老子是否属于汉族，那是没有意义的。如果不是这样，我们五十六个民族，每一个民族专立一个户头，从古到今往下写。其结果，势将出现许多空白，或者雷同的思想，对于中华民族的融合、团结、前进的光荣历程看不清楚，找不到规律性的东西，失去研究中国哲学史的意义。

《南京大学学报》1982 年第 4 期

《中国哲学发展史（拟七卷本）》导言

中国哲学源远流长，已经有了近三千年的发展历史。把中国哲学史建立为一门科学，距今不过五十多年。五十多年来，中国哲学史这门学科受到国内政治经济发展的总形势的影响，有时繁荣和前进，有时停滞和倒退，但总的趋势是前进而非倒退。

封建社会的哲学史名著，如黄宗羲的《明儒学案》、《宋元学案》，其中汇集了相当丰富的资料，注重各个学派思想演变的来龙去脉，今天仍然不失为研究宋明理学的有用的参考书。但是这两部学案却有一个根本的弱点，就是不敢触及“经学”的禁区，不敢大胆非议“圣人”。如同中世纪的欧洲哲学是包括在神学里面一样，在中国的封建时代，哲学还没有从“经学”中分化出来。“经”是圣贤垂训的典籍，封建社会的一切成员，只能宣传它，解释它，信奉它，不能怀疑它，议论它，更不能批判它。“五四”前夕，胡适出版了《中国哲学史大纲》上卷。这是用近代资产阶级观点研究中国哲学史的第一部著作，虽然有头无尾，却使当时人们的耳目为之一新，得到社会的广泛重视。当时人们认为“新”的地方主要在于它不同于封建时代哲学史书的代圣人立言，为经传作注解，而敢于打破封建时代沿袭下来的不准议论古代圣贤的禁例，把孔子和其他哲学家摆在同样的地位，供人们评论。这是一大变革，标志着哲学开始从古代“经学”的禁锢下解放出来，步入近代。继胡适之后，冯友兰的《中国哲学史》，梁启超、萧公权、钱穆等人的政治思想史、学术史，比封建时代的哲学史都不同程度地有所前进，但是由于缺少历史唯物主义这个先进的武器，总的说来，都不能算作阐明中国哲学史发展规律的科学著作。

解放前，郭沫若、范文澜、翦伯赞、吕振羽、侯外庐、杜国庠等同志运用马克思主义观点对中国的古代社会、古代历史以及古代思想进行了卓有成效的探索。他们开始运用历史唯物主义，进行科学的分析，从而有可能透过各种现象的迷雾，看到了一些真相，或者说更接近于真相。这正是马克思主义学者高出资产阶级学者的地方。尽管这几位前辈们的著作有一些论点可以讨论，但他们走的道路是一条阳关大道，他们开拓荒地的功劳是不可磨灭的。这使中国哲学史开始成为一门科学，他们的著作具有示范作用。

全国解放之后，在党的领导下，马克思主义被广大学者所接受，并被运用于一切社会历史研究领域内。中国哲学史研究这个阵地也在被马克思主义所占领。三十多年来，我们出版了通史、断代史、专题研究、论文集等，举行了几次大规模的讨论。尽管研究者在对一些重要哲学家或学派进行历史探讨时，得到的结论不同，甚至相反，但是绝大多数人对于以马克思主义作为中国哲学史研究的指导思想，基本上没有分歧。问题在于我们怎样正确理解马克思主义的基本原则，怎样把这些原则和中国哲学发展的具体实际相结合。在这个问题上，我们取得了一些成功的经验，也走了不少弯路。粉碎"四人帮"以后，通过拨乱反正，正确贯彻党的十一届三中全会路线，学术界充满了前所未有的自由讨论的气氛，中国哲学史又呈现繁荣景象。过去曾经讨论后来被窒息了的一些问题，今天又得到哲学史研究者的深切关注。在建国三十多年之后的今天，我们有了丰富的正反两方面的经验，这将大大有益于开展实事求是的学术研究，为进一步发展中国哲学史提供新的起点。

60年代初期，在教育部主持下，为高等院校开设中国哲学史这门课程，由北京大学、人民大学、中国科学院哲学研究所的几位同志共同编写了四卷本的《中国哲学史》教科书。作为一部用于教学的教科书，讲的是一些比较基本的简明的知识，受授课时间的限制，不允许对某一方面的问题多做发挥，同时，观点也力求稳妥，学术界争论大的问题，则尽量避免采入。《中国哲学史》（四卷本）教科书，前三卷出版近二十年，我们对已出版的教科书不能满意：因为有些应当说的，没有说到；也有些问题，书成后我们的观点有了改变，认识有所前进。为了适应这门科学进一步发展的需要，应当写出一部新的反映我们目前认识水平，比二十年前出版的四卷本教科书更详尽的哲学史专著来。

几十年来，对中国哲学史的特点、道路、发展规律以及中国哲学史的地位，有我们自己的想法和看法，经过多年酝酿、考虑，这些想法和看法更趋明朗。这些看法是否符合中国哲学史的实际，将接受客观实践和历史的考验。但是我们的结论是在消化原始资料，广泛吸取已有的研究成果的基础上，亲手撷取来的。我们力图做到材料和观点的统一；力图运用马克思主义的指导原则；下结论要有事实的依据；对中国哲学史的发展作一次严肃认真的探索。

这部哲学史，将分成七卷。以华夏民族的认识史为开端，说明哲学如何从原始宗教中逐渐分化出来的逻辑过程，以《先秦哲学发展史》为全书的第一卷。汉承秦制，从社会结构到政治体制都是一脉相承的。对秦汉之际、两汉之间、东汉之末，我们将在一些专题研究的基础上进行系统的探究，对谶纬思想也有较多的论述，以《秦汉哲学发展史》为第二卷。魏晋时期，哲学从两汉神学目的论中获得一定的解放，在农民起义失败后，佛教、道教都在建立，儒学玄学化，与佛教、道教同时并存，形成时代特点，以《魏晋哲学发展史》为第三卷。隋唐时期，儒、释、道并称三教，互争雄长，国力达到封建社会的高峰，而宗教思想也发展到高峰，以《隋唐哲学发展史》为第四卷。宋元明清，儒教建立，形成体大思精的宗教神学体系，不但关联到中国近千年国运的兴衰，也影响到东亚诸邻国。由于儒教的内容复杂，体系庞大，在人们的精神生活中直到今天还在起作用，《宋元明清哲学发展史》将分第五、第六两卷叙述。鸦片战争到“五四”前夕，中国社会发生质变，哲学思想亦迥异于前期，《近代哲学发展史》纳入第七卷。七卷既竟，如乘槎以穷河源，如汇百川而归大海，事实既明，条理自见，哲学史规律亦将从此引出。

本书写的是一家之言，不求每个章节字数按比例分配。我们认为重要的，或研究得比较多的问题，就多讲；认为不重要或没有多少新见、学术界都已注意到或讲得烂熟的问题，我们就少讲或不讲。因此，对各个哲学家和哲学流派之间的论述占用的篇幅就显得不够匀称，而有些任其自然了。

参加这一工作的同志，有的共同合作过一二十年，也有年代较短的，除了在京的几位同志是基本成员外，也有外地的同志参与某一专题的讨论和写作。第一卷撰写人（按姓氏笔画为序）有孔繁、任继愈、牟钟鉴、余敦康、周继旨、阎韬同志。以后各卷的撰写人，将根据工作的需要，而有些调整，但基本队伍不变。我们这个写作集体，学术观点十分相似以至相同，因而本书的脉络得以自然地保持一贯。本书着眼于中国哲学逻辑的发展过程，所以称之为《中国哲学发展史》。

下面就中国哲学史的对象、特点、方法和目的，分别谈一谈我们的一些看法，这是编写本书的指导思想。

一、中国哲学史是中华民族的认识史

中国哲学史记录了伟大的中华民族在漫长的岁月里改变世界、认识世界的艰难曲折的历程，集中了中华民族的智慧。中华民族远在两千多年前就有了成系统的哲学体系出现，这是可以引为自豪的。在中国历史上，从孔子到孙中山，涌现出了许多重要的哲学家和哲学流派，有如群星灿烂，他们各自体现了时代的精神面貌，代表着认识前进运动中的各个发展阶段。

每个民族的哲学是该民族的精神文明的一面镜子。文学、音乐、美术、宗教都能表现各个民族的文化特点，虽然都反映着民族智慧发展某一方面的成果，但不能表现各民族抽象思维的最高水平。既能表现该民族的特点，又能衡量该民族抽象思维最高水平的只有哲学。哲学是思维进行高度概括的结果，要有相当发达的生产力水平，有相当发达的科学，相当丰富的社会历史经验作为发生发展的前提。只有达到一定发展水平的文明社会才会有哲学。迄今，世界上每一民族都有自己的文学（包括口头文学）、美术、音乐、宗教，它们可以内容丰富，各具特色，甚至具有永恒的魅力，但不能说每一民族都有哲学。据社会调查表明，一些停留于氏族社会的民族，抽象的概念还没有产生，他们的社会生活用不着那些抽象概念,因而不会有哲学。没有哲学,当然不会有哲学史。

中国哲学史绵延数千年，这在世界上是仅有的。纵观世界各国，有的民族文化，古代灿烂，后来消沉；有的近代煊赫震烁，其古代则渺茫难考；也有些文化，中世纪时曾横跨欧亚，不久即分崩离析，往事繁华徒供后人凭吊。中华民族则不同，它经历了无数艰难险阻，历数千年之久，融合多种民族的优秀文化，如百川汇归大海，最后形成中华民族的文化。中国哲学史是中华民族优良精神文明的集中表现。中华民族以汉族为主体，实际上汉族是许多兄弟民族长期融合的结果，今天已不具有“纯粹”的汉族。中国哲学史上的优秀哲学家、伟大哲人，既反映了汉族文化的先进水平，也反映了各兄弟民族文化的先进水平。没有多民族大家庭的不断交流①，多次大规模的渗透、竞争、融合，就没有今天中华民族的文化。

因此，中国哲学史实际上是中华民族的精神文明的一面总的镜子。它以逻辑的形式记录了中华民族认识世界的经历，它的历史经验为人类认识史提供了极可宝贵的丰富的内容。总结过去，为的是创造未来，为今后更高的精神文明贡献一份财富。

马克思列宁主义能够在中国生根，并取得伟大成绩，除了中国的革命实践的需要这个决定的因素外，中国文化的优良传统，中国哲学史提供的思想资料也是一个因素。1949 年以前，世界上半殖民地半封建的社会不只中国，而毛泽东思想却诞生在中国，它成功地把马克思列宁主义的普遍原理与中国革命实际相结合，形成具有中华民族特色的马克思列宁主义，不能认为是偶然现象。

---

① 春秋战国以前华戎杂处，氏族之间交往频繁，已经融合为华夏族；秦汉时期，六国贵族及边区游牧区贵族牧士大迁徙即形成今天的汉族。南北朝时期，北方汉族地主阶级与北方少数民族的贵族互相结合，共同统治，南迁的汉族也与当地土著相融合，共同统治，这是一次更大规模的民族融合。隋唐时期，皇室、贵族是汉族与少数民族混血的后裔，唐王朝实际上是我国多民族地主阶级共同专政的政权，所以在文化上也互相学习，取长补短，共同进步。宋元明清，自然是多民族共同进步的历史。

哲学史作为人类认识的发展史，唯物主义和唯心主义的斗争史，在古代，在奴隶社会和封建社会具体表现为哲学和宗教、理性和信仰的斗争史。哲学的发展过程，就是一步一步摆脱宗教的束缚的过程，征诸中外历史，没有例外。

哲学起源于宗教，古代的希腊是如此，古代的印度是如此，古代的中国也是如此。

人类最初由古猿进化而来，猿人没有宗教，那时人类还不能够从自然中把自己分离出来。后来才产生了宗教。原始社会有宗教而无哲学。由于当时生产力的极度低下，生活的极端困苦，大自然给予人类的考验十分严酷，人类为了生存，把一切力量都用来对付自然。天灾、疾病、部落之间的争夺无情地摆在人类面前，人类无力克服这些苦难，于是产生了宗教，这是自发的宗教，和后来阶级社会的人为的宗教不同。人类从没有宗教到形成宗教，是一个进步，是人类思维能力向前发展、人类从与自然界浑然一体的状态下分离出来的标志。

进入阶级社会以后，由氏族部落掌权者演变而来的奴隶主贵族，把原始宗教改造成为论证剥削压迫制度合理性的工具。宗教本身所具有的消极特性，恰恰适合了统治阶级的这种需要。

宗教是人类对现实世界的歪曲的反映。它立足于信仰和虔诚，而不是立足于理性的思辨和逻辑的论证；它祈求超自然的神秘力量的拯救，而不是激发人们自身的聪明才智；它指示人们向“上帝”投降，屈服于异己力量，而不赞同人们向压迫自己的自然力量和社会力量进行反抗。

哲学与宗教不同，它是人们通过实践而产生的理性思维，是生产斗争知识和阶级斗争知识的概括。人们在生产斗争和阶级斗争中，犯过错误，也取得过成功。总结成功的经验，吸收错误的教训，人们就逐渐变得聪明起来。不断地积累这些经验教训，并把它们抽象概括为原则性的总结性的格言，这就是哲学的雏形。为了便于记忆和流传，先用诗的形式，后来才有文字的著作。总结经验要有科学的知识，科学的方法，科学的态度。哲学的基础是科学，哲学本身就包含着与宗教分离的内在因素。最早宗教指导着人类生活的全部，后来宗教的阵地逐渐被哲学所挤占，才被迫缩小了它管辖的范围。

哲学必须对自然现象和社会现象作出规律性的解释，它一开始就注意物质和精神的关系问题，由于解释的不同而划分为唯物主义哲学和唯心主义哲学。宗教反对科学实践，而唯心主义哲学则歪曲科学实践。在历史上，宗教和唯心主义哲学经常结成同盟军。宗教是粗糙的唯心主义，唯心主义是精致的神学，这两者的任务和目的相同，只有高低精粗的差别。代表人类正确思维的哲学是唯物主义，它可以称为哲学的主流。但是，人类认识世界不是沿着直线前进的，走过不少的弯路，唯心主义和唯物主义也存在着互相转化和互相促进的复杂情况。不过从总的方面来看，哲学每前进一步，特别在古代，都要和宗教发生冲突。但也有宗教渗入哲学，哲学屈服于宗教的情况。

自发的宗教产生于原始社会，人为的宗教产生于奴隶社会，但宗教得到广泛的滋长传播，无论中外，都是在封建社会。封建社会比奴隶社会前进了一个历史阶段。奴隶社会的存在和巩固，更多地靠暴力。封建社会的经济特点是个体小农经济，统治者采用的统治手段比奴隶制有所改变，不专靠皮鞭和刑罚，允许农民耕种小块土地，使他们对生产比奴隶有较高的积极性。但这并不等于放松了对农民的暴力压迫和剥削，而是更多地用宗教作为思想武器，推行奴化说教，以巩固封建统治秩序。佛教、基督教和伊斯兰教的广泛流传，形成世界宗教，都得力于封建社会统治阶级的支持和推动。

在封建社会，哲学只是宗教的附庸。中外的历史都已表明哲学没有能力从宗教神学的绝对权威下解放出来。中国封建社会的历史特别长，哲学从属于宗教的这种状态也特别久。进入资本主义社会，有了近代生产和实验科学，哲学才具备了独立存在的现实基础，神学才失去了垄断意识形态的至上地位。只有在这时，哲学的基本问题：思维与存在的关系问题，才被十分清楚地突出起来，获得了它的完全意义。哲学发展史的任务就是把人类认识挣脱宗教的过程的规律性揭示出来。

哲学史是整个认识的历史，这是列宁给哲学史下的定义①。同时列宁也指出，在两千年的哲学发展过程中，唯心主义和唯物主义的斗争、柏拉图和德谟克利特的倾向或路线的斗争不会陈腐②。苏联日丹诺夫根据列宁的后一种说法否定了苏联亚历山大洛夫的哲学史定义，其实亚历山大洛夫把哲学史看做是认识史也是根据列宁的说法而来的。哲学史是认识史，哲学史是唯物主义和唯心主义的斗争史，这两个说法本来是互相补充、并不排斥的。但是在有些马克思主义学者中间，对它的理解却往往产生偏向，似乎用了其中的一个说法就非得反对另外一个说法不可。亚历山大洛夫用哲学史是认识史的定义写他的《西欧哲学史》，确实是忽略了唯物主义和唯心主义的斗争，把认识的发展描述成为一种和平的量的渐进过程，日丹诺夫对他的批评不是没有道理的。解放以后，我们接受了日丹诺夫的定义来研究中国哲学史，又产生了另一种偏向，只看到哲学史上的两军对战，用全部注意力去给哲学家划分阵营，而不去着重研究人类认识螺旋上升的曲折复杂的发展过程，不去总结这种发展过程中的规律和经验教训，也不去注意分析每个哲学体系的内部结构和它在认识史上的地位。现在有人提出要否定日丹诺夫的定义，回到列宁的定义上来。也有人表示担心，认为如果否定了日丹诺夫的定义，将会重复亚历山大洛夫所犯的错误。我们认为，列宁的定义是全面的完整的，日丹诺夫和亚历山大洛夫的定义都只见其一，不见其二。为了克服我们研究工作中的偏向，必须全面地理解列宁的思想。

哲学史，顾名思义，就是哲学发展的历史。哲学这门学科不同于自

---

① 列宁认为“哲学史……简略地说，就是整个认识的历史”，并认为“全部认识领域”，包括“各门科学的历史，儿童智力发展的历史，动物智力发展的历史，语言的历史”，加上“心理学”和“感觉器官的生理学”，“这就是那些应当构成认识论和辩证法的知识领域”。（《哲学笔记》，《列宁全集》第38卷第399页）

② 列宁认为，“在两千年的哲学发展过程中，唯心主义和唯物主义的斗争难道会陈腐吗？哲学上柏拉图的和德谟克利特的倾向或路线的斗争难道会陈腐吗？宗教和科学的斗争难道会陈腐吗？否定客观真理和承认客观真理的斗争难道会陈腐吗？超感觉知识的维护者和反对者的斗争难道会陈腐吗？”（《唯物主义和经验批判主义》，《列宁选集》第2卷第128—129页）

然科学、社会学、历史学等具体学科，它是一门世界观的学问，所涉及的领域是人类对自然、社会和思维的一般规律的认识。因此，哲学史讲的是各个历史时期人们对自然界发生、发展的认识，即自然观；对社会历史发生、发展的认识，即社会历史观；对思维规律的认识，即逻辑学和认识论。把这些概括起来，哲学史的研究对象就是整个人类认识的历史。认识是不断发展、不断深化的，在各个认识领域里，认识过程中总有先进与保守、正确与错误的斗争。一般说来，唯物主义的认识路线方向对头，能比较正确地反映客观实际，唯心主义的认识路线方向不对头，不能正确地反映客观实际。说唯物主义只是比较正确，是因为人类的认识不可避免地要受到历史的和阶级的局限，只能做到比较正确，不可能完全正确。唯心主义有它的认识论和阶级根源，是人类认识前进运动中的一个必然环节，表现了认识过程的复杂性和曲折性。它是不结果的花。唯心主义对唯物主义提出了质疑，出难题，从而淬砺、锻炼了唯物主义，促进了认识的深化。从这个意义上来说，哲学史也是唯物主义和唯心主义的斗争史。离开唯物主义和唯心主义的斗争来讲认识的发展，它的发展也是讲不清楚的。过去我们离开认识的发展来讲唯物主义和唯心主义的斗争，又陷入了另一种片面性。从亚历山大洛夫的定义到日丹诺夫的定义，再回到列宁的定义，是一个否定之否定的过程。如果我们在具体的研究工作中避免这两种片面性，就能够比较准确地掌握列宁的思想了。

哲学史上的重要人物和重要学派，如果说他们有过重大贡献，就在于他们曾经站在认识世界的最前列，体现了当时的思想高度。他们把当时人们的认识推进到一个新水平，无愧于是他们各自时代的思潮的代表。有贡献的哲学家们提出的一些哲学思想不应仅仅看做属于他们个人的见解，他们是集体智慧的代言人。哲学家虽属于某一个民族，但也不应把他看做仅仅某一个民族的哲学家，同时也具有全人类的意义。后人看前人，不难发现他们的理论有这样那样的缺点，甚至错误。但是更应去发现他们比前人提出了哪些新的命题，进行了哪些新的探索，揭示了哪些新的范畴。这样，哲学史就不是一系列错误观念的积累，而是人类认识世界、解释世界前进道路上连绵不断的里程碑。先进的哲学家（或哲学流派）所以称为先进，就在于他们站在当时人类认识的前端，给后来人提供了精神财富。凡是不能体现当时先进水平的哲学家或流派，有时得到某种外力的支持，也能坚持一阵子，毕竟不能行久及远，经不起历史的考验。

中国哲学史的特点

哲学史作为认识史，作为唯物主义和唯心主义的斗争史，在不同的国家和地区，表现形式是不一样的。中国哲学是在中国这块土地上生长、发展的，中国社会历史的特点，决定了中国哲学史的特点，正像欧洲社会历史的特点决定欧洲哲学史的特点一样。中国社会历史大约有以下几个特点：

（1）奴隶制度不典型，但封建制度发展得相当充分而完善，封建社会维持得比较长久和稳定；近代资本主义力量则软弱，始终没有达到成熟阶段。

（2）始自奴隶社会的宗法制度，在封建社会里发展得较为完备，成为联结社会最重要的纽带，一直延续到近代，直到今天还有它的影响。

（3）中央集权下的多民族的大一统国家结构形成得早，统一的时间长，分裂不能持久。

（4）农民起义次数多，规模大，封建统治者在对付农民反抗和进行内部斗争中，积累了较丰富的统治经验。

中国社会历史的特点，给中国哲学史带来如下特点：

（1）封建社会的哲学历史最长。中国有文字记载的历史绝大部分是封建社会的历史，中国哲学发生于奴隶社会，其主要发展过程是在封建社会进行的。如果把中国封建社会的哲学史研究清楚了，找到它的基本规律，中国哲学史的主要研究任务也接近完成了。这是一个长期的任务，不是一代人、两代人的努力就能办到的。从世界范围看，希腊、罗马的奴隶制具有典型性，它的哲学光彩夺目；欧洲的资本主义制度具有典型性，资产阶级哲学最发达兴旺，影响了全世界。中国的封建制度具有典型性，封建时代的哲学最丰富、系统，成为中国哲学史的重点。中国的资本主义没有得到正常的发展，自然科学也没有达到近代实验科学的水平，所以中国哲学史中自然哲学的成分很少。近代的机械唯物论和生物进化论，都是从西方传进来的，不是自身发展出来的。

（2）神学化了的儒学占有极大优势。中国封建社会是宗法制社会，它要求建立与之相适应的意识形态。中国同欧洲的封建社会一样，都是宗教神学在意识形态中占统治地位，但是中国封建社会占统治地位的宗教不是佛教，不是道教，也不是基督教和伊斯兰教，而是一种具有特殊形态的适合于中国封建社会历史特点的宗教，即儒教。表面上看来，儒教这种宗教不同于一般的宗教，甚至它还打出反对佛、道的幌子，缺少一般宗教的外在特征，但是却具有宗教的一切本质属性。

儒教的思想基础是孔子所创立的儒家学说。儒家学说虽然是直接继承了殷周奴隶制时期的天命神学和祖宗崇拜的宗教思想发展而来，但是在先秦它还不是宗教，只是作为一种政治伦理学说与其他各家进行争鸣。由于这种学说强调尊尊、亲亲，维护君父的绝对统治地位，巩固专制宗法的等级制度，能够对劳动人民起极大的麻醉欺骗作用，汉代开始把它推崇为占统治地位的意识形态。为了使这种意识形态有效地稳定封建社会秩序，更好地发挥控制人心的作用，汉以后的历代封建统治者及其思想家们不断地对它加工改造，用政治手段不断扩大它的影响，使它朝着宗教神学的方向发展。他们进行了儒学的造神活动，把孔子偶像化，把儒家经典神圣化，到了宋代又吸收佛教、道教的思想，将儒家学说变成了体大思精的宗教神学。它在整个中国封建社会时期一直占据着正统地位，对于巩固封建制度和延长其寿命，起了十分巨大的作用。

由儒学发展为儒教是伴随着封建统一大帝国的建立和巩固逐渐进行的，曾经历了千余年的过程。这一过程中，孔子的学说共经历了两次大的改造。第一次改造在汉代，它是由汉武帝主持、由董仲舒倡导的，这就是中国历史上所谓“罢黜百家，独尊儒术”的措施。汉代大一统的中央集权封建宗法专制国家需要一套在意识形态上和它紧密配合的宗教、哲学体系。董仲舒、《白虎通》借孔子的口，宣传适合汉代统治者要求的宗教思想。第二次改造在宋代，宋代统治者从唐末五代分散割据的混乱局面中捞到了政权，鉴于前朝覆亡的教训，要求强化中央集权的封建宗法专制制度，思想文化领域里也要有与它相适应的意识形态相配合，于是产生了宋代理学。如果说汉代董仲舒和《白虎通》的神学目的论是一种比较粗糙的宗教神学，经过第二次改造后产生的宋代的理学就精致得多了。它是儒、释、道三教合一的产物。它以儒家的封建伦理为中心，吸取了佛教、道教的一些宗教修行方法，加上烦琐的逻辑思辨的论证，形成了一个体系严密、规模庞大的宗教神学结构。它既是宗教又是哲学，既是政治准则，又是道德规范，将四者融合为一体。理学的建立，标志着中国儒教的完成。

传统的看法认为儒学不是宗教，或者董仲舒的神学目的论虽可称为宗教，但宋明理学却不是宗教，而是一种哲学。其实，在封建社会的历史条件下，无论中外，都是神学笼罩一切。人们不能摆脱宗教这个异己的力量，而统治者则极力把神学树立为正统思想。神学需要利用唯心主义哲学为自己提出论证，唯心主义哲学也只有依附于神学才能发展。欧洲中世纪的经院哲学既是宗教，也是哲学。托马斯·阿奎那的《神学大全》，用亚里士多德的哲学来论证基督教的神学，就是明显的例子。宋明理学不像董仲舒那样宣扬活灵活现的人格神，但是理、气、心、性之辨，天理、人欲之辨，所宣扬的是一种神秘的宗教世界观，中心目的是把维护封建宗法制度的"三纲五常"抬到神圣不可侵犯的地位，叫人把它们当做宗教教条来信奉。说宋明理学是一种哲学，这和说它是一种神学并不矛盾。正如我们研究欧洲中世纪托马斯·阿奎那的思想，既把它看作是一种哲学也把它看作是一种神学一样。但是，也只有首先注意到这些在封建社会用来禁锢人心的思想的神学性质，才能把握他们的实质。

由于欧洲封建社会的历史特点，神权高于王权，因而欧洲中世纪的宗教和教会具有垄断一切的势力，基督教神学成了当时支配一切的意识形态。在中国，封建统治阶级始终是把神权限制在王权之下，而不允许平起平坐，更不用说神权凌驾王权之上了。这种历史特点使得中国封建社会在意识形态领域不像欧洲中世纪那样单调呆板，而是丰富多彩。统治阶级虽然极力培植儒教，同时也利用佛教和道教。儒、释、道三教并行，既斗争，又联合。它们在互相争夺正统地位的斗争过程中，尽量吸取对方所长，以补己之所短，不断地进行渗透交融，这就推动了它们逐渐由粗糙向精致的方向发展。

(3) 有光辉的唯物论和无神论传统。中国是文明古国，殷周时代就有了高度文化。进入封建时代以后，这种文明继续昌盛发达，造就了优秀的唯物论和无神论传统，它的朴素唯物论和朴素辩证法达到了古代的最高水平。唯物论和辩证法思想是中国哲学史的精华，它在中国封建社会能够得到较充分的发展，具体地说，得力于以下的社会条件：

第一，根本说来，中国的古代社会比较有生气。地主阶级在上升时期表现出充分的活力，即使到了中、后期，也不乏主张进步、勇于革新的集团或派别。农民起义不断发生，每一次都打击了腐朽势力，推动了社会的前进。在民族危亡的关头，总有一批志士仁人挺身而出来救危图存，寻求真理，主持正义。阶级斗争、民族斗争和统治阶级的内部斗争交织在一起，使社会生活起伏多变、错综复杂，人们从中积累了大量的社会斗争的经验教训，给唯物论和辩证法的发展，提供了现实的动力和生动的资料。

第二，中国古代的自然科学起步早。在封建社会之初，天文、历法、医学、数学、生物、物理等学科就有较高成就。在数千年的封建社会里，自然科学都达到封建制度下可能达到的最高水平，长期保持着世界领先地位。它们为唯物主义者提供了丰富而有价值的自然科学知识，给予哲学的发展以直接的推动。荀子、王充、范缜、王夫之、戴震等人，都是吸收了当时自然科学的成果而成为一代哲人。

第三，在中国封建社会里，意识形态各个部门都得到较充分的发展，不像欧洲中世纪，基督教是唯一的意识形态。在文学、艺术、道德、法学、政治学、史学等领域里，涌现出一大批杰出的学者，撰写出数量众多的鸿篇巨制和不朽的传世之作，给社会增添了宝贵的精神财富。先秦时期诸子百家的思想资料也基本保存下来，给后来的哲学提供了相当大的选择余地。唯物主义者受到丰富的文化典籍的熏陶，在构造自己理论体系时，有广博的文史知识作为基础，有多方面的资料可资借鉴。

第四，道高一尺，魔高一丈。中国封建社会的宗教和唯心论，经历了一个由粗糙到精致的发展过程，在理论上达到相当系统周密的程度。例如宋明理学和佛教哲学，都有庞大的体系，它们在结论上是错误的，对认识过程的分析却有相当的深度。这就从反面诱发了唯物论，使得唯物论者不得不在理论上认真对付这种挑战，用更高水平的唯物论和辩证法去回答对方提出的难题，从而使自己的体系不断完备，使正确的认识不断深化，形成一浪高过一浪的发展势头。

中国哲学史上有许多伟大的唯物论者、无神论者和辩证法思想家，这是中华民族的骄傲。不过我们也不能过分夸大他们的贡献，比起资产阶级的唯物论和辩证法来说，他们的学说毕竟处在朴素、自发的水平，低了一个历史阶段。而且在儒教影响遍及全国以后，从唯物论者身上，或多或少都可以看到儒教（即中国特有的宗教神学）的烙印。这种历史的局限性，我们也要给以足够的注意。

中国哲学史的研究方法

科学的世界观和方法论是一致的，如何把历史唯物主义的基本原理与中国哲学发展的实际相结合，是我们长期努力实践的课题。历史唯物主义运用得正确，人们才能从历史上纷繁复杂的现象中揭示出事物的本质和发展规律。历史唯物主义运用得好与不好，是中国哲学史能否真正成为科学的关键。为此，要注意几个问题：

（1）把问题提到一定的历史范围。历史唯物主义要求我们把所研究的问题提到一定的具体历史范围之内，努力还其本来的历史面貌。

“五四”以后，中国文化与西方文化有了大量广泛的接触，无疑给中国哲学史的研究打开了眼界。但是在我国学术界过去缺少现代科学方法长期训练的传统，借鉴西方本来是件好事，搞不好，流弊所及成了依样画葫芦，生搬硬套。先是生搬西方资产阶级的，后来又生搬苏联的。实际效果证明，这种方法无助于弄清哲学史的本来面貌，反而增加了混乱。我们不能按照西方哲学史的图式来写中国哲学史。老子的“道”绝不同于黑格尔的“绝对理念”，王阳明的心学也不能与贝克莱的主观唯心论相比附。老子和王阳明的学说属于封建时代的哲学体系，贝克莱和黑格尔的学说属于资本主义时代的哲学体系。把不同时代的哲学强拉在一起机械相比，就会犯很低级的错误。即使是时代相同或相近，中西的具体历史条件也有差异。孔子不是苏格拉底，孟子不是柏拉图，荀子也不是亚里士多德。不顾中国和西欧古代的历史特点，强行比较，不是一种科学的态度。

我们也不能强使古人穿上时装。孔子是春秋末期的思想家，他不是汉以后封建统治者塑造的孔圣人，更不是“四人帮”笔下的“孔丘”。封建时代的正统思想家，标榜尊孔，实际上他们并不尊重历史上的孔子，而把孔子任意改造打扮，名为尊孔，实则用孔。如果说封建地主阶级把孔子当成一面旗子，以此来整肃人心，那么林彪、“四人帮”则把孔子当成一个靶子，用以影射攻击革命家。他们的用意都不在研究历史，而在施展政治策略和手段。无论是正统经学的尊孔，还是影射史学的骂孔，现在都已成为历史陈迹，都不能引起研究者的兴趣。应当指出的是：一个哲学史家怀着善良愿望的借古喻今，同怀着鬼蜮动机的影射史学，作为历史研究的方法，都是不足取的。这样的做法，不可避免地要用主观的好恶去涂抹历史，既歪曲了历史的真实性，也破坏了历史科学，只会引起思想上的混乱。我们不能根据今天某种需要去塑造古代哲学家的形象，不论这种实际需要是否正当。实际需要是经常起变化的，而历史是不能改变的。历史事实是不应涂抹，也涂抹不掉的。否则，我们和实用主义就划不清界限，哲学史的研究就不成为科学。我们只有在揭示历史上客观存在的规律性的前提下，才能正确总结历史经验教训，绝不是任意截取或歪曲历史资料以满足眼前的需要。还有，彻底的唯物主义者只需要老老实实地做事，明明白白地讲话，毫不含糊地表明自己的观点，不需要戴着古人的脸谱、穿着古人的服装，来演出历史的新场面。

（2）进行具体的阶级分析。人类的文明史，从根本上说来是生产和科学发展史，是阶级斗争的历史。哲学作为意识形态之一，是人类社会活动在理论上的反映。哲学史研究要想从复杂多变的社会历史现象中，发现社会发展和思想演变的规律性，就要对古代哲学思想进行全面、具体的分析，揭示它的社会属性及时代特征。

阶级分析是历史唯物主义观察社会、认识历史的主要方法。但是不能把阶级分析简单化、公式化。不同的社会形态，有不同的阶级和阶级斗争，在同一社会形态之内的不同时期，阶级斗争的表现也不相同；不同的阶级有不同的属性，而同一个阶级在不同的历史时期，其表现也是有变化的，在其内部还存在着不同的阶层、集团和派别。这一切都需要进行具体的细致的分析。从哲学同阶级斗争的关系来说，哲学是距离社会经济基础较远的上层建筑，它和基础之间的关系是间接的，有时被一些中间环节弄得模糊了，给哲学家贴标签并不能如实地反映哲学家本来的情况。

不能认为，一个阶级只信奉一种学说，他们都说一样的话。历史的实际情况要复杂得多。比如说先秦时期涌现了新兴地主阶级，他们中间有从工商业者和平民上升而成的，有以军功起家的，有从奴隶主转化过来的。他们都要求打破奴隶制，实行封建制，但他们又各有自己的特殊的利益和不同的文化教养，因而具有不同的宇宙观和治国方案。孟子、荀子、韩非三家的异同，直接与上述复杂的社会阶级背景有关。当时的小生产者阶级中，有来自从宗法奴隶制下解放出来的平民或奴隶，有来自没落的奴隶主贵族。同属小生产者阶级，其中有主张兼爱非攻的墨子，有崇尚自然无为的老子和庄周。历史事实表明，一个阶级不仅会有许多主义，这些主义甚至有唯物与唯心的差别；而一个具体的哲学家，由于带着各自的现实条件的烙印，他只能表现特定阶级众多属性中的某些属性，在共同的阶级属性之外，他总还有着自己的个性，并以此在哲学史上表现出自己鲜明的特色。

如何理解唯物主义与唯心主义对立的阶级基础，是一个复杂的问题。秦汉以后，直到鸦片战争以前，中国封建社会的主要矛盾，是地主阶级和农民阶级的矛盾。农民阶级虽然是社会物质财富的直接创造者和文化财富的间接创造者，但是它不是新的生产方式的体现者，又被剥夺了受教育的权利，所以不能产生自己的大理论家，他们往往要靠别的阶级的政治家和思想家来“代表”他们自己。封建时代的主要哲学家，不论是唯物论者还是唯心论者，都出自地主阶级。那么，哲学如何反映出封建社会的阶级斗争，这不仅要对每个历史时期阶级总形势进行分析，还要对地主阶级的发展变化及其内部斗争进行具体分析。封建社会经历了上升、停滞和没落几个重大阶段，地主阶级也从朝气蓬勃的进步阶级逐步转化为腐朽没落的阶级。与此相适应，封建意识形态也经历了很多的变化。

两汉时期有豪强地主阶级和普通地主阶级的矛盾。魏晋南北朝时期有门阀士族阶级和寒门庶族阶级的矛盾，还有世俗地主阶级和僧侣地主阶级以及僧侣地主阶级内部的矛盾，这后一种矛盾一直延续到明清。隋唐以后，有官僚地主阶级同中小地主阶级的矛盾，在官僚地主阶级内部还有进步集团与腐朽集团之间的矛盾。明中叶以后在一部分地主兼工商业者中，出现了资本主义倾向，他们与正统地主阶级有矛盾。在民族矛盾尖锐的年代，地主阶级内部分化为抵抗派和投降派。上述斗争受着地主与农民两大对抗阶级之间斗争的制约和影响，表现得错综复杂，往往进行得十分激烈。哲学战线上的斗争，就是各个时期阶级斗争（包括地主阶级内部的斗争）或明或暗的表现。

有一种说法，封建社会中期以后，中小地主阶级进步，大地主阶级反动。这种说法不能认为是全面的、正确的。一般地说，中小地主阶级没有特权，又受到大地主阶级的压抑，在豪强兼并剧烈的时代，当农民的土地被兼并罄尽的时候，他们也就成了被兼并的对象，容易对特权阶层的腐败政治产生不满，主张革新。但大地主阶级内部，甚至在当权派里，也同样会出现革新集团，他们从本阶级长远的和根本的利益出发，主张革除弊政陋习，整顿封建纲纪，实施轻徭薄赋，推行开明政治，以图挽救社会危机，稳定封建秩序。不能把这类主张，都归属到中小地主阶级身上。唐朝的永贞革新，宋朝的王安石变法，都是一部分官僚地主阶级当权派主动发起，并得到了皇帝的支持。认为中小地主阶级产生唯物论，大地主阶级产生唯心论，这不能被认为是一个普遍适用的公式。

一般地说，唯物主义哲学与进步阶级相联系，唯心主义哲学与反动阶级相联系。这只是"一般地说"，而不能绝对化，绝不能在唯物论与进步、唯心论与反动之间画等号。那会得出十分荒谬可笑的结论。前若干年，我们的哲学史界确曾有过这种荒唐的说法。应当看到，唯物与唯心是哲学概念，表示认识路线上两种世界观的对立；进步与反动是政治概念，是对政治行为所作的肯定与否定的评价。两者有时一致，有时不一致。历史资料表明，错误的理论并不总是起反动作用。地主阶级在上升时期，可以同时采用唯物论和唯心论作为自己的宇宙观和理论武器。如先秦的孟子的唯心论和荀子的唯物论都不失为进步的哲学理论；西汉董仲舒的唯心论，就其社会作用而言，有进步的一面。地主阶级在没落时期，其统治集团多采用唯心论和宗教，但其中的进步势力和派别，有的主张唯心论和宗教，有的则主张唯物论和无神论。例如李贽和王夫之同为进步思想家，一个相信陆王心学和佛教，一个主张唯物论和无神论。在封建社会里，中国历代农民阶级举行起义时，往往披上宗教的外衣。如东汉末年黄巾起义、宋朝方腊起义、清朝太平天国起义和义和团运动，都是打着宗教的旗号发动的。当然，唯心论和宗教毕竟不是真理而是谬误，当它们作为反动阶级或集团的思想武器时，能够大显身手，顺理成章地发挥其反动社会作用；而当它们被进步的阶级或势力利用时，它的积极社会作用是相当有限的和为时短暂的，它的消极影响在当时或不久就显露出来，最后不得不把革命事业断送。

（3）中国古代哲学发展中的地区性和多种文化的融合过程。哲学思想和学术流派都是在特定的社会环境中产生的，不同的国家和地区有不同的社会环境，这就给哲学思想带来了国别的、民族的、地域的特点。这是哲学不同于自然科学的地方。欧洲近代哲学史，给我们提供了有益的借鉴。法、德毗邻，鸡犬相闻；英法相望，一衣带水。英、法、德三国的哲学同属近代资产阶级哲学范畴，但英、法、德三国哲学却各有自己的面貌，这是因为三国的经济结构、新旧力量对比、文化传统等组成的社会历史条件之间有一定差异。

春秋战国时期，华夏民族的活动范围西从渭水流域，东至黄河下游，南到长江中下游流域，北到蓟辽地域相当广阔。哲学上出现众多学派，呈现百家争鸣。这固然反映了不同阶级不同阶层的利益和要求，同时也与各家所在地区文化传统有关。当时有四个文化区，分别产生了四种文化类型，即：邹鲁文化、荆楚文化、三晋文化、燕齐文化。

邹鲁文化对西周传统文化继承得最多。尤其是鲁国，为周公子伯禽封国，保存了丰富的西周文物典籍①。鲁文化对周朝的宗法制度采取肯定和维护的态度。鲁国是儒家的发源地，儒家的经典《诗》、《书》、《礼》、《乐》，都是西周数百年文化积累形成的。

楚文化发生在江汉流域，它受西周传统文化的影响较小，有自己独特的风格，对中原文化持批判态度。在思想方面，《楚辞》、《老子》及后来受《老子》影响的庄周②，都带有楚文化的鲜明特征，即偏重于探讨世界万物的构成、起源，人与自然的关系，人在自然界中的地位，对于自然事物歌颂备至。老庄哲学对于人伦日用、政治生活，采取轻蔑的态度，视社会生活为桎梏，认为它破坏了朴素的自然。所以荀子说："庄子蔽于天而不知人。"荆楚文化的遗风，至西汉时期的《淮南子》犹可辨认。刘安和他的门客的活动地区仍在当年楚境。

三晋文化指韩、赵、魏一带的文化。三晋处于四战之地，地理条件不如邻近大国，缺少天然屏障和回旋余地。为了在激烈斗争中求得生存和发展，这些国家对内注意改革、练兵、储粮，对外则随时权衡国际交往的利弊，利用矛盾，争取外援。法家吴起、商鞅、韩非等，纵横家苏秦、张仪等，虽然其中有些人后来在三晋以外受到重用，但他们最初都萌发于这一地区，这是形势逼出来的。名家公孙龙为赵人。惠施学说流传于梁（魏）、宋间。荀况的思想兼有儒法两家的特点，与他曾受过三

① 公元前540年，晋国韩宣子到鲁国访问，看到鲁国丰富的文物典籍，惊叹道："周礼尽在鲁矣。"见《左传》昭公二年。

② 庄周，宋人。《楚辞》《老子》对庄子的影响甚深，故应归为楚文化型。

晋学风影响有关。秦国是后起的诸侯国，其地虽为姬周故乡，但平王东迁以后，文化重心随之东移，秦陇反呈空虚，所以秦的文化长期落后，缺乏自己的传统，没有实行严格的宗法制。秦孝公以后，主要受三晋文化影响，可以归到三晋文化类型。

燕齐文化，发轫于齐国稷下，后转输于燕。齐国的周礼传统不如鲁国深固，而军功新贵的势力又不如三晋强，它产生的管仲学派，对旧有的宗法制采取半保留半否定的态度，主张把法治和礼治结合起来。稷下学宫，人材辈出，以道家的势力较大。邹衍的阴阳五行学说，后来盛行于燕齐。西汉董仲舒生活在燕齐方士、道家最流行的地域，他的学说明显受到燕齐文化的影响。

秦汉以后，全国政治上统一，统治者也在努力使思想文化得到统一，车同轨，书同文，行同伦。但由于封建经济是自给自足的自然经济，由于中国地域辽阔广大，有千山万水相阻隔，加上各地文化传统具有保守性，思想文化上的地区差异性仍然长期存在着。在国家分裂、地方封建势力割据称雄的时代，文化上的地区差异性就更加突出。

三国时，魏、蜀、吴各有自己一大批文人学士。荆州地区集中了不少文学家、经学家。刘备、诸葛亮以荆州人才为基础，夺取了四川。王弼先人王业、王粲都在荆州，如果追溯魏晋玄学思想渊源，可以上溯到荆州学派。

南北朝时，政治、经济上的分裂，使南北两地文化上的差别扩大，学术上形成迥然不同的风格。北方的门阀士族为了在少数民族中保持其封建宗法特权，主要是保持其经济特权，他们着力利用儒家传统，宣扬封建宗法道德来维系人心，于是汉儒的经学在北方得到重视。南方门阀士族不像北方处于少数民族贵族统治之下，他们享有足够的政治、经济、文化及社会地位的特权，他们才有条件尚清谈，擅名理，好庄老。北方文化比南方落后，世俗地主阶级的学风，也影响到僧侣地主阶级。因而北方佛教十分注意禅定，强调宗教实践，对于佛学理论上的发挥不甚在意。南方佛教则偏重佛教理论的探究，与唯心主义玄学清谈相配合，为门阀士族特权制度服务。例如般若学与贵无论相呼应，涅槃佛性学说为门阀士族特权作辩护。南北文化的地区性，一直影响到书法艺术，南方尚飘逸、洒脱，北方多端庄、凝重。

隋唐时期，南北统一，文化融合的趋势随之加强。但学术的地区性差别并未泯除。就拿门户林立的佛教宗派来说，它们之间的不同，既表现在经典、教义与师承传授关系上，也表现在学派的地区性上。如禅宗分为南北两宗，南宗主顿悟，北宗倡渐修，也与南朝重义解，北方重禅定的传统有关。

宋以后，儒教垄断了文化，地区性的特点进一步减弱。凡与正统思想不合的新见解，往往受到限制，甚至遭到扼杀。但是细加考察，一些具有全国影响的学派都有自己活动的中心地区或根据地。就宋代理学而言，有濂、洛、关、闽等学派，分别以江西、洛阳、关中和福建为本学派学术活动的中心。此外，还有永嘉、永康等学派。辽金学术与江南赵宋传统也有差别。北宋苏氏父子在理学上亦自成一家，号称蜀学。明朝则有王守仁学派的分化，有浙中和江右、泰州学派等。这些学派的学说是全国性学术思潮的组成部分，同时又各有自己的特色。

明中叶以后，中国有了资本主义萌芽，社会内部孳生着一种破坏封建桎梏的新生力量。明末清初之际，阶级矛盾和民族矛盾加剧，学术思想趋于活跃。黄宗羲的民主思想的提出，复社知识分子集会结社活动，与他们生活、活动的江浙地区有着深切的关系。那里工商业发达，有手工业工场的存在，受着东林党人的巨大影响。王夫之与黄宗羲同时，两人思想却很不相同，除两人所受教育、家庭等原因外，生活环境不同也是一个重要原因。王夫之生活在湖南，又到过两广，直接接触到当时湘黔原始氏族社会生活，因此他不相信儒家关于尧舜禹三代盛世之说，提出了今胜于古的进步历史观①。

过去讲哲学史，哲学发展的地区性是常常被忽视的一个环节。为了把具体问题具体分析的原则贯彻到底，在哲学史研究中，不仅要注意哲

① 王夫之认为唐虞三代并不高明，那时“国小而君多”，“暴君横取无异今川广之土司，吸其部民”，见《读通鉴论》卷二十。

学家的阶级性、时代性、地区性，也还要分析哲学家个人经历、性格特征给哲学理论形态带来的个性差异。这些问题如不注意，就把哲学史写成千篇一律、千人一面。

要看到哲学史上地区性的差异，而哲学的融合过程也同样值得注意。中国向来是众多民族混居杂处的国家。殷朝、周朝的诸侯，虽然各自为政，但都拥戴一个共主，是大国中的小国，彼此间有密切的经济文化联系，在黄河、长江流域，形成大范围内的华夏民族共同体。春秋战国时期，各诸侯国由奴隶社会相继过渡到封建社会，各国之间既进行着政治和军事上的激烈争夺，又进行着经济和文化上频繁的交流，并向着统一合并的方向发展。最后由秦国统一了天下。秦王朝由于压迫剥削过甚，激化了与农民的矛盾，不久即被农民起义所推翻。汉朝总结亡秦的经验教训重建和巩固了全国范围内地主阶级的中央集权，中国从此进入了较稳定的全国统一的时代。政治上的统一，促进了兄弟民族之间经济的往来、文化的交流；民族之间的通婚，加强了民族之间的融合。

在学术思想的发展上，也表现为不断融合的过程，唯物论和唯心论的发展都是这样。荀况的哲学是先秦各种唯物主义哲学的总结，其中既有邹鲁文化、也有三晋文化、燕齐文化及荆楚文化。《吕氏春秋》一书，集合众家之长，儒、墨、道、法、名、阴阳各家，兼而有之。汉初《淮南子》也是一部以老庄为主的综合诸家的著作。董仲舒号称醇儒，其实他的儒术并不醇正，是燕齐方士与儒学的混合物。董仲舒融合各家，用神学驾驭哲学，使两汉经学具有中古经院哲学的特色。西汉以后，表面上看只有儒家被尊崇，实际上在儒家这面旗帜下对许多别家的思想都有所吸收。王充的哲学，是继荀子之后对唯物论的第二次大的总结，他对于先秦《老子》、《管子》、《荀子》、《韩非子》中的积极成分都有所吸收，同时对汉以来杨雄、桓谭的思想也有直接的继承和发挥。

魏晋时期，儒家独尊的局面暂时被打破，佛教、道教大量流行。儒、释、道三家互有斗争，又互相渗透、吸收、融合，三家都在起着变化。从三国时起，汉译佛经就增加了某些儒家的传统观念[①]。尔后，儒、释两家在义理上彼此调和、融通的做法，更加盛行。东晋慧远，在佛学内部调和大小乘之间的矛盾，在世俗哲学上则调和儒学与玄学的歧义，在儒佛关系上融合在世与出世的矛盾。南北朝时，梁武帝儒佛兼信。儒家讲的三纲五常成为佛教的善恶标准。

隋唐以后，儒、释、道三教合流的趋势相当明显。唐朝由政府明令禁佛、道两教互相攻击，三教都得到朝廷的大力支持，三教在内容上由互相诋毁而变成互相补充。

宋代理学创始者周敦颐，他的太极图说显然来自道士陈抟。朱熹与道教的关系也很深，他曾大力钻研过《参同契》、《阴符经》等道教经典。宋明理学是儒、释、道三教在理论上相结合的产物，只是以三纲五常为核心罢了。

王夫之的哲学是封建时代唯物主义哲学的最高成就，他集前人之大成，系统地总结了我国古代朴素唯物论和辩证法，吸收了各方面学术研究的优秀成果，在这个基础上，他才能够使自己的哲学有较全面的创新，代表了前资本主义社会人们认识世界一般规律的最高水平。

以上只是举例说明，中华民族的文化是各时代、各民族、各地区人民共同创造的。中国历史上重要的哲学家、思想家都善于吸收前人和同时代人的学术思想，经过消化，形成新的理论体系。经过不断的汇合、积累，逐渐形成中华民族独立的文化传统，它有较深厚的根基，较持久的影响力。当然，唯物主义哲学的融合与唯心主义哲学的融合不同；前者是融合科学的积极的成分，使真理得到发展，后者是融合非科学的消极的成分，给谬误保持了地盘。我们应当对这种文化融合的过程作深入的研究，总结出规律性的东西来。

---

① 吴支谦译《太子瑞应本起经》卷上："佛言：至于昔者定光佛兴世……寿尽又升第七梵天，为梵天王。如果上作天帝，下为圣王，……及其变化，随时而现：或为圣帝，或作儒林之宗，国师道士。"与康孟详译《修行本起经》相较，自"寿尽又升梵天"以下，两译本相同，只是没有"或为圣帝，或作儒林之宗，国师道士"。可见这几句话是译者为了调和佛儒而故意增加的。

（4）详细地占有历史资料，认真地进行审查和鉴别。对于中国哲学史的研究工作来说，从实际出发，就是从真实的中国哲学史史料出发。所以研究工作的第一步是全面地搜集资料，去伪存真，确定时代和作者。资料根据不充分就难免陷于空谈和武断；使用错误的资料，同样也得不出正确的结论。

搜集资料不能“竭泽而渔”，但基本的和主要的事实则不能漏掉。这些资料便是我们用以作出论断的依据，我们要尊重它，使自己的观点与之相一致；我们反对那种为了适应主观的需要去剪裁历史事实，取其一点，不及其余。有许多学术上的争论，是由于不能全面地处理资料，而是片面地引用资料引起的。历史上没有纯而不杂的哲学家，其思想资料里不同程度地存在着互相矛盾的部分，倘若我们的研究工作者各取所需，根据观点去找资料，那么持相反论点的双方，都可以从中找到自己所需要的资料，当然也都不能正视对方所掌握的资料，而结论则都不免陷入片面性。例如《老子》《墨子》《庄子》，它们的思想体系内部有矛盾，我们若各持一端，这笔墨官司一万年也打不清。正确的态度应当是，对资料要有一个全面的观点，承认矛盾的客观存在，历史地说明这种矛盾出现的原因及其发展趋向。情况是多种多样的。唯物主义成分和唯心主义成分在一个哲学家的头脑中同时并存，这是极常见的现象。有的“大醇而小疵”，基本倾向（或唯物或唯心）很清楚；有的在这个领域唯物，在那个领域唯心；有的本身观点模糊不清；或者一个学派的早期后期有变化，对此都不应忽略。

有些古代哲学著作不出于同一作者之手，也不是同一时代的产物，需要分开来处理。《墨子》一书，历史上学者们长期把它当做墨翟所作，根据近人的研究，我们把它分为墨子哲学和后期墨家，一个在战国初期，一个在战国中后期，这样更符合古代历史的实际。《庄子》一书也有类似的问题，若不加区别，一律作为庄周的思想，许多矛盾不好解决。我们根据古人的记载，把它分为庄周的哲学和后期庄学。这样，《庄子》书中进步性和保守性的矛盾，唯物主义体系和唯心主义体系的矛盾，也就迎刃而解了。《庄子》书中两种思想的矛盾，不同于《老子》，不是思想本身含混不清，而是存在着两种不同的论证体系，只能说明它分别出于不同时代作者之手。还有《周易》，过去把它当做一部不可分的完整著作，其实，《易经》部分属于殷周之际，《易传》部分属于战国后期，时代相距甚远。《管子》一书并不是管仲亲著，已为学者们公认，其中哪些保存了管仲的思想，哪些属于后来的管学，我们研究得还不够，但也谨慎地作了一些鉴别剔除工作，我们认为，其中大部分应看做是战国时期齐管仲学派的集体著作。学术界经常提到先秦的“思孟学派”，我们做了一些考证，认为资料不足，“思孟学派”的存在无法得到证实。

也有些资料，写成文字的时间较迟，但有关事件发生的时代甚早。如早期的宗教、神话、传说，文字流传时期多在汉魏间。我们结合民俗学、少数民族社会调查，考古发掘资料，均可证明其事出有源，不为无据，我们也审慎地、有选择地加以使用。我们对原始社会人类思维的描述，就是以这样的资料为根据的。

辨别资料的真伪，是治哲学史必然遇到的问题。在封建时代，经书是圣人留下来的，敢怀疑的人不多。直到清代，才对《尚书》的真伪开展广泛的讨论。“五四”以后，《古史辨》派的学者在清人考据的基础上，进一步打破旧传统的迷古，提出更大胆的怀疑，为清除封建时代对古史的歪曲和偏见，重新用科学的眼光审查古史资料的真伪，开辟了道路。这一历史功绩，不容抹杀。今天有了更多的考古资料，看来他们当初为了“矫枉”，有时难免有“过正”的地方，不该怀疑的也怀疑起来。

解放后，我们不仅有了科学的世界观和方法论，而且得到了逐年增多的大批出土文物，其数量之多，超过以往任何时代。这就为中国哲学史史料的辨伪工作创造了更有利的条件。例如过去有人怀疑《孙膑兵法》传世，现在在同一墓地发现了《孙武兵法》和《孙膑兵法》，问题便迎刃而解。有了马王堆出土的帛书，对于黄老之学的面貌，我们就更清楚了。对于文物考古的新发现新成果，中国哲学史工作者要给予关心，把能够采用的及时吸收进来。当然，我们并不把中国哲学史研究上今后出现重大新突破的希望，寄托在新资料的发现上，而要花大力气研究在历史上发生过重大影响的学派和学说。

有些著作假托古人，如能找到真凭实据，把它作伪的时代搞清楚，那么它就可以从伪书变为该时代真实资料。如东晋的《列子》，前人不把它看作战国时期列子的思想，因而说它是伪书，但用它来说明魏晋时期的一种思潮，则是可用的和有价值的。在这个意义上说，它一点也不伪。如果我们能善于利用科学手段来处理历史资料，把有用的资料放在它应当被放置的地位，那就有一天会做到人无弃人、物无弃物、书无伪书。当然这是一个长期努力的方向。

发扬优良传统，批判封建主义

中国有将近四千年有文字可考的历史，中华民族在长期封建社会中，创造了灿烂的封建文化。中国哲学史是中国文化的重要组成部分，它的内容十分丰富，有许多优良传统值得我们继承发扬。

中华民族善于吸收、消融外来文化，从不照搬照抄。外来文化到了中国，不改变成为中国的样子，就不能立足，因为我们华夏文化有深厚的历史的政治、经济根基，形成了独特的民族性格。中国哲学史不仅是国内各民族文化思想的融合结晶，而且也以外来的哲学思想丰富自己的体系内容，像汉魏以后对佛教的吸收和消化，到宋代理学糅合儒、释、道三教思想，成为最完备的儒教哲学体系。佛教经过中国改造又传播到亚洲各邻国，各邻国封建社会时代也大多采用中国的儒家学说。中国哲学史在构成东方世界文明以及影响世界文化的作用中做出了应有的贡献。

中国历史上出现了许多伟大的哲学家和许多博学的学者，如春秋时期的孔子、老子，他们约与古印度的释迦牟尼同时，而早于古希腊的苏格拉底，他们的著述不但成为中华民族的财富，也是世界文化财富。

战国时期的墨子、孟子、庄子、荀子、韩非子等人，他们的学问造诣，可与欧亚任何民族古圣先哲相媲美。至于汉朝以后出现的大哲学家，像董仲舒、王充、王弼、向秀、郭象、范缜、韩愈、柳宗元、玄奘、惠能、王安石、张载、程颢、程颐、朱熹、陆九渊、陈亮、王守仁、王廷相、王夫之、黄宗羲、戴震等，其人物之多，理论造诣之博大精微，更是外国（包括东西方）中世纪无法比拟的。只是到了明中期以后，由于儒教的消极作用抑制了中华民族的生机，统治者切断正常的中外交流，以“天朝”大国故步自封，压制资本主义因素的萌发，当西方已迅速步入资本主义时代，它仍然停滞于封建社会，这样便逐渐落后了。我国近代史上也出现了洪秀全、康有为、严复、谭嗣同、章炳麟、孙中山等大思想家，他们是我国近代最早向西方寻求救国救民真理的先进的代表人物。尽管中国近代社会缺乏西方近代资产阶级哲学发生发展的条件，但是他们作为中国微弱的资本主义因素代表，毕竟将中国哲学发展到一个新阶段，为辛亥革命的胜利准备了思想条件，也为后来的“五四”新文化运动铺了路基，他们的历史功绩是不可磨灭的。

随着社会主义祖国的强大，中国已进入现代世界文化大国之林，旧中国那样长期闭关自守的局面已被打破。我们要面向世界，要无愧于中华民族的光荣历史，对人类做出较大的贡献。我们如果能够写出一部较为科学的中国哲学发展史，能够对中华民族的认识史有所揭示，将是我们的最大光荣，也是我们应尽的责任。随着我国国际地位的提高，中外文化交流将推动我们进一步总结经验，发扬优点，吸取外国哲学思想的长处，创造未来的精神文明。

中华民族在长期封建社会中创造了灿烂的封建文化。如何剔除其糟粕，批判地吸收其优良传统，在新的历史条件下予以发扬光大，这是我们的责任。

中华民族的文化，贯通古今数千年，有文字记载的历史连绵不断，越来越翔实。中国哲学史的著作更是十分丰富，给后人留下了可资依据的大量的思想资料。从春秋战国到近代“五四”，使我们对历史上思想发展有一个连绵不断的线索，我们这个传统是值得自豪的。

中国哲学史每一个时代都有它的独特的表现形式和中心思想议题。争论的中心随着人类认识深化而不断创新、前进，有因有革，从而使得中国哲学发展史显得绚丽多彩，既有继承，又有发展，哲学范畴内容不断地得到丰富。这一优良传统给中国哲学史提供了广阔的思想资料来源。

我国自古是个多民族的国家，各民族之间交往频繁。民族交往中随时吸取其他民族的长处，以弥补各自民族的短处，这是民族之间的常规。但是在人民真正当家做主以前，广大劳动人民（人民的主体）没有权利，主宰国家和民族关系的是各个民族中的贵族特权上层人物，他们是剥削阶级的代表，难免要扩大疆土，掳掠人民。因此，在中国历史上除了民族之间的交往和融合之外，也不断发生战争争夺现象。一般地讲，民族之间的战争，掠夺的一方是非正义的，被掠夺的一方，即受害者，如果进行自卫，应当认为是正义的。把历史事件放在当时的历史条件下来评判，古代的民族战争的正义性和非正义性不应含混过去，因为那是当时的大事，它直接影响着有关民族兴衰和当时人民群众的切身利益。中国古代历史上有许多哲学家的新思想往往是在民族矛盾的激发下产生的。这样的进步的思想家，在汉族和其他兄弟民族中都有。维护正义，反对外来民族侵略压迫构成中华民族的爱国主义的精神传统，一直成为中华民族对内融合兄弟民族的长处，对外抗拒侵略的精神支柱。特别到了近代，这种爱国主义精神传统更具有非凡的意义。

在近代，中华民族为了摆脱帝国主义侵略、奴役的处境，民族解放的斗争，成了推动人民觉醒、奋发图强的巨大动力，而先进的中国人为了向西方寻找真理，揭开了中国现代化的序幕，在曲折的道路上摸索前进，最后终于找到了马克思主义这个真理。有了爱国主义的好传统，才使得我们有可能一次又一次地挣脱灾难深重的境地，才能有繁荣富强的今天。也正是有了爱国主义的好传统，才使得中华民族中的优秀的思想家得到鼓舞和力量，抛弃旧成见，钻研当时的新问题，提出了有新意的哲学问题。

中华民族各族劳动人民又具有反压迫反剥削的好传统，从先秦到近代，这种传统一直未断。号召人们向往无拘无束的生活，有老子的小国寡民的理想，有庄子的歌颂无君的思想，直到洪秀全的《天朝田亩制度》和康有为的《大同书》等各种反剥削反压迫的思想。这种思想成了经常的反抗儒家正统思想的促进剂，它有时是儒家明显的对立面，也有时作为儒家思想的必要补充，因而形成了中国特有的空想的大同理想。

数千年的中国历史表明中国的无神论思想和唯物主义思想十分丰富。这是由于中国封建社会得到了充分的发展，封建社会的生产力发挥到这个社会形态可能到达的最好水平。在封建社会中，神学当权，宗教神学笼罩了一切学术领域。唯物主义和无神论在中国的存在，当然也受到中国宗教思想的限制，但是，中国的封建生产关系与生产力的关系有较协调的一面，因而生产、经济、文化都有突出的进展。科学技术与文化是发生唯物主义和无神论的土壤。而唯物主义和无神论的进展又必然限制了宗教神学的辖区。这又是中国哲学史的一个好传统。由于不断得到科学和无神论的理性源泉的灌溉，中国的封建哲学才不致显得像欧洲中世纪经院哲学那么枯燥、独断、反理性。

中国哲学史上的辩证法传统也是世界上封建社会中少有的。辩证法的传统在我国有两大思想体系：一是以老子为代表的贵柔体系，一是以《周易》为代表的刚健体系。这两大体系经历数千年交相融摄，不断丰富中国哲学的辩证法内容，从而使中国古代的辩证法思想达到了朴素辩证法的高峰。辩证法作为一种思想方法和世界观，不但表现在哲学上，也已渗透到生产和生活的各个领域，如医学辨证施治的理论，军事学的指导思想，农业生产上的因地制宜，不但形成了中国医学、兵法、农学的独特体系，而且对世界文化宝库也做出了应有的贡献。

当然，我们也应看到，中国古代的朴素唯物主义和朴素辩证法思想毕竟是近代科学以前的产物，它们的水平也是近代科学以前的水平，缺乏科学实验的可靠基础，而带有极大的臆测性、直观性。它们不但与马克思主义哲学的辩证唯物主义不可同日而语，与法国的机械唯物主义和德国古典哲学家黑格尔的造诣也差着一个历史阶段，是不能相比的。

学习中国哲学史，继承发扬祖国优秀的哲学遗产，可以提高我们的民族自信心。马克思主义若不与中华民族的优秀文化传统相结合，社会主义的精神文明便不可能真正建立起来。我们必须反对民族文化虚无主义，反对那种看不起祖国文化的崇洋思想，但是我们亦不主张排斥外来文化的国粹主义。我们继承封建文化的优秀成果，并不继承封建主义，而且要把批判封建主义作为中国哲学史研究的重要内容之一。

从战国到鸦片战争两千多年，中国是封建社会。鸦片战争后，中国进入半封建半殖民地社会。由于中国民族资产阶级的软弱性，旧民主主义革命没有能够完成反帝反封建的任务。在中国无产阶级领导下，新民主主义革命取得成功。但因为中国资本主义极不发达，封建残余势力却十分强大，肃清其影响，不是轻而易举的。“文化大革命”带来的十年浩劫，正是残余封建主义不甘心灭亡，与社会主义进行的一场生死搏斗。秦汉以后的中国，长期处于大一统局面下，与欧洲中世纪分散割据的封建格局很不一样。中国历代封建统治者不断从政治制度、思想体系方面，加强中央集权的统治力量，维系大一统的局面。

为封建制度服务的各种思想体系，也与这个制度密切配合，形成了具有中国特点的封建社会的意识形态。在唐以前封建社会还处于上升阶段，这时政治结构、意识形态着眼于封建宗法制度的加强。随着宗法制度的加强，中央集权也日益强化，皇帝个人及皇室集团的权力也跟着加强起来。中央集权从秦汉到明清，变得越来越集中。这种权力集中的过程反映了封建制度由发展到腐朽的过程，由于中国封建社会有了一套维持统治的重点，即着眼于加强皇帝个人的权力，用皇权的绝对性来维持封建统治，这样便由前期的着重维护封建宗法制度，转到后期着重维护皇帝个人的权力。由于皇权的加强，贵戚、宦官等腐朽力量依附于皇帝独裁权力的周围，于是造成封建社会政治的腐败和黑暗。

封建的意识形态与封建制度的发展密切关联，有以下几个特点：

封建时代地主阶级的思想、尤其是那些占统治地位的哲学思想，都积极维护封建宗法制度，为封建的三纲五常提供理论根据，因而打上浓厚的封建主义的印记。关于封建制度的“三纲”说，先秦诸子如荀子、韩非已经提出，但在那时仅仅属于理论主张，并没有形成严整的制度。到了汉朝，地主阶级利用它掌握的政权以行政手段来推行“三纲”准则，提拔那些认真贯彻“三纲”的人做官，从一家一户到全国都推行

“家长制”，奖励孝道，提倡以孝治天下，这就使得维护封建宗法制度的“三纲”思想的贯彻得到物质保证，比先秦时期着重于讲道理要有效多了。宋元以后，把《大学》这本书定为国家的教科书，这本书讲的是修身、齐家、治国、平天下，把封建的个体自然经济的思想体系哲理化，向全国灌输，以维护封建的“三纲”。皇帝集中体现了封建国家的权力意志，因此，“君为臣纲”便成为三纲之首，成为纲中之纲。中国封建社会占统治地位的哲学思想都具有明显的维护皇权的特点。宋代的理学家们提出以“天理”为宇宙的精神本体，所谓“天理”就是把三纲五常扩展为宇宙的根本规律。理学把纲常名教抬高到神圣不可侵犯的“天理”地位，而宣扬“存天理，灭人欲”的僧侣主义说教。从汉到宋是儒教的发展和最后完成，儒学成为儒教，渗透到社会各个机体，成为套在人民身上的沉重枷锁。

封建主义哲学的认识论，不像近代哲学那样，以明确的方式对主体与外界的关系进行探讨。中国封建时代的哲学认识论，特别是儒教说的认识过程，只是为了指示人们通过人伦日用的实践以达到神秘主义的本体。认识论只是达到封建伦理、自我人格完善的手段。虽然它也讲了许多庞大的宇宙结构的“天理”、“太极”等玄远的观念，而落脚点还在于如何更好地实践事父事君的义务，宋儒把它叫做“践形”、“尽性”。一般是被用来作为维护封建纲常道德的手段。它把道德作为认识的标准。理学家提倡的“主敬”、“惩忿窒欲”，即变相的“原罪”说。所谓“存天理，灭人欲”的宗教修身方法严重地阻碍了哲学思辨的道路，以信仰主义代替了理性思考，生活中一切疑问，都要在《五经》、《四书》中寻求答案。

封建主义哲学宣扬帝王、“圣人”是历史的推动者，这本来是历史唯物主义出现以前人类认识的通病。这里要提出的是中国哲学史上这种唯心史观有其特殊表现。中国封建社会越到后期，它的自我保护的机制越完备，君主中央集权越强大。理论上的“圣人”，具体化为当时的君主。以“天理”至上去论证君主至上；以天理无谬误去论证君主无谬误。

中国哲学史的研究范围绝大部分是封建时代的意识形态，这些意识形态当然是有着进步与落后、唯物与唯心之分。过去我们在研究中坚持哲学史的党性原则，一般注意了赞扬进步的、唯物的，批判落后的、唯心的，但是忽视了具体分析和批判这些意识形态中的封建主义的糟粕。“四人帮”炮制的“法家进步、儒家反动”的公式就是钻了我们工作中这个空子，他们以赞扬法家为名，贩卖封建专制主义的私货。现在看得很清楚，阻碍我国社会主义发展的，除了资本主义以外，还有大量的封建主义东西。过去由于没有认清中国的这个历史特点，往往在批资本主义的口号下给封建主义留下了后路，甚至错误地把封建主义的东西当做社会主义的东西予以肯定。我们从事中国哲学史的研究，应该自觉地把批判封建主义的任务担负起来。

中国哲学史是中华民族的认识史，它展示出中国哲学与宗教的斗争中发展前进的历程，展示出人类抽象思维从低级向高级的发展，以及人类的认识是如何由浅入深，从片面向更多的方面扩展的。它也展示，哲学压缩了宗教的辖区，而宗教则不断地改变着自己的形式以维护它的阵地。中国哲学史用事实说明儒教形成后，给中华民族带来的苦难，直到今天，人们还不得不背着因袭的重担，不适应现代化的步伐。

哲学史作为认识史，无疑地将为人们提供可贵的借鉴。看到前人如何克服错误，我们从中受到启发；看到后人重犯前人已经犯过的错误，我们从中得到警惕。百年前恩格斯就指出：训练思维能力，迄今为止，还没有比学习哲学史更有效的方法。今天看来，它仍然是颠扑不破的真理。

历史传统悠久，文化积累深厚，这是我们国家的特点，但特点并非尽是优点。正如鲁迅批判的所谓“国粹主义”者们，好比一个人头上长了个赘疣，对这个人来说可以说是“粹”，但这又有什么值得保存的价值呢？如果我们对遗产不善于区别什么是精华，什么是糟粕，就可能把赘疣当成“国粹”，可能把缺点、弱点当成了优点，被死人拖住活人前进的脚步，这是我们要警惕和要避免的。

（任继愈主编：《中国哲学发展史（先秦）》
第1—40页，人民出版社1983年版）

《中国哲学发展史（隋唐）绪论》

中国历史号称“盛世”的时代，首推汉唐。唐朝的成就比汉朝更为辉煌。

秦汉以后，中国封建社会的基本格局是中央政权高度集中与地方小农经济极端分散的矛盾统一。大一统的封建政权需要高度集中，不集中就无从有效地行使政府职能。因为中国地广人众，民族关系复杂，没有一个绝对权威的中央政府统一指挥、协调各方面的关系，大一统的封建王朝就不能存在。中国封建社会的主要生产者是个体农民、手工业者，个体生产者极端分散，以一家一户为生产单位，生产能力低下，产品除了供一家一户消费外，所余无几，更缺乏抵御自然灾害的能力，因而需要一个强有力的政府的庇护。至于抵御外来侵略势力、兴办全国范围的水利工程，更不是一家一户的小生产者办得到的。因此，中国历史上广大劳动人民一方面受着严重剥削，一方面又不得不安于被强制安排的命运。这是中国汉朝以后长期存在的国情——中央高度集中与小农经济极端分散的一对矛盾。

历史上出现的太平盛世的特点是统一的政治与分散的经济协调得比较好的时期。史书记载的汉代文景之治，唐代贞观之治、武周之治、开元之治，都是小农经济得以正常发展，政府统一职能得以正常发挥的时期。还要指出，即使所谓太平盛世，偶发性农民反叛、局部地区的水旱灾荒，政治上的腐败和黑暗也从未断绝过，只是从主流方面看，比较健康，坏人坏事不占主流而已。在阶级对立的古代封建社会条件下，十全十美的太平盛世是不存在的。唐太宗即位之初，亲眼看到一个强大的隋朝，几年之内就被农民推翻，因而有所警惕，对农民不敢任意剥削。太宗晚年，看到天下太平，又萌发了地主阶级的剥削本性，却说“百姓无事则骄逸，劳役则易使”[①]。武则天当政时期，善于用人，号称盛唐治世，到她老年怠政，弄臣张易之之弟“张昌仪……为洛阳令，请书无不从。尝早朝，有选人姓薛，以金五十两并状，邀马而贿之。昌仪受金，至朝堂，以状授天官侍郎张锡。数日，锡失其状，以询昌仪。昌仪骂曰：‘不了事人！我亦不记，但姓薛者即与之。’锡惧，退索在铨姓薛者六十余人，悉注官。”[②] 玄宗也是唐中兴君主，他在位时间很长，重用李林甫、杨国忠，把政治搞乱，历史有记载，这里从略。从一些小事也可以见其昏庸：“玄宗……后得源乾曜，亟用之。谓高力士曰：‘若知吾用源乾曜剧乎？吾以其貌似萧至忠。’”[③] 武则天时，大量封官，也大量诛杀官吏，其危害还小，玄宗天宝年以后，官吏只增不减，冗员充斥，不可收拾。太平盛世尚有黑暗面，遇到乱世，百姓的遭遇是十分悲惨的。[④]

如何使政治上的高度统一与经济的极端分散这一对矛盾协调得好，就成为秦汉以后直到鸦片战争以前中国政治、哲学、宗教关心的总课题。隋唐时期的哲学思潮（三教鼎立的局面）只是在漫长道路中的一段。从三教鼎立佛教为首，到三教融合儒教为主，是唐宋哲学发展的总脉络。

隋唐的中央集权

隋唐以后，中央政权的总趋势为加强中央集权，隋唐时期又有其特点。

隋朝统治时间不长，从灭陈、统一全国算起，不过二十二年。时间

---

① 魏征：《论慎终》，《贞观政要》。

② 《资治通鉴》卷二〇六，中华书局版，第6547页。

③ 《旧唐书》二二三，中华书局版，第4373页。

④ 战乱时期，“民避乱皆入深山，筑栅自保，农事俱废。长安城中米直三十缗。贼卖人于官军以为粮。官军或执山寨之民以鬻之。人直数百缗，以肥瘠论价。”（《资治通鉴》卷二五四，中华书局版，第8268页）同书又载秦宗权的军队车后载盐尸，以充军粮。

虽短，却也提供了有益的经验，完成了它的历史任务，第二次建成了大一统的政权。

南北朝长期不能统一，有三个因素：一是民族隔阂。中原民族与北方少数民族的生活习惯、文化生活、语言都不同。经过几百年的长期交往，矛盾逐渐减少，相互增加了了解。南朝梁武帝时，南北双方的民族矛盾逐渐退居次要地位，国家政权之间的对立突出出来。[①] 二是南北双方经济、文化、政治发展不平衡。开始时，南方政权文化、经济、政治比北方先进，北方政权刚从奴隶制进入封建制，相对落后。南北朝后期，北方很快赶上南方，甚至某些方面超过南方。三是南北双方都没有统一对方的力量，谁也吃不掉谁。中间有过统一的企图，都未成功。[②] 到了隋初，双方条件起了变化，南北文化、政治、经济发展逐渐接近，民族矛盾趋于消融，北方具备了统一南方的力量，隋灭陈，几乎没有费很大力气，顺利地取得了成功。

隋朝与唐朝的关系，很像秦朝与汉朝的关系。史称“汉承秦制”，同样也可以说“唐承隋制”。秦朝没有来得及实现的一些措施，汉朝把它继续完成了。隋唐两代的因革关系也类似秦汉间的因革关系。[③] 唐朝的政治制度基本上沿袭着隋朝的格局，表现在以下几个方面：

第一，打击门阀士族的经济势力。隋文帝“大索貌阅”，清理全国户籍，把门阀士族占有的劳动力（佃客、部曲）清理出来，农民归国家直接控制，直接对国家负担纳租税、供劳役的义务，使农民感到当佃客、依附门阀土族不如当自由农民得的好处多。“为浮客（依附门阀士族），被强家收大半之赋；为编氓（编入国家户籍），奉公上，蒙轻减之征。”（《通典》卷七）隋朝规定，每户农民授露田 80 亩，永业田 20 亩，妇人得露田 40 亩，奴婢同平民一样分得露田和永业田。地广人稀

① 参看《中国哲学发展史（魏晋南北朝）》。

② 淝水之战，北方企图统一南方；桓温、刘裕北伐，企图统一北方。

③ 隋朝把地方官用人权收归中央政府：“大小之官，悉由吏部，纤介之迹，皆属考功（考功侍郎主管官吏评核）。”（《资治通鉴》卷一八〇，大业三年，中华书局版；《隋书》卷七五，《刘炫传》，中华书局版）

的地区，可以满足这一分配方案。唐朝继承隋朝这一制度，在更大范围内推广，在边远地区也得到贯彻。近年新疆吐鲁番阿斯塔纳墓葬中，发现唐开元三年（715）西州营名籍，与内地府兵制同。柳中县户籍残卷记载高昌（西州）实行了均田制，其受田、退田和口分田与内地相同。[①] 农民有自己的小块土地，人身依附关系有所松弛，对发展小农经济有利。也应看到隋唐统治遍及大江南北，有地多人少的地区，也有人多地少的地区，在内地，特别是在大城市附近繁华地区，难以做到。总之，均田制的推行，从物质利益上调动了农民生产的积极性，对于打击门阀士族的特权起了决定性的作用。

也要看到，南北朝门阀士族的势力逐渐衰退，但又兴起了新的世俗地主和僧侣地主，他们占有广大土地，土地兼并造成了新的无地、少地农民。这种新的地主不同于门阀士族地主，他们没有门阀士族的超经济特权，不能保证几百年不败落的特权优势。士族的社会势力还很强大，还要在政治上继续予以打击。

第二，打击门阀士族的政治势力。唐朝继隋朝之后，大力推行科举取士的制度。这是由中央政府根据实际需要，制定的选拔人才、任用官吏的制度。用考试取代推荐，扩大了选拔人才的范围，使全国有较多的人才有进入政府的机会。唐太宗命重修《氏族志》，用意在于提高开国以来新贵族的社会地位。负责编辑的大臣呈送的稿本，仍以山东崔民干为第一等，太宗很不满意，命抑崔氏为第三等。随着新贵族的出现（他们多由科举出身），科举出身的比门荫出身的更受到社会的尊重，人们以科第出身为荣，不从科第出身，则引为终身遗憾。[②] 高宗时，薛元超本是北方大姓，以父荫袭爵，后擢宰相，他却因"不以进士擢第"感到莫大遗憾。唐宗室子弟李洞，因屡次考试不第，曾赋诗云："公道此

① 《吐鲁番县阿斯塔纳－哈拉和卓古墓群清理简报》，《文物》，1972 年第 2 期。

② 李德裕，由贵族门荫入仕，做到宰相，因他不由科第，引为遗憾。他当政时极力拔擢重用科第出身的士人。李德裕遭到贬谪，放逐到海南岛崖州。时人有诗云："八百孤寒齐下泪，一时南望李崖州。"

时如不得，昭陵恸哭一生休。”唐宣宗当了皇帝仍羡慕进士身份，自题“乡贡进士李道隆”以自慰。

几百年的社会习尚并不是马上彻底改变的，也有把门第看得较重的，这种怀旧的人任何时代都难免，但已不是主流。[①] 科举制度给唐朝选拔了不少人才，如元结、白居易、独孤及、梁肃、韩愈、柳冕等，都是一时之选，得到了社会的承认。唐代任用官吏不仅看文章诗赋，还要考核处理政务的能力。取士任官有四条标准：身、言、书、判。[②]“身”取其体貌丰伟，“言”取其言词辩证，“书”取其楷法遒美，“判”取其文理优长。如果够录取条件的人数较多，大家相去不远，则先德行，德均以才，才均以劳。任何时代，任用官吏都以忠实可靠为第一标准。政府定出标准，执行者能否完全照办，这是另外问题，但唐朝的科举制度从组织上扩大了统治基础，团结了大批才俊之士，把他们拉进了统治集团，巩固了中央集权的力量，增加了知识分子拥护中央政府的向心力。[③] 有时做得过了限度，产生了不好的结果。如武则天当政时，为了打击太宗时期的旧官僚势力，大力提拔新进的、拥护武则天的人，定了很多考试科目，如“材堪经邦科”、“道侔伊吕科”、“下笔万言科”、“不求闻达科”、“贤良方正科”、“博学宏词科”等。科举过滥，并不能达到选拔人才的要求，引起了社会的不满。民间编成歌谣，讽刺选拔不当：“补阙连车载，拾遗平斗量。攫榅侍御史，碗脱校书郎。”[④]

第三，强化中央集权的权力。唐朝为了强化中央集权，建立了六部分权的中央政府体制。六部的权力集中到皇帝手中。中央把全国的行政事务交由六个部门掌管：吏部、礼部、兵部、刑部、度支、工部。后代

---

① 宣宗时，“万寿公主，上（宣宗）爱女，钟爱独异，将下嫁，命择郎婿。郑颢，相门子。……时女昏卢氏。宰臣白敏中奏选尚主。颢深衔之。”（《东观奏记》上）

② 《新唐书·选举志》。

③ 科举制度一直延续到清末，可见它对中国封建社会的巩固起了作用。

④ 《全唐诗》，中华书局版，第9942页。

王朝名称有时改变，但分工及职能未变，一直沿用到清朝末年。[①] 中央政府设尚书、中书、门下三省。三省在政府机构中的地位是平行的、平等的，三省有互相制约的作用。实际上尚书省掌管着行政实权，权力最大，它主管六部。[②]

为了强化中央集权，皇帝要掌握军队。越是天下大乱，皇帝对掌握军权的将帅越不放心，于是派出宦官代表皇帝出任监军，监视出征的将帅，干预军队的调动、指挥。由于对地方军队不敢信赖，[③] 开始建立皇家直属军队：左右神策军，并规定左右神策军不相统属，都由皇帝直接掌握。当时为了稳定中央政权、震慑地方割据势力，这个设计也算周密，实际运用的效果并不成功。陆贽曾指出由皇帝派宦官监军造成的危害：

> 所谓措置失当者，戍卒不隶于守臣，守臣不隶于元帅。至有一城之将，一旅之兵，各降中使监临，皆承别诏委任，分镇亘千里之地，莫相率从。缘边列十万之师，不设谋主。每有寇至，方从中覆。比蒙征发赴援，寇已获胜罢师。吐蕃之比中国，寡不敌众，工拙不侔，然而彼攻有余，我守不足。盖彼之号令由将，而我之节制在朝；彼之兵众合并，而我之部分离析故也。（《资治通鉴》卷二三四，中华书局版，第 7534 页）

从用兵的成败、战争的效果看，陆贽所列举的事实无可争辩。但陆贽不明白为了维护大一统的封建王朝，中央政府需要高度集中。由此可以看

① 鸦片战争后，列强入侵，不同于过去接待四方邻国朝贡的往来关系，原来的六部都难以应付与列强的不平等交往，才增加了专门办外交的部门。

② 史书说，唐太宗当皇帝以前曾担任过尚书令，此后尚书令不再设置。这种解释不符合事实。唐太宗也当过中书令，但后来并未废置中书令。主要原因是皇帝要更多地过问六部的行政事务，多一个尚书令，对强化皇帝的集权不便。这是出于中央高度集权的需要，不能用“避讳”来解释。

③ 唐朝郭子仪、李光弼，屡立战功，屡次起用，屡次罢免，原因是朝廷对他们带领的地方部队朔方军不信任。

出集中统一的要求与所收到的客观效果，没有协调好，以致事与愿违。

唐朝中央集权的政策，在政权所能达到的地区，贯彻得比较好。如均田制度，推广到新疆，政府的诏令，直到唐末，离唐亡国不到二十年，还能达到海南岛。[①] 维护大一统的有效统治，还要有善于运用权力的人和机构。如果遇上皇帝本人昏庸无能，或者性格上弱点较多，高度集中的权力势必被盗用，宦官集团应运而生。

唐朝建国后制定的政策是维护高度的中央集权，权力集中到皇帝。宦官与皇帝朝夕相处，有的小皇帝是在宦官的照料下长大的，宦官最能吃透皇帝的偏好、习性和弱点。名义上皇帝在指挥宦官，皇帝在发号施令，实际上，在很多情况下，出主意的是宦官。又由于皇帝在位的时间有时比宦官要短，皇帝在位只管一代，宦官在宫廷内形成一种政治集团，有的宦官在宫内掌权长达好几十年，比皇帝在位的年限长得多。[②] 宦官本来用做皇帝的心腹，后来反而成了皇帝的异己力量，皇帝不能利用宦官，宦官却能操纵皇帝，史称宦官之祸。

宦官参与政府机要，开始于唐玄宗重用高力士。肃宗时宦官李辅国专权，拥立肃宗，后来李辅国杀死张皇后，肃宗惊吓而死。代宗、德宗均重用宦官，顺宗被宦官迫胁让位，宪宗遭宦官忌恨，一夕暴死，死因不明。宪宗子敬宗已朝见过百官，被杀死。文宗、武宗、宣宗、懿宗、僖宗、昭宗，直到唐朝灭亡，皇帝都没有摆脱宦官的包围和操纵。[③]

---

① 南中小郡多无缁流，每宣德音，须假作僧道陪位。昭宗即位，柳韬为容广宣告使。敕下到下属州。崖州自来无僧道，皆隐事差科。宣诏时，有一假僧不服排位。太守王弘怪而问之。僧曰："役次未当，差遣编并，去岁已曾作文宣王，今岁又差做和尚。"（高择《群居解颐》，参《岭表录异》，《太平广记》卷四八三）

② 大宦官仇士良权力过大，唐武宗让他致仕（退休），他的党徒送他离开皇宫，回到私宅。仇士良教导他的党徒说："天子不可令闲，常宜以奢靡娱其耳目，使日新月盛，无暇顾及他事，然后吾辈可以得志。慎勿使之读书，亲近儒生。彼见前代兴亡，心知忧惧，则吾辈疏斥矣。"（《资治通鉴》，中华书局版，第 7985 页）

③ 中国历史上发生过三次"宦官之祸"，第一次在东汉，第二次在唐朝，第三次在明朝。祸害一次比一次严重。因为从汉到明，中央权力越来越集中，皇帝权力大，宦官权也随之膨胀。

（唐文宗）坐思政殿，召当直学士周墀，赐之酒，因问曰："朕可方前代何主？"对曰："陛下尧舜之主也。"上曰："朕岂敢比尧舜，所以问卿者，何如周赧、汉献耳。"墀惊曰："彼亡国之主，岂可比圣德？"上曰："赧、献受制于强诸侯，朕受制于家奴。以此言之，朕殆不如。"因泣下沾襟，墀伏地流涕，自是不复视朝。（《资治通鉴》卷二四六，中华书局版，第7941页）

加强中央集权，这一总趋势符合中国封建社会的国情。如何使这个权力正常发挥，不产生副作用，要靠长期的探索，使其机制逐步完善，历史上所发生的失误，为后人提供了有益的借鉴。

隋唐小农经济的发展

政治上的高度统一，经济上的极端分散，是隋唐不同于南北朝的根本点。

政治上的高度统一，要有强大的国力，在古代农业为主的封建制度下，要保持强大的国力，必须发展小农经济。南北朝门阀士族统治下，小农经济得不到充分发展，束缚了生产力。隋唐建国后，使广大农民从严重的人身依附下解放出来，是一大进步，这一趋势也是符合社会发展的总趋势的。为了使小农经济得到发展，隋唐统治者都制定了一些轻徭薄赋、爱惜民力的政策和措施，并收到了实效。经济繁荣和人口增殖是明显的证据。据历史记载，东汉人口最多时曾达到五千万，唐玄宗时，人口也达到了五千万。

隋唐两朝打击门阀士族势力，适应了小农经济的要求，农民富足，国力也随之增强。隋朝统辖范围，南到印度支那的南部，605年建立林邑郡，608、609两年，北方击败吐浑，置河源、西海二郡（今青海省）。西边置鄯善、且末二郡（今新疆），还派兵泛海登流求（今台湾）。唐朝肯定隋朝的强盛，说隋朝"统一寰宇，甲兵强盛，风行万里，威动殊俗"。（魏征《贞观政要·论君道》）

隋朝国库储藏丰富，为前朝所不及。统一中国后，二十年间，增加了大量物资储备。"西京太仓、东京含嘉仓、洛口仓、华州永丰仓、陕州太原仓，贮米多者千万，少者数万石。天下义仓，又皆充满。京都及并州库，布帛各数千万。”（《通典》七，《食货·丁中》）炀帝时，起义军占领洛口仓，开洛口仓散米，“就食者近百万口……织荆筐淘米，洛水两岸，望之皆如白沙。”（《资治通鉴》一八六，武德元年九月）李渊镇守太原，粮米可支十年。隋设在西京长安府库，到贞观年间犹未用尽。（《旧唐书》六十，《巢王元吉传》，《贞观政要》六，马周《论奢纵》疏）

国家统一，政治稳定，人口也有了急剧增长。据杜佑《通典》、《隋书·地理志》、《通鉴》二一七《唐玄宗纪》综计，隋大业中有户8907546，口46019956。唐天宝十三年（754），唐有户9069154，口52880488。[1] 在地广人稀的古代，人口是生产力的主要代表方面之一，人力也是财力。中国历史上人口第一次达到五千万，是在东汉，第二次达到这个数字则在唐朝。直到清朝以前，中国人口没有超过唐朝。今天中国人口增长失控，达十一亿之多，成为沉重的负担。古代情况不同于今日，人口众多，是国力强大的标志。唐玄宗时的人口达到五千万，不只是唐玄宗的政绩，那是在武则天政绩基础上继续发展的结果。

唐王朝鉴于隋朝由强大走向灭亡，引以为戒，适应小农经济的要求，减轻农民的负担，抑制南北朝以来门阀士族势力，由国家直接控制土地和劳力。这一政策是隋朝政策的继续，并取得了一定的成功。

唐王朝辖区内政令得以贯彻执行。如均田制，结合耕战，又使耕者有其田，这本是个理想。在隋末连年兵灾之后，土地荒废，人口减少，这一制度给小农经济带来了生机。在强大的中央政府保护下，农民得以安居乐业，给后来的繁荣昌盛打下了基础。

唐朝为了贯彻政令统一，建立了比较完善的驿站制度。[2] 舟船车

---

① 中国史家重男轻女，承认武周政绩的不多。歌颂“开元之治”者史不绝书，这是不公平的。武周之后，为唐王朝留下了开元盛世；开元之后，给唐朝造成了分裂、割据的残局，直到唐亡。武则天与唐玄宗政绩优劣、才能高低，显而易见。

② 参看严耕望《唐代交通图考》，1985 年，台湾版。

马，遍及全国。驿站交通系统以长安、洛阳为中心，向四方辐射，远达边境四裔，结成了统一的交通网络。完善的驿站制度和设施，极大地促进了国内政治、经济、文化的发展。

开元盛世，天下水陆驿1639所，根据交通流量大小，置船马，水驿船2—4只，陆驿马8—75匹，都亭驿有逾百匹者。驿与驿之间，近者不到三十里，远者八十里以上，平均四十里以上。全国驿道共约六万五千里。官家驿站主要是为了传递文书、接送官员。据李肇《国史补记》载，渑池道中，一次前车出了故障，交通阻塞，后队车旅铃铎数千，罗拥不能行。据《通典》卷七："东至宋（今商丘）、汴（今开封），西至岐州，夹路列店肆待客，酒馔丰溢。每店届有驴赁客乘。倏忽数十里，谓之驿驴。"驿站交通网可直通边疆。据《沙州都府图经》："瓜、伊间，大碛道九百里，中间置十驿。"半数驿距在八十里以上。民间有商营驿站，寺院也在交通要道开旅店。"乃宅寺关口，用接远宾，故行旅赖之。"（《续僧传·法琳传》）驿站还可为私人传递信件。"久客多枉友朋书，素书一月凡一束。"（《秋枉裴道州手札遣兴》）

唐代交通发达也为国际经济、文化交流提供了便利。东到日本，这是来往最频繁的海上通道。取道陆路，经朝鲜半岛，也成为另一条通道。唐代的交通西域，更是为人所悉知的。

陆路交通，有时受沿途各国的政治与战争的影响，不能保证绝对畅通，且驼、马运载消耗物力较大，运载货物数量受到限制。海上运输，载运量大，节约运力，且不受沿途各国政治影响，唐朝中期以后，海上丝绸之路逐渐成为更重要的东西方的通道。

由于唐代航海、造船工艺的先进，世界地理知识的增加，由长安、洛阳通向西方，开辟了海上丝绸之路。远洋航船利用罗盘，掌握季候风的规律，海洋通道可延伸到很远的地区。最西可以到达拂菻（Farang，今Istanbul，当时为东罗马都城），通向东南亚的交通更为便利，与尸利佛哲（三佛齐，Sri Vijaya，今苏门答腊之Palembang）、狮子国（Simhala，今Srilanka）来往都很频繁。玄宗时册封为王的临近诸国有三十八个国族，大多在三边之外。①

应当指出，小农经济的社会，不只是生产方式或制度受小农经济的制约，其思想意识也无不打上小农经济的烙印。所谓小农意识，不限于农民，地主阶级，以至地主阶级的最高代表如帝王，也难免有小农意识。史称隋文帝性节俭，虽身为帝王，仍未脱小农意识。王夫之批评隋文帝，说：

> 俭于德曰俭，俭于财曰吝。俭、吝二者迹同而实异，不可不察也。吝于财而文之曰俭，是谓贪人。谚曰："大俭之后，必生奢男。"贪吝之报也。……隋文帝之俭，非俭也，吝也，不共其德而徒厚其财也。富有四海，求盈不厌，侈其多藏，重毒天下，为恶之大而已矣。（《读通鉴论》卷十九，岳麓书社版，第715页）

隋朝的家业给第二代皇帝炀帝毁败。唐得天下，深知农民的要求不可忽视，农业生产不能停顿。指出隋朝"穷兵黩武，百姓不堪，遂至于灭亡"（《贞观政要》卷一），唐太宗教训群臣："甲兵武备诚不可缺，然炀帝甲兵岂不足邪？卒亡天下。若公等尽力使百姓乂安，此乃朕之甲兵也。"（《资治通鉴》卷一九三）

小农经济社会，农民自然有小农意识，地主阶级、帝王贵族也不能不受小农意识的支配。隋文帝好聚敛，流于吝；隋炀帝肆意享乐，迷醉于低级的生活刺激，流于奢靡。吝和奢都是地主阶级中小农意识缺陷的集中表现。唐初诸帝怵于隋亡的教训，不敢放纵，过了几年安静太平日子，贪图享乐，拒谏饰非的毛病就出现了。唐太宗统治的后期，不喜欢听挑毛病的话，服用长生药，五十多岁即死去。武则天晚年，怠于政事。唐玄宗后期，认为天下已经太平，委政于李林甫、杨国忠、高力士，自己醉生梦死地混日子。唐代帝王中服长生药致死的有六人。②

---

① 受唐册封者，高祖时有高丽、百济、新罗。太宗时增加突厥、西突厥、薛延陀、吐蕃、吐谷浑诸族国。玄宗时又增加龟兹。

② 太宗、宪宗、穆宗、敬宗、武宗、宣宗。

小农意识，一般表现为目光短浅，急功近利。财富保存在国库还不放心，认为不是自己的，非要把财富堆放在自己身边才感到是自己的，把地方奉献单独储藏，谓之“左藏”。宫廷用品，命宦官到市场上强购，象征性地给几文钱，这种掠夺式的交易谓之“宫市”①。小农意识最大的特点是经不起富，耐不得贫。贫则怨天尤人，富则纵情声色，贪图口腹的快意。由于文化素质的低下，思想境界不高，有了权势之后，以为满足口腹之欲就是幸福。世俗贵族如此，出家的佛教、道教所描绘的极乐世界和神仙洞天的生活享受也多属于耳目口腹的满足。② 唐朝皇帝也和其他朝代皇帝一样，好的少，庸劣的占多数。这不是皇帝的过错，而是小农经济社会封建宗法世袭制的普遍现象。

隋唐的民族关系

唐朝是强盛的多民族的封建大国，它处理民族关系，比历代王朝较为平等。因为隋、唐两个王朝的皇帝及贵族都不是纯汉族，如唐太宗李世民自称李耳后裔，奉老子为远祖，其实，他至少是个混血儿。祖母窦氏、母独孤氏、后长孙氏都是鲜卑人。唐朝统治阶层对汉族以外的少数民族不甚歧视。唐太宗自称他对全国百姓一视同仁，这是符合实际的。秦汉以后，与中原地区发生纠纷的民族多来自北方，唐朝对待北方各民族的政策比较妥善。西北等部族，与唐关系甚深。贞观十二年（646）平定薛延陀之后，太宗至灵武，“敕勒诸部俟斤遣使相继至灵州者数千人，咸云：‘愿得天至尊为奴等天可汗，子子孙孙常为天至尊奴，死无所恨。’”（《资治通鉴》一九八）开元二十九年（714），石国上表称“奴自千（先）代以来，于国忠赤”，并称唐为“天可汗”。（“可汗”称号只限于北方回纥、突厥等族，其他边境邻国不称国王为可汗。）安史之乱后，代宗永泰元年（765），仆固怀恩引回纥入侵，见郭子仪时，

---

① 白居易的新乐府《卖炭翁》，就是讽刺皇帝纵容宦官压价强购市上农民物品的。

② 今天保留下来的隋唐壁画描绘的神仙、佛祖世界多属此类。

仍称唐代宗为“天可汗”。唐末国势衰落，北方还有些少数民族对唐王朝怀有感情。沙陀部赐姓李氏，李克用称“仆经事两朝，受恩三代，位叨将相，籍系宗支”。（《报西川王建书》，《全唐文》一〇三）克用之子李存勖灭后梁，称帝，定国号曰“唐”，立宗庙时，并为唐高祖、唐太宗等立七庙。

唐太宗自述成功之道五，其一为“自古皆贵中华，贱夷狄，朕独爱之如一，故其种落皆依朕如父母。”（《资治通鉴》一九八，中华书局版，第6274页）唐盛时，自我约束，不主张无限扩张。

> 康国求内附。上曰：“前代帝王好招来绝域，以求服远之名，无益于用而靡敝百姓。今康国内附，傥有急难，于义不得不救。师行万里，岂不疲劳？老百姓以取虚名，朕不为也。”遂不受。（《资治通鉴》一九三，中华书局版，第6091页）

唐朝科举取士，文人考明经、进士科的，不分种族都可以进入仕途，有的进入中央政府。① 武将也同样有上进的机会。唐代番将有国族可考者2536人，有姓名可考者776人。② 乾陵前所列石像六十余尊，像背刻有衔名，其中可考者，番臣35人。③

唐朝作为一个多民族的大国，有各族基本平等的民族政策，收到了很好的效果，并得到各民族的拥护和支持。归纳起来，有四点前所未有的措施。第一，不强迫其同化；第二，不掠取俘虏分散为奴婢；第三，不使杂处，不强迫通婚；第四，宗教信仰自由，民族风俗得到尊重。

唐代以它的高度文化、富裕生活吸引了国外来华经商或留学者，愿定居长安、不愿返回故乡的，人数甚多。④

---

① 冯承钧《唐代华化蕃胡考》。

② 参见章群《唐番将研究》第38—95页，台湾，联经出版社。

③ 《乾陵石人像及其衔名的研究》，文物出版社出版《文物集刊》1980年第2期。

④ 日本学者阿倍仲麻吕，汉名晁衡，考取中国科举，做了官，与大诗人李白成了好朋友，传为中日文化交流的佳话。

李泌知胡客留长安者或四十余年，皆有妻子，买田宅，举质取利，安居不欲归。……凡得四千人。……有不愿归者，当于鸿胪自陈，授以职位，给俸禄为唐臣。……胡客无一愿归者。（《资治通鉴》卷二三二，中华书局版，第7492页）

唐朝以它先进的文化影响到近邻。如唐对南诏文化的影响：

韦皋在西川，开青溪道以通群蛮，使由入贡。又选群蛮子弟，聚之成都，教以书数。欲以慰悦羁縻之。业成则去，复以他子弟继之。如是五十年，群蛮子弟学于成都者殆以千数。（《资治通鉴》卷二四九）

（南诏）礼晋右将军王羲之为圣人。（《南诏野史》上）

又如开元末，皮罗阁为云南王，“皮罗阁之子阁罗凤抗唐时，攻下巂州，俘西泸令郑回，使之教其子弟，后竟任清平官①。”（《新唐书》222上）皮罗阁之孙凤伽异曾入朝宿卫数年，有大臣多人在成都学习。唐初文成公主到吐蕃，带去大批工匠艺人。太和三年（829年）南诏攻成都，俘去工匠、女工，学会织绫罗技术（《旧唐书》194上）。

唐朝的对外开放，敢于、乐于接受汉族以外文化及生活方式，引起一些保守思想人士的牢骚。

今北朝与京师杂处，娶妻生子，长安中少年有胡心。吾子视首饰靴服之间不与向同，得非物妖乎？（陈鸿《东城父老传》）

文化交流本来会产生相互影响，保守者视为“物妖”，实为正常情况。民族文化交流融会的趋势是不可扼制的。

唐代文明之所以达到较高水准，还在于它善于吸收外来文化，有利的、好用的，随手拿来为我所用。如音乐、舞蹈、乐器，很多是引进

---

① 清平官六人，即宰相。下设六曹长，相当六部尚书；大将军十二人，似唐十二大将军。出镇称节度，有功可授清平官。（向达《蛮书校注》卷九）

的。在大量交流的影响下，才出现了灿烂的唐文化。中国好的传统、文化典籍，都成为与邻国交流的赠品。[①] 高宗时，派养蚕、制酒、磨舂、造币、墨工去吐蕃。武后时，招待吐蕃使臣“观看中国音乐”（《旧唐书》一九六）。玄宗时，规定“蕃客入朝，并向国子监，令观礼教”（《唐大诏令集》卷一二八）。开元十九年（731）命抄写《毛诗》、《礼记》、《左传》、《文选》等赐嫁给吐蕃的金城公主。又写给渤海国《唐礼》、《三国志》、《晋书》等（《唐会要》夷独请经史条）。唐朝与东邻日本、新罗的文化交流，儒家经典、佛教各派的传播，史不绝书，已为众所周知的常识，中外史籍记载详备，此不赘述。

隋唐的社会思潮

仅在政治上取得统一，并不能保证国家的长治久安，还要建立思想上的统一。隋朝统治时间较短，只是在政治上建立大一统的机制，其余的任务由唐朝来完成。

隋唐继承了南北朝长期分裂的格局，思想领域没有一种权威的、大一统的完整体系。南北朝几百年间，在社会上流行的不是一种思想体系，而是三种并存的思想体系——佛教、道教、儒教。三教各有特点，它们相互补充，却不能互相代替，成为当时社会流行的主要思想。

隋唐统一后，即有意识地使三教融合，当时有识之士也看到三教合一的必要性。如隋朝的王通，即有会通三教的尝试。三教内部也有各自会通本宗不同流派，建立统一体系的企图。

佛教在南北朝时期，由于政治的阻隔，形成南北不同的流派。隋唐佛教各宗派都在各自的流派范围内调和、融汇南北不同的思想倾向，建立统一的宗派。如天台宗，建立于隋朝，盛行于唐朝，曾致力于发展南

---

① 这种敞开大门的行为，也曾引起有保守思想的人的反对：“窃为突厥、吐蕃、契丹等，往因入贡，并叨殊奖，或执戟丹墀，策名武秩，或拽居黄门，服改毡裘。词兼中夏，明习汉法。目睹朝章，睹衣冠之仪，知经国之要，窥成败于国史，察安危于古今……”（薛登《请止四夷入侍疏》，《全唐文》二八一）

方的思辨传统与北方的禅定传统，建立了定慧双修的天台止观体系。①禅宗起源于北方嵩洛一带，本来重禅行，不重义解，唐代禅宗结合禅行与义解，形成了融汇南北禅法的新宗派，湖北黄梅弘忍是唐代禅宗的代表。②

儒家经典在汉代有各派传承世系，自有家法。两汉经学的基本体系为神学经学。③ 南北朝长期分裂后，南北经学受玄学影响，从神学经学蜕变为玄学经学。对《易》的解释，离开象数转向义理。其义理又偏重于以《老子》解《周易》，以玄学解《论语》。北朝解经保有马融、郑玄的传统。马郑经学偏重名物训诂，脱离古今文师承，与神学经学面貌不同。

隋唐统一后，国家为了统一经学思想，由政府编辑了《五经正义》，兼采南北朝经学的成说，定为国家开科取士的标准教材。④

三教之中，道教在唐朝受到空前的恩宠。东汉时，道教与佛教同时被当做神仙，在宫中立祠奉祀，桓帝在宫中“立黄老浮屠之祠”。南北朝时道教经过改造，受到官方重视，成了与佛教同等地位的宗教。由于道教发展起步较迟，势力及影响均不及佛教。南北朝的道教也有南方重义理、北方重实践（宗教实践）的倾向。唐朝皇室奉李耳为远祖，唐太宗崇道抑佛，唐玄宗对道教大力提倡，全国道观总计1687所⑤，并搜集、编辑道教全集，称为《一切道经》。玄宗自注老子《道德经》，颁发到全国各地的道教宫观，供学者学习。道教自身的发展，也体现了南北统一、南北融合的新形势。⑥

儒、佛、道三教都在各自的领域内协调、统一、融合南北朝长期分裂

---

① 《中国哲学发展史（隋唐）》有专章。

② 同上。

③ 《中国哲学发展史（秦汉）》有专章。

④ 《中国哲学发展史（隋唐）》有专章。

⑤ 道观、寺院数目，都是指政府承认的，是记录在政府档案的，不包括民间私立的小庙、小道观。

⑥ 唐朝道教《中国哲学发展史（隋唐）》有专章。

的学术思想。三教之间也分别做出了自己的贡献。唐王朝对三教的态度，有时抬高某一宗教，有时打击某一宗教，但唐朝的宗教政策是一贯的，对三教都要利用，认为三教都是劝人尽忠尽孝、奉公守法，对国家统治秩序有利。国家每逢遇到重大节日或隆重庆典，即诏三教推派代表，在宫廷开展辩论。代表三教参加辩论的都是当时三教中最有影响的人物。①

三教合一是隋唐时代思潮发展的总趋势。由于三教除了共同为唐王朝的统治帮忙以外，还有各自的观点和团体的利益。三教之间有一致处，也有互相对立的地方。对高度集中的大国来说，三教长期分立，不能满足国家的客观需要，有时会造成思想上的混乱。比如儒家一致认为隋炀帝是个败坏伦理纲常、荒淫无道的昏君，他与历史上的亡国之君夏桀、殷纣不相上下。由于隋炀帝信奉佛教，支持佛教的发展，佛教徒对隋炀帝另有评价，为他辩护，引经据典，指出炀帝的行为与世俗罪恶性质不同，炀帝的弑父、篡乱，是前世夙因造成的，是佛教有意安排用来教化世人，使人皈依佛教的。

> 世谓炀帝禀戒学慧，而弑父代立，何智者（智𫖮）不预鉴耶？然能借阇王之事以比决之，则此滞自销。故观经书释之，则有二义：一者事属前因，由彼宿怨，来为父子。故阿阇世云："来生怨。"二者大权现逆，非同俗间恶逆之比。故佛言"阇王昔于毗婆尸佛发菩提心，未尝堕于地狱"。（《佛祖统记》卷三九）

《佛祖统记》是天台一派的著作。天台宗的创始人智𫖮曾得到炀帝的支持、鼓励。炀帝为太子时即与智𫖮相结纳，并为杨广授"菩萨戒"。杨广即位后，天台宗更受到皇家的政治庇护，成为隋唐诸宗派中最早建立的有势力的宗派。

隋唐的三教关系

三教鼎立，是唐代哲学界的总形势。三教的势力并不相等，三教中

---

① 白居易、李荣等儒教、道教的代表，参加过多次三教辩论。

佛教的社会影响最大，其次是道教，儒教影响最小。佛教社会影响大，主要有三方面的优势。

（1）寺院经济的优势。佛教寺院经济，从南北朝以来逐渐壮大。仅以河南嵩山少林寺为例，它拥有庄园几十处，土地上百顷，拥有寺户、碾硙等。① 天下众多大寺院，情况与此大致相同，不再多举。寺院占有劳动力，享有免交赋税租调的特权。当寺院佃户，可以不充当政府的劳役、兵役。寺院经济发展到与国家争利的地步，② 国家不得不以强力限制。会昌废佛，③ 使寺院经济受到打击，④ 在此以前，寺院财富充足，超过一般地主阶级。佛教寺院利用雄厚财力，兴办社会福利事业，有悲田养病坊，灾年施药施粥。会昌后，由政府接管。但救济不及时，且有贪污，政府又把它交还寺院经管。“兼差有道行僧人专勾当。”（懿宗《疾愈推恩敕》，《全唐文》卷八四）佛教寺院还兴办旅店，供商旅住宿。废佛以后，毁掉的寺院，由于客观需要，政府下令恢复。宣宗时，“其诸县有户口繁盛，商旅辐辏，愿依香火，以济津梁。亦任量事，各置一院……其山谷险难，道途危苦，羸车重负，须暂憩留，亦任依旧基，却置兰若。”（《唐会要》卷四八《议释教下》）

（2）普及宣传的文化优势。寺院除具有特殊的政治、经济待遇（免税、免役等特权），还具有文化优势。一个寺院等于一座图书馆，一般清寒士人多借寺院读书。

寺院除拥有高层次的有文化的僧人主持讲经、译经事业外，对广大

---

① 参见《皇唐嵩岳少林寺碑》，《文苑英华》卷八五八，李邕《嵩岳寺碑》。

② “今道人私度者几数十万。其中高度户多丁。黠商大贾，诡作台符，羼名伪度。且国计军防，并仰丁口。今丁皆出家，兵悉入道，征行租赋，何以备之。”（《旧唐书》一二三《李峤传》，中华书局版，第4370页。）

③ 会昌五年（845），政府下令废佛，没收良田数千万亩，奴婢十五万人，僧尼还俗二十六万五百人。

④ 会昌废佛前，日本留学僧人园仁（793—864）等来华。会昌废佛期间他看到寺院经济破坏后僧人的穷困情况。他说：“天下僧尼尽令还俗。乍作俗形，无衣可著，无物可吃，艰穷至甚。冻饿不彻，便入乡劫夺人物，触处甚多。州县捉获者皆是还俗僧。”（《入唐求法巡礼记》卷四）废佛前后的生活形成鲜明的对比。

佛教信徒多采取一般通俗宣传的方式，如用说故事（俗讲），映幻灯，吸引听众。佛教通俗宣传有极大的吸引力，上层贵族妇女，一般市民，都是俗讲的热心听众。从敦煌变文所保存的材料，可以推知当年的宣传盛况。①

佛教宣传，还善于借助音乐节奏，配合讲经内容。② 利用当时民间小调乐谱形式，填充以佛教出世内容，使之便于记诵传唱。敦煌写本佛书中发现以“五更转”宣扬佛教者多种。③

宗教的发展，没有上层统治者的支持，不能推广，并享有特权合法地位；没有下层广大群众为基础，也难以取得重大社会影响。佛、道二教都注意这两个方面，所以能长久流传，超过儒教。

（3）理论体系的优势——相当完整的心性论。本卷《佛教编》有重点讲述，这里从略。

道教在皇族大力支持提倡下，也比南北朝时有较大发展，宫观之盛丽，仅次于佛教。本卷《道教编》有专章。

只有儒教，典籍整理尚停留在结集水平，提出创见的极少，不像佛、道二教成立宗派，建成理论体系。儒教经学不振，甚于南北朝。汉儒尊孔子、周公，唐人尊佛，重禅师。中唐以后，社会随处充斥着佛教徒与诗人。到了五代时期，天下大乱，政治失去中心，为中央集权在理论上作论证的儒教自然软弱无力。儒教寺院——文庙也日趋败落。晚唐诗人罗隐“谒文宣庙”诗云：

> 晚来乘兴谒先师，松柏凄凄人不知。九仞萧墙堆瓦砾，三间茅殿走狐狸。雨淋状似悲麟泣，露滴还同叹凤悲。傥使小儒名稍立，

---

① 向达《唐代俗讲考》。

② 参看《净土五会念佛略法事仪赞》，敦煌遗书中存有中、下两卷。

③ 神会的《顿见境》五首：“一更初，涅槃城里见真如，妄想是空非有实，不言有为不言无。非垢净，离空虚，莫作意，入无余，了性当知即解脱，何劳端坐作工夫……五更分，净体由来无我人，黑白见知而不染，遮莫青黄寂不论。了了见，的的真，随无相，离缘因，一切对中常解脱，共俗和光不染尘。”（《敦煌歌辞总编》，上海古籍出版社版，第 1425 页。）

岂教吾道受栖迟。①

仅仅从哲学思想体系而论，三教中佛教最为完整，它提出了中国哲学发展中的核心问题。但它是出世的世界观，不能直接为大一统的封建王朝服务。因为政治上的高度统一，要贯彻忠君原则，为适应小农经济一家一户的家庭生产方式，要讲孝父母的原则。佛教在这一关键处输了一着。儒家则吸取佛、道两教的长处（心性论），以充实自己的体系，从而引发出宋代哲学。

唐代的政治、经济、文学、艺术、科技以及国际文化交流的规模，均超过汉朝，在当时国际间，其地位遥遥领先。唯独唐代的哲学思想体系，学术界一般认为似不及汉朝的博大完整。治中国哲学史者对上述现象不免困惑。

传统看法，以儒家为正脉嫡传，治哲学史者不惜以浓墨重彩介绍韩愈、李翱、柳宗元、刘禹锡几位大思想家。韩、柳等人不失为第一流人物，但完全靠他们来支撑唐朝的盛大局面，毕竟显得单薄。

我们现在打破传统习惯，不抱儒家为正统的偏见，按历史实际情况考察隋唐哲学思潮，儒家以外还有佛、道两家。佛、道两家的社会影响及理论造诣均超过儒家。佛经、道经的数量也多于儒经。佛、道两家，特别是佛教，在哲学理论上更有其独到处。

魏晋玄学把中国哲学从元气自然论推进到本体论的阶段，南北朝时期，中国哲学已由本体论发展为心性论。这一认识过程体现了人类认识规律。汉代哲学致力于宇宙万物生成的探索，魏晋玄学进而探索世界的本体。由本体论再进一步探索，即进入心性论的领域。隋唐佛教讨论的心性问题，其范围极广，钻研功力也极深。它涉及人类心理活动、感觉经验、道德观、认识论（认识能力、认识限度、认识的真实性等）、社会观、本体论、宗教实践（修养方法）等诸多方面，都有创造性的见

① 罗隐又有“代文宣王答”诗云：“三教之中儒最尊，止戈为武武尊文。吾今尚自披蓑笠，你等何须读典坟。释氏宝楼侵碧汉，道家宫殿拂青云。若教颜回英灵在，终不羞他李老君。”（《全唐诗》卷六五七，中华书局版，第7551页。）

解。隋唐哲学最突出的贡献在于把心性论研究推向新的高度。

荆公王安石问文定张方平曰："孔子去世百年，生孟子。后绝无人，或有之而非醇儒。"方平曰："岂为无人，亦有过孟子者。"安石曰："何人?"方平曰："马祖、汾阳、雪峰、岩头、丹霞、云门。"安石意未解。方平曰："儒门淡泊，收拾不住，皆归释氏。"安石欣然叹服。后以语张商英。（商英）抚几赏之曰："至哉此论也!"（《辅教篇·广原教》）

张方平服膺佛教禅宗，王安石是儒门信徒，也信仰佛教，他们有共同语言。张方平列举的一批胜过孟子的圣贤，都是禅宗大师。如果把佛教其他宗派的大师和道教学者都列举出来，唐朝的哲学界实在是一个群星灿烂的时代，比过去任何一个朝代都丰富、充实。张方平说"儒门淡泊，收拾不住"，道出了问题的关键。唐朝儒家哲学确实还没有进入时代思潮的主旋律——心性论——的大合唱。当时哲学界普遍关心的心性论这一领域，儒教还没有取得多少发言权。所谓"儒门淡泊"，指的是缺少哲学味道。①

哲学史从汉魏到隋唐，好比沿着一条大河航行的船，航行到隋唐这一段，主河道忽然出现三条。沿着一条走下去，势必遗漏其余两条。因此，根据实际情况，按照三教并立的状况，本卷分为"儒教编"、"道教编"、"佛教编"和"会通编"，这样安排，可以如实反映三教并立的实际情况，又指出三教趋于会通的总趋势，为下面宋元卷作准备。

（任继愈主编：《中国哲学发展史（隋唐）》第1—24页，
人民出版社1994年版）

① "淡泊"不是淡泊以明志，不热衷追求富贵名利的意思。

宗教研究

不仅要脱贫，而且要脱愚

——谈科学无神论宣传的必要性和意义

新的鬼神信仰的主要表现

改革开放二十年来，我们在进行社会主义物质文明建设的同时，也进行着社会主义精神文明的建设。我国的经济实力正在一步步地壮大，科学文化水平正在一步步地提高。但是，在社会主义事业胜利前进的脚步声中，也出现了一些不和谐的音符，鬼神迷信的沉渣正在假借科学和民族文化的旗帜重新泛起，损害着中华民族实事求是的科学精神。当前，新的鬼神信仰主要有以下几个方面的表现。

违背科学常识，公开宣扬新的有神论。近几年来，有人公开宣扬在人类居住的这个正宇宙之外，存在着一个由我们的亡灵组成的负宇宙，如此等等。

众所周知，近代自然科学和唯物主义一个最基本的成就，就是证明了世界是运动着的物质，神灵是不存在的。这样的思想成果使人类从有神论的长期统治之下解放出来，开动自己的脑筋，发挥自己的创造力，创造了超过以往多少代人所创造的物质文明和精神文明。没有近代唯物主义和无神论世界观的武装，就不会有近现代一系列的文明成果。因此，无神论思想不仅是马克思主义世界观的基础，也是一切近现代科学思想的理论基石。假如我们仍然相信鬼神存在和灵魂不死，不知道求助自己的力量和智能，而向神仙皇帝祈求解救，只能永远当奴隶，就不会有现代社会。

近年来所出现的新的有神论的重要特点，是假借科学的旗号，歪曲科学的成果，或者利用科学手段为其张目。新有神论者说的正负宇宙，不过是借用了正负物质说。然而，负物质也是物质，而所谓由亡灵组成的负宇宙却是个纯粹的臆造。他们说的可以用某种仪器把人们以前活动的信息重新显现出来，不过是借用现代科学术语的招魂术。他们宣称，可以用现代的照相技术拍出神灵的照片，或者拍出从人体释放的所谓光明体或某种意识体的存在，宣称可以用电脑来预测人的前途和命运，都是利用现代科学手段为历史沉渣张目的典型事例。

宣传超物质、超自然的意念能力。如果说宣扬鬼神存在是说在人体之外、在宇宙中存在着一种神秘的、超自然的、超物质的力量，那么宣扬超自然、超物质的意念能力，就是认定在人体之内存在着一种神秘而巨大的力量。这种说法宣称，人与人的心灵可以跨越遥远的距离发生感应，凭意念可以移走或搬动物体，凭意念可以超越物质的障碍和时空的局限，从密封的容器内取出物体，或者产生只有物质才具有、才能产生的甚至非常强大的作用力。宣扬者称，只要按他们的办法去做，就能获得这种超自然的能力。

在人类社会发展的早期，人们曾经认为，君主或者巫师具有超自然的能力，所以不仅奉他们为领袖或人与神的中介，甚至把他们直接尊奉为神。随着人类社会的发展，人类的认识能力也在提高，人们逐渐认识到，人不具备超自然的能力，于是这类神祇也被整个社会抛弃。然而这类神祇从未断绝，正如人类之中会出现返祖现象一样，当代那些自称或被称为具有超自然能力的人物，也就是新的神祇。而有些所谓的“大师”，也确实自称为神，甚至扬言，要把整个人类都度到某个光明的世界中去。

贩卖伪科学，宣扬真巫术。伪科学或真巫术最典型的事例，是骇人听闻的外气效应。有人宣称能在远距离发功，实现只有在高温、高压条件下才能实现的化学反应；他们发出的外气可以改变导弹的航向，破坏正常的通讯系统；经由他们的外气处理过的食品、饮料或生活用具，都具有医疗、保健等特异的功效；他们凭借外气可以治疗疑难杂症，可以透视物体，可以探矿、找矿，甚至可以呼风唤雨。

气，是中国古代文化中使用极其广泛，同时又包容庞杂、含义模糊的概念。大到云雾中的水珠、风沙中的尘埃、致病的细菌，小到微观世界中的量子，都被人们归在气这个范畴之内。气这个概念反映了古人对于世界比较粗浅的认识水平。气也是表示物与物相互作用的中介的概念，神学思想家把它推广到天人之间，认为人的行为善恶都能够凭借气使天发生感应，而且这种感应不论距离远近。宋代以宋徽宗的国师林灵素为代表所自称的呼风唤雨术，就是这种感应论的诈骗实例之一。他们宣称凭借自身发出的阴气或燥气，就可以感应天气下雨或是放晴。当前所说的外气现象，在古代被称为禁咒术，是一种地地道道的巫术。施术者宣称，若善于行气，可以在一定距离之外，禁火不燃烧，禁河水倒流，使蛇虎潜踪，使疾病不起，甚至可使敌军的刀剑难拔，射出的箭再倒射回去。当前关于外气现象的说法，除了一些现代科学词语的包装，没有增加任何实质性的内容。

以弘扬民族文化为幌子，大搞封建迷信活动。中华民族有数千年未曾中断的文化传统，创造了灿烂的古代文化。这是我们宝贵的精神财富。同时必须清醒地看到，传统文化中有精华，也有糟粕。我们只能弘扬精华，不能弘扬糟粕。但是这些年来，一些人在弘扬传统文化的幌子下，塑神像，看风水，招亡魂，滥修小庙，向神灵求雨、求药，种种消沉多年的封建迷信活动又猖獗起来。在这些封建迷信活动中，最引人注意的现象，是在研究《周易》的名义下，进行占卜、算命，并且把这种腐朽的算命术叫做预测科学。《周易》原本是一部占卜书，经过古代易学家们的不断阐释，使它成为一部文字简明、内容繁富的文化典籍。它的生命力在于不断淡化书中以占卜为目的的神学迷信，强化对世界和人生哲理的探讨。但是，现在却有人把其中的糟粕说成精华，把迷信叫做科学。

新的鬼神信仰活动种类繁多，不必一一列举。事实上，这些封建迷信活动往往是彼此交叉、相互渗透的。而其中最重要的特征，就是伪科学和新鬼神说的结合。一些所谓“大师”，不仅相信鬼神，而且也自称为神；那些宣扬鬼神存在、自称或被称为神的人物，同时也从事伪科学活动，贩卖伪科学学说。

新有神论的理论伪装

历史经验表明，巫术活动总是随着社会和文化的进步，不断改换着自己的装束，惯于利用当时科学的理论成果，并加以歪曲。当前，新的有神论的各种虚妄论调之所以能够招摇过市的一个重要原因，是其宣扬者采用了一系列理论伪装。他们的理论伪装主要有以下几个方面。

盗用实践标准这一科学命题，把“实践”错误地理解为“眼见为实”，对眼前的错觉、幻觉以及魔术师的表演都信以为真，便当做客观事实。实践是人类认识世界、改造世界的出发点和落脚点。社会实践是检验真理的客观标准。科学的权威性在于经得起检验，在同样条件下，用同样方法，能得到相同的结果。而科学骗子往往用非科学的手法，利用现场观察者对科学的无知，运用魔术加骗术，以达到其不可告人的目的。某些“大师”及其鼓吹者，打着科学实验的旗号，却拒绝严格的科学实验。他们玩弄的障眼法的表演，根本不是科学实验，与实践毫不相干。

一些自称预测大师的算命先生，常常利用许多所谓占算准确的“事实”来证明算卦的灵验和有效。事实上，在对吉凶成败这两种对立因素或此或彼的选择中，根据数学概率原则，总会有一半是猜中的。心理学的研究证明，求卦者总是希望得到自己所企盼的结果，也总是倾向于记住与自己的希望相符合的结论，而在面对面接触的情况下，人的表情、动作，都能够传递信息，经验丰富的江湖术士巧于从求卦者那里获得他所需要的信息，于是，占算的准确率又会提高许多。然而，这并不是各种占算术本身的准确。算卦实践的某种准确度，决然证明不了算卦术的真理性。

算卦术是巫术的一种，它的前提，是承认神灵的存在。算卦所借助的那些道具和五行、干支等符号系统，和占算的内容没有必然的联系，人们认为它们可以占算吉凶，是由于首先认为其中渗透着神灵的意志。古代的人们用这样的方式去预测前途，是可以理解的。但是，长期的、反复的实践使古人一步步地认识到，算卦术是不可靠的，古代医学家早已指出，信巫不信医，病治不好；古代伟大的军事家也警告，靠占卜打仗，将导致亡国。时至今日，人类已经普遍地认识到，只有依靠科学的理论，依靠获得尽可能多的情报和信息，才能获得正确的认识。

人类千百年来的实践，不仅获得了足够丰富的认识成果，而且也批判地认识了自身的认识能力和认识工具。其最重要的成果之一，就是认识到人自身的感官往往容易被假象所迷惑，因而不能仅仅依靠它们来认识真理。于是发明了种种科学仪器，来补充和延伸感官的功能。借助这些科学仪器进行科学实验，所得出的结果往往和感官所得出的是不同的。如在视觉中，太阳是东升西落，绕着地球转；实际上，是地球绕着太阳转。类似的例子，每个受过现代中等教育的人都可以举出许多。但是一些人却硬要人们仅凭肉体感官承认他们魔术表演的事实和对这种事实作出的解释。当有人揭露他们的骗局，指出眼见未必为实时，他们反而指责揭露者不尊重事实，不尊重实践。实际上，他们所谓的事实和实践，在严肃的科学面前，可以说是一文不值。

他们宣称发现了当代科学所不能解释的“事实”，而他们对这些“事实”的说明是最新的、更高的科学。科学需要发展，发展是科学的生命。无论是自然科学还是社会科学，都不能停留在一个水平上。科学的历史表明，发展往往是由于人类扩大了自己的实践范围，发现了新的经验事实。然而，迄今为止，那些宣称自己“发现了新的事实、而这些事实是当代科学所解释不了”的人，他们所说的事实不是魔术，就是骗局，没有一件经得起现代科学的严格检验。

撇开他们的虚妄事实，仅就他们所提出的问题而言，也没有一件是当代科学所解释不了的。所谓的外气问题，当代科学之所以不用这样的概念，是由于这个概念已经过时。今天的科学已能准确地判明哪些是电磁现象，哪些是声音的共振，等等。至于人，他是一个热物体，能够放出红外线；他能发声，可以产生声波；他是一个生物，可以产生生物电，他的呼吸在吸进新鲜空气的同时，也要排出废气，等等。这些就是人能够放出的外气。我们并不是不能解释人的所谓外气，而是可以更加准确地指出，这些所谓的外气是什么内容，并且指出这些外气的能量都极其有限，决没有某些人所说的那种巨大的能量效应。

在这里必须指出，所谓意念场之类的概念，完全是臆造的、反科学的概念。世界上决没有这类场的存在。汉代思想家王充说，气是力。而力，在现代科学中更准确的表达就是能量。场，是能量的连续分布区。人在思维的时候要消耗能量，因而会伴随着能量的释放。但是思维所产生的意念本身不是能量，也不会释放能量，因而没有什么意念场等等。这就好比工厂里生产产品，要消耗能量，因而会伴随声光电磁等能量场的产生，但是产品本身没有场，比如没有桌子场、玩具场、电冰箱场等。不同的是，工厂的产品是物质产品，这些产品在一定条件下也会产生各种场。但是，意念等不是物质产品，它们在任何条件下也不会释放能量，不会有什么意念场之类的东西产生。

任何经由长期实践和严格科学实验所产生的科学定律，都是客观的真理。任何客观的真理不仅是相对的，而且是绝对的。绝对真理并不是存在于相对真理之外某个遥远的地方，而是存在于相对真理之中。相对真理在自己适用的范围之内，是绝对的，不可违背的；违背了，就要犯错误、碰钉子。

坚持不懈地进行科学无神论世界观的宣传和教育

当前国际上重大的事变提醒我们，不仅落后要挨打，愚昧也要挨打；在愚昧的基础上，也无法摆脱贫困和落后。因此，我们在努力脱贫的同时，必须进行一项长期而艰苦的工作，那就是努力“脱愚”。只有整个民族摆脱愚昧，才能真正地脱贫。摆脱愚昧的重要举措之一，就是进行科学无神论世界观的宣传和教育。

进行科学无神论的宣传教育，在过去的战争年代是必要的，在当前的建设年代同样是必要的。本世纪初，马克思主义传到中国，并在伟大的五四运动中得到了空前广泛的传播。五四运动提倡科学精神，主张用科学的世界观代替落后和愚昧。当时科学口号的直接对象之一，是所谓“新灵学运动”，这是中国传统迷信和国外洋迷信的杂烩。他们用现代的技术去“证明”鬼神的存在，宣称只有发扬鬼神之说，才能挽救中国的危亡。五四运动的先进分子，坚决反对旧的和新的迷信，从而极大地振奋了中国人民的精神，对于此后中国人民团结奋斗、向着新的社会制度前进起到了振聋发聩的启蒙作用。

中国共产党人最忠实、最彻底地继承和发扬了五四运动的科学精神，无论在战争年代还是建设年代，都十分注意在领导群众参加革命工作的同时，坚持不懈地、方式多样地用科学无神论的世界观教育广大人民群众。新中国建立后，由于科学无神论的教育和宣传工作的深入开展，曾一度几乎使巫婆绝迹，迷信潜踪。这对于激发广大群众建设新社会的热情，调动群众的积极性和创造性，起到了极其重要的作用。

进行科学无神论的宣传教育，必须重视马克思主义基础理论的建设，重视马克思主义基础知识的宣传和教育。这些年来新的鬼神迷信之所以能够抬头，除了社会的、历史的原因外，与一段时间以来忽视对广大人民群众进行马克思主义基础知识的教育有关。而马克思主义的基础知识之一，就是科学无神论的世界观。19 世纪末叶，鉴于当时思想战线上的斗争形势，恩格斯曾经建议当时德国的社会主义者，翻译和大量传播 18 世纪法国的启蒙著作和无神论著作。列宁继承恩格斯的思想，更加明确地指出，要使广大人民群众摆脱落后和愚昧，单是进行“纯粹马克思主义的教育”是不够的，还应该把各种无神论的宣传材料提供给群众，把实际生活各个方面的事实告诉群众，用各种办法来影响群众，帮助群众从愚昧迷信中解脱出来，建设自己的新生活。

一般地说，马克思主义和科学无神论的关系，类似高等数学和初等数学的关系。只有具备初等数学的扎实功底，才能学好高等数学；只有具备坚定的科学无神论的世界观，才能做一个真正的马克思主义者。但是，马克思主义和科学无神论的关系，又不完全等同于高等数学和初等数学的关系。不懂初等数学，或者初等数学的基础不好，就不可能谈论高等数学；但是有些不具备科学无神论世界观的人，却自认为是马克思主义者。从这种自认出发，他们往往做出一些害人害己、甚至危害社会的蠢事，还自以为是。马克思主义是科学，要掌握一门科学，必须有坚实的基础知识。

进行科学无神论的宣传教育，应注意处理好科学无神论宣传教育与维护正常宗教活动的关系。我们长期进行的科学无神论世界观的宣传和教育，是宣传教育工作的重要组成部分。但是以前进行科学无神论宣传和教育的时候，确实有过这样那样的偏差，其中最主要的，就是在“文化大革命”中，一度盛行用“左”的一套对待群众的思想问题和对待宗教。有些人片面理解马克思主义的宗教消亡学说，以为讲宗教消亡，就是现在去消灭宗教。他们组织群众和宗教信仰者进行有神无神的大辩论，甚至强迫宗教信仰者放弃信仰。这些做法不仅伤害了宗教信仰者的感情，而且违背了党的宗教信仰自由的政策，歪曲了马克思主义的宗教学说。正本清源，我们一方面要大力宣传科学无神论的世界观，另一方面要依法切实维护人民群众宗教信仰自由的权利。两个方面，忽略任何一个方面都是错误的。在当前，首要的任务是破除新的有神论，破除这些年来滋生的各种迷信，反对打着宗教旗号进行的各种非法、违法活动。因为这种新的有神论和种种貌似宗教、实为迷信的活动，不仅侵蚀着马克思主义的科学世界观，影响了科教兴国战略的实施，而且也损害了正常的宗教信仰。从这个意义上说，宣传科学无神论，也是为了维护公民宗教信仰自由的权利。

科学无神论的宣传和教育，是一项需要长期坚持的工作，是科教兴国战略的重要组成部分，也是马克思主义宣传教育的重要组成部分。只要我们坚持正面宣传，把道理向群众讲清楚，一点一滴地帮助群众建立起正确的世界观和人生观，关心下一代青少年身心的健康成长，一步一步地提高我国人民的思想素质和科学文化素质，就一定能促进我们的民族精神健康发展，促进社会主义物质文明和精神文明建设。

（原载《人民日报》1999年6月24日第9版）

（再论）用历史说明宗教

——《宗教小词典·绪论》

宗教是人类社会发展到一定水平必然出现的一种社会现象。它是历史的产物。人类在二百万年以前已经出现，但从考古发现的实物，当时还未发现存在宗教信奉的痕迹。宗教萌芽的重要标志是灵魂不死观念的出现。

中国是保存古人类化石和旧石器文化十分丰富的国家。旧石器时代的元谋人、蓝田人、北京人等都未发现原始人墓葬中有宗教信仰的遗迹。距今一万八千年前的山顶洞人，处在旧石器时代的晚期，那时正当原始人群进入母系社会。山顶洞人生活的地区也就是北京猿人活动的地区。从墓葬遗迹中发现埋葬死者有了一定规矩。随葬物品中有死者生前的日用生活工具和生产工具，有精密钻孔的石珠、兽牙、鱼骨等装饰品。在当时的生产条件下，制造这些物品要花去大量人力，算得上是高档的奢侈的装饰品。山顶洞人的脑髓比北京人发达得多，已在现代人脑量变异范围之内。更值得注意的是，在死者身旁撒有红色铁矿粉粒，说明山顶洞人已有了灵魂不死的观念。这种情况也发生在世界其他地方。他们的灵魂不死观念不及后来人那样清晰、系统，但可以断定他们认为人死后将以另一种形式延续下去。否则，那些规矩和随葬品便毫无意义。

根据古人类学家的分析，红色代表血和生命，是火与温暖的象征，撒红色铁矿粉可能表示给死者以温暖，希望死者过着生前一样的生活。北京周口店地质为石灰岩，不含铁矿，最近的铁矿在河北宣化，距周口店 200 公里，可见当时人是有意识运来陪葬的。远古时期，人们用火在夜间驱兽自卫，由此可以推想，红色粉粒也可以保护死者，使其免受侵害。后来红色成了被尊崇的颜色。河南王湾先夏文化墓葬遗骸，其头骨上多涂以朱色。我国古代将牲血涂在器物上，叫做“衅”，也当与远古关于红血的神秘崇拜有关。新制的钟、鼓、盾、旗帜等与祭神、战争重大活动有关的器物，在启用时必先杀牲畜，用血抹其缝隙。我国西南少数民族中，还有用牲畜血涂身以防鬼的。中国古代宫殿、寺院围墙涂以丹朱，也是从这个意义上演变而来的。

灵魂不死的观念是宗教的重要标志，表明原始人开始思考人的生死问题，从现实生活推想死后生活，它是由人们对睡眠、做梦、死亡、生病等生理现象的不理解和对死去亲人的怀念之情而引起的，因为古人还不知道人的身体构造，以及思维活动的来历，认为人体中有一种独特的东西，可以在死后离开身体，单独存在，即所谓灵魂。这里也接触到身体与灵魂的关系问题。后来系统的宗教神学就是沿着这一思路发展而形成的。中世纪，灵魂不死与上帝存在、意志自由，遂成为三大神学热门话题。

随着人类社会生产的发展，智力的提高，科学的进步，母系氏族社会有了原始农业，发明弓箭，表明人类已懂得拉力、弹力。发明制陶技术，表明人们已懂得运用火来改变泥制器物的化学性质，造出与原材料性质不同的新产品。人一方面在改造自然上取得成功，同时又对洪水、天灾无能为力。人对自然有依赖，有改造，又对它有时表现为畏惧、崇拜。对自然既不理解，又想驾驭它，于是产生了幻想中征服自然的神话。最早的自然观，即包括在原始宗教之中。

在原始人心目中，日、月、风雨、雷电都是神灵，山河大地也有神灵主宰。人有灵魂，山川、树木也有灵魂，万物有灵论是原始人认识自然的共同的思维方式。既然万物有灵，人与万物有共同相通之处，便产生祭祀活动，求得神的欢心。古代各地原始部落，都把祭祀看做头等大事来看待。我国古代农业为主要衣食之源，对于土地和谷物之神更加崇拜。“社”是土地之神，“稷”是五谷之神。

由氏族社会到建立国家机构，地上王国的权力和管辖的地域扩大了，地上有统一的国君，天上也随着有了统治一切的“帝”或“天帝”。地上国君有极大的刑赏权力，天神王国也有奖善罚恶的权力。古代中国一开始就有了政教合一的统治形式。

人类对自然界的了解，随着生产进步，科学发达，有了明显的提高，但人们对社会、对人类自己的了解相对滞后。对身边天天遇到的现象反倒不好理解，比如，理论上，上天奖善罚恶，现实生活中，善人受罪、恶人享福的现象随处可见。宗教必然要回答这类人人关心的切身问题。在人文宗教中，各地区、各民族的每种宗教都提出了自己的解释——宗教理论。各自从自己的体系中构建出两个世界的理论：一个是现实世界，一个是超现实的彼岸世界。现实世界中遭受的不幸和苦难，能在宗教指引下，从彼岸世界的天堂中得到补偿。为恶者，虽然今世没有受到惩罚，在死后要受到更重的处罚。一切宗教都有各自的来世说。有的宗教主张死后得到解脱，也有的宗教主张只要精神上得到解脱，现实世界中自有彼岸，即是乐土，不一定等到死后。关于来世、彼岸的不同说法，形成宗教教义中众多的学说及流派。有时出于地区和集团的经济利益、族群利益、政治利益，同一宗教的信徒也会引起流血战争，号称保卫宗教的战争。可见宗教并非孤立于社会之外，它是现实社会政治、经济现状的一面镜子，宗教并非只讲天国，不涉及现实生活。它是现实生活曲折的反映。我们不是用宗教说明历史，而是用历史说明宗教。

原始社会的宗教还不具备后来完备的宗教形式和内容，只是有一些朦胧的鬼神观念，认为人死后，他的躯体停止活动，而他的身体的另一部分灵魂还照常活动。考古发现的大批殉葬物品可以说明，当时人们相信死后还会过着生前一样的生活，所以把死者生前用过的生活用具和生产用具随同放在死者的身旁。

宗教这种社会现象也经历了从发生到成熟的发展过程。既然历史地出现，也应当历史地消亡，这本来是世界上一切事物的规律。我们已经看到了宗教的产生和发展；至于消亡，那是遥远的将来的事，甚至是国家组织消亡以后的事。现在我们关心的是对宗教现象当前的活动规律及社会作用的认识。

全世界六十亿人口中，没有宗教信仰的人占少数，有信仰的人占多数。在信仰宗教的人群中，有一部分只有原始宗教信仰，另一部分信仰人文宗教。原始宗教流行在文化科学不发达的地区，这些地区大多数生产落后，交通闭塞，有的只有语言没有文字，更谈不上科学、哲学。原始宗教信仰同他们的风俗习惯完全一致。它们的活动是全民性的。他们的宗教活动又是民族节日活动，是生产活动（狩猎、种植），也是庆丰收、全民族参加的文娱活动，还是祭祀活动。祭祀的领导人同时也是宗教仪式的主持人。随着全球经济生活交流日益频繁，原始社会逐渐解体，原始宗教成为古代社会的活化石，日渐消亡。原始宗教品类复杂，多种多样，活动范围只限于本民族，不能传播到远处。原始宗教以自然自发形态存在，又称自然宗教。

随着社会的发展，科学文明的进步，宗教的形态也由自然宗教发展为人文宗教。它摆脱了低级、自然的状态，增加了文化内容，于是出现了人文宗教，这是宗教发展的高级形态。

人文宗教不同于原始宗教，有以下三点：（1）有系统的宗教教义，提出该宗教的基本主张，有自己的经典著作，为本派教徒共同诵读，有理论；（2）有固定的、成系统的宗教活动规范仪式，从仪式上可以看到这种宗教与其他宗教的明显区别；（3）有固定的宗教组织，上层有领导核心，下边有分层分级的团体，上下统属机构有一定规章，是为教团。人文宗教必须有教义、教仪和教团。迄今影响着世界广大人口的几大宗教都属于人文宗教，它们是基督教、伊斯兰教、佛教。这三大宗教的影响已超出它们原来创始的发源地，穿越国界，成为世界性的宗教。三大宗教各教内部又有许多流派，基督教系统内，又有罗马天主教，与罗马天主教对立的有东正教。在天主教内部又有宗教革命的新教，新教中又分化为不同教派。还有只流行于本族、本地区的一些宗教，如中国的道教，印度的印度教，日本的神道教，犹太民族的犹太教，等等。

佛教、基督教和伊斯兰教，这世界三大宗教迄今影响着世界广大人口。

佛教约创立于公元前 6 世纪至前 5 世纪，发源于古印度地区，创立者为释迦牟尼。佛教是在反对婆罗门教的运动中产生的新的宗教，曾在公元前3世纪被阿育王定为国教。但在古代印度，邦国林立，不相统属，号称统一时期，其统一并不十分巩固。此后传入印度邻国，超出了国界，逐渐形成世界性的宗教。公元六七世纪逐渐向东北方向传播，影响到中亚及中国境内。佛教起初信奉者不多，后来势力扩大，分成若干部派，后期佛教自称为大乘，早期佛教被称为小乘。13世纪时，因印度教兴盛，伊斯兰教传入，佛教在印度本土一蹶不振，以致消失，到19世纪末又在印度重建，但远非当年面貌。佛教离开本土，一些支派反而兴盛起来。在东南亚得到传播的主要是小乘佛教，在中国形成汉传佛教、藏传佛教两大支派。汉传佛教首先在中国得到很大发展，又由中国传到日本、朝鲜、越南，藏传佛教传播于中国西南、西北及蒙古，以及俄罗斯远东，19世纪传入欧美。

基督教产生于公元1世纪，开始传播于巴勒斯坦及小亚细亚地区，随之发展到古罗马帝国全境，于4世纪末成为罗马帝国的国教，基督教影响到整个欧洲。近代以来，随着欧洲殖民主义的扩张，基督教传入非洲、美洲、亚洲、澳大利亚等地，成为世界上信奉人数最多、影响最大的宗教。

伊斯兰教创立于公元7世纪，创教人为阿拉伯半岛的穆罕默德。8世纪时已发展为跨欧、亚、非三洲的世界性宗教。伊斯兰教以阿拉伯世界为中心，扩展到波斯（伊朗）、巴基斯坦、印度次大陆、中国西部和内地。近代以来，由于石油资源的掠夺日趋激烈，欧美、日本等也出现了伊斯兰教信徒。

第一次世界大战后，旧秩序遭到破坏，战争给人们带来生命财产的极大损失，经济凋敝，生活困难，人们对传统宗教的教理、教义产生怀疑，在西欧和东方产生了大批新兴宗教，在不同地区表现为不同特色，总的趋向是对旧有的宗教给予新的诠释。第二次世界大战后，世界动荡加剧，社会秩序遭到破坏，人们对传统的人生观、价值观、宗教观又有所不满，又有新的要求，新兴宗教又有大的发展。20世纪六七十年代，非洲、拉丁美洲也有了新兴宗教流派。新兴宗教多未被正统的教会、教派所接受。这些教派团体在非洲有8000个以上，拉美3000以上，北美欧洲各有两千以上。南亚、东亚、澳大利亚及前苏联地区也有千数以上。东北亚以日本为最多。新兴宗教的教主对青年信众有一定号召力，一般为现在活着的有政治野心或个人私利或集团利益的组织者或领袖人物。也有别有用心的教主，在宗教的外衣下，干着危害社会的罪恶行为。他们不是宗教，而是危害人类的邪教，如日本的奥姆真理教，制造毒气，造成许多平民中毒丧生；北美的人民圣殿教，为贩卖军火的工具，制造教徒集体自杀。中国近年来有邪教法轮功，宣传世界末日，对教徒实行强化训练，鼓励信众自焚，教徒有病不医治而死亡者达千人以上。

新兴宗教，流派复杂，品类不齐，不下数千种，时生时灭。其中大多数具有宗教性质，有少数邪教以宗教为外衣，实质具有黑社会性质。教主对教徒除了敛财，还有教徒入教后没有人身自由，没有退出该教的自由。邪教人数不多，但危害甚大，这是半个世纪以来出现的新情况，应当引起高度重视。

中国是一个多民族、多宗教的国家。由于地域广大，经济文化发展不平衡，原始宗教（自然宗教）与人文宗教（人为宗教）同时存在。还有外来宗教如佛教、基督教、伊斯兰教，产生于本土的有道教和儒教。

儒教是中国本土的宗教，源自远古“敬天法祖”的宗教信仰，它是中国大一统的农业社会的产物，对中国思想文化有着深远的影响，它代表着古代华夏文明的传统精神。佛教由印度传入中国后，通过与儒教、道教思想的融合，得以中国化，形成具有中国特色的中国佛教流派。日本、朝鲜诸国都曾受过中国佛教的直接影响。道教也是中国本土历史悠久、信徒众多的宗教。2世纪时逐渐形成宗教社会组织，5—10世纪期间曾与儒教、佛教并立，号称“三教”。

从公元5—10世纪，中国三大宗教中，佛教势力最大，道教第二，儒教居末。从10—20世纪初的辛亥革命，儒教充分利用其政教合一的特权，占绝对优势，佛道二教处于从属的地位。佛、儒、道三教势力随着社会政治形势的变化而互有消长，但三教对中国传统文化都有深远的影响，它们是中国传统文化的三大支柱。

儒教在中国古代创造了十分紧密的政教合一形式。政权即教权，皇帝发布政令开头是“奉天承运，皇帝诏曰……”，皇帝的身份是天之子。中国秦汉以后政教合一、政教不分的形式为地域辽阔、多民族的国家实行有效统治找到一种最佳政治结构。中国高度统一能够长期维持，儒教的政教合一体制起了重要作用。由于政权、教权长期融为一体，辛亥革命（1911）使皇帝的政权被推翻，随着皇权的垮台，儒教的教团组织也被取缔。儒教凭借与政权紧密而得势，也因与政权密不可分而消亡。佛教、道教与政权没有融为一体，皇权推翻后，佛教、道教依然存在，因为宗教不同于政权，不是行政力量可以消灭的。

7 世纪景教传入中国，这是基督教传入中国的开始，以后元、明、清历代多次来华传教，都未能立足，直到 1840 年鸦片战争后，在外国武力干涉下，才得以扎下根来。伊斯兰教在唐宋之际，由海陆两路传入中国，后由西部向东部扩展，排除了我国西部地区原有的佛教势力，在回鹘、维吾尔等十多个少数民族中逐渐扎根，形成我国西部地区特色的伊斯兰教，体现了中国伊斯兰教文化。摩尼教于隋唐时期传入中国，流行于新疆一带，后来也逐渐被伊斯兰教排斥，今已不复存在，只有部分石窟壁画还保存着当年的遗迹。入华犹太人在宋代曾在河南开封等地组建过犹太教社区，后来犹太人学习中国儒教文化，与中国传统文化融合，参加中国士人科举考试，遂融入儒教，放弃原来的信仰，犹太教在中国已荡然无存。历史事实表明，不论是个人还是民族，其宗教信仰不是不可改变的。

据 1996 年不完全统计，我国信教群众约上亿人。其中信藏传佛教 800 万，信仰云南上座部佛教约 150 万，信仰伊斯兰教约 1700 万，信天主教约 400 万，信基督教（新教）约 1000 万，汉传佛教及道教主要流行于汉族聚居地区，有广泛影响，但无确切统计。周恩来曾说过，中国各种教徒有几千万人，加上在家信教不去寺观教堂的约上亿人口。此外还有一些民间信仰，因不具备宗教的完整形态，未被认可，人数无从统计。

中华人民共和国宪法规定，公民有宗教信仰的自由，任何国家机关、社会团体和个人不得强制公民信仰宗教或不信仰宗教，不得歧视信仰宗教的公民和不信仰宗教的公民。国家保护正常的宗教活动。任何人不得利用宗教进行破坏社会秩序、损害公民身体健康、妨碍国家教育制度的活动。宗教团体和宗教事务不受外国势力的支配。

社会主义制度下的宗教政策，保护宗教信仰自由，充分体现了宪法尊重公民的民主权利。从历史唯物主义的立场看宗教，必须承认社会主义制度下还有宗教存在的社会基础。宗教信仰自由是每一个公民的权利，爱国是每一个公民的义务。中华人民共和国的公民，不论其宗教信仰，都必须爱国，爱国主义是每一个公民必须遵守的总原则。正是在爱国主义这一总原则下，宗教徒和马克思主义无神论者，才有可能团结起来，共同建设社会主义。爱国主义和宗教信仰自由是互不可少的两大原则。

《宗教大辞典》出版以来，受到社会广泛关注。作为编者，我们能为关心宗教文化及研究宗教的读者提供一部可用的大型工具书深感欣慰。读者的要求是多方面的，也有一部分专门从事某一种宗教工作或信仰的读者只要求手头有一部可检索自己研究的专门的工具书，这样使用起来更方便。为了适应不同读者的需要，编委会受上海辞书出版社的委托，按宗教类别分门别类出版专业宗教小辞典。

为了迎接文化高潮的到来，宗教知识从来没有像今天这样被重视。作为编辑者，能为今天的文化建设，为增进国际文化交流，为提高人民的宗教文化知识水平而尽力，我们无比高兴。

（收入《竹影集》时定名为《用历史说明宗教》）

理直气壮地宣传科学无神论

编辑您好：

近年来，一些巫术、迷信和伪科学等消极文化，沉渣泛起。而由于种种原因，我们对科学无神论的宣传和研究，却有弱化之势，有的对宣传无神论心存顾虑，也有的把宣传无神论与尊重宗教信仰自由对立起来，甚至有的地方出现“有神论有人讲，无神论无人讲”的状况。胡锦涛同志最近提出“以崇尚科学为荣、以愚昧无知为耻”很有针对性和指导性。能否请专家结合当前无神论宣传有所弱化的现状，谈谈为什么要加强科学无神论宣传。谢谢！

北京海淀区沈漳

本刊邀请国家图书馆名誉馆长、中国无神论学会理事长任继愈作答

· 朴素无神论与科学无神论的区别是什么？
· 马克思主义宗教观是什么？
· 宣传无神论与党的宗教政策相矛盾吗？
· 社会意识形态的性质是否具有合理性，取决于什么？
· 政治上尊重宗教信仰自由与思想上坚持科学无神论，这两者的关系是什么？

现在是“有神论有人讲，无神论无人讲”，这是很让人忧虑的

科学无神论是人类在近代科学发展基础上产生的最伟大的思想成果之一，也是先进文化的重要的组成部分；是马克思主义世界观形成的前提，也是共产党人必须具备的思想条件。恩格斯曾经建议把18世纪法国唯物主义者的著作广泛向工人群众传播，列宁在十月革命以后强调大

力宣传科学无神论。我们党在革命和建设年代，一直十分重视科学无神论的宣传。可以说，科学无神论思想，是我们党取得革命胜利和建设成就的一个重要思想保障。但是，近年来由于种种原因，科学无神论的宣传和研究，却有弱化的趋势，以至有人提出，现在是“有神论有人讲，无神论无人讲”。这是很让人忧虑的。

科学是无神论的天然盟友。马克思主义继承了这一优秀传统，并将科学无神论发展到了一个全新的高度

无神论是和有神论相对立的思想体系。在西方文化领域里，无神论始终是指对“上帝”真实性的否定。自文艺复兴以来，它一直与思想解放运动同行。在近现代，它有许多变种，所谓泛神论、自然神论、怀疑论以及人本主义都是，而以18世纪的战斗无神论最为坚定；尼采宣布“上帝死了”，爱因斯坦呼吁把人格神从宗教中驱逐出去，反映了西方人文科学和自然科学的大趋向。概括地说，无神论可以分为两种：科学革命以前的无神论思想零散而质朴，只能从某些具体问题上揭露鬼神观念的缺陷和自相矛盾，还不能从根本上否认鬼神的存在。这一时期的无神论，我们称之为“朴素无神论”。从哥白尼开始的科学革命，给无神论提供了坚实的思想基础。在这一时期，无神论思想家不仅根本否认鬼神的存在，还对鬼神观念产生的原因进行了正确的说明。这种建立在近代自然科学发展基础上的无神论，我们称之为“科学无神论”。从另一个角度说，近现代的无神论，是建立在科学的基础上的，与科学共进，为科学发展开路。因此，科学是无神论的天然盟友。马克思主义继承了这一优秀传统，并将科学无神论发展到了一个全新的高度。

马克思主义的无神论与它的哲学世界观紧密相连，与它的宗教观紧密相连，与它的社会主义实践紧密相连。马克思主义哲学有一个基本观点：社会存在决定社会意识，社会意识反作用于社会存在。有神论是宗教世界观的核心，本质是虚幻的、颠倒的，但却是宗教组织的灵魂；宗教组织一旦失去灵魂，就失去了存活的精神支柱，所以宗教神学总是随着科学和社会的进步，不断地变换自己的论辩形式。宗教组织则是有神

论的主要载体，也是创建神学，制造和推广鬼神观念的主体；它们把信仰者联结在一起，形成一个个能够约束信徒和作用社会的物质力量。宗教的社会功能，主要通过它的组织形式表现出来；宗教有神论则主要潜存于精神层面。组织形式的可变性极大，内在的观念相对稳定。因此，同一种宗教信仰，在不同的宗教组织、不同的社会条件下，可以有完全不同的政治立场，对社会起着极其相反的作用；而精神层面的鬼神观念，更具惰性和传统的连续性。因此，对待宗教组织和对待宗教观念，不可混同。

马克思主义认为，宗教的产生、发展和消亡，有其历史的客观必然性；“人”是社会关系的总和，宗教是颠倒的世界观，是颠倒的社会关系的虚幻反映。因此，宗教的本质必须从产生它的社会条件中寻找，解决宗教问题，必须从变革社会关系上着手。就此而言，马克思主义政党把解决宗教问题列为自己革命和建设的组成部分，反对用单纯的思想教育替代实际的社会变革，更反对脱离党的总路线孤立地“与宗教斗争”。就是说，宗教有自己的社会根源，马克思主义的任务，是团结信教群众一起，去除宗教的社会根源，而不能停留在思想斗争上。

宣传科学无神论与党的宗教政策并不矛盾

在以马克思主义为指导思想的社会主义国家，宣传科学无神论是义不容辞的责任。大力加强科学无神论的宣传和教育，是巩固马克思主义思想基础的需要，也是提高全民族思想素质的需要。不仅共产党员应该树立科学无神论的世界观，一般群众也应该接受科学无神论的教育。理论和事实都说明，任何人都不是天生的无神论者，也不是天生的有神论者。成为无神论者，是后天教育的结果；树立科学无神论的世界观，必须进行教育和宣传。

宣传无神论，与《宪法》中规定的公民的宗教信仰自由权，与党的宗教信仰自由政策并不矛盾。中国共产党人宣传科学无神论，主要是教育自己的基本群众，不是针对宗教信仰者，更不是要求人人都成为无神论者。在这一方面，恩格斯的教导永远是我们的座右铭。恩格斯说：

“如果要硬性地要求每一个人都成为无神论者，就是替神效劳。”在这个问题上，过去的错误不应重犯，以往的教训必须吸取，极“左”的做法必须纠正。也就是说，宣传科学无神论与尊重和维护公民的宗教信仰自由是一致的，是并行不悖的。过去是如此，现在也是如此。在这个问题上，我们应该理直气壮，不应有任何的怀疑和动摇。其实，在西方国家还没有我们那么多的禁忌。在那里，无神论者和怀疑论者至今仍坚持对宗教神学的批判。公民的思想自由、言论自由在法律上是平等的。美国的某些领导人自称以宗教立国，但舆论界非宗教和人文主义的呼声却在日益高涨。

进一步讲，马克思主义接受宗教信仰自由的原则，但必须指出，它的含义绝不能解释为只有信仰宗教的自由。它也主张，宗教应该与政治分离，与教育分离，但更强调，只是对国家来说，宗教信仰应该成为个人的私事，信教或不信教，信这种教或那种教，个人拥有完全自由的选择权，任何外力不得干涉；而对于马克思主义政党来说，宗教信仰不是个人的私事。我们党的世界观是辩证唯物论和唯物史观，与有神论是对立的，不容调和的；党的组织是统一的，不允许有其他组织的渗入和非组织活动的存在。党必须维护公民宗教信仰自由的权利，在世界观上则必须保持自己的独立性。

在政治上维护和尊重宗教信仰自由的公民权利，与思想上坚持和宣传科学无神论，是对立的统一，而不是形而上学的矛盾

在政治上维护和尊重宗教信仰自由的公民权利，与思想上坚持和宣传科学无神论，是对立的统一，而不是形而上学的矛盾：如果只有信仰宗教有神论的自由，而没有宣传科学无神论的自由，那是自由的缺失，公民就失掉了最重要的选项；相反，如果以无神论名义，向信教民众发动政治上或人格上的攻击，那就是侵犯公民的神圣权利，就会破坏人民的团结，干扰党的总路线和总任务的实施。

社会意识形态的性质是否具有合理性，取决于社会制度和社会发展的历史进程，不单是由某种信仰或教条决定的。文化的多元性，思想认

识的差别性，以及信仰、信念和价值观上的共存和争鸣，是一个健康社会的正常现象，无神论和有神论，宗教和非宗教，此教与彼教，同生于一个社会共同体中，不但可以丰富和活跃人们的精神生活，而且可以互相沟通、互相比较，这有助于人际的交流、认识的提高、道德的完善，有助于推动社会的整体进步。

（原载《北京日报》2006 年 3 月 20 日第 18 版《理论周刊》）

学习科学、破除迷信、造就一代新人

一

科学是关于自然、社会和思维的知识体系。科学是人们适应生产实践和社会实践的需要而产生的经验总结。经验总结具有规律性。

理解科学要全面。我国关于科学的分类：自然科学、社会科学。与此相适应的国家科研机构分为两个科学院——中国科学院和中国社会科学院。哲学是自然科学和社会科学的总结。哲学研究属于社会科学，但它的地位与其他学科并不是并列的。西方学术界把科学分为三大类：自然科学（数、理、化、天、地、生），社会科学（政、经、法）和人文科学（文、史、哲）。应用科学属于技术性、综合性的，如电脑、宇航、核利用等，是多学科的。

由于长期形成一种误解，学习科学，普及科学，偏重在自然科学方面。我国“五四”以来就有这种偏向。

二

对迷信不可小看，掉以轻心。这是人类进化到一定的时期，才会产生的一种认识误区。灵长类动物也还不够迷信的资格。迷信是一种现实生活中经常出现的现象。生产实践有成功的，有失败的，要看条件。现在，对暴风雨、洪水、旱灾、疾病，人类还有克服不了的困难。克服了的总结经验，上升为科学。迷信是对困难无力克服，放弃斗争的表现。鬼神由此产生。鬼神是人制造的，有人的形状，人的性格。牛如果有上帝，它的上帝应当有两只犄角，会吃草。人们将克服不了的困难看做是鬼神的力量，人们用对付人类的经验来对付鬼神，有两种方式：一是讨好它，如祈祷、奉祀、祭祀；二是抵制它，构建某种设施镇服它，如镇海神铁、孙悟空的金箍棒。

历史表明，科学越发达，经验总结得越多，迷信的领地就被迫缩小。打雷、下雨、日食、月食、龙王等慢慢退出被崇拜的地位。科学与迷信，此进则彼退，此长则彼消。

社会现象与自然现象相比，它的规律更难掌握。自然科学规律处在人的对面，可反复观察、试验。对社会不可能站在社会以外观察，更不易放在特殊环境中去试验。历史又不能重演，一去不复返。观察者又受个人和所属集体的利益影响，可能影响观察者的客观性。社会现象中克服不了的困难更大、更多，产生迷信的环境也更大。

今天自然科学可以使人上天入地，下至海洋深处，上月球，但对人类社会遇到的困难，往往无能为力，束手无策。比如战争，人们不喜欢，几千年来想避免，甚至主张消灭，但办不到。迷信的人们中，除了家庭妇女，还有在职干部、老干部、老革命、博士生，科学家、教授也迷信，问题主要不是在自然科学而在社会科学方面。

有了历史唯物主义这个工具，但只有少数人接受，运用得还不够熟练，多数人并未接受，道路还长。

三

学习科学，破除迷信，造就一代新人，一要全面理解科学（包括自然科学、社会科学、人文科学），学科学不能仅限于重视科学成果，更要学会科学方法、科学思维，建立科学的态度。认识世界，不能停留在感官的水平。

二要建立科学的世界观、人生观、价值观。人活着图个啥，这个问题不解决，人只能算高级动物，不能算全面发展的“人”。正确的人生观就是要有远大的理想；正确对待个人与全局的关系，即公私关系；正确对待健康和生命，健康包括身体和精神人格的健康，生命分为有效的生命和无效的生命。

科学的品格是朴素老实、平常而不华丽，虽平淡而值得信赖。科学，就是用同样的方法，在同样条件下，会得出同样的结果。奇怪的学说，固然新奇可喜，比如，辟谷，长生不老，返老还童，永动机，水变汽油，耳朵识字，隔墙见物，发外气治病，远距离发功使导弹航向改变，发气功扑灭森林大火，这些都是反科学的。

科学（全面理解意义上的科学，包括自然科学、社会科学、人文科学），必会造福人类，使人类免于愚昧无知的困境。

尚未得到证实的少数人的意见，可以允许研究、试验，用成果来作为证明，用成果来推广。自己还不懂，就盲目推广，只能贻害社会。真正的科学家不是强迫人接收其结论，更不能用势力强迫人不提意见。真理愈辩愈明，是真理就不怕辩论，更欢迎批评。科学不是靠霸道征服人心的。马克思主义，当初只有少数几个人提倡。马克思本人连吃饭、交房租都困难，小儿子病死，无力埋葬，但他的学说在生前就风靡全世界，靠的是真理。马克思主义不是靠势力强迫人去信的。

唐宋以后的三教合一思潮

隋唐初期，中国思想界即有了“三教”的名称。三教即以孔子为代表的儒教，以老子为代表的道教和外来的佛教。孔子和老子都是先秦时期公元前5世纪的哲学家、思想家、学者，不是宗教的领袖。孔子、老子被神化，被说成宗教的创始人，是后来人们塑造出来的。

隋唐时期，中国佛教、道教都得到中央封建政府的提倡，与儒教并列，形成三教鼎立的局面。儒教主张维护中国封建君权的“三纲”说，即君臣、父子、夫妇的绝对服从关系永恒不变。三教从不同的方面为同一个封建皇权服务。它们为了发展自己的势力，也有过矛盾斗争。在矛盾中，佛教、道教都分别遭到政治上的打击。而儒教也认识到，佛教和道教的一些宗教思想可以辅助儒教世俗说教的不足。在唐朝后期，三教的重要思想家都主张三教会同，主张在理论上互相包容，有时候只是在政治上互相排斥。唐宋以后，直到1840年的鸦片战争，这种儒、佛、道三教融合的总格局没有改变。这种思潮，对于中国后期封建社会起了稳定作用，从而延缓了中国封建社会向近代资本主义社会过渡的速度。三教合一思潮，构成了近千年来中国宗教史、中国思想史的总画面。

佛教的三教合一思潮。隋朝李士谦论三教，说：“佛日也，道月也，儒五星也。”（《佛祖历代通载》卷十）隋唐以后，中国出现了大批“伪经”，所谓“伪”，是指它不是来自西方，是中国人自己编造的。伪经名目繁多，各有特点，有所偏重，但它们都强调中国封建伦理——忠君、孝父母等儒教思想。唐代僧人宗密《原人论》中说：“孔、老、释迦皆是至圣，随时应物，设教殊途。内外相资，共利群庶。”五代时僧延寿，主张三教融合，“儒道仙家，皆是菩萨，示助扬化，同赞佛乘”（《万善同归集》卷六）。北宋元祐年间，四川大足县石篆山石窟造像，即将儒、佛、道镌刻于一处。北宋的三教合一，反映了代表中央政权的儒教势力的增强，佛、道两教均主动向儒教接近的趋势。宋代的孤山智圆自称“宗儒述孟轲，好道注《阴符》，虚堂踞高台，往往谈浮图”（《闲居编》卷四十八《潜夫咏》）。他主张“修身以儒，治心以释”（《中庸子传》上）。以佛教徒的身份，而自号“中庸子”，还认为没有儒教的支持，国家不得安宁，佛教也不能推行。他为了宣扬“中庸之道”，不惜违反佛教教义，他说：“释之言中庸者，龙树所谓中道义也。”（《中庸子传》上）龙树“中道”为不执著有无、真假，儒家的“中庸”指的是处世对人要无过无不及，两者本不相干。

宋赞宁也说：“三教循环，终而复始。一人在业，高而不危。有一人故，奉三教之兴；有三教故，助一人之理。”

僧人契嵩著《辅教编》中有《孝论》凡十二章，具论忠孝，“拟儒《孝经》，发明佛意”。还说，“夫孝，诸教皆尊之，而佛教殊尊也。”（《孝论·叙》，见《镡津文集》卷三）佛教本来号召出家，脱离家庭的父子伦理关系的，而佛教的代表人物却高唱佛教比儒教道教更看重孝道。

明朝袾宏继承了这个方向，也主张三教“同归一理”、“三教一家”。僧真可《题三教图》，又有《释毗舍浮佛偈》，认为“仁”、“义”、“礼”、“智”、“信”都是值得敬礼的佛（如来）。德清有《大学纲目决疑》以说明儒教与佛的一致性，又作《道德经解发题》、《观老庄影响论》以说明道教与佛教的一致性，认为“孔老即佛之化身”。智旭（1599—1635）以儒教的十六字诀融通佛教，并著有《周易禅解》、《四书藕益解》，主张孝道，“儒以孝为百行之本，佛以孝为至道之宗”（《题至孝春传》）。“以真释心行，作真儒事业。”（《广孝序》）“非真释不足以治世，是以一切三宝常能拥护世间，而真儒亦足以出世。”（《玄素开士结茅修止观助缘疏》）

道教开创之初，即提倡佐助君王的方略。南北朝时期，道教经过官方的改造，更加充实了支持封建社会的忠君爱国的内容。宣扬孝慈的如：

与人君言，则惠于国；与人父言，则慈于子；与人师言，则爱于众；与人兄言，则悌于行；与人臣言，则忠于君；与人子言，则孝于亲。（《太上洞玄灵宝智慧罪根上品大戒经》二卷，《道藏》二〇二册，洞玄部戒律类，陶）

宣扬“三教归一”的如：

《三教归一图说》：“三教殊途同归，妄者自生分别。彼谓释、道虚无，不可与吾儒并论。是固然也。自立人极，应世变言之，则不侔。至于修真养性与正心诚意之道，未易畦畛也。”（《黄帝阴符经讲义》四卷，南宋夏元鼎撰。《道藏》五十四册，洞真部玉诀类，藏下）

宣扬报父母恩，出家道士超度其亡亲的，如：

三纲五常乃立人之大本，孝道之大，至于日月为之明，王道为之成，……是故净明之法，本忠君孝亲以存心；盟真之斋，以报祖荐亲而立教。以此见学仙之士，曷尝不笃意于亲……

资事父以事君，则忠孝之义尽，取于治身而治国，则清净之化成。其在栖真者流，尤以报君为重。（《玄门报孝追荐仪》，《道藏》二八五册，洞玄部，威仪类）

道教还按照儒教的纲常名教的规矩应用到道教的师徒关系上。如：

以传度法箓者为度师，度师之师为籍师，籍师之师为经师。

先序三师，然后行道。凡厥读经、讲诵、行道、烧香、入室、登坛，皆先礼师存念。……此法不遵，真灵靡降。（《洞玄灵宝三师名讳形状居观方所文》，张万福撰。《道藏》一九八册，洞玄部谱录类，有二）

南宗道士张伯端说“教虽分三，道乃归一”（《悟真篇》序），致力会同儒、佛、道。

金元间，道教三教合一说十分流行。王喆在山东建立三教金莲会、三教平等会，“劝人诵般若心经、道德经、清静经及孝经。”（《甘水仙源录》）丘处机云：“儒释道源三教祖，由来千圣古今同。”（《磻溪集》）赵缘督（友钦）有《仙佛同源》，主张三教一家、三教合一，是全真教的中心思想。后来假托吕洞宾的许多著作（多数应出在明代）也都是三教合一的基调。道士谭处端说“为官清政同修道，忠孝仁慈胜出家”。（《水云集》）

唐宋以后，历元、明、清各朝，儒教配合中央集权的要求，也极力加强思想统治的集中。儒教本身直接提倡的是维护封建专制制度的三纲说。儒教的许多学者，没有没受过佛教和道教的影响的。周敦颐的《太极图说》，本来是道教先天图的翻版。以后张载、二程以及南宋的朱熹、陆九渊也都是深受佛、道两教的影响的。由此上推，如白居易身为儒者，同时又是佛教和道教的忠实信徒（陈寅恪：《白乐天之思想行为与佛道之关系》。《岭南学报》1949 年）。宋代理学家们如朱熹对《黄帝阴符经集解》及《参同契》都进行过认真的研究。前人论述已多，这里从略。朱熹借用佛教常用“月印万川”的比喻来说明他的理一分殊的道理。朱熹说：“释氏云，‘一月普现一切水，一切水月一月摄’，这是那释氏也窥见得这些道理。”（《朱子语类》卷十八）朱熹既继承了禅宗思想，也继承了华严宗思想，因为华严宗发挥“一即一切”这个神秘主义观点，朱熹也说“万个是一个，一个是万个”（《朱子语类》卷九十四）。朱熹好像在说佛教的某些观点近儒，实际上倒是朱熹的思想符合了佛教观点。明清之际的王夫之曾指出：“贞生死以尽人道，乃张子之绝学，发前圣之蕴，以辟佛、老而正人心者也。朱子以其言既聚而散，散而复聚，讥其为大轮回。而愚以为朱子之说反近于释氏灭尽之言，而与圣人之言异。”（《张子正蒙注·太和篇》）再以明代学者王守仁为例，也能看出明代儒者所持鲜明的三教合一的立场。王守仁说：

> 仙家说到虚，圣人岂能虚上加得一毫实？佛家说到无，圣人岂能无上加得一毫有？但仙家说虚，从养生上来，佛家说无，从出离生死苦海上来。却于本体上加却这些子意思在，便不是他虚无的本

色了，便于本体有障碍。圣人只是还他良知的本色，更不着些子意思在。（《传习录》下）

佛氏不著相，其实著了相。吾儒著相，其实不著相。请问。曰：“佛怕父子累，却逃了父子，怕君臣累，却逃了君臣，怕夫妇累，却逃了夫妇。都是为个君臣、父子、夫妇着了相，便须逃避。如吾儒，有个父子，还他以仁，有个君臣，还他以义，有个夫妇，还他以别。何曾著父子、君臣、夫妇的相？”（《传习录》下）

王守仁还把儒教的修养与道教的宗教修炼等同类比。他说：

只念念要存天理，即是立志。能不忘乎此，久则自然心中凝聚，犹道家所谓结圣胎。（《传习录》上）

他还把佛教、道教说成与儒教差不多少，极为接近：

二氏之学，其妙与吾人只有毫厘之间。（《传习录》上）

大抵养德养身，只是一事。元静所云真我者，果能戒谨不睹，恐惧不闻，而专志于是，则神住、气住、精住，而仙家所谓长生久视之说，亦在其中矣。神仙之学与圣人异，然其造端托始，亦唯欲引人入于道。《悟真篇》后序中所谓“黄老悲其贪著”，乃以神仙之术渐次导之者。元静试取而观之，其微旨亦自可识。（《年谱》）

王守仁故意把道教的神秘主义内丹修炼方法说成儒教的道德修养过程。陆元静问王阳明关于道教的精气神的部位与作用，信中问：

元神、元气、元精必各有寄藏发生之处，又有真阴之精，真阳之气，云云。

王守仁回答说：

夫良知一也，以其妙用而言，谓之神，以其流行而言，谓之气，以其凝聚而言，谓之精，安可以形象方所求哉？真阴之精即真阳之气之母，真阳之气即真阴之精之父。阴根阳，阳根阴，亦非有二也。苟吾良知之说明，则凡若此类，皆可以不言而喻。不然，则来书所云三关、七返、九还之属，尚有无穷可疑者也。(《传习录》中《答陆元静书》)

三教关系是中国思想史、中国宗教史上的头等大事。三教合一，则是中国思想史、中国宗教史的发展过程和最终归宿。“三教合一”的趋势形成后，三教的地位是不平等的。北宋以后，佛、道两教屈从儒教。儒教吸收了佛、道两教的宗教修养方法，及不计较世俗利害、不贪图物质要求的禁欲主义以加强封建社会的统治秩序。安贫乐道，口不言利，温驯和平，与人无争，成了儒教为人处世的基本教义。

唐宋以后的这种三教合一思潮反映了中国封建社会后期阶段的政治经济结构，适应了维护这种政治经济结构的需要，不是一个偶然的现象。

中国封建社会的大一统的政治局面从秦汉时期确立以来，经过魏晋南北朝时期三百多年的分裂，到了唐宋时期，又重新巩固下来。但是，这种大一统的政治局面是建立在以一家一户为单位的小农经济的基础之上的。这种小农经济是一种自然经济，生产的产品首先要交纳赋税租债，剩下的农民自己消费掉了，产品主要不是供商业流通的，因而具有停滞、闭塞、分散的特性。历代封建帝王的政策多重农抑商，以农为本，叫做“重本抑末”，采取各种措施来保护这种自然经济。

这种自然经济有两重性，一方面，小生产者落后、软弱，希望在他们上面有一个集中强大的权威来保护他们，使他们免于土地兼并，这就给专制主义提供了社会基础；另一方面，庄园式的生产、生活方式，又是分散的、彼此独立的，这又为地方分裂割据势力创造了有利条件，形成一种离心倾向。

因此，政治上的高度集中和经济上的高度分散这一对矛盾，长期不得解决。分散的个体农民好像一盘散沙，缺少联系，需要有一个强大的中央政府统率他们，保护他们，把他们统摄在一起。克服他们的离心倾向，保持国家的集中统一，就必须强化上层建筑的力量来进行控制。这种控制包括两个方面，一是用政权的力量，二是用精神的力量。

中国历代统治者，不断总结经验，加强中央集权，他们以极大的努力，进行了艰巨的工作。政治上，秦、汉、隋、唐集权于中央政府，宋朝则进一步削弱地方政府的权力，把一切财力、兵力集中于中央。明、清废宰相，置内阁。内阁只供皇帝咨询，没有行政权力。于是中央集权又进一步发展为皇帝个人的专制独裁。

至于从精神力量来加强中央政府和皇帝的权力，主要依赖三教合一的宗教和哲学思想。

三教合一，表面上仍维持着三教的门户，儒、佛、道各成体系。三教都力图吸收另外二教，把它们当做自己体系的一部分，实际上，三教的力量不是平衡的。儒教是主流，佛、道两教处在依附的地位，起配合作用。

儒教的思想核心是三纲五常。这种思想强调君权、父权、夫权。君权是直接维护大一统的政治局面的，父权和夫权有利于树立自然经济中男性家长的权威地位，因而这种思想特别适合中国封建社会的政治经济结构的需要，受到历代封建统治者的重视。佛教是一种外来的宗教，它必须接受封建宗法传统思想，即纲常名教思想，才能在中国这块土地上生根。道教是中国土生土长的宗教，除了它的宗教修养以外，它也是以维护纲常名教为基本内容的，不得不与儒教合流。另一方面，佛、道二教有一套追求彼岸世界的系统的宗教理论和修养方法，为儒教所不及。儒教也必须从佛、道二教那里吸取营养来弥补自己的不足。

由于儒、释、道三教是封建上层建筑的重要组成部分，是进行精神控制的有效工具，所以都受到历代封建统治阶级的重视。这又反过来促进了三教合一思潮的发展，成为中国封建社会后期占主导地位的思潮。

任何社会都是有生命的，都有其形成、壮大、衰亡的过程。中国的封建社会，虽曾长期处于停滞状态，它仍然在缓慢地发展、前进。封建的自然经济中也孕育着突破封建束缚的内在因素。工商业者、手工业者，如果得到充分的条件，也可能首先在某些地区产生资本主义萌芽。越是到了封建社会后期，这种要求突破旧传统的自发力量也越强烈。在思想上，则反映为对封建宗法制度的核心——君权的怀疑。如南宋末年的邓牧（1274—1306）主张无君，稍后的黄宗羲（1610—1695）也提出过君主为天下之大患的思想。但是传统的三教合一思想太强大了，它加强了封建宗法制度。被强化了的封建宗法制度又扼杀了自然经济已经孕育着的资本主义萌芽，从而造成中国封建制度的长期稳定以致停滞状态，而像邓牧、黄宗羲等人的民主思想都没有发生大的影响。

（《任继愈学术论著自选集》，
北京师范大学出版社 1991 年版）

儒道两家思想在中国何以影响深远[①]

春秋战国时期孔子、老子以外还有许多学派，如管子、孟子、荀子、商鞅、韩非、宋钘、尹文、墨子等人都有各自的体系。秦汉以后，经过历史的选择，只有孔子、老子两家的学说影响最为长远。

孔子、老子体系不同。孔子提出治国的蓝图是建立以血缘关系为纽带的等级制的国家，从天子到庶人，一级管一级。老子的治国蓝图是建立小国寡民[②]、无为而治的小农经济制度。孔、老两家有差异，也有共同的地方，两家都主张以家长为中心的自然经济制度，都认为父慈、子孝、君仁、臣忠是应当的。孔子到处奔波，推行他的主张，没有被采纳。老子一生埋没在农村，生年也无从详考。孔、老两家在先秦都提出过各自的主张，都没有得到实施的机会。孔、老两家思想得以在中国流行两千年之久，主要在秦汉以后。

秦汉开始，中国建立了大一统的封建专制国家，从此奠定了中国两千多年的政治格局。后来的十几个王朝都是沿着秦汉铺设的轨道向前推进的。历代王朝根据当时形势，随时变易，有所因革，目的在于使之完善，不是废除大一统的制度。即使在大一统遭到破坏，不能维持时，割

---

① 孔子是儒家创始人，以孔子代表儒家不成问题；老子、庄子，学术界习惯称之为道家。“道家”不见于先秦，实在是汉初才形成的。这里不作申论。仍随顺习惯分法，以老子为道家（庄子附）。

② 老子的“小国寡民”，不是指政治的基层单位要小，要分散，他心目中还是有“天下”的观念。他认为各个基层单位，自给自足就够；国与国之间，不必有紧密的往来。

据、分散的统治者也认为统一是正常的，分散、割据是不正常的[①]。历史表明，秦汉以来建立的大一统制度是历史的选择，是中国古代社会的需要，绝不是历史的失误。历史是客观的，不会失误的。

秦汉到鸦片战争，两千年间中国贯穿着一对基本矛盾：政治的高度集中与经济的极端分散。强化集中，是中央政府的职能；要求自给自足，不要政府过多干预，是自然经济的本性。政府要权力集中，农民要分散，正是在这样一对矛盾中，儒道两家充分发挥了他们的作用。

孔、老思想的影响，维持、发挥了两千年，是指全过程说的，实际上这两家的思想影响、社会作用并不是都处在高峰期，它们有时高涨，有时沉寂，有时受到外力限制而衰减。衰减后，得到新的力量的补充，又继续发展了。我们看到的古今中外的哲学思想，都有它的兴、衰、起、伏。

儒家在西汉初期，约有半个世纪处在受压制的地位。汉武帝当政后，重用了董仲舒，政府用行政手段推动儒家思想，儒家得到前所未有的发展，儒家势力大大超过孔子在世时。两汉儒家与孔子原来的儒家不尽相同，汉代儒家吸收了社会上流行的阴阳五行、天人感应思想，建立了以孔子为标志的神学经学体系。用这种新的儒家体系解释当时人们关心的天时、地利、历法、农业生产、行政措施、战争等自然现象与社会现象，可以满足当时社会各方面的理论需要。董仲舒的儒学配合汉朝大一统的政权，促进了中华民族的思想统一、增强了民族的凝聚力，建立了历史的功绩。

东汉末年，大一统局面失去控制，国家陷于分裂，佛教、道教乘机得到发展。魏晋到南北朝，儒家的集中统一，严格的君臣上下等级遭到破坏，儒家思想也处于低潮达四百年之久。隋唐时期，儒家处境比南北朝时略好，得与佛教、道教并称“三教”。三教之中，佛教势力最大，道教第二，儒居最末。到了宋朝，朱熹等理学家吸收佛教、道教有关心

① 东汉以后，三国时期，南北朝时期，五代十国割据时期，各地方政权都有统一的要求，只是主、客观条件不具备，没有办到。

性修养等宗教内容，补充到儒家体系中去，形成新儒家[①]。儒家兴起，道家退到次要地位。朱熹的新儒家用佛、道两教的有关心性修养理论解释儒家思想，同时建立了新的经学，用《四书》代替《五经》。朱熹的儒家经学对巩固中国封建社会，延缓封建社会的解体，起了重要作用，朱熹的儒家经学直到“五四”时期才终结了它的使命。韩愈说过，儒家思想不是一帆风顺地发展的，它“黄老于汉，佛于晋魏梁隋之间”，到宋朝得到新思想的补充，才得以复振。

道家思想盛于战国中期[②]，它随着楚文化势力的扩大，影响到中原地区。儒家文化以邹鲁文化为中心，注重人事；老庄思想反映荆楚文化的特点，注重天道、自然，轻视人事。秦统一前夕，《吕氏春秋》已吸取了老庄重生、重己的思想。汉初黄老流行，以稷下齐学为主干，有老子思想，也有法家思想。刘安封于淮南，招纳宾客著书。淮南为荆楚旧疆，其门客多治楚学，《淮南子》一书保存《老子》思想较多[③]。西汉全国推行儒家思想，老庄思想在淮南一隅较为流行。

汉末天下大乱，儒家势力衰退，道家势力上升。魏晋时期，《老》、《庄》、《周易》号称“三玄”。《周易》本是儒家典籍，魏晋人以老庄解《易》，认为《周易》和老庄思想差不多。玄学思想流行范围只在上层贵族知识分子中有一定市场，社会一般群众与“三玄”没有什么缘分。三国时，《老子》借一种特殊机会，影响到社会下层，它与当时的五斗米道有关。张鲁割据巴蜀汉中，传五斗米道，令教徒诵《老子》五千文以消灾免罪。张鲁降曹操，曹操怕他在汉中的势力复活，把张鲁的部属迁到中原。五斗米道随着也在内地传播流行，《老子》五千文成

---

① 新儒家，我称之为儒教，有专文论述。

② 老子思想起源早（与孔子同时），流行较晚（约在孟子以后）。有人认为老子在庄子以后，也有人怀疑老子这个人是否存在。这种说法都缺乏根据。详见《中国哲学发展史》（先秦卷）。

③ 后人校刊《老子》多引用《淮南子》。

为道教徒众的基本经典①，当初伴随黄巾起义的《太平经》反倒退居次要地位。

南北朝三四百年间，佛道两教互争阵地，竞争中刺激了道教的发展。唐朝统治者有意扶持道教，用朝廷势力推广《老子》，《道德经》石刻碑碣经幢遍及天下名山道观。道教在与佛教长期辩论中，吸取佛教的教理、教义以充实自己。宋代的道教比唐代有所发展，道教发展了当时流行的心性修炼的内丹学，随着其传播工具（雕版印刷）的进步，刊刻了道教全集（《道藏》），扩大了道教的影响。明代有的帝王妄求长生，也提倡道教。由于宋儒建立了儒教，佛教与道教只能依附于儒教②，三教中的地位，儒居先，佛居次，道最后。

儒道两家起源于先秦，汉以后才得到广泛传播、影响深远。两家互有消长，却又长期共存。这种现象值得引起注意。其他学派也有其兴盛时期，但都不及儒道两家寿命长久。物无枉然，必由其理。探究其所以然，还要从秦汉大一统的总形势来考虑。

儒道两家的长期流传，是大一统的中国封建政治体制的产物。秦汉统一，是中国历史上的一件大事，值得好好研究。常听到学者们抱怨秦汉统一，认为统一以后，限制了学术自由发展，容易出现僵化、停滞。研究历史应当从中国事实出发。事实上已形成了大一统的局面，没有必要设想它“如果不是大一统”。分析、评价事实已经存在的历史，不能以推测、假想为依据。

还要看到，儒、道两家的全部历史有两千多年，这样长的历史，不是一成不变的，儒家思想从孔子开创到“五四”前后，至少有两次大

① 宗教经典，为了便于教徒记诵传播，都不太长，如《新、旧约》《古兰经》，佛教的经常念诵的经典也都不太长，如《般若心经》、《无量寿经》。儒教《四书》也都较短，人人都可以背诵。

② 学术界对“道教”、“道家”力图划分清楚，事实上：却难以划清，有时两者不加区别。古人如朱熹、王夫之等著名哲学家，全力批驳“二氏”（佛、道二教），他们批的道教，经文指的是老子、庄子的哲学，也就是人们所谓“道家”。近人宗教学者陈垣先生辑有《道家金石略》，搜集唐以后历代道教宫观石刻资料，分明是道教的文献，陈垣先生定名为《道家金石略》。

的变革（汉朝及宋朝），变革以后的儒与原来的孔子的儒很不相同。有人说孔子的思想影响，甚至支配了中国思想界两千多年，这不是事实。老子的思想也有变化，从老子的本来面貌到张鲁的《老子》，河上公注的《老子》，《老子想尔注》，到魏源、严复理解的《老子》，有很大的差异，《老子》书与炼丹成神仙也毫无关系。这两家寿命长久，主要在于不断随着时代的变化不断补充新的内容。

还应指出，只有秦汉统一后的大一统国家才有可能维持孔子、老子两家长期并存的可能。因为政府要集中统一，这一理想先秦时各家都提出过，由于条件不具备，未能办到。秦汉办到了。农民小生产者是古代农业社会主要承载者，他们有自己的愿望，老子早已提出过农民的理想，有远见的哲学家也提醒过统治者，不要忽视农民的愿望和要求，“水则载舟，水则覆舟”，但没有引起统治者足够的重视。秦末农民大起义，一群衣衫褴褛的农民，揭竿而起，居然掀翻了坚甲利兵的秦朝。汉初的统治者深刻懂得了与民休息的重要性。

不集中统一，没有有效的统治手段，就不能把广土众民的大国管好，国家将陷于分裂。过于集中，不顾农民小生产的特点，超过农民承受的限度，也不能使中央集权巩固，达不到集中统一的目的。回顾中国历史，不难看出，凡是善于把政治高度集中与经济极端分散这一对矛盾关系协调得好的朝代，天下就太平，国家就繁荣。协调不好，就造成天下大乱。政治集中与经济分散的矛盾对立关系，表现在思想方面就是孔子（儒）与老子（道）的矛盾对立关系。

影响中华民族几千年的思想流派很多，影响深远的不过孔、孟、老、庄四家。四家中孟子是作为孔子的辅翼而出现的，庄子是作为老子的辅翼而出现的。说到底，只有孔子、老子两家。孔子、老子留下的文字著作不多，主要来自他们的继承者的解释和阐发。六经中注释最多的是《周易》，诸子中注释最多的是《老子》，这种现象不是偶然的。《周易》、《老子》是个注释便于利用的框架。注释者们根据时代的要求，随时补充新内容，才可以使儒、道两家不断注入新内容，从而延长了学派的寿命。政治上强化集中统一，严格等级制，是中央政府的要求；自给自足，不要政府过多干预，是小农经济的本性。在朝的强调统一集中，在野的强调分散自由。儒家偏重在朝，道家偏重在野。在朝讲孔孟，在野讲老庄。有时同一个人，做官时讲孔孟，不做官时讲老庄。这两大流派都有广泛的社会基础。朝廷势力总是大于农民，所以孔子的影响大于老子。

秦汉统一奠定后来两千多年的总体格局。有大一统的中央政府，才使得中华民族屹立于天壤间，壮大自己，靠自己的力量克服困难，对世界文化做出许多贡献。像抵御外部侵略，救灾度荒，修文治史，伟大工程，重大发明，都是在大一统国家主持下，发挥大国的综合国力优势得以实现的。鸦片战争以来，如果没有几千年形成的民族凝聚力，自强自豪的民族意识，旧中国也许灭亡，沦为殖民地了。

有学者提出中华民族的优良传统是刚健有为、自强不息，有乐观精神，这种说法是有根据的，这是儒家《易》学的好传统。但是也要看到贵柔守雌，以静制动，以弱胜强，也是中华民族的传统。人们在处于劣势时使用这些原则得以转危为安。用这些原则来治国、用兵，往往收到奇效，这些传统来自道家。刚健传统教中华民族自新自强；贵柔传统教中华民族避免蛮干，两者都源远流长，都为今后创建中华民族新时代的哲学体系提供了不可缺少的思想资料。

（《道家文化研究》第一辑，上海古籍出版社）

汉唐时期佛教哲学思想在中国的传播和发展

在中国流行的佛教本是外来的宗教

佛教的创始人是悉达多（Siddhārtha），族姓为乔达摩（Gautama），相传为净饭王太子，生于迦毗罗卫（Kapilavastu）（现在尼泊尔王国境内），他一生活动在印度北部、中部恒河流域一带。释迦牟尼（Ś ākyamuni）是佛教徒对他的尊号。关于他的生卒年，我们剥除宗教的无稽传说，大致可推定卒年为公元前480—490年之间。在公元489年（南朝齐武帝永明七年）中国译出《善见毗婆沙律》，这是一部佛教的戒律。相传佛死后每年七月十五日，印度佛教徒的这一派的信仰者把这一部律捧出，香花供养，于书后记一点，师师相传，年年不断。到齐永明七年在这部律的原本上共有975个点。由此上推975年，则佛逝世时相当于中国周敬王三十五年（鲁哀公十年，公元前485年），较中国的孔子早死六年①。还有一个说法，据锡兰的记载，阿育王灌顶受佛教的洗礼之年在佛死后218年之后，由此上推，佛逝世在公元前483年，相当于中国周敬王三十七年。据各种佛书记载，佛活了八十岁。照中国的史料推算，佛应生于公元前565年（相当于中国周灵王七年）；按照印度史料，佛生于公元前563年（相当于中国周灵王九年），比孔子大十二岁②。

佛教在印度开始传播时期，正是印度奴隶制比较发达的时期。印度封建化的过渡时期比较长，从公元前1世纪到公元6世纪，印度的封建经济才巩固。进入封建社会后，印度的奴隶制残余曾延续了很长时期。

---

① 《历代三宝记》卷一一，《善见毗婆沙律》之《出律前记》。

② 汤用彤：《印度哲学史略》，中华书局1960年版，第59页。

佛教一开始是为当时的奴隶主阶级服务的宗教哲学体系；后期的佛教大乘又为封建地主阶级服务。

东汉明帝永平十年（公元 67 年），有佛经介绍到中国来。汉明帝时佛教传入中国有不同的记载，这些记载有互相出入的地方，因而有人认为有几种说法不一致，断定汉明帝时佛教没有传入中国。但是我们从当时整个佛教传布的形势，中国和当时西域诸国的交通，以及当时佛教传播的状况，可以断定佛教思想大量传入中国在公元六七十年之间是不成问题的，开始传入当在东汉初年①。

汉代佛教与中国道术方士思想的结合

佛教在东汉初年虽已传入中国，但它只在皇族及上层贵族地主阶级少数人物中有些影响，而在广大人民群众中还看不出影响的迹象。当时的信奉者认为佛和中国黄老之术差不多。认为造祠奉祀可以祈福永命。汉光武的儿子楚王刘英，史书说他“诵黄老之微言，尚浮屠（即佛）之仁祠”②。祠即修建祠坛以祭祀，后人不了解汉代的祠祀的意义，如司马光《通鉴》，作“尚浮屠之仁慈”，只从句法结构上来推测，以“微言”与“仁慈”对文，这是错的。这里是说，刘英把黄老的学说和佛（浮屠）的学说等量齐观。到了桓帝（公元 147—167 年）时期，宫中设华盖以祠浮图老子。当时他的铺张浪费的宗教祠祀遭到正直的大臣的反对。延熹九年（公元 166 年）襄楷上书说：

“又闻宫中立黄老浮屠之祠。此道清虚，贵尚无为，好生恶杀，省欲去奢。今陛下嗜欲不去，杀罚过理。既乖其道，岂获其祚哉?”③

襄楷认为“此道清虚”，这是说佛教和黄老的清静无为的思想都是主张清虚的。他看来，桓帝“既乖其道”（与佛道二教的清虚无为之道不合），所以不会得到佛的保佑。当时中国的佛教信奉者，把它当做方

① 参考汤用彤：《汉魏两晋南北朝佛教史》第二、三、四章，中华书局 1955 年版。

② 《后汉书，楚王英传》。

③ 《后汉书》卷六十下。

术中的一种，他们是以对待中国旧宗教的眼光来迎接这个外来宗教的。

汉代也有少量的佛寺。主要是为了满足西域来华胡商的宗教信仰，法律上不允许中国人出家做和尚。[①] 佛教在广大群众中还没有引起注意，在哲学理论上也没有表现出它独特的思想体系。南齐尚书王俭说“汉魏佛法未兴，不见其记传”，王俭是当时博学的学者，他这里说的不见其记传是正史上没有专文记载，并不是所有文献都没有记载这回事。据佛经翻译史的记录，东汉从明帝永平十年（公元 67 年）到汉献帝延康元年（公元 220 年），这 154 年间译经者有 12 人[②]，译出佛经（包括佛教教律等一切著作）共 292 部，合 395 卷。汉朝译出的这些佛教经典，到了唐朝开元间，还保存有 97 部 131 卷，有 195 部 264 卷缺。曹魏从文帝黄初元年（公元 220 年）到元帝咸熙二年（公元 265 年）46 年间，译者 5 人，译经 12 部 18 卷。其中 4 部 5 卷存，8 部 13 卷缺。[③]

东汉末年，牟子《理惑论》[④] 第二十章中说：

> “昔孝明皇帝梦见神人，身有日光，飞在殿前。欣然悦之。明日博问群臣，此为何神？有通人傅毅曰：臣闻天竺有得道者，号之曰“佛”，飞行虚空，身有日光，殆将其神也。”[⑤]

修炼成神，白日飞升，这本来是汉代神仙方士道术的传统的迷信说法。汉武帝求不死之术，《淮南子》也讲“全生保真”。都是主张炼形

---

① 后赵石勒时，王度上书说汉代“唯听（允许）西域人得立寺都邑，以奉其神，其汉人皆不得出家。[按：个别出家的还是有的，如朱士行、严佛调等] 魏承汉制，亦循前轨”。见《高僧传》卷十，《竺佛图澄传》。

② 译经人数，是指的译经的主要负责人，即“译主”。当时实际参加者，连同文字加工的助手，人数是相当多的。

③ 见《开元释教录》卷一，这里所说的“存”、“缺”，都是断自唐开元间，下仿此。

④ 《理惑论》，牟融作。全书共 37 章，是较早的记载佛教宗教原理的书，近人疑其伪。据考证，此书可信。本文从汤用彤说。

⑤ 《弘明集》，四部丛刊本，卷一。

炼神，可以肉体飞升。但是佛教从来就反对炼形炼神可以长生不死的说法，释迦牟尼在鹿野苑初次说法，就从分析物质世界变灭无常入手，提出四谛、十二缘生的宗教学说。教人不要相信有无常不变的事物，更不用说有长生不死的人可以飞升了。而当时中国人对佛教的了解，和佛教原来的意思很不相同。当时的中国人以汉代宗教精灵不灭的观点理解佛教。因此，他们说：

> 浮屠者，佛也。西域天竺，有佛道焉。佛者，汉言觉，其教以修慈心为主，不杀生，专务清净。其精者号为沙门。沙门者，汉言息心，盖息意去欲，而欲归于无为也。又以人死精神不灭，随复受形，生时所行善恶，皆有报应，故所贵行善修道，以炼精神而不已，以至无为而得为佛也。佛身长一丈六尺，黄金色，项中佩日月光，变化无方，无所不入，故能通百物而大济群生。……
>
> 有经数十万，以虚无为宗，苞罗精粗，无所不统，善为宏阔胜大之言，所求在一体之内，而所明在视听之外，世俗之人以为虚诞，然归于玄微深远，难得而测。故王公大人，观死生报应之际，莫不瞿然自失。①

在牟子《理惑论》中也有类似的记载：

> 佛者谥号也，犹名三皇“神”、五帝“圣”也。佛乃道德之元祖，神明之宗绪。佛之言，觉也。恍惚变化，分身散体，或存或亡。能小能大，能圆能方。能老能少，能隐能彰。蹈火不烧，履刃不伤。在污不染，在祸无殃。欲行则飞，坐则扬光。故号为佛也。②

可见汉代人所理解的佛教，可以说就是道术。佛能飞腾变化，“能隐能彰”，“履刃不伤”，“欲行则飞”，不死，不伤，变化无方，无所不

---

① 袁宏《后汉纪》。

② 《弘明集》，四部丛刊本，卷一。

入。和《庄子》书中所说的“神人”、“至人”入水不溺，入火不热，长生久视的本领差不多。佛是“道德之元祖，神明之宗绪”；它的宗教理论主张“息意去欲，而欲归于无为”，“专务清净”。汉代人所理解的佛教理论与当时社会上流传的黄老之学没有什么差别。

汉代传译的《四十二章经》是佛经最早的中译本，今天已无从与原文查对，这部书严格说来与其说它是“译”的，不如说它是“编译”，或“改写”的更恰当一些。古人早已指出过“与《太易》《老》《庄》相表里”，这种看法与实际情况是符合的。这部书不是汉人伪造的，但编译者用当时中国黄老之学和道术的理论去理解它，因此它不可避免地涂上了汉代道术思想和黄老思想的色彩。只有“因果报应”之说是印度传入的，而不是中国固有的。但汉人对佛教因果报应的理解，也不符合印度佛教的本来的意义。印度佛教的因果报应，是从业（行为）引起的果的内在联系讲因果报应的，而汉代当时流行的宗教迷信则认为“祭祀者必有福，不祭祀者必有祸”①，有鬼神可以降祸福于人世，和佛教的反对鬼神的因果报应说迥不相同。

汉代，《四十二章经》以外，佛经翻译有以安息国的安世高②为代表的外国僧人介绍了佛教小乘一切有部毗昙学和禅定的理论。译出的有《安般守意经》、《阴持入经》、《人本欲生经》、《大十二门经》、《小十二门经》、《道地经》等。安玄、严佛调等也相继介绍了这一方面的佛教思想。又有以月支国的支娄迦谶③为代表的外国僧人介绍了《道行般若波罗蜜经》、《无量清净平等觉经》（按：即《大阿弥陀经》）、《般舟三昧经》等；这一派佛教徒还有竺佛朔、支亮、支谦、支曜等人。他们开始介绍了佛教大乘中观学派的理论（即大乘空宗）。但是，安世高等介绍过来的佛教小乘一切有部的毗昙学和支娄迦谶等大乘空宗的般若学都没有在当时发生影响。社会上所认识的佛教不过是成神学道的道术。一直到三国时：

---

① 王充：《论衡·祀义篇》。

② 《高僧传》卷一。

③ 《高僧传》卷一。

“魏境虽有佛法，而道风讹替，亦有众僧未禀皈戒。正以剪落殊俗耳。设复斋忏，事法祠祀。①

《高僧传》作者慧皎用后来僧众的清规戒律来衡量汉代的僧人，当然认为不合佛教的标准，所以说“道风讹替”。事实上当时的出家人也只能过着中国的道术之士的宗教生活，说不上“讹替”。他指出“设复斋忏，事法祠祀”，倒是完全真实的，因为当时中国人理解的佛教的确是祠祀的一种。

佛教在印度先有小乘，然后有大乘。无论小乘和大乘，都是在它当时印度的社会历史条件下产生的。它是印度的上层建筑，为印度的奴隶主阶级和印度的封建地主阶级服务。他们的一切有部毗昙学和般若空宗的理论是用来麻痹印度广大人民，消灭他们的反抗意志的思想武器。当时中国的情况和印度不同。东汉以来，豪强地主占统治地位，土地兼并日益严重。农民革命的时机尚未成熟。封建贵族统治者为了进一步加强剥削，长期统治，他们妄想学得长生的方术，或者取媚于鬼神，为子孙祈福。他们一方面过着荒淫无耻的生活，一方面又在宫廷营造黄老浮图之祠。三国时笮融是一个贪暴残忍的地方官吏，他却是个虔诚的佛教信奉者。史书记载：

笮融者，丹杨人，初聚众数百，往依徐州牧陶谦。谦使督广陵、彭城运漕，遂放纵擅杀，坐断三郡委输以自入。乃大起浮图祠，以铜为人，黄金涂身，衣以锦采，垂铜槃九重，下为重楼阁道，可容三千余人，悉课读佛经，令界内及旁郡人有好佛者听受道，复其他役以招致之，由此远近前后至者五千余人户。每浴佛，多设酒饭，布席于路，经数十里，民人来观及就食且万人。费以巨亿计。②

从以上的事例中可以看出当时佛教传入中国后，中国当时宗教占统

---

① 《昙柯迦罗传》，《高僧传》卷一。
② 《吴书·刘繇传》，《三国志》卷四十九。

治势力的祠祀。佛教也被改造为祠祀的一种。封建军阀把杀戮劫掠来的财物用于布施，为个人祈福。他们不懂得佛教的理论。无论佛教的大乘、小乘理论，在当时并没有被人们接受。

魏晋南北朝时期佛教与中国哲学唯心主义的结合

东汉后期，阶级矛盾日趋尖锐，终于爆发了全国性的农民大起义——黄巾起义。这一伟大的革命运动震撼了东汉封建帝国的基础。在全国地主武装残酷镇压下，农民起义失败了，成千上万的农民遭到地主武装的杀戮。农民起义失败后，阶级力量对比形势有了改变。农民对封建地主的人身依附关系加强了，各地豪强地主集中了地方的军权、财权，形成军阀割据的局面。经过连年混战、兼并，最后成为分立的三个国家。农民被束缚在固定的土地上。当时各地豪强地主控制了大批的农民，出现了坞堡经济。曹魏的屯田制用军事编制把农民束缚在固定的土地上，西晋的剥削比曹魏时期更加严重，剥削的对象不限于成年的男丁，连妇女、十三四岁的儿童、六十以上老翁都成了剥削榨取的对象。① 在农民起义失败后，产生了为当时门阀士族地主阶级服务的魏晋玄学的唯心主义流派与唯物主义流派。

佛教的理论在魏晋时期玄学唯心主义流行的社会基础上，也得到了统治者的关心和提倡。本来东汉以来就已有了佛教大乘空宗经典的翻译，但是没有引起注意。直到魏晋以后才开始引起注意，中间隔了150多年。这一时期，佛教翻译的数量也有所增加。东汉154年间共译出佛经292部，395卷，不但部数不多，而且也是小部的，平均每一部佛经还不到两卷，一卷一部及零星散见的居多。从魏到东晋，共261年，共译出佛教典籍702部，1493卷②，不论部数和卷数都有所增加。

值得注意的是这时的佛教哲学思想得到重视和佛教得到广泛的传播

---

① 《晋书》卷二六《食货志》："男女年十六已上至六十为正丁。十五已下至十三，六十一已上至六十五为次丁。"都有纳税和徭役的负担。

② 参看《开元释教录》卷一、卷二、卷三。

有不可分的关系。当时正当农民革命失败后，正如斯大林所指出的，当劳动者起义反抗失败后，

> 他们……不得不退却，不得不把委屈和耻辱、愤怒和绝望埋在心里，仰望茫茫的苍天，希望在那里找到救星。（《悼列宁》，《斯大林全集》第6卷，第43页）

列宁对于宗教得以滋长的原因，也做了全面的指示。他说：

> 被剥削阶级由于没有力量同剥削者进行斗争，必然会产生对死后的幸福生活的憧憬，正如野蛮人由于没有力量同大自然搏斗而产生对上帝、魔鬼、奇迹等的信仰一样。对于工作一生而贫困一生的人，宗教教导他们在人间要顺从和忍耐，劝他们把希望寄托在天国的恩赐上。对于依靠他人劳动而过活的人，宗教教导他们要在人间行善，廉价地为他们的整个剥削生活辩护，廉价地售给他们享受天国幸福的门票。（《社会主义和宗教》，《列宁全集》第10卷，中文第1版，第62页）

列宁和斯大林指出了宗教滋生、传播的根本原因。佛教在中国的进一步传播也是这样的。它们在农民起义失败后，才得到广大的信徒。农民起义前中国已有了道教，农民利用道教作为起义的组织形式。起义失败后，道教也同样有所发展。这都说明宗教的发展必须要有它的社会条件，脱离了使它发展的社会条件，就不会起作用。

这时佛教的经典有千卷的翻译，但在哲学界引起注意、发生影响的是大乘空宗的“般若”学。

般若学说是佛教大乘的宗教哲学，它是印度小乘佛教进一步向彻底唯心主义的发展。这种学说用否定的思辨方法（所谓负的方法）以论证现实世界虚幻不实。它不但认为一切物质现象和精神现象是虚幻不实的，连关于物质现象或精神现象的某些原则、原理的确实性，也认为是虚幻的。这一派的学说介绍到中国后，当时的中国学者和僧众并没有完全按照印度原来的般若空宗的理论去理解它，而是用魏晋玄学唯心主义

的观点去迎接般若学说的。如当时的佛教重要领袖道安、慧远等人，就是用王弼、何晏等人“贵无”学派的思想体系去解释般若的。他们把般若理解为玄学唯心主义学派的“以无为本”。因此，道安一派的般若学被认为是“本无宗”。道安自己说，以前翻经，是西方来华僧人带来什么经就翻什么经，“随天竺沙门所持来经，遇而便出”，但翻译的经中以大乘空宗的最多，原因是“以斯邦人老庄教行，与方等经兼忘相似，故因风易行也”①。

当时中国佛教徒认为般若学的基本涵义是阐明“本无”的原理，“无在无化之先，空为众形之始。”② 道安对于佛教般若原理的描述有：

> 其为象也，含弘静泊，绵绵若存。寂寥无言，辨之者几矣。恍惚无形，求矣漭乎其难测，圣人有以见因华可以成实，睹末可以达本，乃为布不言之教，陈无辙之轨。③

又说：

> 寄息，故有六阶之差；寓骸，故有四级之别。阶差者，损之又损之，以至于无为；级别者，忘之又忘之，以至于无欲也。④

从道安经序中可以看出他对这些佛经的理解并没有真正超出魏晋玄学唯心主义思想体系。无论他们所用的名词和他们对佛经的解释，都是在发挥魏晋玄学的唯心主义。道安是个操行谨严、志向虔诚的佛教徒，在佛教徒中有很高的威信，他并不是故意与佛教哲学本来的意义相违背，但是由于时代的局限，他所理解的佛学只能是玄学化的佛教哲学。道安在主观上未尝没有感到中国的哲学概念、范畴不能对印度的佛教哲学的概念、范畴生搬硬套，他认为“先旧格义，于理多违”。但就他所

---

① 《鼻奈耶序》。
② 《昙济传》，《名僧传抄》引。
③ 道安：《道地经序》，《出三藏记集》卷十。
④ 道安：《道地经序》，《出三藏记集》卷六。

理解的佛教哲学仍然没有超出魏晋唯心主义玄学家对于老庄的理解。当然他对老庄的理解并非老庄的本来面目。道安还曾特别允许他的得意弟子慧远讲佛书时可以借助“俗书”（佛经以外的书）以阐明佛教哲学：

> 远……年二十四，便就讲说。尝有客听讲，难实相义，往复移时，弥增疑昧。远乃引《庄子》义为连类，于是惑者晓然。是后安公特听慧远不废俗书。①

道安反对“格义”（用中国流行的非佛教的哲学名词、概念去比附解释佛教哲学的名词、概念），他自己也还是格义。由于他用了当时魏晋玄学唯心主义的观点以解释佛教的哲学思想，所以他的学派得到上层统治者的大力支持，并扩大了佛教的影响。

南北朝时期门阀士族的力量有了进一步的发展。他们世世代代掌握政治、经济、文化各方面的特权。当时，决定一个人的政治地位、社会地位，并不靠他们的能力，而是靠他们的门第出身。门阀士族占有巩固的统治地位，尽管改朝换代，但是他们不会倒，他们占有广大的田园，有的跨州、连县。

社会上长期存在着极严重的不平等。南朝孙恩、田流等农民起义的领袖曾领导农民以革命行动企图打破这种不平等。这时佛教从维护门阀士族地主阶级的立场来解释这一不平等的现象。中国固有的儒家封建观念，一贯宣扬被统治者要无条件地为统治者效忠，宣传“贫而无怨”，“富而不骄”，“生死有命，富贵在天”。这些话对于要求改变现状的受苦受难的人民大众来说，是消极的解释、安抚，至于社会上为什么有不平等的现象，则缺乏系统的解释。涅槃佛性学说所讲的是人死后能不能成佛的问题。成佛，当然是骗人的假话。我们用不着回答可能或不可能。因为“佛”的天国本来是虚构出来的精神世界。但是被灾难痛苦折磨着的广大人民群众，要求摆脱苦难，向往幸福，这个真切的愿望可不是假的。这个不切实际的幻想是实际现实生活的深刻反映，当时佛教

① 《慧远传》，《高僧传》卷六。

关于成佛的可能和成佛的途径有各种不同的说法。有人以为成佛要累世修行，积累功德。安世高的小乘禅法就是这样主张的。有人主张可以逐渐修行，到了一定的程度，即可飞跃一个阶段，然后再继续修行，即可成佛，如支道林等即是这样主张的。也有人主张修行到一定的阶段，只要一经顿悟，即可成佛。

他们引经据典地辩论、宣扬这个实际不存在的谎言，正如马克思说的，宗教把“对一切已使人受害的弊端的补偿搬到天上，从而为这些弊端的继续在地上存在进行辩护。”（《〈莱茵观察家〉的共产主义》，《马克思恩格斯全集》第4卷，第218页）西方基督教把另一个精神世界叫做“天国”，佛教把宗教精神世界叫做“涅槃”，意思是差不多的。据佛教描述这个涅槃精神世界和我们现实的、充满了矛盾、痛苦、压迫的社会完全相反。这个世界的特点是“常、乐、我、净”，只有快乐，没有痛苦。他们出售“平等”的廉价佛国入门券，这种精神王国的“平等”正是为了加强、巩固现实社会的不平等。他们宣称，真正的幸福，在地上并不存在。佛教还故意地把剥削者和被剥削者的“苦”平列起来，按照佛教的说法，饥饿的人饿得难受，有痛苦；那些吃得过饱、胃里油腻过多的人，也有痛苦。抬轿子的人肩肿背驼，有痛苦；坐轿子的人，坐久了腰背酸痛，也有痛苦。不论什么阶级，贫民和贵族，都有痛苦。这就是他们一切人皆苦的逻辑！他们故意把现实社会的压迫者和被压迫者都说成是一样的痛苦，故意把幸福和痛苦说得无足轻重。他们说目前的一切苦乐都不过是暂时的，可以完全不必计较它，到另外的佛国可以使人得到充分的补偿。“一切众生皆有佛性”，在南朝，成为最有毒素的、麻痹广大人民的反抗意志的口号。

《涅槃经》在南北朝得到广泛的传布，宣传涅槃佛性学说、主张顿悟成佛的竺道生得到社会的普遍重视，与它的现实作用有不可分的关系。

隋唐时期佛教的传播和宗派的建立

由于佛教的理论对门阀士族有用、有利，自然得到统治阶级的大力支持。寺院经济在南北朝有所发展。僧侣地主阶级也过着世俗封建地主一样的剥削生活，靠收租过活。

在隋唐时期，寺院有了自己的产业，必须保持它，于是发生了庙产继承权的问题。佛教徒也发生了像世俗地主封建宗法制度的传法关系。这样，一个庙的师父传授的佛教学说观点，只能连同庙产一并传给他的嫡系的弟子们，而不能传给另外学派的弟子。南北朝时，还不是一个寺院只讲一派的理论，一个寺的主要主持者死了，可以请另外一个学派的僧人来主持。这个寺院就属于另一个学派。由于寺院主持人的变更，该寺院所属的学派并不是固定的。所以说，南北朝时中国的佛教只有学派，还没有宗派。到了南朝末期，陈隋之际，才出现了佛教的宗派。

佛教经过南北朝的广泛传播，寺院经济有所发展，有的寺院由皇帝指定一个县的租税的一部分归寺院支配。①

有了独立的雄厚的寺院经济，佛教宗教哲学有条件进行创造性的发挥。隋唐以后，中国佛教已基本上走向独立发展的道路，而不再靠翻译外来的经典了。开始有了大量的中国和尚自己对佛经的注释和关于阐发佛教宗教学说的著作。这是佛教传入中国广泛发展后的最繁荣的一个阶段。

这时的佛教哲学思想，仍然和中国当时封建统治者有密切的联系，成为中国的宗教哲学上层建筑的一部分，积极为它的基础服务。

隋唐时期的中国佛教哲学思想又有它的历史特点。

唐代农民革命，就推翻旧王朝（隋）来说是成功的。胜利的果实却被封建地主阶级篡夺了去。农民起义的成功或失败，直接影响了起义以后下一个封建王朝的政策和政治思想，也间接影响了下一个封建王朝的哲学思想的精神面貌。比如，刘邦参加了农民起义，推翻了秦王朝，他们从地主阶级立场总结了经验，采取了轻徭薄赋的政策。在哲学思想上才出现了汉初黄老无为的哲学思想，它反映了小农经济发展的要求。

---

① 陈宣帝太建九年（577 年），令“割始丰县调以充众费”。《唐高僧传》卷二一。

魏晋王朝是在镇压黄巾起义，在农民的骸骨堆上建立的。在哲学上表现为不管人民死活、专作抽象思维的清谈，有为大臣专政找理论的王弼，有为当权派门阀士族的腐化享乐思想进行辩护的郭象，有在政治斗争中悲观厌世的颓废派——《列子·杨朱篇》。这些流派更多地反映了统治集团内部的政治矛盾和思想矛盾。

唐王朝的统治者亲眼看到农民是怎么起来把隋朝打垮的。唐太宗懂得人民造反是由于“赋繁役重，官吏贪求，饥寒切身，故不暇顾廉耻耳”①。他们懂得对待农民的起义，光用镇压是不行的，于是特别注意加强思想意识方面的统治。唐代对儒、释、道三教都很重视。遇到国家重要的庆典、节日，经常诏三教讲论于殿庭，也经常利用佛、道在街道上作通俗讲演。唐太宗尽管自己不信佛，“至于佛法，非意所遵”②，但是他还是拉拢利用新从印度回国的僧人玄奘，调用国家的人力物力，支持、帮助他翻译佛经，到处建寺、度僧。

唐朝的几个主要宗派的建立、发展，与当时统治者支持有关。在统治者大力支持下，出了不少有学问的和尚，建立了几派不同的思想体系。

唐朝地主阶级的历史任务在于消灭南北朝以来的门阀士族的残余势力。团结全国更广大的范围的封建地主阶级知识分子，不断选拔、吸收他们中间有文武才干的人参加中央政权。佛教在唐朝对广大人民群众宣传成佛的道理。这些成佛的途径，一般说来，比过去南北朝时简易、易懂。当时各家各派都在不同的角度论证成佛的可能，而且一般都作了“保证”的。

成佛是在当世，还是要经过累世修行，在隋末唐初是个久悬未决的大问题。唐玄奘西行求法，在印度十五年（路上用了两年共十七年）就是为了解决这个问题。最后，算是解决了：他的结论是当世，死后就可以成佛。这里，各派为了扩大影响，争取更多的宗教俘虏，有的宗派

---

① 《资治通鉴》卷一九二，中华书局版，第6026页。

② 《贬萧瑀手诏》，《全唐文》卷八。

提出，成佛不需要等到死后，就在当下，当时即可成佛。有所谓“放下屠刀，立地成佛”的动人的口号。这当然是出售进入天堂的门票中最廉价的了，这一派就是禅宗。

东汉到隋唐，将近一千年的漫长的时期，我们从佛教在中国的传播可以看到，佛教虽有它自己的思想体系，但它自从传到中国那一天起，一直是按照中国当时封建地主阶级社会的解释和需要来传播其宗教学说的。汉代的佛教在中国被理解为道术的一种；魏晋的佛教被理解为魏晋玄学的一派；隋唐时期佛教经典已有大量的翻泽和介绍，应该不会被“误解”了，但是在中国广泛流布的不是生搬硬套印度经院哲学的法相宗，而是经过中国自己引申发挥，甚至在印度佛教学说中很少有根据的一些宗派（如天台、华严，特别是禅宗）。

如果说这是规律，我们应该说这就是历史唯物主义的基础决定上层建筑的规律在中国佛教发展史上的体现。

也正是由于中国佛教哲学有这种特点，它便构成了中国哲学史的有机组成部分。研究中国佛教哲学思想史，也就是研究中国哲学史。

今天研究佛教哲学思想的现实意义

（1）佛教是唯心主义的宗教体系。它是通过唯心主义的理论的论证以达到信仰的目的。它中间的逻辑分析、辩证法观点也相当丰富。作为思想资料的仓库，还大有可以发掘之处。比如佛教一开始，就用分析感觉、概念、物质属性来论证他的宗教唯心主义体系，它的论证的方法有些地方也很精致。佛教哲学比起古代中国和欧洲的哲学来，在这一方面是讲得比较充分的。当然它是从唯心主义的立场来讲的。通过对佛教唯心主义的批判，促进了中国唯物主义的深化。它起了反面教员的作用。

（2）佛教起源于印度，但发展是在中国，佛教的许多理论、学派是结合中国社会具体情况提出的，它是中国的上层建筑的一部分，也是中国哲学史中古时期的主要思潮。佛教哲学不搞清楚，对于中国哲学史中间（魏、晋、南北朝、隋、唐）近八百年的思想斗争也会讲不清楚。

而且佛教哲学对宋、明理学有直接的影响。

（3）中国唯物主义与无神论经常并肩前进，它与唯心主义、宗教迷信思想作过长期斗争。中国古代唯物主义正是在这种斗争中成长起来的。为了正确地阐明中国唯物主义、无神论思想的发展，作为它的对立面的佛教哲学思想也要摸透。不了解唯心主义，对于唯物主义的发展也不会有深刻的了解。

（4）佛教是相当长时期积累的、自成体系的唯心主义，有些唯心主义的手法，从论证方法到论据，有许多与西方现代资产阶级唯心主义相似或相同之处。回顾一下一两千年前他们用过的手法，对于批判现代资产阶级唯心主义会有启发。有些现代资产阶级唯心主义讲的一些歪道理，在古老的神殿中都可以找到它的原型。有些所谓“新”体系，并不是什么新货色。

（5）有些副产品，佛教的文学、艺术、音乐、逻辑（因名），可以扩大知识领域。

（6）有助于学习历史唯物主义，进一步明确上层建筑与基础的关系。不但可以认识基础决定上层建筑，也可看出上层建筑对基础的反作用。我们从佛教的输入和传播，可以看到光靠外来思想本身不会对当时的社会发生重大的作用，只有当它（思想）与当时社会的历史具体情况相结合，才能引起深刻而广泛的影响。与中国的社会条件相适应的宗派（如天台、华严、禅宗），就得到发展，生搬硬套的外来学说（如法相宗）即使得到统治者一度大力支持，仍旧生不了根，终归枯萎。

（子）之道殊途同归。《中庸》“万物并育而不相害，道并行而不相悖，小德川流，大德敦化，此天地之所以为大也”。

藏传佛教也是尽量与西藏当地宗教取得协调，吸收了西藏地区的民族宗教（苯教），形成了独特形式的藏传佛教体系，它既不同于印度佛教，也不同于西藏当地的原始宗教，建成了俗称“喇嘛教”的藏佛教。它流行的地区已不限于西藏一域①。

（三）中国佛教的创造性

佛教传入中国两千年间，大致可分为三个阶段，第一阶段为译述介绍阶段，这是从汉代到南北朝，历时约五百年。这一时期佛教的主要代表人物是外国译经僧人，他们是主译者，也是所译经典教派的宣传者。

中华民族有优良文化传统，深厚文化素养，对外来文化经过消化、吸收，继而创造，即使在介绍阶段也有创造。佛教般若学在西晋时期广泛流行，“六家七宗”应时而起。这些流派都是对般若“空”义提出的不同的理解和阐释。僧肇曾指出这些流派对般若性空义的理解都有片面性，这种指摘是有根据的。但是，我们结合当时流行的社会思潮来考察“六家七宗”的出现，发现这是中国佛教学者企图摆脱依傍，提出自己见解的首次尝试。

隋唐时期，中国佛教进入第二阶段，我们称为创造发展阶段，历时约三百年。第一阶段的佛教代表人物几乎都是外国僧人。第二阶段的代表人物几乎全是中国僧人。如果说隋唐以前介绍佛典原著要借重外国僧人，隋唐以后，介绍翻译工作，中国僧人也占了很重要的地位。这一阶段翻译外国典籍的比重减少，中国人自己著作的比重增加。这一时期佛教传播的重心已转移到中国。印度大小乘各流派在中国均有传承，但中国佛教更着重离开佛教词句发挥佛教的微言大义。有些发挥，可以在印度佛教某一流派的著作中找到依据，赋予新义；也有的完全阐发自己的

---

① 它还传播到中国甘肃、青海、云南、内蒙古，以及尼泊尔、锡金、不丹、苏联远东一带地区。近二十年来，还传播到欧、美、日本各国。

体系。隋唐以后的几个大的佛教宗派，都在印度树立自己的开山远祖，有的自称远绍龙树，有的自称秉承迦叶，有的宗派撰出历历可数的谱系，其实都没有根据。南北朝中期以后，到隋唐，不断出现所谓“伪经”。这些“伪经”反映了当时的时代思潮，有很重要的思想史料价值。

最能代表中国佛教的创造性的，是中国佛教中许多宗派开创人的著作。如智𫖮、慧能、法藏、澄观，以及后来各派涌现的中兴祖师，如宗密、湛然、知礼等人的著作，都以注释或讲解佛典的方式①建立各自的佛教理论体系。

这些著述都以述为作，直抒胸臆。这些著作（经、论、疏、抄）少的几卷，多的几十卷、几百卷，它们丰富了中国佛教内容，开创了佛教理论研究的新局面。这些佛教论著，从出世的立场反映了当时人们的认识水平，也反映了时代思潮的一个侧面。从世俗立场，从人类认识史、文化史的角度来看，中国佛教史等于中国文化史、中国思想史。

（四）中国佛教的“三教合一”

中国佛教历史发展的第三阶段是儒、释、道三教合一阶段。从北宋到鸦片战争，持续时间近一千年。这一阶段的佛教，表面上似不及隋唐佛教的声势煊赫。但佛教的宗教精神与儒教传统文化得到进一步糅合，潜移默化，深入到中国文化的中枢部分，以至改造了儒家世界观，把佛教长期酝酿、发展成熟的心性之学渗透到理学内部，在佛教心性之学的参与下，逐渐形成了中国的儒教。从此，佛教与儒教同命运、共兴衰，佛教得儒教而广，儒教得佛教而深。

隋唐以前，三教鼎立，各以教派正宗相标榜。教派之间势力互有消长，但总的趋势是在协调前进。三教中，儒家为主流，释、道两家为辅佐。

---

① 对佛经阐释的，如《华严》、《法华》、《涅槃》、《维摩》等经，《大智度》、《摄大乘》、《起信》、《唯识》等论。

在隋唐中期以前，三教在朝廷召集的讲论会上不免互相攻击；唐朝后期，三教中有识之士认为理论上应互相包容。北宋以后，历元、明、清各朝，直到鸦片战争（1840 年），儒、释、道三教融合的格局构成了近千年来中国宗教史、中国思想史的总画面。

隋朝李士谦论三教，说“佛日也，道月也，儒五星也”（《佛祖历代通载》卷中）。隋唐以后，中国的“伪经”都强调中国封建伦理，忠君、孝父母等儒教思想。唐代宗密《原人论》中说：“孔、老、释迦皆是至圣，随时应物，设教殊途。内外相资，共利群庶。”五代时僧延寿认为“儒道仙家皆是菩萨，示助扬化，同赞佛乘”（《万善同归集》卷六）。北宋元祐年间四川大足县石篆山石窟造像，将儒、佛、道镌刻于一处。宋僧孤山智圆自称“宗儒述孟轲，好道注，《阴符》，虚堂踞高台，往往谈浮屠”（《闲居编》卷四十八《潜夫咏》），主张“修身以儒，治心以释”（《中庸子传》上）。

僧人契嵩著《辅教篇》，有《孝论》凡十二章，“拟儒《孝经》发明佛意”，还说“夫孝，诸教皆尊之，而佛教殊尊也”（《孝论·叙》，见《镡津文集》卷六）。

明僧人袾宏、僧真可、僧德清、智旭，这些著名佛教学者，都主张三教合一。智旭说“儒以孝为百行之本，佛以孝为至道之宗”（《题主孝春传》），“以真释心行，作真儒事业”（《广孝序》）。

宋明理学家没有不“出入于佛老”的。学术界从师承渊源指出，宋儒周敦颐的《太极图》来自道士的“先天图”。张载、二程、南宋朱、陆都深受佛道二教影响，不少学人指出理学家的范畴、概念、讲述方式，如“理一分殊”、“月印万川”多袭自佛教，从形迹来看，班班可考。若从思想发展实质来考察，可以说佛儒交融①乃是中国思想史发展的必然归宿，设想它们不交融、不合一，反倒是不符合历史发展的逻辑。

中国佛教史在南北朝时期，先后提出了两个重要问题，引起了全社

① 道教也有与佛教类似的情况，因为与本题没有直接关系，这里不讲。

会的普遍重视。一个是般若性空问题，后来发展为南北朝的“般若学”。另一个是涅槃佛性问题，发展为南北朝的“涅槃学”。前者着重探讨关于本体论方面的根本问题，后者着重探讨心性论方面的根本问题[①]。

由《涅槃经》引发出佛性问题，受到当时朝野的重视，是与南北朝时期的中国社会有关。此后《十地经论》、《摄大乘论》、《起信论》与《涅槃经》、《维摩经》相表里，掀起了讨论佛性问题的热潮，发生了成佛与作圣如何可能？因此才又引发出人性污染而佛性清净，二者将如何发生关系？污染之性能否构成成佛的障碍？如有障碍，能否排除？如何排除？这些问题直接表现为宗教实践问题，间接反映了当时人们在中国社会的现实苦难及其企图摆脱的愿望。中国佛教不触及社会改造而强化宗教内心修养，即后来宋儒所致力的“身心性命”之学。宇宙生成说秦汉已初具规模，本体论完成于魏晋玄学。唯有成圣、作佛的心理修养，理与心的关系，儒家现成的思想资料不多。《大学》、《中庸》略涉及这方面的问题，尚缺乏细致的论证。佛教经历了隋唐的创造阶段，特别在心性之学有不少独到的见解。这些见解恰恰是儒教需要引进的。比如宋儒讲人性论，提出了“义理之性”与“气质之性”这两个重要范畴。此后的儒教继承者对此给予高度的赞扬，认为“有功于圣门，有补于后学”。用义理之性与气质之性以解释恶的起源，及教人弃恶从善的方式，都是从佛教中搬运过来的。可以说，没有中国的佛教，就没有宋、元、明、清的儒教。义理之性与气质之性的划分，由释门正统转入儒门正统，看来没有受到什么阻力，授予者（佛教一方）与接受者（儒教一方）都认为理所当然，[②] 水到渠成。

自从佛教融入儒教，儒佛已建立通家之好。学术界一般认为朱子近道，陆子近禅，王阳明近狂禅，这都是从迹上看。事实上离了佛教，就没有儒教。以反佛自命的张载、二程，都是佛教衣钵的传人，其余理学

---

① 应当看到，般若学并不是不关心、不涉及心性论，涅槃学也不是不涉及本体论，只是双方各有所侧重。

② 以上只是作为一个例子来讲明儒、佛两教已融为一体，不分彼此。

家更不在话下。

从以上这四个方面可以看出，中国的佛教确实有它的特点。这些特点都与中国传统儒家纲常名教的封建宗法思想有关，也与中国多民族长期大一统的局势有关，与中华民族善于吸收、融合不同类型的外来文化的传统有关。

儒教得到佛教帮助，在世界观方面增加了它的深刻性，从而稳定了自己，也稳定了中国后期封建社会的统治秩序。16 世纪，世界已起了变化，欧洲中世纪的堡垒已出现裂痕，自然科学也获得从来未有的生机。唯有中国这个坚固堡垒，大门关得更严了。儒教只重心性修养，而不重视物理的探讨。中国在世界上的地位开始落后，但佛教没有直接责任。这属于另外的范畴，这里不谈。

天台宗哲学思想略论

一

天台一宗，渊源于北齐、南陈，创于隋，盛于唐。中唐以后趋于衰落。本文只就隋唐时期的天台宗的宗教理论加以评述。虽然也讲到它的历史的发展，但不是写天台宗史。

据佛教历史的记载，天台宗的传授关系是：

龙树……慧文——慧思（515—577 年）——智𫖮（531—597 年）——灌顶（561—632 年）——智威（？—680 年）——慧威—玄朗（673—754 年）——湛然（711—782 年）——道邃——广修——物外——元琇（唐末）……義寂……

这个传法世系，勉强拉上印度的龙树，当然没有根据，其余的世系是可信的。其中只有慧思、智𫖮、湛然三人较为重要。其余诸人，都不过起了承先启后的作用罢了。但唐末以后，天台宗分为山家一派，开始于知礼；山外一派，开始于悟恩。山家一派自称为天台正宗，以后有广智、神照、南屏等。山外一派悟恩以后有仁岳、崇义等。这时佛教已趋于衰落。

天台宗的著作，卷帙浩繁，冗杂重复。他们讲说佛经，有的在印度有根据，也有的是他们杜撰的。印度佛教名词的原意他们讲错了的也很多。他们的目的不过是借题发挥，犹如儒者托古改制。根据天台宗以了解印度佛教哲学，必然会搞错，因为他们制造新体系是为当时的政治服务的。中国佛教与印度佛教必须区别开，除法相宗原封搬运印度的一套烦琐经院哲学外，中国佛教都曾“篡改”过印度佛教哲学。过去有过不少佛教哲学研究者不满意天台宗（对中国的许多重要宗教宗派也是一样）对印度佛教哲学的篡改，说他们把佛教哲学讲错了。但是，从中国哲学史的角度来看待这一现象，就不应着眼于它“讲错了”，而应当研究它为什么这样讲错而不那样讲错。本文在于说明天台宗为了给隋唐时期的政治服务，才建立它的宗教体系。他们讲的是如何“成佛”，实际上指的是在教人安心受剥削不要去革命。

天台宗的开创人智𫖮是一个政治活动能力很强的宗教领袖。他在南朝的陈朝与皇帝为首的达官贵人来往极为密切。智𫖮的政治活动能力可参看《国清百录》、《智者大师别传》、《天台九祖传》等，由于他和陈朝的帝王将相有很深的关系，隋灭陈后，他受到隋文帝的警告：

> ……师既已离世网，修己化人，必希奖进僧伍，固守禁戒。使见者钦服，闻即生善，方副大道之心，是为出家之业。若身从道服，心染俗尘。非直含生之类无所归依，抑恐妙法之门更来谤读言，宜相劝勉，以同朕心。①

新王朝的统治者深悉智𫖮的政治活动的才能。这一封信既有鼓励，又有威吓。智𫖮不久即成为隋王朝的积极支持者。在隋炀帝（杨广）还没当皇帝时，智𫖮即和他深相结纳，成了知心朋友。天台宗所以得到迅速的发展，固然靠它的宗教宣传的欺骗性，同时，得到当时统治阶级的大力支持，也是一个重要因素。

隋帝国统治时期较短，天台宗广泛流行并传播于海外，是在唐朝。为什么唐朝的佛教特别发达，这是一个值得注意的问题。

隋末的农民大起义，打垮了隋帝国。李世民封建地主集团利用农民起义，建立了唐帝国。唐朝的统治者们亲眼看到强大繁荣的隋朝是怎样被农民起义的铁拳粉碎的，所以唐朝规定他们的政策时，首先要重视农

① 《国清百录》卷二录隋文帝给智𫖮的信。

民的问题。在政治上，他们对农民采取轻徭薄赋的政策，这就是历史上所谓唐朝的盛世（如贞观之治）的由来。上述措施，只能说明新王朝的统治者领教过农民的厉害，却不能认为他们放松了对农民的统治。唐太宗对农民革命有过较深刻的体会，他“又尝谓侍臣曰：君依于国，国依于民。刻民以奉君，犹割肉以充腹，腹饱而身毙，君富而国亡。故人君之患，不自外来，常由身出。夫欲盛则费广，费广则赋重，赋重则民愁，民愁则国危，国危则君丧矣。朕常以此思之，故不敢纵欲也”。①唐初对付农民的办法，是比较重视从思想上解除农民的武装的。唐太宗本人虽然不相信佛教，他在《贬萧瑀手诏》中说：“至于佛教，非意所遵。虽有国之常经，固弊俗之虚术。何则？求其道者未验福于将来，修其教者翻受辜于既往。……报施之徵，何其缪也。”② 但唐太宗却大力发展佛教，优礼僧人，并下诏度僧、建寺。唐代御用思想武器中有佛教、道教、儒家思想。唐朝遇有重要节日，常诏三教（儒、释、道）在宫廷中讲论，这里可以看出唐代统治者从历史上积累了一些思想统治的经验，他们深知宗教与封建伦理道德互相配合的用处。中国历史上的“农民的起义和农民的战争，才是历史发展的真正动力”（《中国革命和中国共产党》）。因此农民革命也在极大的程度上决定着中国哲学史的发展和变化以及学派学说的兴亡。上层建筑产生于基础，而反转来又为它的基础服务。唐朝佛教的发展也是这一历史唯物主义的原理的具体例证。

二

天台宗与华严宗、禅宗都是隋唐时期势力最大的佛教宗派。在这三派之中，天台宗的势力和影响仅次于禅宗。至于法相唯识宗，虽曾风靡一时，但影响所及的区域，不过在两京（长安与洛阳）附近，流行的

① 《资治通鉴》卷一九二，中华书局 1956 年版，第 6026 页。

② 《全唐文》卷八。

时间也不过三四十年。天台宗是中国佛教史上真正建立宗派的开始。

南北朝时，佛教中只有学派，没有形成宗派。当时也有许多讲《成实论》、三《论》(《中论》、《百论》、《十二门论》)、《地论》(《十地经论》)、《华严》、《俱舍》、《涅槃》的大师。但是当时仅限于学术知识上的传授。国际上一些资产阶级学者研究中国佛教史，说中国佛教中有什么"成实宗"、"俱舍宗"等，是与事实不符的。其实，《成实论》是小乘后期的著作，它标志着向大乘空宗转化的过程。这部书里包括了佛教许多基本哲学范畴。因此，《成实论》就成了佛教徒初学必读的佛教手册。《俱舍论》也有类似的情况，这部书是小乘有宗向大乘有宗过渡的代表著作。南北朝时，其他的佛教流派都是这种学术性的学派，它和隋唐佛教的宗派不同。

南朝的末期，陈隋之际，佛教的寺院经济有了进一步的发展。如天台宗的创始人智顗在建立寺院时，由皇帝指定一个县的税收的一半作为他的寺院经费。陈宣帝太建九年(577 年)曾命令"割始丰县调以充众费。……天台县改名为乐安"①。以出家人的身份直接进行世俗地主阶级的剥削，在南北朝已经开始，到隋唐更有所发展。

从南北朝到隋唐，在政治上占统治地位的是世代贵族地主阶级——门阀士族。他们在政治上经济上享有特权，占有广大的土地、山泽，并有极高的社会地位和政治地位。他们不必凭借任何的本领，只凭他们的家族、门第出身、封建文化教养，就骑在人民头上作威作福。

佛教寺院集团是当时的僧侣地主阶级，它的剥削方式和政治特权同门阀士族一样，只是不直接做官，摆出一副"超政治"的姿态罢了。

从南北朝经过隋朝、到唐朝的安史之乱以前，二百余年间各寺院一直拥有广大的土地，并拥有大量的为僧寺服役的劳动者，供僧侣地主驱使，从事生产。寺院占有的劳动者，可以不再负担皇帝(即国家)的劳役征调，也不再向国家交纳租税。这些被剥削者在宗教迷信的宣传蛊惑下，往往甘心受寺院的剥削，他们幻想着只要熬过今生的苦难，来生

① 《唐高僧传》卷二一及《佛祖统纪》卷三七。

可以享福。

隋唐时期的佛教宗派，已不再像南北朝那样作为宗教团体而存在；它除了学术上保持其家学传授的关系以外，还有寺院财产的继承关系，所以从南北朝末期到隋唐时代的佛教宗派的封建宗法的特点和教义上的排他性表现得特别强烈。甚至为了“传法”的关系，寺院内部的倾轧表现为对抗性的矛盾。如南岳慧思有好几次几乎被毒死[①]，禅宗的惠能在从弘忍处得到传法的衣钵后，也几乎送了性命[②]。像这样的事例还很多，事实可能有所渲染、夸大，但宗派之间为了争正统、争庙产的继承权而引起激烈的内部斗争，是经常发生的。僧侣地主阶级毕竟是地主阶级。地主阶级的剥削本质决定了它的残酷性。证诸中外宗教史，这类事例极多。

资产阶级学者把隋唐时期各宗派的传授仅仅说成是学术渊源的师承关系，显然是不妥当的。隋唐时期各宗派之间的斗争，既有宗教派别的排他性，也有寺院财产的独占性。

南朝与北朝的社会性质、经济发展的情况很不相同，因而作为上层建筑的宗教理论也各有它的特点。

南朝的佛教配合唯心主义玄学清谈，为门阀士族特权制度服务。例如，当时般若学说即与当时门阀士族的贵无学说相联系；涅槃佛性学说即公然为当时的门阀土族的世袭特权作辩护；南朝的神不灭学说，实即宣传宗教有神有鬼论，乃是为当时的封建宗法制度、血缘关系找“理论根据”。[③] 当时僧众中有许多人对儒家的《礼记》、《丧服》极感兴趣，并有不少这方面的著作。儒生与佛教徒沆瀣一气，是当时的普遍现象。

南朝与北朝的社会发展的情况不同，学风各异。北朝的学风比较单纯、朴实，在一定程度上保持着汉代经学的传统。南朝学风在晋宋时期，尚“清通简要”，齐梁以后则尚经论的讲说，以博学强记相夸饰。

---

① 见慧思《誓愿文》及《唐高僧传》卷二一。

② 见《六祖法宝坛经》的《行由品》。

③ 参看梁武帝《立神明成佛义记》，《弘明集》卷九及《敕下答神灾论》，《弘明集》卷十。

无论晋宋以前或齐梁以后，都是偏重佛教理论的探寻，与北方佛教偏重戒律、禅定的宗教实践的学风有很大的差别。如果对这一现象进一步加以分析，就可以发现北朝学风的特点是北方社会的经济、政治的特点在学术上的反映。在“五胡十六国”的长期混战中，北朝在北魏文帝以前，经常处于兵荒马乱的战争中，北方少数民族的贵族奴隶主把他们的落后的奴隶制生产方式企图强加在早已进入封建制社会的汉族人民的头上，把农民变成奴隶。因此，北方广大人民被迫起来反抗，北方的大地主阶级中，一部分带着他们的部曲、宾客（按：部曲、宾客都是依附于大地主的农民）南渡。大部分留下的地主，为了保存他们已经享有的封建剥削特权，也进行了一些武装反抗（地主武装在三国以后，即已形成），一部分农民在民族矛盾逐渐尖锐的时候，为了避免当奴隶的命运，被迫暂时地依附于北方的大地主的堡垒周围。北方的大地主阶级为了保存自己既得的封建剥削特权，利用汉代的经学作为精神武器，宣传封建宗法伦理观念，加强宗法制度。一般说来，北方由于战争，生产力的破坏，经济上落后于南朝。北方文人、学者的文化修养一般也比南朝落后。北方门阀士族地主阶级为了保存他们的阶级特权，在文化思想方面抵抗当时文化落后的部族的干扰，它们不崇尚名理的辩论，而是教人从行动上照儒家六经字句去理解、记诵并照着实行。封建世俗地主阶级学风，也必然在僧侣地主阶级中有所反映。北方佛教也具有谨守佛教经典的指示，少议论，少发挥，多实行的特点。

北魏孝文帝的“汉化”运动，在客观上对发展北方的文化起过促进作用。所谓“汉化”的实质即是有政治领导地采用了封建剥削方式以及和封建剥削方式相适应的一套上层建筑，如政治制度，政治机构，保护封建所有制的法律，宣传封建统治阶级的文化、道德艺术和宗教等，用汉族的封建文化代替原来的奴隶制文化。这样，就加快了北方文化落后民族由奴隶社会进入封建社会的步伐。实际上，他们用汉化的方式，向北方汉族地主阶级妥协了，汉族地主阶级和异族的贵族统治者携起手来，共同对付广大的汉族农民。剥削阶级利益使汉族地主阶级和异族贵族勾结在一起，联成一气。北方的佛教和经学起了巩固北方统治秩序的作用。北方儒家经学发展的道路和它的特点，这里不谈，现在只讲佛教问题。北方佛教把禅定作为佛教徒行动的指南，他们把禅定作为宣传绝对服从、乐天安命、温驯、奴化性格最有效的思想工具。在阶级压迫和种族压迫的双重苦难下，北方佛教注重宗教实践的反动作用，比起单纯用唯心主义的宗教哲学世界观去麻痹人民的反抗意志更为直截了当一些。当然，利用宗教世界观向人民的反抗意志进攻，当时的封建统治者并没有放松了这一方面，只是在两者之间，北方的佛教对禅定更为关心。当时在北方社会相对地落后于江南的情况下，更多地注意宗教实践的推广，少做理论上的发挥，是符合当时统治阶级的要求的。

根据以上的历史事实，可以看出禅法在北方得到深入的传播，是有它的社会基础的。

禅法在北朝的传播可以上溯到北魏孝文帝（452—464 年）时的佛陀扇多①和他的弟子们慧光、道房。此后有道房的继承者僧稠②、天竺僧勒那漫提③和他的弟子僧达、僧实。被后来佛教推奉为禅宗初祖的菩提达摩④和他的弟子慧可、道育、道正、信行⑤，都是禅学中的重要人物。

例如当时北方禅学的主要人物之一菩提达摩的禅法在一般禅法中算是最简易的，就在这种简易的禅法中，也集中宣扬消灭人们对于当前剥削者压迫的反抗意图。比如他的“入道四行”（按：入道四行即（1）抱怨行、（2）随缘行、（3）无所求行、（4）称法行）⑥ 的总目的在于教人对一切阶级压迫造成的不幸、灾难，“甘心受之，都无怨诉”。他教人从思想上做到“得失随缘，心无增减，违顺风静”⑦。这里所谓

① 《唐高僧传》卷一九。
② 同上。
③ 《唐高僧传》卷三三。
④ 《唐高僧传》卷九。
⑤ 《唐高僧传》卷二十。
⑥ 《唐高僧传》卷一九。
⑦ 同上。

“风”是佛教哲学中的专门术语，即四大“地、水、火、风”的“风”，它略相当于中国古代哲学中的“气”的概念（所谓相当，即不全同），有血气及精气等涵义。与身体相适应的“风”叫做“顺风”；与身体不适应的“风”叫做“违风”。达摩认为不论在与自己适应或不适应的任何情况下，都要保持心理和平、温驯的状态，不应存有反抗的意图。

佛教禅法，不论它的理论和办法是简单或是复杂，它的基本目的无非是教人安于现在的命运遭遇，培养奴才性格，消灭反抗意志。

隋唐时期是中国封建社会前期发展的高峰。唐帝国的建立和发展，它说明7—9世纪时期中国经济、政治在各方面都取得新的成就。它顺应历史的要求，结束了南北朝以来长期分裂的局面。

与隋唐帝国的政治统一局面相适应的文化等上层建筑必然带来新的特点。因此，唐朝的文学、建筑、艺术、书法、音乐、儒家经典的解释如《五经正义》等，各方面都结束了南北朝长期独立对峙的情况，融合了南北特点，形成了南北统一的新的上层建筑，为隋唐帝国的统一的政治要求服务。佛教也不例外，结束了南北朝长期相沿的南北学风，形成了新的学风。

因此，隋唐佛教既摄取南朝佛教的重讲说的学风，从哲理方面阐扬封建制度的永恒性；也保留了北朝佛教注重禅定的学风，从宗教实践方面把人民纳入奴化教育的封建规范之内。隋唐时期的地主阶级建成他们的封建大帝国，他们在文化上在推行宗教政策方面也取得了一定的效果。

唐代重要佛教宗派，一方面有他们的哲学理论体系，一方面又有自己的一套禅定方法（即观法）。如华严宗的“一真法界观”，禅宗的“见性成佛”，天台宗的“一心三观”，都是佛教中的出世理论与宗教实践相结合的学说。当时理论上的一代大师如唐玄奘，在印度曾与外道辩论，所向披靡，极为五印度人士所尊仰。但他回到中国后，在国内当时定（坐禅）、慧（宗教理论）并重的学风笼罩下，玄奘深以自己禅定工夫欠缺而感到有些歉然，并要求补足这一方面的宗教训练。显庆二年，他在《请入少林寺习禅并翻译佛经》的奏章里提到：

……断伏烦恼，必定慧相资。如车二轮，缺一不可。至如研味经论，慧学也；依林宴坐，定学也。玄奘少来颇得专精教义，唯于四禅九定，未暇安心。今愿托虑禅门，澄心定水。制情猿之逸躁，絷意马之奔驰。①

禅定应与理论并重，已成为当时佛教徒公认的宗教修行标准。定、慧双修本来也是印度的学说，但佛经中在很多地方讲的是“三学”（戒、定、慧），也在更多的地方讲到“六度”（戒、定、慧、施舍、忍辱、精进）。隋唐佛教对禅定与钻研理论特别加以强调，完全是南北佛教学风汇合的结果，它与印度的关系不大。

智顗创立天台宗，正式提出止观不可偏废，并作为这一宗派的最高修养原则。天台宗的宗教实践到处贯穿着止观并重的精神：

泥洹之法，入乃多途，论其急要不出止观二法。所以然者，止乃伏结之初门，观是断惑之正要；止则爱养心识之善资，观则策发神解之妙术；止是禅定之胜因，观是智慧之由借。②

为什么要止观并重，天台宗的智顗也做了解释：

若人成就定（止）、慧（观）二法，当知此之二法，如车之双轮，鸟之双翼，若偏修习，即堕邪倒。……故经云：声闻之人，定力多故，不见佛性；十住菩萨智慧力多，虽见佛性而不明了；诸佛如来，定慧力等，是故了了见于佛性。③

从以上事实不难看出天台宗的定（止）、慧（观）并重的宗教修养原则，是南北朝佛教学风在隋唐统一后的新历史条件下融合的表现。

---

① 《大慈恩寺三藏法师传》卷九。

② 《修习止观坐禅法要》。

③ 同上。

三

天台宗还没建立之前，它的先驱者是北齐慧文与南岳慧思。北齐慧文的宗教活动的时期约当北朝魏齐之际（535—557 年）。他被天台宗佛教徒追溯为东土的第一祖。他没有著作流传下来，也可能不曾有过著作。对于专门奉行禅法的和尚，这是不足为奇的。慧文奉行的是北方所普遍遵行的禅法，他是当时有名的“禅师”。据《止观辅行传弘决》第一之一及《佛祖统纪》第六的记载，在智𫖮以前的禅法共有八家：

第一、明师，多用七方便；

第二、最师，融心性相诸法无碍；

第三、嵩师，用三世本无来去；

第四、就师，多用寂心；

第五、鉴师，多用了心，能观一如；

第六、慧师，多用踏心，内外中间心不可得；

第七、文师（慧文），用觉心，重观三昧，灭尽三昧，无间三昧，于一切法心无分别；

第八、思师（慧思），多用随自意安乐行。

以上这八家，除明师（道明）时代略早于其他诸师外，其余各家差不多同时。这些不同的家数对佛教禅定各有不同的解释。

《大智度论》（卷三十）引自《大品般若经》中的一段话：

> 欲以道智具足道种智，当学般若；欲以道种智具足一切智，当学般若；欲以一切智具足一切种智，当学般若；欲以一切种智断烦恼及习，当学般若。

慧文的解释是：

> 此中为令人信般若波罗蜜故，次第差别说。欲令众生得清净心，是故如是说。复次虽一心中得，亦有初中后次第。如一心有三

相，生因缘住，住因缘灭。又如心心数法，不相应诸行及身业、口业。以道智具足一切智，以一切智具足一切种智，以一切种智断烦恼及习，亦如是。

又说：

论中三智，实在一心中得。且果既一心而得，因岂前后而获。故此观成时，证一心三智，双亡双照，即入初住无生忍位。①

慧文读《中论》的《四谛品偈》：

因缘所生法，我说即是空，亦为是假名，亦名中道义。

慧文认为：

诸法（按："法"即"东西"、"事物"，诸法即一切东西）无非因缘（按：因缘相当于关系）所生。而此因缘，有不定有，空不定空。空有不二，名为中道。②

慧文的思想缺乏文字的直接记录，天台宗后代佛教徒的追记未必完全符合原意。但不难看出慧文的基本方向是一种客观唯心主义的宗教哲学。他否认客观世界的一切东西（法）的真实性，硬说一切东西（法）不过是由于众多的关系凑合在一起而产生；而这众多的关系又不过是抽象的概念，它的本身是非物质性的。这样，就抽空了物质存在的客观物质基础。抽去了物质，剩下来的就是精神（心）。这就是说，用不着改造客观世界去解除人们的烦恼；相反，一切烦恼的根源都是自己的精神（心）所造成的。因此，慧文教人用静观的方法，深入思考，把造成痛苦的一切客观条件都看做个人的思想问题、认识问题。当然他们所谓的认识问题，也是被歪曲了的。这就是他们提倡禅法的宗教目的。

---

① 《止观辅行传弘决》及《佛祖统纪》第六。

② 《佛祖统纪》第六。

慧文的继承者慧思（515—577 年），被追溯为天台宗的第二代祖师。由于北方的东魏和北齐的战乱，他由北方转移到江南。在慧思的宗教哲学思想中与北齐的慧文有所不同，他不但注重北方的禅法的传统，也受到南方佛教学风的影响，注重宗教哲学理论的阐明。唐道宣说：

> 自江东佛法，宏重义门（按：义门即理论），至于禅法，盖蔑如也。而思慨斯南服，定慧双开，昼谈理义，夜便思择。故所发言，无非致远。便验因定发慧，此旨不虚。南北禅宗，罕不承绪。①

慧思到了江南，“昼谈理义”，谈的是宗教哲学的理论；“夜便思择”，思择即禅定、静观的工夫。这里已开了定、慧并重的先路。但必须指出，南岳慧思所谈的理论和印度的佛教理论直接的关系不多，绝大部分是他自己制造出来的。

慧思的著作不多，多半是口授的讲义，由门人笔记整理而成的有《出四十二字门》、《无静行门》各二卷，《释论玄》、《随自意》、《安乐行》、《次第禅要》、《三智观门》各一卷，自著的有《誓愿文》一卷。

慧思除了继承慧文的宗教思想以外，还大量增加了宗教迷信、预言（悬记），他吸收了当时中国的神仙方术之士的一套传教手法，也吸取了外来的印度的神仙方术之士的传教手法，开始形成了自己的宗教哲学思想体系。

佛教经典经过南北朝的大量的翻译介绍，以及中印人民文化经济的长期交流，隋唐时期，印度的佛教和其他有关的思想大量传入中国。慧文的宗教思想来自《大智度论》，《大智度论》出自印度龙树（公元100—200 年）。龙树是印度传说的多才多艺的神仙，是释迦牟尼逝世后约五百年从佛教小乘大众部（小乘中的一派）分化出来的大乘空宗的重要创始人。他的重要著作有《人智度论》、《十二门论》、《中论释》，都已有中译本，并在中国佛教思想中引起过广泛的影响。印度相传龙树

---

①《唐高僧传》卷二一。

还会长生的方术。《隋书经籍志》中曾著录《龙树菩萨药方》四卷、《龙树菩萨养性方》一卷。唐玄奘到印度去留学时：

到磔迦国东境，至一大城，城西道北有大庵罗林，林中有一七百岁婆罗门。及至观之，可三十许，形质魁梧，神理淹审。明《中》、《百》诸论，善《吠陀》等书。有二侍者，各百余岁。①

唐代澄观（760—820 年）的著作中也有类似的记载：

又案西域记，唐三藏初遇龙树宗师，欲从学法。师令服药求得长生，方能穷究三藏。[玄奘] 自思本欲求经，恐仙术不成，辜我夙愿，遂不学此宗，乃学法相之宗。②

可见当时印度和中国都流行着一些长生不死的方术，南岳慧思曾接受了这种长生、求仙的思想。

又据《唐高僧传》记载，印度僧人那提三藏（唐太宗、高宗时来中国）传为“龙树之门人”。由那提上溯到龙树③约有四五百年，和玄奘到印度遇到的那位自称七百岁的婆罗门差不多。他们都有几分江湖术士的吹骗手法。唐朝皇帝信了他的一套吹嘘，使他“往昆仑诸国采取异药”。④ 这些事实虽然发生在唐初，时间略比慧思的时代迟了四十年左右，但是事实的性质和它要说明的问题却是一致的。

慧思在他的《誓愿文》中曾发愿希望“成就五通神仙”，并声明他要求长生，不是为了个人的长寿，而是为了更有效地宣传佛法。慧思以佛教徒的立场，大量吸取神仙方术迷信，并建立自己的宗教体系。在《誓愿文》中说：

---

① 《大慈恩寺三藏法师传》卷二。

② 《大方广佛华严经随疏演义抄》卷一三。

③ 龙树（Nāgār juna），印度文学家中有好几个名龙树的，佛教中观派的大师最著名。参见英国 A. K. Warder 著 *Indian Buddhism*。

④ 《唐高僧传》卷四。

今故入山，忏悔修禅，学五通仙，求无上道，愿先成就五通神仙，然后乃学第六神通，受持释迦十二部经及十方佛。

他的目的是：

我今入山修习苦行，忏悔破戒障道重罪。今身及先身是罪恶忏悔。为护法故，求长寿命。不愿生天及余趣，愿诸贤圣佐助我得好芝草及神丹，疗治众病除饥渴。常得经行修诸禅，愿得深山寂静处，足神丹药修此愿。籍外丹力修内丹，欲安众生先自安。己身有缚，能解他缚，无有是处。①

慧思在《誓愿文》中反复提到神仙、芝草、内丹，显然吸取了道教的一些内容，但他的根本立场还是为了宣扬佛教宗教原理。据记载，他的禅定的观点“多用随意安乐行”。据《高僧传》的记载，他的禅定的原则是：

自观察：我今病者，皆从业生，业由心起，本无外境。反见心源，业非可得，身如云影，相有体空。如是观己，颠倒想灭。心性清净，所苦消除。②

慧思这里采用了佛教一贯的手法，从否认一切客观世界的存在开始，他说人生痛苦的根源是过去行为的结果。慧思教人把个人的存在看做虚幻不实的假想（身如云影）。他们就是用这种掩耳盗铃的办法去教人忘记痛苦，他们所谓“消灭”“颠倒想”，在每一个正常的人看来，恰恰是颠倒观念的建立。

从慧文到慧思的思想发展，可以看出有以下的变化：

（1）慧文还保持有北方禅师重坐禅轻理论的特色，到了慧思时代，已开始出现了南北学风合流的迹象。只是当时政治上南北朝还在对峙

① 《南岳思禅师立誓愿文》。

② 《唐高僧传》卷二一。

着，所以南北朝佛教的融合时机尚未完全成熟。

（2）从慧文到慧思逐渐形成具有中国特点的宗教哲学体系，开始脱离依傍，与中国固有的宗教相结合。当时的佛教为了更好地为当时的中国封建社会的经济基础服务，属于上层建筑的意识形态也要随时作相应的调整。因为印度的佛教只能为当时印度社会的基础服务，他们不可能为中国的封建社会预制一套理论为中国的基础服务。

汉末的佛教被解释为神仙方术，魏晋佛教被附会为玄学清谈，都说明为当时封建统治阶级服务的上层建筑从印度输入后的改装、加工的必要。如果认为汉末、魏晋南北朝的佛教发展出于求法高僧们对印度佛教有兴趣，有求法的诚意，那未免把问题看得简单化了。

四

自从南北朝以来，大量佛教经典介绍到中国来。佛教在统治阶级大力扶持之下，得到广泛传播。这时人们开始发现大乘、小乘、空宗、有宗都存在着严重的分歧。其中互相矛盾的地方很多。在南北朝分散割据的政治局面下，佛教各派（即学派）实际上各不相谋，各讲各的。甚至对于佛教的一些基本观点，这一家和那一家的解释完全不同。这时与佛教长期敌对的道教也有了相当的发展。道教从民间的原始道教被上层统治者改装后，变成了御用的统治人民的道教，并与佛教争夺宗教的垄断权。佛教为了自己的利益，也认为有统一思想的必要。这时其他反佛教的理论，也在不同的方面对佛教展开了斗争。有不同宗教之间的（如佛教与道教）斗争，有佛教内部的长期分歧（如相州南北道之争，顿悟与渐修之争等），也有唯物主义无神论反对宗教迷信（包括佛教）之争。佛教为了弥缝佛教内部长期存在的理论上的分歧，加强佛教的理论战线的防御力量，共同对付来自外部的唯物主义的攻击，在隋唐时期各宗派都建立了判教的体系。

判教，就是佛教根据各宗派自己的观点、方法，把所有的佛教经典著作和理论加以系统的批判和整理，重新估价、安排。目的在于说明佛教的一切经典著作不但不互相矛盾，而且是相互补充的；在于说明佛教经典著作和理论的相互矛盾的现象，是由于佛对不同的听众、在不同的时机进行的不同的说教。但他们认为佛教的基本精神没有矛盾。判教工作是隋唐佛教各宗派对外防止攻击，对内统一分歧而采取的必要措施。印度的佛教经典中如《涅槃经》把佛的讲经分为五时，《解深密经》分为三时，《璎珞本业经》分为顿、渐。印度这种五时、三时、顿渐的区分没有包括佛教的一切经典著作和理论在内。它和隋唐时期各宗派的判教的性质不同。如“天台四教义”说判教的方法是“意蕴佛经，名出智者”。意思是：精神实质是佛经早已有的，办法是智𫖮想出来的。隋唐时期除天台宗外，华严宗（按：宗密《原人论》把佛教分为人天教、小乘教、大乘法相教、大乘破相教、一乘显性教）、法相宗（按：据《慈恩法师传》卷四：“法师（玄奘）妙闲中、百，又善瑜伽，以为圣人立教各随一意，不相违妨。惑者不能会通，谓为乖反。此乃失在传人，岂关于法也……乃著《会宗论》三千颂。”）、禅宗（按：禅宗的顿渐也是一种判教）都建立了他们自己的判教的原则标准。

天台宗把佛教的一切经典著作经过他们的批判整理以后分为“五时”与“八教”。[①] 五时是：（1）华严时、（2）鹿苑时、（3）方等时、（4）般若时、（5）法华涅槃时。八教是：藏、通、别、圆、顿、渐、秘密、不定。“八教”用来区分佛在五个不同的时间所讲的佛教宗教哲学原理的内容和说教方式的不同。

天台宗认为华严时是佛对已有深厚佛教基本知识的听众宣传的道理。鹿苑时（鹿苑是佛第一次说法的地名）讲的是小乘佛教四《阿含》的一些基础知识，是对一般不了解佛教的听众讲的。方等时听众对象是已有小乘宗教基础的听众，这是为了使他们进一步能够接受大乘的宗教原理，讲的是《维摩》、《思益》（《思益梵天所问经》）、《楞伽》、《楞严三昧》、《金光明》、《胜鬘》等经，在于驳斥小乘，赞美大乘（“弹偏，斥小，叹大，褒圆”）。般若时讲的是大乘空宗的宗教原理，向听

① 参看智𫖮《四教义》与灌顶《天台八教大意》。

众宣传“色即是空，空即是色”的世界观。法华涅槃时对受佛教宗教训练最深的听众讲《法华经》、《涅槃经》，描绘涅槃世界是永恒、真实的世界，是佛教的最后真理。也是天台宗教人出家、接受佛教原理的最终目标。

八教又可分为化法四教（藏、通、别、圆）和化仪四教（顿、渐、秘密、不定）。

“藏”即三藏（经、律、论），主要是根据佛经（包括经、律、论）的文句，逐字逐句地了解，所讲的道理以小乘为主，内容比较浅近。“别”教是专对少数（个别）有佛教宗教训练的人讲的，不是对广大的一般听众讲的，所以叫做“别”教。“通”教所讲的内容是由“藏”教提高到“别”教的过渡。其中既包括较深奥的道理，也包括浅近的佛教原理。“圆”教是为受佛教宗教训练最深的人讲的最高的道理。以上这四种教（按：佛教把宗教宣传叫做教）是根据听众的程度、对象来运用的，天台宗叫做化法四教。即根据听众的宗教训练程度决定宣传的内容的难易深浅。化法四教实际上是天台宗进行宗教宣传内容的指导原则。

化仪四教是根据听众的才能、智慧来决定进行宗教宣传的方式。对利根人（聪明人）就直接讲大乘“顿教”的佛教原理，如华严时所讲的；对钝根人（聪明较差，接受能力比较迟钝的）就先说小乘，逐渐引导他们接受佛教的宗教世界观，如鹿苑时（因佛在鹿苑说教时讲的四阿含，又称阿含时）、方等时讲的佛教教义都是对钝根人进行“渐教”时采用的；“秘密教”，天台教自称佛有一种神秘的能力，使在座同时听讲的人听到的道理，各随自己的程度不同，互不相通，都能有所收获，这有似复式教学，令听众在同一课堂上都能学到他要学得的东西；“不定教”是佛根据不同情况，运用神通力量，使听众有不同的理解，这更是瞎扯了。化仪四教实际上是天台宗宗教宣传方式的指导原则。

天台宗提出五时八教在于给佛教中许多不同的学派都作一个合理的安排，最后目的还是宣传它的唯心主义宗教世界观。天台宗的创始人智𫖮在这一方面曾起过积极的作用，留下了大量的著作。据《智者大师别传》说“智者弘法三十余年，不畜章疏，安无碍辩……”。智𫖮自著的书有《净名经疏》三十八卷、《觉意三昧》一卷、《六妙门》一卷、《法界次第章》三卷、《修习止观坐禅法要》一卷（该书又名《小止观》或《童蒙止观》)、《法华三昧行》一卷。智𫖮讲说经过门人整理过的笔记有《禅波罗蜜次第法门》三十卷略为二十卷、《法华玄义》十卷、《摩诃止观》十卷、《法华文句》十卷，后三种是智𫖮反复讲述过多年的讲义，被后来的宗教徒尊奉为三大部。此外尚有《维摩经玄疏》十六卷、《菩萨戒经义疏》二卷、《仁王经疏》五卷、《阿弥陀经义记》一卷、《金刚经疏》一卷、《金光明玄义》二卷、《金光明文句》六卷、《观音玄疏》二卷、《观音义疏》五卷、《请观音经疏》一卷、《四教义》六卷、《四念处》四卷、《方等三昧行法》一卷、《观心论》一卷、《观心食法》一卷、《观心诵经法》一卷。

在智𫖮的著作中，充满了臆造的铺张的烦琐的经院哲学的特点。比如，天台宗为了炫耀它的宗教体系的复杂、丰富，他们故意把本来简单的东西弄得神秘、使人难以理解，以高深文其浅陋。他们故弄玄虚，制造繁琐的体系。隋唐佛教都带有这种烦琐重复的特点，例如在《摩诃止观》中说明大意（缘起)，开章分为十大项（大意、释名、显体、摄法、偏圆、方便、正观、果报、起教、旨归）叫做“十广”。十广中的大意一项又分为“五科”（发大心、修大行、感大果、裂大纲、归大处)。五科中如发大心一项又分为三小项（方言、简非、显是)。这不过仅就大意一项就这样七拼八凑地罗列了一大堆，其余各项可以想见。起初，智𫖮讲经还不敢过分放肆地制造体系，后来经慧思的亲手指点，慧思命“智𫖮代讲金经（按：这是慧思所写的金字《大品经》）至一心具万行处，𫖮有疑焉。思为释曰：汝向所疑，此乃大品次第意耳，未是法华圆顿旨也。吾昔夏中苦节思此。后夜一念顿发诸法。吾既身证，不劳致疑。𫖮即谘受法华行法”。[①] 此后智𫖮就放手发挥起来了。天台判教也是智者的杜撰，至于佛经中的个别字句经常望文生义，信口解释。比

① 《慧思传》，《唐高僧传》卷二一。

如“悉檀”一词，本是梵文的 Siddham 的音译，或译作悉谈，意思是“成就”。但天台的三大著作之一的《法华文句》，就抓住悉檀两个汉字大加发挥，慧思、智𫖮都解作：

悉之言徧，檀为施。佛以四法普施众生，故言悉檀。

像这样的例子还很多，这里不必多举。尽管智𫖮和他的天台宗的哲学思想中包括神仙迷信、不伦不类的唯心主义谬论，是一大堆杂烩，但是他们的宗教唯心主义立场却十分鲜明，对唯心主义世界观也非常坚定。他挖空心思，制造体系，目的无非在于否认客观世界的物质性，把精神的作用夸大、吹胀。用“心”吞并物。智𫖮用他的宗教唯心主义世界观论述思维与存在、主体与客体的关系时说：

夫一心具十法界（按：十法界即现实世界的六道，加上声闻、缘觉、菩萨、佛。前六称为六凡，后四称为四圣），一法界又具十法界、百法界。一界具三十种世间，（按：据《大智度论》世间有三种：众生世间、国土世间、五阴世间，每一法界各具十法界，所以共有三十种世间。）百法界即具三千种世间，此三千在一念心，若无心而已。介尔有心，即具三千。①

很明显，世界的多样性、复杂性，在他们看来，不过是一念心的产物；没有主观的思维，就没有了这个变化、丰富的世界（“此三千在一念心，若无心而已；介尔［按：介尔，即一点点］有心，即具三千”）②，这是十分露骨的唯心主义。天台宗认为只有心才是最真实、最可靠、最根本的实体。所以他们说：

……心全体唯作一小毛孔，复全体能作大城。心既是一，无大小故：毛孔与城俱全用一心为体。当知毛孔与城，体融平等也。③

---

① 《摩诃止观》。
② 《摩诃止观》。
③ 《大乘止观法门》卷二。或疑此为伪书。作者认为此书可信。

这是天台宗从空间上论证没有客观实在的基础。空间的大、小，都是由主观意识想象出来的。他们认为不论设想一座大城或设想一个小毛孔，在意识的领域里完全一样，没有区别。天台宗就是这样去曲解事物存在的客观性质，他们还从时间上曲解事物存在具体时间内这一事实。他们说：

据觉论梦，梦里长时，便则不实；据梦论觉，觉时食顷，亦则为虚。

这里完全否认了认识的客观基础，企图以相对主义的诡辩论去抹杀客观事物必须在时间里存在这一事实。他们不顾实践，作出了十分荒唐的结论：

正以心体平等，非长非短。故心性所起长短之相（意识中想象的时间的长短的表象），即无长短之实（并没有实际上的时间长短），故得相摄。①

所以不论长达十年，短到一刹都可包罗在一心之中。

照天台宗的唯心主义的观点，事物的存在完全可以超出空间时间之外，不过是人们一心虚构的产物。因此，在认识论方面，智顗大力宣扬他的“三谛圆融”的宗教学说。

所谓“三谛圆融”，即根据《中论》的三谛偈做出进一步的唯心主义的发挥。《中论》说：

因缘所生法，我说即是空，亦为是假名，亦名中道义。

相传北齐慧文宣扬的“一心三观”之说，认为《大智度论》中所宣称的所谓通过“道种智”、“一切智”、“一切种智”这三种超乎一般正常认识之上的神秘主义的直观才能认识他们所谓最后的真理（真如）。只要有了这三种智，就可以不要感性认识、理性认识、逻辑思维，

① 《大乘止观法门》卷二。

直接认识真理。并且他们更进一步地宣称，如果通过感性认识、理性认识的途径，运用逻辑思维，反而不能认识真理。照他们颠倒的世界观看来，真理是超乎现实世界之上，永恒存在的精神性的实体，它既然不是感觉和思维的对象，因而感性认识和理性认识在真理面前无能为力，只能起障碍作用。当然，像这样的“真理”对一个正常人的思维过程来说，是难以设想的，为了宗教的目的，他们只有睁着眼睛说瞎话。

智𫖮发挥的“三谛圆融”的观点，在于说明一切事物不具有客观存在的物质性的基础，事物只是因缘和合的假想。因缘是假说的一种关系，它不是独立存在的实体，所以说是“空”的。大乘佛教所谓“空”不等于“不存在”或“空虚”，而是“虚幻不实”。这种意义的“空”，他们有时又叫做“妙有”，它又是无自性的存在，没有任何质的规定性，所以叫做“假”。“中道”是“空”和“假”的统一。天台宗的认识论，是先掏空了认识对象的客观物质基础，然后再去“认识”。他们的神秘主义的认识论和他们神秘主义的世界观完全吻合。“中”离不开“假”和“空”，“空”离不开“假”和“中”，“假”也离不开“中”和“空”。这种玩弄名词的手法即所谓“三谛圆融”，说穿了，无非是主观精神与主观精神的符合与一致。人们认识能力和范围只限于认识思维中的对象，这是他们的认识论原则——“三谛圆融”。他们认为没有心，就没有了一切，这是他们的宇宙观——“一念三千”。

天台宗力图抹杀客观世界的真实性，目的在于证明“真如”的永恒性、绝对性。(“一切法真实如是，唯是一心，故名此一心以为真如。若心外有法者，即非真实，亦不如是。”①）天台宗所理解的世界一切皆空，并不意味着什么也不存在，他们空的是客观物质世界的一切现象，他们空物质世界，正是为了肯定他们的宗教的核心——“真如”——精神实体的不空。

天台宗这样的认识论首先没有事实根据，生活实践足以完全粉碎他们无视客观物质世界的谬说。他们既然没有客观事实的根据，就只好从

① 慧思《大乘止观法门》。

理论上做文章，虚构体系。即使在理论上，智𫖮等人也不可避免地遇到了不可克服的困难。

按照天台宗的说法，既然一切都是虚幻的假相，是空。那么，真如世界（佛教的“天国”）与现实世界势必陷于绝对隔绝的状态。他们如果不极力抹杀或贬低现实世界，就不足以“证明”真如世界的永恒、超越、绝对等等神学的特点。他们必须把世间和真如世界绝对对立起来。但把两者绝对对立起来又会阻塞了通向“天国”的道路，对宗教宣传的目的不利。宗教总希望俘虏更多的信徒，因此，在宗教理论上，需要更好地补一补漏洞。使天国与人间现实世界有桥梁可通。在天台宗发展的同时，佛教的其他宗派，不但分别提出了他们的判教原则，并且也在宗教理论上力图缩短人世间（现实生活的世界）和宗教天国的距离，如华严宗讲他们“理事无碍”法界，禅宗讲他们“顿悟成佛”，法相宗也以他们的“三性”、“三无性”、“转识成智”来向群众散布宗教思想。那些站在反宗教立场的无神论学派和其他唯物主义直接对佛教的批判和驳斥，给他们造成根本性的困难，就更加暴露了宗教唯心主义在理论上的漏洞。即使在佛教内部也出现了许多“王麻子”、“汪麻子”等同行竞争者。正如天台宗教的佛教史家志磐所说的：

> 每以智者斥破南北之后，百余年间，学佛之士，莫不自谓双弘定慧，圆照一乘。……自唐以来，传衣钵者起于庾岭（惠能的禅宗），谈法界（华严宗）阐名相者（法相宗）盛于长安。是二者（华严宗与法相宗）皆以道行卓荦，名播九重，为帝王师范。故得侈大其学，自名一家。然而宗经弘论，判释无归。讲华严者唯尊我佛（按：此指华严宗），读唯识者不许他经（按：此指玄奘法相宗），至于外教别传，但任胸臆而已（按：此指禅宗）。……识者谓荆溪（湛然）不生，则圆义将永沈矣。①

智𫖮对于佛教，更确切一点说，对当时的统治阶级是有功的。他融

---

① 《佛祖统纪》卷七。

合南北佛教，“双弘定慧”，使它更好地为统治阶级服务，从佛教徒的立场看来，不失为杰出的领袖。但是佛教中其他宗派也相继以他们的“贡献”为当时统治阶级服务，纷纷“侈大其学，自名一家”。既然出现了这些有力的竞争者，对于天台宗的发展是不利的，于是湛然对天台宗的教义作了某些发展，这就是佛教史上所谓湛然“中兴台教”的实质。

五

天台宗的湛然为了从理论上补救他们所遭到的困难，提出“无情有性”的宗教世界观。这一学说集中表现在他著的《金刚錍》[①] 一书中。

佛性问题是佛教的中心问题，这一问题的实质是：人们能不能进入天国？人们能不能成佛？成佛是在当下还是在遥远的将来？这些问题都构成佛性问题的内容。

唐玄奘在赴印度取经之前，在国内徧谒名师，钻研佛教这一根本问题，但是不能找到肯定一致的回答。为了解决这个问题，玄奘决定往印度取经。他自己说：

> ……去圣时遥，义类差舛，遂使双林一味之旨，分成当现二常；大乘不二之宗，析为南北两道。纷纭争论，凡数百年；率土怀疑，莫有匠决。[②]

用我们的话说，玄奘认为佛教的教义在中国存在着种种不同的解释。成佛究竟是来世，还是当世，有不同的争论。大乘有宗的地论宗（分成相州南道和相州北道对峙的两派）。争论了几百年，没有办法解决。

能不能当世成佛，在玄奘的思想里始终是一个重大的问题，他归国

① 本文引用湛然文句，凡出自《金刚錍》的，不再注出处。

② 《玄奘谢高昌王表》，《慈恩法师传》卷一。

前，往游伊烂拏钵伐多国路经迦布德伽蓝，向菩萨神像前祈祷时，发三个誓愿，第三个誓愿是："圣教称众生界中有一分无佛性者，玄奘今自疑不知有不？若有佛性，修行可成佛者，愿华贯挂尊（神像）颈项。"①

玄奘到印度留学，是带着当时中国佛教徒认为难以解答的疑难问题去的。他的疑难具有一定的代表性。人有没有佛性，即人成佛的可能性，这个问题本身是荒谬的。但在阶级压迫的社会里，人们迫切要求摆脱当前苦难的愿望，却是十分现实的，一点也不荒谬。宗教通过它的宣传和欺骗，帮了统治阶级的忙，它的政治意义也是十分现实的。这个无意义的问题起着有意义的作用。如果不能成佛，宗教将失去它的鸦片烟的作用，谁还相信它？如果进一步追问是不是人人对成佛都有分？如果有些人能成佛，有些人不能成佛，佛教所能俘虏的信徒就会减少。在佛教中，分明有一派说过有人不能成佛，像一阐提人（善根丧尽的人）即不能成佛，正如原始基督教认为富人不能升入天国一样。

宗教的天国是人间社会的折光反射。人间社会有一部分人永远受苦、受难，另一部分人安富尊荣，是合理呢，还是不合理呢？凡是关心它的基础的一切上层建筑对这一问题必须做出回答。古代的农民革命曾以武器的批判企图改变这一不合理的现象；佛教却完全站在相反的立场，他们对阶级社会的不合理的剥削压迫现象作了系统的歪曲的解释。

佛性问题在南朝就是一个争论得十分尖锐的问题。南朝的佛性问题的提出，是直接为南朝的门阀制度服务的。佛教的守旧派，为了维护人世间的不平等的封建等级制度，对"未来"的"天国"的门票也十分悭吝，也不肯让人民分享。佛教的新派，如竺道生等头脑比较灵活些，他们对人世间的不平等制度极力支持，但对未来的"天国"的门票却愿廉价地大量出售。实际上后者的说法对剥削阶级更为有利，经过统治阶级的选择，后者占了上风，但问题不可能真正解决。

隋唐时代，从南北朝百余年来相沿袭的门阀士族制度势力还很大，他们在政治上、经济上仍有很大的势力。据《新唐书》卷一九九《柳

① 《慈恩法师传》卷三。

冲传》记载："过江则为侨姓，王、谢、袁、萧为大；东南则为吴姓，朱、张、顾、陆为大；山东则为郡姓，王、崔、卢、李、郑为大；关中亦号郡姓，韦、裴、柳、薛、杨、杜首之。代北则为虏姓，元、长孙、宇文、于、陆、源、窦首之。……郡姓者，以中国士人差第阀阅为之制。凡三世有三公者，曰膏粱，有令仆者曰华腴，尚书领护而上者为甲姓。九卿若方伯者为乙姓，散骑常侍、大中大夫者为丙姓，吏部正员郎为丁姓。凡得入者谓之四姓。"这里讲的是南北朝时期的门阀士族的情况，但这种情况到了唐初并没有很大的改变。一般非门阀出身的中、小地主阶层几经斗争，也在政治上、社会上争到了一定的地位。如唐代的科举制度即是地主阶层向门阀地主阶级斗争取得的政治权利。又据《新唐书》卷九十五《高俭传》记载："初太宗尝以山东士人尚阀阅，后虽衰，子孙犹负世望。……由是诏士廉……责天下谱牒；……合二百九十三姓……为九等，号曰氏族志。而崔干仍居第一。帝曰……朕以今日冠冕为等级高下。遂以崔干为第三姓，班其书天下。……"唐初如此，唐朝后期，门阀士族仍然有一定的社会势力，他们听说文宗皇帝给太子选妃子，门阀士族都不愿意以女儿入选①。如宣宗时：

> 万寿公主，上（宣宗）之女。将嫁，命择良婿。郑颢，相门子，……待婚卢氏。宰相白敏中奏选尚，颢深衔之。②

被选中当了皇帝女婿的郑颢没有能够与卢姓（门阀士族）女儿结婚，自认为倒了楣，被媒人白敏中出卖了，因而对白敏中怀恨在心。可见皇帝的女儿还比不上门阀士族的女儿尊贵。终唐朝宰相369人，崔氏一族竟占23人。③

在这样门第等级制度森严的社会里，天台宗的湛然慨然地提出了他的"无情有性"的学说，宣扬连没有生命的东西，如草木砖石都有佛

---

① 参看《太平广记》卷一四八《庄恪太子妃》条。

② 《东观奏记》上。

③ 参看《唐朝宰相世系表》。

性（都能进入“天国”），当然人人都可以进入天国了。它的政治目的也十分清楚，教人相信佛的教导，安于苦难。另外，天台宗的宗教理论也将会得出湛然的无情有性的学说。

湛然认为一切都是佛性的具体表现，佛性即永恒的精神实体，它是一切东西的基础，这是一种鲜明的客观唯心主义的立场。他还认为佛性包括一切的存在（虚空也是存在），所以他说：

> 故知经以正因结难，一切世间何所不摄，岂隔烦恼及二乘乎？虚空之言，何所不该？安弃墙壁瓦石等邪？

佛教从释迦牟尼以来，即认为成佛是众生（也称为“有情”动物）的事，“无情”（非生物的东西）没有意识感觉、思维等活动，所以不存在佛性的问题。湛然认为“若分大小，则随缘不变之说出自大教，木石无心之语生于小宗”。

湛然认为木石无心这种观点是不正确的，他把一切东西都看做佛性的体现，他说：

> 故知一尘（客观对象）一心（精神活动）即一切生佛之心性。

照他看来，一切心性都是与佛性共同形成，共同变化，共同造成一切对象，共同改变一切行为的缘故。（“以共造故，以共变故，同化境故，同化事故。”）

湛然进一步就思维和存在的关系提出了他的存在统一于思维的唯心主义主张：

> 故……应知万法是真如，由不变故；真如是万法，由随缘故。

他所谓真如（精神实体），是属于精神方面的；所谓万法即万物，是存在方面的。思维与存在的关系，是哲学上的根本问题。在这一问题上，看哪是第一性和第二性来区别唯物主义和唯心主义。天台宗和一切唯心主义一样，它混淆思维与存在的界限，目的在于把客观世界纳入主观世界之中。

在思维与存在的统一的模糊命题下，他进一步把现象与本质这一对范畴也给以唯心主义的解释。他们认为现象与本质不在于反映事物的本质的规律，它们不过是两个概念的互相依存：

> 子信无情无佛性者，岂非万法无真如耶？故万法之称，宁隔于纤尘，真如之体，何专于彼我？

这是说精神性的实体无所不在，充满了一切事物。湛然还借用水与波的关系以说明他的哲学体系的本质与现象的关系：

> 是则无有无波之水，未有不湿之波。在湿讵间于混澄，为波自分于清浊。虽有清有浊而一性无殊；纵造正造依，依理终无异辙。

他认为现象只能作为精神实体的现象而存在。现象虽然有多种多样，但最后的精神实体只有一个，即所谓佛性。他们从逻辑上论证思维与存在的统一，归根结底，是用思维去统一存在。唯物主义者认为思维不能离开存在，而存在可以不必依靠思维。湛然和其他唯心主义者一样，在思维与存在统一的烟幕下，取消了存在，只保留了思维。真如（理）是唯一真实的存在。他宁可闭上眼睛抹杀一切现象，决不允许忽视精神第一性的地位，所以他说：

> 若唯从理，只可云水本无波，必不可云波中无水。

尽管有人根据《大智度论》“真如在无情中但名法性，在有情中方名佛性”的说法，怀疑湛然的学说。但湛然肯定地回答说，这种怀疑态度是表面看问题，是“迷名而不知义”（只扣名词而不懂精神实质）。

天台宗从慧文、慧思、智𫖮开始，就充分运用了他们的大胆演义的手法，他们不管有没有佛教经典的依据，只要符合他们主观需要，他们就一律来纳入他们的庞杂的哲学体系里面。湛然更作了进一步的发展，无情的东西也有佛性，本来在书上找不到根据，但为了更好地填补他们佛教客观唯心主义的理论上的漏洞，为了更有效地扩大他们的宗教信仰的市场，不得不对过去佛教书中所没有的这一方面加以增饰。

哲学史已经证明，一切唯心主义越是彻底，就越难于自圆其说。如果不彻底，就会留下唯物主义活动的地盘，对唯心主义也同样不利。从佛教的宗教唯心主义哲学来说，如果他们认为佛性不具有普遍性，佛性在某些时候对某些事物不起作用，或不发生关系。那么，佛性的威力就是有限的，佛性的最高、最广大、法力无边的神圣不可侵犯性就会因而降低。佛性（至高的精神实体）的管辖区域被规定在一定的范围之内，那么，它的管辖区域之外，就会成为唯物主义的领域。宗教是唯物主义和科学的死敌，它不会给客观物质世界以应有的地位的，它只能粗暴地让万物匍匐在上帝（或佛）的脚下，这本来是古今中外一切宗教哲学不得不作出的共同结论。难题也发生在这里：佛性既然无所不在，它当然也要在稊稗、在瓦甓、在屎溺。① 天台宗“无情有性”的宗教学说，从一方面说，挽救了佛教的“佛性”不具有普遍性、管辖范围不广的缺点，它可以“囊括宇宙，统贯天人”，不给物质世界留有任何余地。湛然在唯心主义理论上的坚决性、彻底性比过去智𫖮等人的理论有了进一步的发展。但从另一方面来看，天台宗的宗教哲学，虽经湛然的进一步发展，却从内部制造了它的新危机。唯物主义是真理，唯心主义企图一手遮天，硬要抹杀它的存在是办不到的。天台宗把佛性融解在客观自然里面，把草木瓦石也看做佛性的表现，势必破坏了“佛性”至高无上的尊严，必然模糊了世间和出世间两个世界的界限。他们虽然把“佛性”的“普遍性”强调到无比的高度，但“佛性”的“绝对性”、“超越性”的这些特点不得不遭到贬抑。沿着这一方向发展下去，将给佛教的前途带来新的危机，对佛教是不利的。因此，不难看出，宗教哲学如果把神性自然化，表面上扩大了神干预自然界的范围，实质上在缩小神干预自然界的权力；他们主观上力图加强神的地位，实质上神的地位却暗中遭到削弱。因为宗教教人摆脱现实世界的苦难的办法是劝人走向另一个“超现实”的精神世界。一切宗教的特点都如此。湛然所引导的道路不但不能达到他预期的目的，在一定的意义上，对宗教唯心主义起

① 参看《庄子·知北游》庄子与东廓子关于“道”的一段对话。

着破坏作用。这也是一切唯心主义共同遇到的难题。他们无论采取什么手法，都是枉费心机，无法堵住这个漏洞。

马克思主义经典作家曾指出：

> 大不列颠的经院哲学家邓斯·司各脱就曾经问过自己："物质能不能思维？"
>
> 为了使这种奇迹能够实现，他求助于上帝的万能，即迫使神学本身来宣扬唯物主义。此外，他还是一个唯名论者。唯名论是英国唯物主义者理论的主要成分之一，而且一般说来它是唯物主义的最初表现。（《神圣家族》，《马克思恩格斯全集》第2卷，第163页）

湛然认为一草一木中也有佛性，这种命题已接近了"物质能不能思维"的边缘，已经接近了泛神论或自然神论。"自然神论——至少对唯物主义者来说——不过是摆脱宗教的一种简便易行的方法罢了。"（同上，第165页）湛然不是唯物主义者，他的宗教立场和论证方法都没有想到会导致"摆脱宗教"的结果，这是和马克思所说的英国的唯物主义哲学家们"铲除了洛克感觉论的最后的神学藩篱"（同上），无论在时代和社会历史条件方面，都是不同的。但是逻辑理论上，"无情有性"的学说，给佛教前途带来了困难和新危机，则是客观事实。后来宋明唯物主义哲学家，特别是张载和王夫之，在反对有所谓超越一切的"太极"或"理"的斗争中，强调"道"或"理"不能脱离了"物"或"器"，道内蕴于万物之中而不在万物之外、之上；他们对于天台宗及禅宗后期学说中泛神论和自然神论倾向的思想资料加以批判的吸收改造，建立了更加完整的唯物主义体系。后来宋明唯心主义哲学家如王守仁的"草木瓦石也有人的良知"的命题，就是对湛然"无情有性"学说的直接继承，他走的是神秘主义、主观唯心主义的道路。

法相宗哲学思想略论

一

法相宗在中国的创始人是唐代著名翻译家玄奘[①]和他的弟子窥基。[②]如果追溯这一宗派的印度远祖，一般都认为应从无著[③]和世亲[④]开始，中间经过护法和他的弟子戒贤[⑤]而传到中国的。

佛教一开始就从分析物质和精神现象入手，建立它的宗教体系。分析到最后，认为一切象（相）都是虚妄的，都不是实有的。只是小乘（早期佛教）分析得不彻底，大乘（后期佛教）在小乘佛教的理论基础上作了更彻底、更琐碎的分析，构成了一套完整的唯心主义体系。由于它集中地分析了世界各种（心的和物的）现象，所以叫做法相学派；分析到最后，认为一切现象不过识所变现出来的。就它前一特点（分析现象的特点）说，叫做法相学；就后一特点说，把世界的存在、变化归结为识的作用，叫做唯识学。前人有人把这一派分别开来，称无着一派为法相学，世亲一派为唯识学。我们从它的体系上看，所谓法相学是唯识学的开始，但没有完成；所谓唯识学是法相学的继续，完成的只是法相学的体系。所以称为法相学，或法相唯识学。把这一套学说完整地从

---

① 幺奘（602—664 年），《唐高僧传》卷四及《慈恩三藏法师传》。

② 窥基（632—682 年），《宋高僧传》卷四。

③ 无著 Asaṅga（约 410—500 年）。

④ 世亲 Vasubandhu（约 420—500 年）。

⑤ 参看《慈恩二藏法师传》卷三。

印度搬到中国，并建立宗派，加以传播，是唐代玄奘开始的，窥基继续的。法相和唯识截然划分，至少玄奘等人没有这种看法，也没有这样做。我们也不必强加区分。正如我国宋代的程朱学派，如分别研究，固然有所不同，但从体系上看，程朱还是一个体系，不必再把他们不重要的小差别看做根本差别。无着和世亲之间的学术渊源和体系比起程颐和朱熹之间的相同之处就更多，关系更密，完全没有必要分为两派。

玄奘一生的主要宗教活动在于全力从事佛教经典的翻译工作，他的弟子窥基推广了他的学说。说玄奘是法相宗的实际创始人，是由于他把法相宗的主要经典都翻译成汉语并作了初步的宣传；说窥基是法相宗的创始人，是因为窥基在玄奘所奠定的基础上扩大了这一宗派的理论影响。窥基著作很多，后世有“百疏论主”[①]的称号。

玄奘从印度回国后，在他的主持下，领导一个译经的集体，曾译出从印度带回的经、论共74部，合计1335卷。

法相宗的主要依据有六部经[②]和十一部论[③]。在六部经中，有的早有了译本，如《华严经》、《解深密经》及《楞严经》等，玄奘译了《解深密经》（第四次重译）和《菩萨藏经》。在十一部论中，法相宗有“一本十支”的说法，他们认为《瑜伽师地论》是“一本”，其余十种是“十支”。在十一部中，多数是玄奘译的。玄奘的弟子窥基的著作，现存的有二十七部（有的不完全），也有一些是别人伪托的。研究法相宗的主要依据的材料还是依靠《解深密经》和《瑜伽师地论》、《成唯识论》等主要著作。

玄奘以艰苦卓绝的精神，克服种种困难，完成了赴印度取经的任

---

① 窥基著作近五十种，今存的（包括残存的）也有些是别人的著作，误认为窥基著作的。

② “六部经”是《大方广佛华严经》《解深密经》《如来出现功德庄严经》《阿毗达摩经》《楞严经》《厚严经》。

③ 十一部论据《成唯识论述记》卷一：《瑜伽师地论》、《金刚般若论》、《大乘庄严论》、《集量论》、《摄大乘论》、《十地经论》、《分别瑜伽论》、《辨中边论》、《二十唯识论》、《观所缘缘论》、《阿毗达摩杂集论》。

务，回国后，并出色地进行了翻译工作。他在印度求学时期也曾虚心学习当时各种有关佛教经典知识和工具知识（如因明学等），在中印文化交流的历史上写下了光辉的一页。他对增进中印人民之间的友谊也做出了卓越的贡献。这一方面，中外学者从不同的角度和不同的方面论述得不少，这里不打算多说，本文这里要谈到的是以玄奘为代表的法相宗这一派宗教哲学的思想体系，并对这一思想体系进行初步的估价和评论。

佛教在印度的早期和后期是不同的。早期佛教对当时流行的旧宗教只注重祭祀的形式以及大量搜括信奉者的财物有所抨击。释迦牟尼以宗教革新者的姿态建立了他的新宗教。在印度奴隶制初期，佛教不像旧的宗教那样腐败。

玄奘到印度时，当时占优势的，早已不是小乘佛教了。约在佛逝世一千年后，无着、世亲建立了大乘佛教的法相之学。传到了护法，已是佛死后的一千一百年左右。这时印度已进入封建社会。佛教已不再有当年释迦牟尼的革新姿态，而主要表现了封建时期“经院”哲学的琐碎形式主义，成了为当权王室贵族直接服务的工具。佛教徒形成了特权阶级，已不再乞食于村邑，晏息于林泉，而是过着大官僚、大地主一样的豪华奢侈的生活了。以玄奘在印度留学期间居留最久的那烂陀寺为例：

> 至那烂陀寺，……更安置上房，……加诸供给：日得瞻步罗果一百二十枚，槟榔子二十颗，荳蔻二十颗，龙脑香一两，供大人米一升，其米大于乌豆，做饭香鲜，余米不及。唯摩揭陀国有此秔米，余处更无。独供国王及多闻大德。故号为“供大人米”。月给油三斗，酥乳等随日取足。净人一人，婆罗门一人，免诸僧事。行乘象舆。那烂陀寺主客万僧，预此供给，添法师合有十人。[1]

这里描述了玄奘在印度那烂陀寺受到的重视，但也透露出当时的僧众的上层人物过的是王公大人一样的生活。还有，记载这里寺院的建筑的华丽壮观，也极尽豪侈靡丽之能事：“庭序别开，中分八院，宝台星

① 《慈恩三藏法师传》卷三。

列，琼楼岳峙，……诸院僧室皆有四重重阁，蚪栋虹梁，绿栌朱柱，雕楹镂槛，玉础文榥，甍接瑶晖，榱连绳彩。……”这一寺里连常住的僧人（约四千人）、临时的僧人以及其他来学者共有万人。这些僧人之中，据记载，通晓经论的学者不少：

> 凡解经论二十部者一千余人，三十部者五百余人，五十部者，并法师（按：即玄奘）十人。

这一大寺主要经济来源是靠租税剥削的：

> 建立以来，七百余载……国王钦重，舍百余邑充其供养，邑二百户，日进秔米酥乳数百石。[①]

有一百多个乡镇，每一乡镇二百户的农民要负担数百担的秔米酥乳的供应，在当时的印度不能不算极重的剥削。正是靠了这种剥削，才使得这上万的僧众

> 端拱无求，而四事自足。艺业成就，斯其力焉。[②]

这时寺院已采取封建地主阶级的剥削方式，供养了一大批寄生的僧众。这些人们是否真正那么精通经论，学有根底呢？当然，也有像戒贤那样个别的有学问的僧人，而更多的是不学无术，只吃饭，不研究学问的人。玄奘在那烂陀寺留学期间曾遇到两件事。有一次，一个“顺世外道”（不信佛教的一个唯物主义学派的学者）来到那烂陀寺，向这一群和尚挑起理论的争辩：

> 书四十条义，悬于寺曰：若有难破一条者，我则斩首相谢。经数日，无人出应。[③]

---

① 以上引文均见《慈恩三藏法师传》卷三。

② 《慈恩三藏法师传》卷四。

③ 同上。

后来，玄奘为了维护佛教唯心主义，出来应战，才驳倒了这个挑战的人。从这件事可见玄奘对唯物主义是坚决敌视的，但也说明了这许多吃“大人米”的高僧，并没有什么本领，别人骂到大门口来了，他们居然躲起来，“数日无人出应”，多亏了玄奘这个外国留学生，才给这一万多人解了围。

还有一次，也是玄奘留学那烂陀寺期间，有一个叫般若毱多的老婆罗门，用正量部①的哲学观点向大乘佛教的学说挑战。并把挑战的论文送到一向支持那烂陀寺的戒日王那里。戒日王命令那烂陀寺派出四名代表，向小乘佛教进行辩论。戒贤从中挑选了四名学问最好的②“应王之命”。但是“海慧等咸忧”，不敢去参加论战。玄奘给他们打气，说：

> 小乘诸部三藏，玄奘在本国及入迦湿弥罗已来遍学皆讫，具悉其宗。……奘虽学浅智微，当之必了，愿诸德不烦忧也。若其有负，自是支那国僧，无关此（按：“此”即指那烂陀寺）事。诸人咸喜。③

这是说，辩论胜了，是全寺的光荣；败了，由玄奘一个人负责。这也看出他们尽管号称通二十部、三十部、五十部经论，其实只是死记了一些经论的条文，也许有些僧人连条文也未必能记得。这并不是说那烂陀寺不是当时的佛教中心，也不是说当时那烂陀寺的僧人全是不学无术，而是说，从以上的这些事实，可以看出当时印度佛教的经院哲学已走向严重的形式主义，外强中干，同时又有思想包袱，放不下架子，不论向佛教以外的唯物主义斗争还是和佛教内部的不同学派的斗争，都没有胆量，显得暮气沉沉。

玄奘怀着宗教徒的虔诚，在印度十几年求师访友，学了不少书本上知识，看到了佛国的一些遗迹，是有收获的。玄奘在出国前也曾遍谒名

① 正量部，是佛教小乘一切有部分化出来的一个学派。他们的学说中，有些唯物主义因素。大乘佛教认为他们的唯心主义不够彻底。

② 四名中，三名印度和尚是海慧、智光、狮子光，一名是玄奘。

③ 《慈恩三藏法师传》卷四。

师。玄奘在国内已偏重大乘有宗一派，对大乘空宗不大感兴趣。他问学受业的十三位最有名的大师[①]，其中学《摄论》的有六人，当时虽有般若学的专家，如明旷法师[②]，玄奘就没有向他问学。玄奘自己屡次提到他西行求法的动机是为了解决佛性的问题，也就是“成佛”是在累世修行之后，还是在当世死后就能“成佛”的问题。玄奘在那烂陀寺学习的重点是法相无着、世亲派的学说。这恰恰是他在国内长期不能解决的问题。因为宗教总是追求另外幻想的“天国”，也就是佛教的“成佛”；在佛教看来成佛对每一个人是否可能，需要时期的久暂，是头等重要的问题。

玄奘最后怀着满意的心情回国了。他认为多年的疑问，在印度所取来的、及听来的佛教教义中得到了解决。他在回国途中，在于阗上唐太宗表中说：

> 见不见迹，闻未闻经。穷宇宙之灵奇，尽阴阳之化育。[③]

玄奘自以为他的疑难问题，到了印度后，最后得到了解决。他的理论根据就是法相宗所宣扬的那一套完整的、忠实于印度后期佛教大乘有宗、无着、世亲的哲学体系。

二

佛教不论大乘或小乘，有一共同的信念，就是不承认物质世界的真实性。他们在这一共同出发点指导下，分别建立起自己的宗教世界观和神学唯心主义体系。

世界本来是物质的，它客观地存在着。要否认它的存在，本来是办不到的事。而佛教，为了宣传他们的出世主义，为了引导人们到另外的

---

① 参看《唐高僧传》卷四、《慈恩三藏法师传》卷一。

② 《唐高僧传》卷一五。

③ 《慈恩三藏法师传》卷五。

世界去寻找现实世界里找不到的安慰，他们必须否认现实世界是真正存在的，并进一步证明现实世界不值得留恋。这样就在理论上打开通向天国（不论那些不同的宗教把他们幻想的天国叫做什么，实质上都是超现实的天国）的大门。这样就可以更有效地使人们屈服于地上王国的奴役，而不会起来造反。正如马克思所指出的：

> 基督教的社会原则曾为古代奴隶制进行过辩护，也曾把中世纪的农奴制吹得天花乱坠。必要的时候，虽然装出几分怜悯的表情，也还可以为无产阶级遭受压迫进行辩解。
>
> 基督教的社会原则宣扬阶级（统治阶级和被压迫阶级）存在的必要性，它们对被压迫阶级只有一个虔诚的愿望，希望他们能得到统治阶级的恩典。
>
> 基督教的社会原则把国教顾问答应对一切已使人受害的弊端的补偿搬到天上，从而为这些弊端的继续在地上存在进行辩护。（《〈莱茵观察家〉的共产主义》，《马克思恩格斯全集》第4卷，第218页）

马克思讲的是基督教在欧洲历代的反动的社会作用，但是其他宗教的反动的社会本质也在这些尖锐、深刻的批判中揭露出来了。唐代中国的佛教何尝不是这样？只是他们用的是另外的一套手法和词句，活动的地区主要在古代东方的亚洲罢了。

佛教对于现实物质世界的否定和对神学世界的建立，本来是一件事情的两个方面。现实世界不是闭上眼睛装作看不见就能否认得掉的；神学世界（“天堂”）也不是一下子就能把本来不存在的东西从理论上说得完整无缺，这也是一件事情的两个方面。我们从大乘佛教法相宗的宗教理论中可以看出他们是如何把宗教唯心主义更彻底化，他们如何掏空客观物质世界的物质性。他们用过的这些手法和论证，有些到今天还被有些唯心主义哲学流派反复地重复着。

早期佛教（小乘佛教）叫人们脱离现实生活的世界，寻求解脱的世界，把世界说成苦难的海洋，只有信奉佛教的道理，才可免于苦海的沉沦。但是在理论上，他们还没有把物质世界的客观存在性完全否定掉。他们有些人相信世界是由许多“极微”（原子性质的）构成的。关于极微，本来是一种直观的揣测的唯物主义学说，但不能用科学实践来证明给人看，不能从理论上驳倒唯心主义者的进攻。关于极微的问题，佛教中有不少记载的材料，大乘佛教反对这种学说。他们认为这种学说有唯物主义的嫌疑，至少有承认心之外还有一个物的世界存在着。①

法相宗还用类似西方哲学史唯心主义经验论的方法，论证现实世界的一切事物不过是众多感觉经验的复合体，它（客观世界的事物）本身是不存在的，眼感觉它有颜色，耳听到它有声音，触觉得到他的质碍性，冷、热等。而这些，都是感觉通过人们不同的主观感觉器官得到的表象，可知外物并不真实。他们这种分析，在小乘佛教的后期，已渐趋于精密，到了大乘法相宗才比较彻底。法相宗提出了“唯识”的基本原理。玄奘的大弟子窥基说：

> 唯谓简别，遮无外境；识谓能了，诠有内心。识体即唯，持业释也。识性识相，皆不离心。心所心王，以识为主。归心泯相，总言唯识。唯遮境有，执有者丧其真；识简心空，滞空者乖其实。所以晦斯空有，长溺二边；悟彼有空，高履中道。②

这里，法相宗的根本观点在于论证世界只是“识”的作用，而没有什么离开识的客观物质世界存在。法相宗比佛教其他学说不同的地方，在于它更彻底地全盘否定了有所谓物质世界存在，它把一切现象都归结为识的作用，“识”决定现实世界的一切；只有进入真如世界后，“识”才失去它的作用。他们这种说法不过是骗人的。进入真如世界，只能说是用更高级的精神境界代替了低级的识的活动，而不能说精神活动不起作用。相反，倒是把精神活动抬到超越一切、至高无上的地位。

小乘佛教的主要错误，法相宗看来，在于承认有认识者和被认识者

---

① 法相宗的反对物质客观存在的某些观点，可参看《唯识二十论》。

② 《成唯识论述记》卷一。

两个方面，至少从被认识的这一方面来说，容易引起承认外界的可能。其中也确有一些带有唯物主义倾向的学派。大乘空宗的般若学派为了防止这种“不良倾向”，他们就把“空”的观念进一步强调，即所谓“我法二空”：一方面把主观方面认识者（人）作了种种分析，最后把它说成是“空”的；同时又把客观世界及其规律也说成是“空”的。这种“我法二空”比起小乘佛教还有些承认现实世界的习惯看法，承认有所谓主观与客观的对立存在，在唯心主义的道路上前进了一步。在佛教唯心主义看来，是更“正确”了。像空宗的经典《大般若经》中说七空①或二十空②。他们不但空外境，而且认为连最高原理也不宜执为实有，如果看得过死，将会导致人们对现实世界产生客观实体的感觉。

> 时诸天子问善现言：岂可涅槃，亦复如幻？善现答言：设有法胜涅槃者，亦复如幻，何况涅槃？③

“涅槃”即佛教认为修行所祈求达到的最善、最完美、最幸福、最高的精神境界，而大乘空宗却教人们认为它是幻的，甚至说如果有比涅槃境界更高的，也是幻的。空宗把话“说绝了”，他们企图彻底堵死通向承认客观实体的一切道路。不难看出，佛教越是到了后期，越是粗暴地对待物质世界的客观存在。他们全力防止唯物主义倾向的滋长，不惜用尽一切手法。但是这种防止的办法，从更全面的佛教立场来看，也有不利于佛教的地方。法相宗继大乘空宗之后，提出了新的补充，目的在于防止大乘空宗所造成可能发生的新偏差。

> 余修多罗④中，皆说一切空，此中⑤何故说，有真如佛性？

又问：

---

① 详《大般若经》第二分。
② 详《大般若经》初分第一会。
③ 《大般若经》卷五五六。
④ 修多罗（Sūtra）即“经”，修多罗是梵文“经”的音译。
⑤ “此中”的此，即法相宗的经典。

“处处经中说，内外一切空。有为法[1]如雪，及如梦幻等。此中[2]何故说，一切诸众生，皆有真如性，而不说空寂？”

法相宗回答说：

以有怯弱心，轻慢诸众生，执著虚妄法，谤真如佛性，计身有神我。为令如是等，远离五种过。[3]

法相宗为佛教长远利益着想，他们认为“空”得太过分，把真如、佛性也给掏空了，显然对佛教有害。所以在与唯物主义观点为敌，不承认有客观世界的存在这一根本立场上，法相宗与大乘空宗没有两样。但是法相宗不满意的是大乘空宗把“空”的原则说过了头，对佛教信仰带来不利的后果，所以说它有“五种过”。第一种过，动摇信徒们成佛的信心，使他产生畏难思想（以有怯弱心）；第二种过，对众生（一切动物）的成佛决心估计不足（轻慢诸众生）；第三种过，夸大了一切皆虚妄的原理（执著虚妄法）；第四种过，也是在佛教立场看来最严重的错误，一切皆空，连“佛性”、“真如”也给掏空了，简直是对真如佛性的诽谤（谤真如佛性）；第五种过，是由第四种过引起的后果。意思是说，不承认真如佛性为实有，势必导致脱离佛教的根本立场，放弃了“真如”、“佛性”，而走向相信有一个不生不灭、永恒存在的“神我”的邪门歪道的宗教中去。

法相宗，是在大乘空宗用全力破除现实世界非真正存在这一基础上建立起来的佛教哲学体系。所以法相宗的大师玄奘，用了毕生最后的精力，译成了六百卷的《大般若经》。他并不是真正相信大乘般若空宗是最高的真理，而是认为，只有在般若空宗的理论基础上建立唯心主义体系才是有利于佛教的、彻底的唯心主义。法相宗认为大乘空宗，尽管有

---

① “有为法”，指一切现实世界的东西。佛教认为现实世界的东西，有成就有坏。最后归于空幻。

② “此中”的此，即法相宗的经典。

③ 《宝性论·本为何义说品》第七。

它的缺点，但比小乘佛教承认世界有主客观对立的说法要好一些。认为法相宗不反对大乘般若空宗的说法，在这一意义上说是正确的；但是如果认为法相宗相信般若空宗像相信法相宗自己的宗派那样，说玄奘不专守一家，对各家各派都相信，这是错的。法相宗的根本经典之一，如《解深密经》以三时判别佛教各宗高下深浅：

初时，为小乘说有教，明人空、五蕴空，未显法空，很不彻底；

第二时，大乘空宗所依之《般若经》，然是有上①，有容②，未为了义；

第三时，有宗，说非有非空，中道教③。

这就是说，般若空宗的学说，是法相宗的学说的低级阶段，最高的真理还是大乘有宗的理论。玄奘在印度曾作过《会宗论》④，今已不存，据《解深密经》判教原则推知他必以法相宗作为最高原则，般若学说是法相学说的低级阶段，调和大乘空宗和有宗的对立。

法师又以《中（论）》《百（论）》论旨唯破遍计⑤，不言依他起性及圆成实性。狮子光不能善悟，见论⑥称一切无所得，谓《瑜伽》⑦ 所立圆成实⑧等亦皆须遣。所以每形于言。法师为和会二宗，言不相违背，乃著《会宗论》三千颂。

---

① “有上”，上面还有更高的，意思是说，《般若经》的道理不是最高的，还有待进一步提高它。

② “有容”，里面还有待补充的，意思是说，《般若经》的道理还不全面，还有补充的余地。

③ 《解深密经·无自性相品》大意。

④ 见《慈恩三藏法师传》卷四。

⑤ “遍计所执性”，是大乘法相宗“三性”学说中的一性，后面要讲到。

⑥ 这里的“论”，是指《中论》、《百论》等。

⑦ 《瑜伽师地论》，法相宗的根本典籍之一。

⑧ “圆成实性”，即真如佛性，“三性”学说中的一性，后面要讲到。

法相宗并不是不讲空（现实世界是虚幻不实的），因为不讲空即不能否认客观物质世界的实在性，就不能建立他的虚构的“真如”、“佛性”的体系。如《解深密经》、《瑜伽师地论》① 都说有十七空。《显扬圣教论》② 说十六空；《辨中边论》也有相类似的说法。在玄奘以前的真谛译有《十八空论》，也是从法相唯识的立场宣扬“空”现实世界的物质性的宗教学说的。他们不同于大乘空宗的是他们否认物质世界的同时，小心地保护着“真如佛性”的“有”，更加明确地肯定了“真如”、“佛性”的实在而不是“空”的。

现在且看法相宗是如何对待物质世界的存在，并如何歪曲它，把它说成精神存在的。

三

法相宗继承小乘的传统，把一切现象（法）分为两大类，一方面是精神方面的，叫做心法；一方面是自然现象方面的，叫做色法。不论是属于精神方面或自然现象方面，都不承认有客观实在的物质作为基础，都是识所变现出来的。这种现象，他们在印度小乘《俱舍论》七十五法的基础上分为一百法（如再细分还可更多），其中又分为五大类。

（1）八识：眼识、耳识、鼻识、舌识、身识、意识、末那识、阿赖耶识。这八识中，前面五种是属感觉方面的，第六意识管思维，也管感觉。第八识是总管一切。第七识联系第八识与前六识。这八种法，他们叫做“心法”。

（2）从“心法”（八识）派生的有许多心理活动，包括感情、意志、思想倾向（显著的和不显著的）等，法相宗分为六组：

第一组，有触（感触）、作意（具有取境的倾向的意愿）、受（感

① 参看《瑜伽师地论》卷七七。

② 参看《显扬圣教论》卷一五。

觉)、思(思想)、想(观念)。这些，他们叫做“遍行”，带有普遍性，人人都有。

第二组，有欲(欲望)、胜解(认为)、念(记忆)、定(一心专注)、慧(佛教带有神秘直观意义的智慧)，这些，他们叫做“别境”，因为这些心理活动，是对各个人的特殊的境而起的，不是普遍随时都起的。

第三组，有信(信念)、惭(对自己的惭愧)、愧(对于别人的惭愧)、无贪(不贪求)、无瞋(不仇恨)、无痴(不愚昧)、精进(努力)、轻安(心情舒适)、不放逸(不断努力)、舍(心情放松，但不忘记)、不害(不伤害别人)。这些，都是属于“善”的心理活动，叫做善。

第四组，有贪(贪求)、瞋(仇恨)、痴(愚昧)、慢(自高自大)、疑(犹豫不决)、恶见(错误见解)。这些，特别是前三种佛教叫做“三毒”，是众恶之首，都叫做烦恼，也叫做“本惑”，因为他们认为这些都是人类所具有的根本性的迷惑。

第五组，有忿(怒)、恨(仇恨)、复(掩饰错误)、恼(狠戾)、嫉(忌妒)、悭、诳、谄、害(伤害)、㤝(骄傲)、无惭(对自己的不知惭愧)、无愧(对别人的不知惭愧)、掉举(心不平静)、惛沈(瞢董)、不信(不相信)、懈怠、放逸、失念(不记忆)、散乱(放逸的加重)、不正知(荒谬知解)。这些，叫做“随烦恼”，是从根本烦恼(本惑)派生的。

第六组，有悔(懊悔)、随眠(追逐外界的一种不由自主的精神状态)、寻(寻求)、伺(深度的寻求)。这些，叫做“不定”。

以上六组都是心的作用，统称为“心所有法”，简称为“心所”，就是心所具有的东西(法)。

(3)色法，是属于自然现象方面的。有：眼、耳、鼻、舌、身、色、声、香、味、触等。

(4)不相应行法，“不相应”，即“不相似”，不同于前面所说的心法、心所有法、色法等，又不同于后面的“无为法”，这一类的法，不相似于其他四类的法。它们是：得（获得或成就）、无想定（坚持不去思想外界，使心不动，这是佛教以外的一种宗教的修养方法，佛教借用来说明人类有这种心理活动）、灭尽定（用力克制使思想不活动的一种心理状态）、无想天（无想定所追求的精神境界）、命根（即众生在一生全部活动的过程）、众同分（众生各自相似的一些活动）、生（出生）、老（年龄衰老）、住（暂时停止，假说为住）、无常（现象的刹那生灭）、名身（两个以上的音节合集而形成的概念）、句身（两个以上的句子的合集）、文身（两个以上的字母合集）、异生法（或异生性，形成众生不同种类本性）、流转（变化）、定异（区别）、相应（因果现象的联系）、势速（速度）、次第（继续）、时（时间）、方（空间）、数（数目）、和合（全部、总体）、不和合（分解）等。不相应行，也称为“心不相应行”，意思是说，这一类的法，特别和心的活动现象有区别（不相应）。其实，它和色法也有区别（不相应）。

（5）无为法，是属于不产生也不消灭的法。有虚空无为（认识真理犹如虚空的精神境界）、择灭无为（得到至善的智慧的精神境界）、非择灭无为（通过神秘的直观而得到的精神境界）、不动灭无为（深思静虑，不为苦乐所动的精神境界）、想受灭无为（断灭一切观念、感觉，以直观显现真理的精神境界）、真如无为（得到真理的精神境界）。

法相宗这些法共一百个①，绝大部分有生灭，只有第（5）类无为法才是无生灭的实体。他们认为世界一切现象都是假相，是第八识的产物。分析诸法的目的，是为了证明给人们看：世界上现象虽然复杂，千差万别，但它们只不过是由识所变现出来的假相。只有破除了这些假相的物质基础，才会给“真如”（他们所谓本体）留出地盘。许多研究法相宗的人，被他们那些繁复的名词，琐碎的论证唬住了，只看到他们千门万户，搞得眼花缭乱，反而忘了他们分析这些法是为了什么。这就容易在敌人的烟幕下，放走了敌人。

---

① 参看《百法明门论》、《五蕴论》和《广五蕴论》等。计心法八，心所有法五一，色法十一，不相应行法二十四，无为法六，合计为一百个法。

哲学上的根本问题，就是思维和存在哪是第一性的问题，和两者的关系的问题。经典作家的指示，是颠扑不破的真理。从法相宗的哲学思想体系，也充分证明这派学说是怎样向唯物主义进攻，并如何抹杀客观物质世界的存在的。

法相宗在佛逝世后约一千一百年才最后完成了它的体系，因此，它有更多的机会吸取佛教前辈唯心主义的成果，加以发挥。为了更彻底的反对唯物主义，法相宗从哲学的根本问题入手，构造它的唯心主义哲学体系。法相宗的基本办法是企图取消主观和客观对立的关系，他们把客观世界完全说成是主观世界的作用。他们还主张，就是主观方面，能起认识、了别作用的，也不是人的身体的物质结构（如眼、耳、心等），而是纯精神。也就是说，他们把哲学的根本问题，说成不是主观对客观的关系的问题，而说成纯主观的作用；在主观方面，起作用的也不是由于生理、心理的条件，而是纯精神的作用。

法相宗为了扩大主观世界无限辖区，他们开始不满足于以前的佛教哲学把人的主观认识能力、作用只限于六种识：眼、耳、鼻、舌、身、意，他们开始建立八种识。除了前面所讲的六种识以外，他们还说有第七识叫做“末那”（Manas），第八识叫做阿赖耶（Ālaya）。法相宗认为六个识，还是不能解决彻底否定外界存在的困难。因为，“识”总是具有了解、认识的作用的，人们的传统的理解，总是认为“识”是属于主观方面的。大乘空宗在打破外界的物质实体这一方面做了不少努力，单纯打破（佛教所谓“遮诠”）的方法，就是用消极的、否定的方法，还不能使人们建立起对真如佛性永恒存在的宗教信仰。法相宗创造八识的学说，就是为了满足这种宗教要求。

> 准诸识皆名心意识，随义胜说，第八名心，第七名意，余识名识。①

窥基又对第八识作了补充解释：

---

① 《成唯识论》卷五之三。

第八以集起义胜，故独名为心。[1]

在《入楞伽》中也说：

藏识[2]说名心，思量性名意，能了诸境相，是说名为识。[3]

法相宗的意思是说，八个识根据它们的主要特点分为三类。前六识（眼识、耳识、鼻识、舌识、身识、意识）是一类，其主要特点是起了别、认识的作用，通过它可以区别色、声、香（气味）、味（味觉）、触和思想想到的一切东西，包括有形的事物和无形的法则等。前六识的活动比较具体，也比较强烈，主要任务是向它所要认识的对象起追求作用。前六识（眼、耳、鼻、舌、身、意）中，前五识（意识除外）"唯外门转"，只向外追求它所要认识的东西。第六意识能"内外门转"，能向外追求，认识外境，也能向内思考，自己进行思维活动。前五识，向外追求，不会无因而起，总要有所依据，它们依据的是色、声、香……等境界。第六识也不能无因而起，它所依据的，据法相宗的说法，是以"染污末那为依止等"[4]。

重要的是第八识，阿赖耶识。第八识是前七识的最根本的共同的依据，所以又叫做"根本依"。有了第八识，其他七个识才能分别起它们应起的作用。第八识有发号施令、主持一切的作用，所以称它为心，它的特点是"动而无为"。

第七识是联系前六识和第八识的桥梁，它是：

执有相故，是先我执所生引故，令六识相缚不脱。[5]

---

① 《成唯识论述记》卷三。

② "藏识"即第八识的另一个名称。因为它是构成世界的基本精神单子（种子）含藏的地方，所以又称为"藏认"。

③ 参看《成唯识论》卷五。

④ 《显扬圣教论》卷一七。

⑤ 《成唯识论述记》卷二三。

第七识虽然是桥梁，它也要依靠第八识才能起作用，“由有本识[①]，故有末那。”第七识的主要任务是永远、经常地维持前六识与第八识的联系。它是为第八识服务的，所以说“由有本识，故有末那”。它坚持：第八识是它的依据，它的存在以第八识的存在为前提。

法相宗虚构的八识学说是一系列的主观作用的描画，在这些主观作用的八个识中，他们把感觉经验方面五个识放在极不重要的地位，把“动而无为”，不与外界直接关系的第八识放在发号施令的地位。前五识起作用时，要受第六识，意识的管束，意识可以单独活动，也可以与前五识一起活动，这种情况叫做“五俱意识”，前五识活动时，意识一定和它们一起，起指导和辅助前五识的作用。这里，法相宗也接触到感性与思维的关系的问题，但是实际上是贬抑感性的作用。而且他们连“感觉经验”也给改造成脱离客观对象的“感觉经验”[②]。

法相宗还在佛教唯心主义世界观的基础上，进一步加工，不允许有离开识的实在的境（对象）。法相宗认为八个识都是先分别由它们自己变现出它们所认识的对象（境），然后才起认识的作用。认识不是主观与客观在发生关系，只是各个识的自己认识自己的过程[③]。这种彻底唯心主义的观点是从陈那[④]开始的。陈那在认识论问题上创立了“三分”的学说，他的目的在于反对唯物主义认识论（和有唯物主义倾向的）认为心外有客观对象的观点。法相宗认为一般人所谓“境”（外界、对象），不是主观（识）去认识外界（境），其实是自己的识所变现的“相分”；就是说，人们之所以能有外境的感觉，不是由于真正有离开主观独立存在的外境，而是由于人们自己的思想中现出来的外境的形相。“相分”就是心的属于被认识的形相的部分；与相分相对待的心的能够认识的部分，叫做“见分”，它是认识者的心中属于具有认识能力

---

① “本识”，第八识是前七识的根本依据，所以也称为“本识”。

② 这些观点，参看《成唯识论述记》卷一。

③ 这些观点，参看《唯识三十颂》。

④ 陈那 Dignāga，是印度法相学说的创始人之一，也是著名的因明学家，对因明的改造有贡献。他的著作《观所缘缘论》有玄奘译本。

的部分。心的具有能认识的作用的部分（“见分”）和心中属于被认识的形相的部分（“相分”）都要依据心自己的“自证分”（也就是心的具有认识作用的第三部分）。这一部分（“自证分”）是“相分”和“见分”共同所依的①。他们不允许有离开心独立存在的“物”，“物”在法相宗的体系中不过是心的“相分”。

以玄奘为代表的法相宗与旧的以真谛为代表的一派，对于识的“能变”作用有不同的解释。真谛等也认为认识中的影相是识所“变”的，而不是外界事物自己所固有的，但真谛的说法，只承认第八识具有“能变”的作用，其余前七识只起能认识的作用，不能变现出它们（前七识）所认识的形相。他们说：

> 三界但唯有识，何者是耶？三界有两种识：一者显识②，二者分别识③。

三界唯识已经是唯心主义的观点，但玄奘、窥基等人对于真谛等人的旧说法还不满足。他们不满足于真谛所主张的只有第八识具有能变的作用。窥基曾说：“真谛法师似朋一意识师意。”④这是说，真谛倾向于同情“一意识”学派的意见，窥基认为他们的看法是错的。玄奘、窥基要求更彻底地取消认识论中主客观的分别。因为，前七识如果只起能认识的作用而不能变现它们所认识的对象的形相，那还是有认识论的主观与客观对立的嫌疑。有主有客，在法相宗的立场看来，总不如只有主观而无客观更能保证唯心主义的彻底性。因此，他们就把八个识的认识对象，都分别地归为它们自己的“见分”所认识它们自己变现出来的“相分”。他们认为，只有这样，才能把物质世界的客观存在消灭干净。

只“消灭”了客观对象还不算。法相宗更进一步对于主观认识方面的能力的物质基础也一概否定。佛教小乘认为认识要通过一定的身体

① 大意参看《成唯识论》卷二六，《成唯识论述记》卷一五。

② “显识”即第八阿赖耶识。

③ “分别识”，即前七识。见真谛译《显识论》。

④ 《辨中边论述记》。

部分的机构，他们叫做“根”。如通过眼的感觉器官（眼根）可以认识色；通过耳的感觉器官（耳根）可以认识声音；等等。法相宗认为这种说法还不免有精神作用依赖物质结构的嫌疑，岂不是会引申出没有物质结构的“眼根”，就没有精神作用的眼识？佛教小乘所讲的净色“根”，有些像今天所谓“神经系”，是细致的物质性的结构。意识（第六识）的根是“胸中色物”，意思是指的心脏。世亲早期著作，曾指出各个根的部位和形状，显然是物质性的。比如他说：

眼根极微，在眼星上，傍布而住，如香荽花。……耳根极微，居耳穴内，旋环而住，如卷桦皮；鼻根极微，居鼻頞内，背上面下，如双爪甲；舌根极微，布在舌上，形如半月；……身根极微，遍住身分，如身形量。①

从无着开始，对根的解释有所改变。他们认为只靠根，如前五识的根，不能起作用，必须通过意识（第六识）与前五识俱，同时在起作用（俱起）。这里，他们剥夺了通过物质性的根可以起认识作用的能力。法相唯识一派，十师之一的难陀（即欢喜的音译）认为五识的功能叫做根，不承认还有非物质性的净色根，并因此引起十师中另一派安慧的反对。② 法相宗中，如护法、玄奘等彻底的唯心主义的一派，对小乘佛教的净色根加以改造，认为净色根：

以有发生五识用故，比知有根。由果推因故。③

这就是说，能起认识作用的不是由于物质性的生理组织，生理组织他们叫做“扶根尘”，对认识只能起一点扶助作用，而主要的非物质性的“净色根”在起作用。

在法相宗的体系里，从认识论方面讲，他们取消了认识中的主客观

① 《俱舍论》卷二。
② 参看《成唯识论》卷四、《成唯识论述记》卷二六。
③ 《成唯识论述记》卷二六。

对立的关系，把认识的作用仅仅归结为主观精神（心）的自我认识。在认识的主观能力方面，又改造了小乘佛教相沿已久的“根”的说法，取消了根的物质性，使生理结构在认识过程中只占极不重要的从属地位。总之，法相宗在促进佛教哲学彻底唯心主义化方面，尽了一切力量，可谓无所不用其极了。他们建立了八识的学说，以阿赖耶为主宰。别的识可以消灭，比如说，人死了，识就消灭了，不起作用了，只有第八识是永存的。这就为佛教的因果报应的宗教迷信制造了条件。如果没有一个永恒的不消灭的阿赖耶识，“人死如灯灭”，宗教宣传也就失去它诱骗人们进入佛国的作用了。

在认识论方面，可以玄奘在印度提出的“真唯识量”作为代表。玄奘在回国前的五印度僧俗无遮大会[①]上用生命来维护这一唯心主义观点的一组命题[②]，他的立论是这样的：

> 真故极成色不离于眼识——宗；
> 自许初三摄，眼所不摄故——因；
> 犹如眼识——喻。[③]

单就三支因明推论的形式，和玄奘所使用的概念的明确性来说，这个推论是没有问题的。但是命题的真假，和逻辑推理形式的是否正确毕竟不是一回事。因此，只要不承认他的唯心主义的观点，不承认他们的因和喻，自然也就得不出有所谓“定不离眼识”的色，他这个自命为颠扑不破的“真唯识量”不过是概念上的玩弄。这“真唯识量”并不难破。如果承认了他的前提，接受了法相宗一贯坚持的“根”不能有认识作用，只有“识”才有认识作用，那就等于陷入了玄奘给论敌预先设下的圈套，就难以自拔了。实践是认识的出发点，也是检验真理的尺度。法相宗这一套，在实践的考验下，可以完全被粉碎。

---

① “无遮大会”，不论什么人，都可以参加的大会。

② 玄奘立“真唯识量”，自称“若其间有一字无理，能难破者，斩首相谢。”见《慈恩三藏法师传》卷五。

③ 《因明入正理论疏》卷五。

经法相宗改造过的“根”的学说，就成了否认根的物质性的学说，他们只承认识能认识，而所认识的不过是它自己变现出来的“相分”。前六识进行活动时，变现出所认识或所思维的“相分”，再用它们的“见分”去认识它的“相分”。世界上当然没有这样的事。第七识的活动，所认识的只是变现出一个似我的“相分”。第八识（阿赖耶）的“见分”、“相分”的关系的解释就更加支离了。法相宗说：第八识的“相分”可分为三部分：一是种子，二是根身，三是器界。“种子”是第八识所藏，不是第八识所变。他们的逻辑，如果种子也说成八识所变，它（八识）的永恒性就会动摇。所以只能说八识是包藏种子的地方，第八识也叫做“藏识”。只是由于第八识的“见分”以种子为认识的对象，所以“种子”从它的认识中地位来说，逻辑上只好勉强叫它做八识的“相分”。根身，法相宗说，它有自己的种子，也有的说它是第八识的“见分”所变。它在第八识的性质他们自己也说不清楚。法相宗认为它是更带有神秘性，难以理解的。器界，相当于一般人所谓物质界，但也是八识所变。第八识“见分”的认识对象（相分）是上述的“种子”、“根身”、“器界”，而八识的“见分”据说“极深细，不可知”，只有佛才能认识八识的“见分”。

以上可见，法相宗反反复复，用了许多力气，无非论证外在客观世界不存在，一切都是“识”（心），没有物（境）而已。他们所依靠的、起决定作用的第八识，又是这样神秘的、难以理解的，因为它是臆造的，所以它是无法证实的。阿赖耶识这种精神性的实体，他们说是每一种动物都有的，并且不随着动物的生命的结束而消灭，它会转移到另一个生物中去。实际上，第八识就是变相的不死的灵魂，不过他们不肯这样承认罢了。单就认识的作用和过程来说，法相宗的认识学说是主观唯心主义的，但是就他们建立的第八识永远存在，不因个人的死亡而消灭，是“客观”的、多元的精神性的微粒，它又是客观唯心主义的。

四

法相宗，在认识论方面，取消外境，只留下心的活动和功能。在世界的构成、发展的问题上，也同样发挥了它的彻底的唯心主义特点。

法相宗建立了精神性的单子——“种子”说，认为种子是构成世界的原因。据说种子有六种或七种特性：

（1）种子是各各独立的、最小单位的实体。

（2）种子不是不生不灭，而是刹那生灭，前者随灭，后者随生，即灭即生，不是前者灭了之后，后者方生。

（3）种子是诸识的对立面，种子是能生，诸识（也叫做现行）是所生。一能一所，互相依赖。

（4）种子生自己同类的种子，各不相乱（如眼识的种子亲生自己的眼识）。

（5）种子分本有种子和始起种子。①

（6）种子分为相分见分。②

（7）一切种子有染、净的分别。他们也叫做有漏种子（染污的、恶的）和无漏种子（至善的。一般的善仍是有漏种子）。③

法相宗建立的“种子”观念，可能看到谷种、稻种能产生新的谷和稻，由此主观地推论出世界万物的产生也应当有它的种子。又由于他们否认有物质的客观世界，他们认为一切都是人的“识”产生的，从而认为种子离不开人的主观的精神，它不是物质性的，只能是精神性的。他们又认为人的主观精神（心）最根本的是第八识，种子藏住的地方在第八识里面。种子和第八识是虚构的互相依存的精神实体。

无着认为种子是本来就有的，《瑜伽》说种子有七义，世亲的《摄

---

① “本有种”又称“法尔种”，是本来就有的，不是从别的东西引发出来的；“始起种”又称“新熏种”，是由于后来的外在原因，引发出来的，因为它有开始，所以叫做始起种。

② 无着开始建立种子说，只是讲八类心和心所有法各各有种。世亲、护法发展了无着的学说，都分为相分和见分。

③ 种子六义是：刹那灭，果俱有，恒随转，性决定，待众缘，引自果。并参看《成唯识论》卷二。

大乘论释》中说种子有六义。[1] 不论种子有六义或七义，它的根本意义在于说明种子是一切法（东西）的根本原因，所以又称为“第一缘起”。无着认为种子是本来就存在的。世亲以下，有不同的说法。有一派遵循无着的成说，认为种子“本有”，还有一种说法，认为种子是由现行熏习才有的。“现行”（前七识）在生灭的过程中留有余势，这种余势不会立刻消灭，投入第八识中，即形成了种子，这一类的种子是新熏种。种子作为因缘（因果关系的因），产生后一刹那（后一念）的种子。护法、玄奘、窥基等综合了本有和新熏（即始有）两种说法。照法相宗的理论，如果只有新熏种，不立本有种，开始时即无因而起，理论上有困难。如果只讲本有，不讲新熏，也不容易说人类的前念对后念，前一事物对后一事物的影响的关系。[2]

法相宗建立了种子学说，为了便于他们解释世界上一切心理现象和自然现象的起源、变化的原因。当然，他们的原因，只不过是精神的原因。

法相宗在种子学说的基础上创制了他们的“缘生”的理论。缘生，本来是小乘佛教中早已有的观点，但在法相宗的体系中，完全改造了小乘的缘生说法，从而形成了他们的唯心主义的世界起源的学说体系。他们认为精神现象的产生，要具有四种“缘”；自然现象的产生，要具备四种缘中的两种就行了。“四缘”是：

> 一因缘，二等无间缘，三所缘缘，四增上缘。因缘者，谓种子。等无间缘者，谓若此识无间，诸识决定生，此是彼等无间缘。所缘缘者，谓诸心所缘境界。增上缘者，谓除种子，余所依。……由种子故，建立因缘；由自性故，立等无间缘；由所缘

---

① 种子的性质参看《瑜伽师地论》卷五二，《成唯识论》卷六、卷二，世亲的《摄大乘论释》卷二。

② 关于种子本有，新熏的问题参看《成唯识论述记》。

故，立所缘缘；由所依及助伴故，立增上缘。[①]

法相宗认为自然现象的产生，只要因缘和增上缘即可。无论精神方面的活动和自然现象，因缘是最基本的。因缘是有生灭的，它的特点是“亲办自果”，它自己的“因”产生它自己的“果”。种子引发前七识的活动，而前七识的活动又引发新的种子；种子又可以引发它自己的种子。关于因缘的详细的解说，《成唯识论》卷七，《瑜伽师地论》卷五一及卷八五，《显扬论》卷六，《成唯识论》卷二，《集论》卷三等著作都有类似的论述。

因缘，是法相宗的关于万物起源的重要观点。它是种子和前七识（现行）交互影响的产物。种子生种子，种子生现行（前七识），现行生种子。法相宗的因缘说，认为事物的成因不是由于外界物质原因（他们不承认有所谓物质），而是由于精神。物界、心界，都是种子的产物。

法相宗的因缘说，已涉及因果关系的问题。法相宗反对无因论，认为一切事物的生灭都受它的因果关系的制约。我们必须指出，他们所讲的因果，不是指的现实物质世界的客观规律。他们说：

> 此识（按：即第八识）无始因果，非断常义。谓此性识无始时来，刹那刹那，果生因灭。果生故非断；因灭故非常。非断非常，是缘起理。故说此识恒转如流。[②]

从科学的观点来说，因果不是抽象地存在着，而是事物的规律所表现的现象间在一定条件下所具有的本质的、普遍的、必然的联系。这种联系是在一定的条件下，一定的时间里出现的。正因为如此，所以它体现了物质运动的规律性，也就是事物的本质的关系。列宁说：规律就是“本质的关系或本质之间的关系”（《黑格尔〈逻辑学〉一书摘要》，《列宁全集》第38卷，第161页）。因果关系，正是事物间的一种本质

---

① 《瑜伽师地论》卷三，参看《瑜伽师地论》卷八五、五一，《成唯识论》卷七。在这些不同的著作里，对于四缘都有大同小异的论述。

② 《成唯识论》卷三。

联系。唯物主义者的因果观，认为一定是前因后果，体现事物在时间中的发展过程。而一切唯心主义者都在因果关系上进行歪曲。法相宗的因果观，首先指的不是物质性的事物，不是客观的实在，他们只是指的在心中前一观念与后一观念的刹那生灭的因果关系。因果范畴，在他们的哲学体系里被歪曲为“识的流转相续”，抽掉了物质基础，他就可以大胆地乱说：

> 前因灭位，后果即生，如称两头，低昂时等。如是因果相续如流，何假去来，方成非断？因现有位，后果未生，因是谁因？果现有时，前因已灭，果是谁果？既无因果，谁离断常？若有因时，已有后果，果既本有，何待前因？因义既无，果义宁有？无因无果，岂离断常？……应信大乘缘起正理，谓此正理深妙离言，因果等言皆假施设。①

法相宗在这里极力反对小乘佛教把因果关系说得过死的观点，反对符合常识的因果观，而建立它的超因果的观点，抹杀科学的因果规律。第一，他所谓因果不是指的事物的发展的过程；第二，因果不是在一定的时间里进行的；第三，取消了因果的关系和时间先后的相继续的特点，而把因果说成不在时间里的同时出现的思想活动，如果抽掉了时间的制约，因果就失去它的基本意义，“因”也可以说成“果”，“果”也可以说成“因”，等于否认因果。事实上，法相宗正是要抹杀现实世界的、科学的因果关系。

在“等无间缘”的问题上，法相宗也把现象界的发生变化的关系先肯定，随后歪曲，终于抹杀。他们说：

> 等无间缘，谓八识及彼心所前聚于后，自类无间，等而开导，令彼定生。多同类种俱时转故。②

---

① 《成唯识论》卷三。

② 《成唯识论》卷七。并参看《瑜伽师地论》卷五二、八五。

从字面上看，是说，识从前念或识不断地让位给后起的念或识，永不停止。它是按次序的先后产生的，所以又叫做“次第缘”。但是我们考查一下，法相宗是如何认识时间范畴的，就可看出他们的所谓先后，并不是在时间里真正有先后。他们说：

时者，谓于因果相续流转，假立为时。何以故？由有因果相续转故。若此果已生，已灭，立过去时；此若未生，立未来时；已生未灭，立现在时。①

又说：

依一念生灭，假说过、现、未，而实无有时分可得。②

法相宗所谓“三世”，其实只是一识的变现。既然讲先后识的过渡、延续的关系，却又否认时间是客观事物存在的形式。还有什么先后的必然关系可说？

同时，他的对空间的看法也是采取了取消的手法：

依何分位建立方？此复几种？答：依所摄受诸色分位建立方。此复三种，谓上、下、傍。③

法相宗虽然讲到所谓空间（方），但并不认为这种方位是真实的，而是“假立为方”④。

列宁指出：

世界上除了运动着的物质，什么也没有，而运动着的物质只有在空间和时间之内才能运动。（《唯物主义和经验批判主义》，《列宁选集》第2卷，第177页）

---

① 《杂集沦》卷二。
② 《成唯识论述记》卷八。
③ 《瑜伽师地论》卷五六。
④ 《杂集论》卷二。

列宁又说：

> 唯物主义既然承认客观实在即运动着的物质不依赖于我们的意识而存在，也就必然要承认时间和空间的客观实在性。（同上，第176页）

和唯物主义者恰恰相反，法相宗的时间空间的观念，是为他们的宗教唯心主义服务的。否认外界，取消外界，当然也要否认时、空的客观实在性，只有把它说成“假设”的东西。他们又把这“假立”的时空观念反转来帮助论证现实世界是识的变化的结果。

> 所缘缘，谓若有法，是带己相心或相应所虑所托。此体有二：一亲，二疏。[①]

所缘缘，以所缘境为依托，这也是法相宗一个突出的唯心主义观点。法相宗认为一种外境和认识的主体不可分开，“能缘（主体）入所缘（对相）宛若一体”，主客不分，才能产生认识作用。玄奘在印度曾与印度小乘佛教正量部的般若毱多进行辩论，玄奘用“挟带义”（主观吞没客观的挟带作用）攻击般若毱多。[②] 法相宗反对认识作用是反映外物的过程。

> 增上缘，谓若有法，有胜势用，能于余法或顺或违。虽前三缘，亦是增上，而今第四，除彼取余。[③]

增上缘就是增加的条件或关系，增上有扶助的意思。有的增加的条件是对于某种事物起积极作用，使它便于发展，叫做“顺”的增上缘，也有的增加的条件对于某种事物起消极、限制作用，使它不能顺利发展

① 《成唯识论》卷七、卷一，并参看《瑜伽师地论》卷五二、八五，《杂集论》卷五。

② 《成唯识论述记》卷四。

③ 《成唯识论》卷七，《瑜伽师地论》卷五二、八五，《杂集论》卷五。

的叫做“违”的增上缘。法相宗认为增上缘对于促进或延缓事物的发展是很重要的。

以上这四缘，共同的特点，都可表明法相宗对于世界万物的起源、发生和发展，都看做是种子、或识的作用的结果。他们在宇宙论方面也贯彻了他们的唯心主义原则。法相宗把产生万物的最根本的“缘”，因缘的种子，安放在阿赖耶识中。因此心或精神成了万化之源。又由于种子是多，不是一，是永恒存在，不是随生物的躯体的消灭而消灭。所以在宇宙生成的学说上，法相宗又有些像莱布尼兹的单子说，它具有多元的客观唯心主义的特点。

法相宗之所以建立他们的缘生学说，目的不在说明世界，而是在于通过对世界歪曲的说明，以建立他们的宗教世界观。

世界是种子在生生灭灭中进行着的。种子又是经常处在染污的情况下，每一众生的第八识中包含着有漏种子和无漏种子。实际上，在现实世界里，起作用的指导着人们的生活的是有漏种子；无漏种子不得显发。佛教法相宗认为，有漏种子是使人类陷于苦海的根本原因，只有根本切断有漏种子，才能使人免于轮回之苦。那就要彻底消灭有漏种子，使阿赖耶识不再起作用。为了开辟一条通向天国（真如世界）的道路，在人生问题方面，他们提出了“三性”、“三无性”的学说。

“三性”是一遍计所执性、二依他起性、三圆成实性。法相宗把人类的正常认识叫做迷妄，他们说，人们之所以有“迷妄”，就在于人们相信外界事物是真实的。

> 遍计所执自性者，谓依名言，假立自性。为欲随顺世间言说故。①

法相宗认为只要接受他们的“相无性”的原则，就可以对治遍计所执自性的“迷妄”。他们叫人第一步就否认外界的客观真实性，接受

---

① 《显扬圣教论》卷六，并参看《瑜伽师地论》卷七三、《摄大聚论》卷二、《成唯识论》卷八。“三性”，或译作“三自性”，义同。

他们的一切事物没有实体的“相无性”的观点。

依他起自性，是法相宗缘生说的另一个提法。他们认为依他起性是：

> 心心所及所变现，众缘生故，如幻事等，非有似有，诳惑愚夫。一切皆名依他起性。①

既然一切心和物的现象是由众缘而起，所以法相宗认为只要接受了缘生这一唯心主义的关系学说，就不致以幻为真，就可以接受他们的“生无性”的观点。生无性，是说事物的产生由于四缘，因而取消了事物产生的物质基础。

圆成实自性，是真如佛性的另一个说法：

> 云何圆成实自性？谓诸法真如。圣智所行，圣智境界，圣智所缘。②

法相宗破除物质世界，反对唯物主义的观点，目的无非教人接受他的真如佛性的出世哲学。他们认为，如果认识了并且接受了他们的圆成实性的学说，就达到了“胜义无性”的最高境界。“三无性”的学说，是针对“三性”学说来说的。

> 依此初遍计所执，立相无性。由此体相毕竟非有，如空华故。
>
> 依次依他，立生无性。此如幻事，托众缘生。无如妄执自然性故，假说无性，非性全无。
>
> 依后圆成实性，立胜义无性。谓即胜义，由远离前遍计所执我法性故，假说无性，非性全无。③

---

① 《成唯识论》卷八。

② 《瑜伽师地论》卷七三，并参看《显扬圣教论》卷六、《摄大乘论》卷二、《成唯识论》卷八。

③ 《成唯识论》卷九。

法相宗真正空的只有遍计所执性。依他起性，他们认为是相对的真实，比如作为因缘的种子就不是空无的。至于圆成实性，是实有，并非空无，是绝对真实的。

可是，问题恰恰出在这三性和三无性的关系上。圆成实性或真如佛性，法相宗认为是万法（一切事物）的实体，但佛教认为真如是“无为法”，就是说它对于世界不具有加工、改造、推动的作用，它是不造作、不生灭、永世长存的。它是绝对清净，不杂有染污的精神实体。法相宗抬出这样一个虚构的超现实的本体，作为人们向往的目标。

同时，在现实世界里经常起主导作用的是阿赖耶识中所藏的种子，而种子和阿赖耶识又是互为因果的。如果照法相宗的指点，舍染归净，就必须割断阿赖耶识和众生活动的内在联系。真如界是永远不生不灭的，现实世界是永远生生灭灭的；真如界是绝对清净的，现实世界是染污的；真如佛性是无漏的、圆满的，现实世界中人们的意识（包括八个识）是有漏的、不圆满的。如何才能沟通现实世界和真如世界的隔阂呢？

法相宗企图从理论上打通人间和佛国两个世界，使人们逃避现实，进入佛国。他们说阿赖耶识包括有漏种子和无漏种子。有漏种子不断经过善行的熏习，可以从有漏转到无漏。阿赖耶识即转成“无垢识”，[①] 阿赖耶识就不存在了。但佛教大乘法相宗的体系，本有种是“法尔故有”的，不是由真如产生的。熏习种也不是真如熏成的，它是前七识所熏的。真如对于本有种或熏习种都无能为力。真如是无为无作，不能产生万物。真如既不能产生万物，又如何使人舍染归净呢？[②] 且不说叫人“成佛”本身是个骗局，单就理论上说，法相宗认为只有佛能断尽有漏种子；有漏种子断尽才是佛。这一循环论证的窘境，他们无法摆脱！

法相宗宣扬离开每个具体的人还有所谓独立永恒存在的精神的实体阿赖耶识，和它含藏的精神的种子；认为人类的认识不过是自己的“见

① 法相宗变有漏为无漏的学说，可参看《成唯识论》卷三。
② 同上。

分”认识自己的“相分”；只承认主观世界而抹杀了客观世界。这种错误，正如马克思所指出的：“……无人身的理性在自身之外既没有可以安置自己的地盘，又没有可与自己对置的客体，也没有自己可与之结合的主体，所以它只得把自己颠来倒去：安置自己，把自己跟自己对置起来，自相结合——安置、对置、结合。”（《政治经济学的形而上学》，《马克思恩格斯选集》第 1 卷，第 105 页）马克思刺中了近代客观唯心主义的心脏。法相宗的阿赖耶识虽不就是近代资产阶级哲学家们所谓“理性”，但是这些指示的基本精神和原则对于我们剖析古代法相宗的唯心主义体系也是完全适用的。

五

法相宗在中国佛教史上可谓最忠实于印度大乘有宗的哲学体系的。玄奘本人和他的弟子们都严守从印度搬回来的经典的教义。他们介绍印度学说的谨严的治学态度也是为佛教学者及资产阶级学者所称道的。在唐太宗和唐高宗时期，也曾风靡过一时，但前后不过四十年，即衰落，并从此一蹶不振。直到辛亥革命后的十几年间，军阀统治时期又曾呈现过一度表面的热闹。一些资产阶级学者们说，中国人民喜欢概括，不喜欢烦琐，所以这一派衰落了。我们认为这是一种不能自圆其说的唯心史观的说法。既然中国人喜欢概括，不喜欢烦琐，就应当根本不能流行，何以有三四十年的兴盛时期？既然中国人不喜欢烦琐，为什么辛亥革命后的十几年间，中国人忽然又喜欢烦琐了？如果说喜欢概括是中国人的天性，那么禅宗总算够概括了，何以禅宗盛行了一阵子也衰败下去了？

我们还是应当牢记着马克思的教导：

> 我们不把世俗问题化为神学问题，我们要把神学问题化为世俗问题。（《论犹太人问题》，《马克思恩格斯全集》第 1 卷，第 425 页）

法相宗之所以暂时得到发展和传播，和唐太宗的政治要求有直接的联系，也和唐初的宗教政策有关系，同时，和玄奘个人为建立他的宗派的政治积极活动也有关系。

唐太宗本人是不信佛教的。他有几次下诏书明白宣示他对佛教的态度。[①] 但是他为了利用宗教作为工具，他的确也曾下诏建寺、度僧。在他取天下时，他和他父亲李渊都利用僧人的力量，帮他打天下。[②] 唐代统治者为了加强对人民的思想统治，对佛教曾充分利用。尽管唐太宗不喜欢佛教，但是为了他自己王朝的长远利益，制定一些推广佛教的政策，这是可以理解的。唐太宗也正是这样做的。

玄奘是一个学者、翻译家，这是人所公认的。但是，作为一个宗派的开创者，没有一定的政治活动能力，是不可能的。玄奘与当时唐太宗的关系处得很好，他也善于迎合统治者的心意。有一次唐太宗问他，到印度求法，“山川阻远，方俗异心”，你怎么能到达的呢？玄奘回答说，由于皇帝的威德所致。这种回答，近于阿谀奉承，显然不像由衷之言。玄奘为了扩大他所译经的影响，曾经几次恳求皇帝给他译的经做序，唐太宗不愿为他做序，而对他的《西域记》很感兴趣。在玄奘的坚决请求下，皇帝终于写了一篇序文。这对于玄奘的学说的推广，应当是起了积极作用的。玄奘还利用皇太子为他的译经作序以扩大他的影响。果然，

> 自二圣序文出后，王公百辟，法俗黎庶，手舞足蹈，叹咏德音，内外揄扬。未及浃辰，而周六合，……归依之徒，波回雾委。所谓上之化下，犹风靡草，其斯之谓乎！如来所以法付国王，良为此也。[③]

---

① 唐太宗的手诏：“朕今所好，唯在尧舜之道，周孔之教。”（《贞观政要》卷六）又说：“至于佛教，非意所遵。”（《旧唐书》卷六三）。

② “武德七年，任僧法雅发京寺骁悍千僧，充军位。”（《唐高僧传》卷三一）又李世民曾借少林寺僧，平王世充。（见《金石萃编》卷四一）。

③ 《慈恩三藏法师传》卷七。这里说的“二圣序文”就是指的唐太宗和唐高宗先后给玄奘的译经写的序。

《慈恩三藏法师传》的著者彦悰，对于皇帝给玄奘的支持和它产生的效果说得很清楚了。玄奘还经常与皇帝谈论，有一个时期，成了太宗每天不可少的侍从人员。这固然影响了他的翻译工作的进行，但也有利于他出入宫廷，结交皇族、达官贵人。而且玄奘绝不是不问外事的书呆子，就连宫廷里皇后怀孕将诞生太子，他都事先打听清楚，并为皇后“乞平安”①。太子出生后，他又要收太子做徒弟，上尊号奉为“佛光王”，这些行动，都不是一般不懂政治的僧人能做得到的。道宣《唐高僧传》曾讲到大慈恩寺梵僧那提，由于相信空宗，与玄奘的法相宗理论不合，携来的经籍没有机会翻译。② 可见打击别人，抬高自己，扩充地盘，这些手法，玄奘也是惯于使用的。道宣与玄奘无利害关系的矛盾，不必无中生有。后来法藏一派的华严宗排斥玄奘的法相宗，已成为公认的事实。

宗教和其他上层建筑一样，它能不能起作用，主要看它能不能很好地为它的基础服务。马克思说过：“理论在一个国家的实现程度，决定于理论满足这个国家的需要的程度。”（《〈黑格尔法哲学批判〉导言》，《马克思恩格斯选集》第1卷，第10页）法相宗不是从中国土生土长的，不是为了适应中国当时唐帝国的基础而建立的，是佛逝世后一千年到一千二百年间纯粹印度的佛教理论。这一派理论，在印度已开始没落，已成为典型的中世纪烦琐的形式主义的佛教经院哲学。而当时，中国的各宗派，针对着中国社会内部的矛盾，纷纷提出如何解决成佛的问题和佛性有无的问题，玄奘也是带着这个问题上西方求经的。可是他到了印度时，学到的是一些书本的知识，而对于如何转变有漏种子为无漏种子，如何割断阿赖耶识在生命中的作用，玄奘在理论上没有获得解决。玄奘法相宗全力以赴，做得最多的是“取消”客观世界物质性的工作。对于当时中国，具有丰富的阶级斗争经验的统治阶级来说，他们要求的是如何向人民大众散发廉价的进入天堂的门票，而不是反反复复

---

① 《慈恩三藏法师传》卷九：“皇后在孕，未遂分诞，玄奘深忧惧，愿乞平安。”

② 《唐高僧传》卷四。

地从理论上论证客观世界和阿赖耶识的问题。

玄奘的建立法相宗及其不久即遭失败这一事实，说明上层建筑，即使与经济基础离得较远的，像宗教，它毕竟要适合它的经济基础。外来的上层建筑搬了来，不加改装，只能暂时靠某些外因，起一时的作用，到底它生不了根，更不能发展。我们从隋唐的几个重要宗派的建立和发展的过程中不难看出，凡是对经济基础适合的，就得到发展；不适合的，就停滞；生硬移植的就会枯萎。这一事实也说明了历史唯物主义关于经济基础和上层建筑的关系的原理。正如恩格斯所指出过的：

> ……每一时代的社会经济结构形成现实基础，每一个历史时期由法律设施和政治设施以及宗教的、哲学的和其他的观点所构成的全部上层建筑，归根到底都是应由这个基础来说明的。（《反杜林论》，《马克思恩格斯选集》第3卷，第66页）

由此可见，法相宗的哲学思想的兴衰，不能从人民的“性格”中去找寻原因，应该，也只能从它和当时的经济基础和阶级斗争中去寻找原因。辛亥革命后十几年间，旧中国曾有过一度抬头的法相唯识之学，也不是由于法相宗本身有什么真理，而是在当时学术界复古主义的逆流影响下，有中国考据，也有洋考据。有汉学家的章句之学，也有洋章句之学。那时的法相唯识之学曾热闹过一阵，正是当时复古主义用烦琐的唯心主义对抗新思潮而出现的一股逆流。他们以佛教烦琐哲学向当时的唯物主义进攻。

今天我们还要研究法相宗的学问，但是今天我们不是打算在这里面去寻求“真如境界”，去找什么“精神的寄托”，而是要经过批判，来总结过去唯心主义如何向唯物主义进攻的经验教训，找出它的规律。并揭示它为千方百计否认客观物质世界的存在，所做的徒劳无益的努力。而这些手法，今天有些资产阶级流派还用不同的形式重复这些谬误的观点。我们和几十年前以“振兴佛法”，“济世救国”为借口，坚持唯心主义，对抗唯物主义，引导人们脱离现实斗争的人士们的想法和做法，是根本不同的。

华严宗哲学思想略论

一

华严宗以阐扬《华严经》而得名。

《华严经》译于东晋义熙年中（约5世纪初年），当时由佛陀跋陀罗译出六十卷本。早在六十卷本之前东汉末年三国以来已先后译出过《华严经》的有关部分佛教经典。六十卷本译出后，曾有许多僧人讲述传播《华严经》，但没有华严宗。《华严经》是后期印度佛教中“有宗”这一派的重要经典之一。佛教各种大部头的经典都是先有短篇的宗教故事或长诗（偈颂），经过佛教徒多年的讲授和补充最后才编成为一部大书的。《华严经》就是一部总集名称。在《华严经》之前就有许多短篇，或卷数较少的零星译本①。

---

① 《兜沙经》一卷，后汉支娄迦谶译，即后来《华严经》、《如来名号品》；《菩萨本业经》一卷，三国时支谦译，即《华严经》的《净行品》；《诸菩萨求佛本业经》一卷，即《华严经》的《净行品》，聂道真译；《菩萨本愿行品经》一卷，即《华严经》的《净行品》，西晋聂道真译。以上四种译经都属于《华严经》第二会中的组成部分。

《菩萨十住经》一卷即《华严经》的《十住品》，东晋只多密译；《菩萨十住经》一卷即《华严经十住品》，西晋竺法护译；《菩萨十道地经》一卷即《华严经》的《十住品》，聂道真译；《十住断结经》十卷，也是《华严经》的《十住品》。以上四种译本都属于《华严经》第三会中的组成部分。

《十地断经》十卷即《华严经》的《十地品》，后秦竺佛念译；《十住经》十二卷即《华严经》的《十地品》，聂道真译；《菩萨十地经》一卷即《华严经》的《十地品》，竺法护译；《大方广十地经》一卷疑即《华严经》的《十地品》，东晋诃支译；《十住经》四卷即《华严经》的《十地品》，后秦鸠摩罗什等译；《渐备一切智德经》五卷即《华严经》的《十地品》，竺法护译；《菩萨初地经》一卷即《华严经》的《初地品》，聂道真译。以上七种译本都属于《华严经》第六会中的组成部分。

据华严宗记载，早期创始人有陈、隋之间的杜顺（557—640 年）[①]和智正（559—639 年）[②]，杜顺偏重禅法，智正长于理论，他们两个人对华严第二祖智俨（602—668 年）[③]的影响都很重要，只是杜顺的政治活动更多，而且活动的范围在终南山一带，与唐代的政治中心较近，被追溯为华严宗第一祖。

华严宗建立宗派，确立名称，应当从法藏（643—712 年）[④]开始。法藏的地位相当于禅宗的真正创始人惠能的地位，智俨的著作，有一半已佚失，现存的有《华严孔目章》四卷、《华严五十要答问》二卷、《华严一乘十玄门》一卷、《金刚般若经疏》二卷、《金刚般若经略疏》一卷。法藏的著作都保存下来，他参加《华严经》新经的翻译工作，又是一个有政治活动能力的和尚，和皇帝武则天以及朝廷贵族有很深的勾结。他凭借政治势力使华严宗得到传布和推广。法藏的著作

（接上页）

《等目菩萨经》二卷即《华严经》的《十定品》，竺法护译；《显无边佛土功德经》一卷即《华严经》的《寿命品》，唐玄奘译；《如来兴现经》四卷即《华严经》的《性起品》，竺法护译；《如来兴现经》一卷即《华严经》的《性起品》，白法祖译；《大方广如来性起经》二卷，《大方广如来性起微密藏经》二卷，都是西晋译本。以上六种译本都属于《华严经》第七会中的组成部分。

《度世经》六卷即《华严经》的《离世间品》，竺法护译；《普贤菩萨答难二千经》即《华严经》的《离世间品》，三国时吴代译出。以上两种都属于《华严经》第八会中的组成部分。

《罗摩伽经》三卷即《华严经》的《入法界品》，西秦沙门圣坚译。此外尚有魏安法贤译三卷本、北凉昙无谶译一卷本都属于《华严经》第九会中的组成部分。

此外尚有八九种译本，同属《华严经》内容，而《华严经》没有收进去的。以上均参看《华严经传记》。这种情况不只《华严经》，像《大般若经》《涅槃经》《大宝积经》等都有同样的情况。

① 《唐高僧传》卷三四、《金石萃编》卷一一四、《杜顺和尚行记》、《法界宗五祖略记》。

② 《华严经传记》。

③ 《华严经传记》卷二、《唐高僧传》卷三四、《法界宗五祖略记》。

④ 《宋高僧传》卷五、《法界宗五祖略记》。新罗崔致远：《法藏和尚传》。

很多[①]，他死后，他的弟子静法、慧苑作《刊定记》三十卷，对法藏的学说作了一些修改。约六十年后，澄观（760—820年）[②]中兴华严宗，称为华严第四祖。

澄观著作也较多，有《华严经疏》六十卷、《华严经随疏演义钞》九十卷、《贞元经疏》十卷、《华严法界玄镜》一卷、《华严经略策》一卷、《新经七处九会颂释章》一卷、《三圣圆融观门》一卷。

华严宗第五祖是宗密（780—841年）[③]，著有《华严经行愿品别行疏钞》六卷、《注华严法界观门》一卷、《圆觉经大疏》三卷、《圆觉经大疏钞》十三卷、《盂兰盆经疏》二卷、《华严原人论》一卷、《禅源诸诠集都序》四卷、《禅门师资承袭图》一卷。

宗密死后四年，发生了唐朝武宗皇帝利用道教打击佛教的“毁佛”事件，拆庙宇，毁佛像，没收寺院财产，强令僧尼还俗，给佛教各宗派以严重的经济和政治的打击，华严宗也遭到极大的损失。又过了三十年（875年）爆发了黄巢领导下的农民大起义，寺院经济从此破坏，除了禅宗外，唐朝佛教各宗都走下坡路了。

华严宗这个佛教宗派不仅在当时中国北方较为流行，并且传播到朝鲜和日本。从唐朝中宗到晚唐武宗，约一百七十多年是它流行时期，此后即一蹶不振。北宋初年虽然有僧人子璿、净源等曾一度活跃，但死灰不能复燃，过后又趋消沉。

华严宗和其他佛教宗派一样，在统治者直接支持、提倡之下得到蔓

---

① 《华严经探玄记》二十卷、《华严经旨归》一卷、《华严经文义纲目》一卷、《华严策林》一卷、《华严一乘教义分齐章》（又称《五教章》或《教分记》）四卷、《华严问答》二卷、《华严经义海百门》一卷、《华严游心法界记》一卷、《华严发菩提心章》一卷、《华严关脉义记》一卷、《华严金狮子章》一卷、《修华严奥旨妄尽还原观》一卷、《华严经明法品内立三宝章》二卷、《华严经普贤现行法门》一卷、《密严经疏》四卷、《般若心经略疏》一卷、《入楞伽心玄义》一卷、《梵网经疏》六卷、《大乘起信论义记》五卷、《大乘起信论别记》一卷、《法界无差别论疏》一卷、《十二门论宗致义记》一卷、《华严经传记》五卷。

② 《宋高僧传》卷五及《法界宗五祖略记》。

③ 《宋高僧传》卷六及《法界宗五祖略记》。

衍传布。远在晋代，佛教领袖道安[①]曾教导他的弟子说：“不依国主，则法事不立。”他讲的是他个人传教的经验，却也不难看出佛教是为谁服务的政治本质。像隋、唐时期天台宗的创始人智𫖮就是陈、隋两朝皇帝得力的政治工具。唐玄奘的翻译和他创立的法相宗由于得到唐太宗的大力支持才能推广。法藏开创（他是实际的开创者）的华严宗也是和配合当时女皇帝武则天的政治目的并得到她的支持分不开的。华严宗也是用宗教神学给皇帝、贵族们服务的。

武则天为了给她做皇帝制造宗教神学预言，曾指使一批和尚伪造《大云经》[②]，以后，八十卷《华严经》[③] 译出时，武则天大力支持这一新译本的宣传，并为新译本作序，请法藏在宫廷中讲授新经。在新译经序中再三重复她做皇帝符合了佛经的预言：

> 朕曩劫植因，叨承佛记：金仙降旨，《大云》之偈先彰；玉扆披祥，《宝雨》之文后及。加以积善余庆，俯集微躬。遂得地平天成，河清海晏。殊祯绝瑞，既日至而月书；贝叶灵文，亦时臻而义洽。[④]

---

① 《高僧传》卷五。

② 按：《旧唐书》卷一八三《薛怀义传》卷六《则天皇后本纪》都说载初元年（689）沙门怀义、法明等造《大云经》，陈符命。据王国维《观堂集林》卷二一，《唐写本大云经疏跋》考证，武则天利用旧译《大方等无想经》，加以发挥。癸巳存稿，卷十二，据明《藏》比字号《佛说宝雨经》十卷，有“佛授月光天子长寿天女说当于支那国作女主”的宗教预言。

③ 晋译《华严经》共六十卷，分八会，有二万六千偈。唐译《华严经》共八十卷，分九会，有四万五千偈。六十卷《华严经》八会是（1）寂灭道场会（四卷二品）、（2）普光法堂会（四卷六品）、（3）忉利天会（三卷六品）、（4）夜摩天宫会（三卷四品）、（5）兜率天宫会（十卷三品）、（6）他化自在天宫会（十四卷十一品）、（7）普光法堂重会（八卷一品）、（8）给孤独园会（十六卷一品）。八十卷《华严经》九会是（1）普提场中说（十一卷六品）、（2）普光明殿说（四卷六品）、（3）忉利天宫说（三卷六品）、（4）夜摩天宫说（三卷四品）、（5）兜率天宫说（十二卷三品）、（6）化自在天宫说（六卷一品）、（7）普光明殿说（十三卷十一品）、（8）普光明殿说（七卷一品）、（9）给孤独园说（二十一卷一品）。

④ 《大方广佛华严经随疏演义钞》第二十九。

法藏在讲授《华严经》时，讲到《华藏世界品》，忽然觉得“讲堂及寺中地皆震动”，法藏等赶快向皇帝报告。武则天又一次利用这一“奇迹”作了一翻自我宣扬，她批答：

斯乃如来降迹，用符九会之文；岂朕庸虚，敢当六种之震。①

华严宗虽然大部分依据《华严经》进行宗教宣传，但他们并不限于《华严经》一部书，他们对《般若经》、《涅槃经》、《梵网经》、《圆觉经》、《大乘起信论》等佛教经典也都利用注疏发挥他们自己的观点。他们对佛教经典不是照本宣科，而是经过他们的塑造、编排，然后构成他们的体系。这一情况和唐朝的天台宗、禅宗等各自制造自己的体系的情况一样。隋唐佛教各宗派宗教学说和印度的佛教是两回事，因为他们的宗教哲学体系是用来为唐朝的统治者服务的，对印度进口的宗教哲学成品必须加以改装。

《华严经》在六十卷本和八十卷本进入中国以前，已有了一些零星的短篇译本。《华严经》可以说是在《十地经》及其他性质相近的零星佛经的基础上逐渐扩大发展成的总集。《十地经论》是印度世亲著的对《十地经》的注疏，于北魏永平元年（508 年）译于洛阳。此后，在中国北方逐渐形成了地论学派。地论学派是南北朝时南朝涅槃佛性问题的争论在北朝的表现，地论学派与唐朝的华严宗有密切关系。

按照印度佛教一般学说，佛教为了给他的奴隶主服务，把地上的等级制度搬到了“佛国”，他们说，“成佛”要经过若干阶段的考验，只能循序渐进，不能躐等。“十地”②（或“十住”）都是讲的成佛的过程和阶段。印度的佛教一般认为人们不能当世成佛；在中国，当世能不能成佛的问题，却引起了佛教内部几百年的争吵。

马克思在《论犹太人问题》中说：“我们不是到犹太人的宗教里去

① 《宋高僧传》卷五。

② 《十地经》的十地是成佛的十个阶段，（1）欢喜地、（2）离垢地、（3）明地、（4）焰地、（5）难胜地、（6）现前地、（7）远行地、（8）不动地、（9）善慧地、（10）法云地。

寻找犹太人的秘密，而是到现实的犹太人里去寻找犹太教的秘密。”（《马克思恩格斯全集》第1卷，第446页）马克思研究宗教问题的经典性的指示，给我们研究中国宗教问题提供了钥匙。我们现在不是到佛教中去寻找古代中国人现实生活的秘密，而是在中国古代阶级斗争中、现实生活中去寻找佛教的秘密。

从这一观点出发，我们可以看出，南北朝时期门阀士族要从各个方面对人民施行压迫、欺骗。宗教是他们的精神武器之一。因此，竺道生①的“顿悟成佛”的学说，随着门阀制度的巩固、加强，越来越引起了上层人士兴趣。此外，他的“一阐提人均得成佛”、“佛无净土”等说法，都是千方百计地把天国的幻灯幕挂得靠近人民一些。这样，它的骗人作用会更大些。地论学派的产生和建立，是门阀士族阶级压迫制度在北朝的反映。他们从宗教哲学的立场力图把社会上不平等现象解释成“合理”的。在地论学派中，有以道宠为代表的相州北派和以慧光为代表的相州南派。

相州北派趋向于保守印度旧说，把凡人与佛的界限截然分开，成佛要累世修行。相州南派的骗人手法更灵活一些，他们主张只要努力修行，真心相信佛教，本人死后即可成佛。因为这一派的宗教宣传更有利于巩固当时门阀士族的封建秩序，它的影响也较北派大些，支持的人多些。②

佛教各宗派之间的斗争，有些属于争权夺利，这本来是剥削阶级的本性，这里不去多说它。在理论上他们之间说不上谁是谁非，实质上他们争论的是哪一宗派的理论更能有效地打消人民的反抗的念头，哪一派的理论更能抵挡唯物主义的进攻。不论哪一宗派，它们对唯物主义都是坚决敌视的。

华严宗的法藏，青年时参加玄奘主持的佛经翻译工作。“后因笔受、

① 《高僧传》卷七。

② 北派以道宠为首、南派以慧光为首。慧光弟子中有法上、道凭、僧范、惠顺、灵询、僧达、道慎、安廪、昙衍、昙遵、冯衮、昙隐等，再传弟子有法存、融智、慧远、灵裕、昙迁等人。参看《唐高僧传》有关各本传。

证义、润文[1]见识不同而出译场”[2]。本来法相宗与华严宗都是大乘有宗，都是后期佛教中的唯心主义流派，没有必要势成水火。在法藏看来，玄奘宣传的印度佛教经院哲学把现实世界与佛教的极乐世界过分隔离，使人不能逾越，结果会削弱人民对佛教信仰的积极性，会减少一批宗教俘虏，对佛教的利益是不明智的。华严宗讲“无碍缘起”，“事理无碍”，力图缩短两个世界（现实世界与宗教幻想的世界）的距离。华严宗兴起后，法相宗立即衰落，这不是没有原因的。

二

一切宗教都是唯物主义的死敌。宗教哲学首先要全力反对客观物质世界的真实性。华严宗是唐朝开创的一个重要流派。华严宗说：

尘是心缘，心为尘因。因缘和合，幻相方生。[3]

这几句话的意思本来是佛教许多经典中共同信奉的老生常谈，不是华严宗所独有的。这是说：“被认识的对象（尘）不是独立于人的认识之外的第一性的存在，它只是作为主观认识的对象而存在。主观认识（心）才是客观对象的基础（因）。主观认识的对象和主观认识的作用发生关系（因缘和合），才产生世界（幻相）。华严宗根本取消了客观世界存在的物质基础，硬把认识的结果说成。幻相。”又说：

尘不自缘，必待于心；心不自心，亦待于缘。[4]

---

① 佛教翻译有主译人，称为译主，译主通晓原文并通晓所译经的基本精神，译主以外还有一大批助手。笔受是用笔写下译文，证义是检查意义是否有错误，润文是负责文字加工。

② 《宋高僧传》卷五。如果这个记载是确实的，这时法藏还没有正式出家，而是以佛教信徒的资格参加译场的。当时的译场有些是参加翻译工作的人，有些是来听讲的人，听讲者也可以对所译经提出疑难问题，由译主解答。

③ 《华严义海百门》。

④ 《华严义海百门》。

这里没有说明客观对象对主观认识的心物关系到底哪是第一性，哪是第二性，而是采取了一种模棱两可的手法，说什么互相影响的作用。仅从字句上讲，好像他们也讲到认识关系是主客的关系，而实际上他们有意地避开客观世界和主观世界哪是第一性、哪是第二性这一根本前提。他们把主客观的相互作用抽象化，完全脱离了实践，脱离由感性到理性的必然认识过程，成了不分主从，不分第一性和第二性的笼统的主客观认识关系。他们虽然也用了主观（心）客观（尘）的字样，这里的“客观”是主观化了的“客观”。在华严宗看来，没有独立于意识之外的客观世界，只有经过主观意识加工了的认识对象。在他们的哲学里只承认认识中的“对象”。他们否认有离开主观认识单独存在的客观对象（心为尘因）。所以，不难看出，华严宗所讲的主客观的关系只不过是掩人耳目，用了些主观（心）客观（尘）的字眼，事实上，他们取消了客观的物质性，只留下了主观（心），它和唯物主义反映论是根本对立的，他们认为人们所认识的现实世界的现象不过是“幻相”。因此他们粗暴地否认了客观事物的存在。

> 尘是心自现；由自心现，即与自心为缘。由缘现前，心法方起。①

现实世界的存在毕竟是事实，世界万物能被认识是生活实践所无数次反复证明了的。佛教哲学只是不承认或装作看不见，当然不行。哲学史上一切唯心主义流派都曾挖空了心思，力图抹杀物质存在第一性这一事实。华严宗也有他们自己的一套手法，他们沿用佛教哲学中“法界”一词，进一步作了唯心主义的发挥。

华严宗以“一真法界”作为世界的根源。如《华严法界玄镜》说：

> 言法界，一经之玄宗，总以缘起法界不思议为宗。

这一派用“法界”一词混淆唯心唯物主义的界限之后，再大肆散

① 《华严义海百门》。

布他的唯心主义观点。“法界”一词有些接近现代资产阶级哲学所用“存在”的含义。说到“存在”，可以包括物的存在，心的存在，规律原理的存在等。唯心主义为了避开回答这个所谓“存在”是物质性的还是精神性的，首先笼统地肯定了有这样一个“存在”，却暗中抽空了“存在”的物质内容，偷偷宣传唯心主义世界观，这个“一真法界”是不折不扣精神性的。他们认为客观世界没有它自己的物质基础（“尘无自性”），是不真实的（“即空也”），它呈现在人们面前的不过是“幻相”。仅仅把它当做幻相来看，这个幻相世界倒也不好说硬是不存在（“幻相宛然，即有也”），① 存在着的不过是“幻相”罢了。

华严宗这些唯心主义的理论是它的宗教哲学的立足点，他们宣传唯心主义，抹杀唯物主义，却还有为其他佛教宗派所不常用、而他自己惯用的一套诡辩手法。这些手法集中表现在他们的“六相圆融”、“四法界”、“十玄门”这些学说中。

华严宗根据《华严经》提出许多对范畴（六相：总、别、同、异、成、坏）来说明世界事物的互相依存、制约、数量、变化、消灭过程的关系，目的在于歪曲地解释客观世界，从而企图取消客观世界。

他们通过事物的全体和部分（总相、别相）的关系散布唯心主义观点。他们借用舍（房子）和椽（房子上面摆瓦的木条）这两者的依存关系来说明“总相”和“别相”。

“何者是总相?”

“答：舍是。”

“此但椽等诸缘，何者是舍耶?”

“椽即是舍。”

“何以故?”

“为椽全自独能作舍故，若离于椽，舍即不成。若得椽时，即得舍矣。”②

---

① 《华严妄尽还原观》。

② 《华严一乘教义分齐章》第四。

他们不是通过概念去认识客观事物，从而发现它的规律，而是颠倒过来，制造事物的部分和全体一对概念的混乱，去抹杀事物的客观存在。照他们逻辑，就是用部分代替全体，用个别代替一般（得椽即是得舍）。

人们可以追问：如果椽即是房子，那么瓦是不是房子？他们诡辩说，对于缺瓦的房子的椽只是一根一根的木头，不算做椽；叫它做“椽”时，它已是房子的组成部分了；就瓦来说，也是一样。房子的一椽一瓦都是房子整体的一部分。缺了一椽一瓦，就不叫做房子。

人所共知，个别与整体是一对相互依存的范畴，没有一方面也就没有另一方面，但不能因此得出结论说，某一个别的东西不存在，所有个别部分也一齐在世界上消逝了。世界上缺少一椽一瓦的房子有的是，但不能说房子不存在。华严宗的目的本来在于用诡辩为他们的宗教哲学服务。

华严宗千方百计地否认现实世界，宣扬相对主义和不可知论，为了充实他们的“缘起”理论，他们认为世界没有任何真实的东西，只有一个无边无际的关系之网。

> 若缺一缘，余不起成，起不成故，缘义即坏。得此一缘，令一切起成，所起成故，缘义方立。是故一缘是能起，多缘及果俱是所起。

他们混淆个别与整体的差别，目的在于进一步混淆个别与一般的差别：

> 是故无有不多之一，无有不一之多。一多既尔，多一亦然。①

我们马克思主义哲学从来就认为个别与一般本来有相互依存的关系：

> 从最简单、最普通、最常见的等等东西开始；从任何一个命题

① 《华严经探玄记》。

开始，如树叶是绿的，伊万是人，哈巴狗是狗等等。在这里（正如黑格尔天才地指出过的）就已经有辩证法：个别就是一般。……这就是说，对立面（个别跟一般相对立）是同一的：个别一定与一般相连而存在。一般只能在个别中存在，只能通过个别而存在。任何个别（不论怎样）都是一般。任何一般都是个别的（一部分，或一方面，或本质）。任何一般只是大致地包括一切个别事物。任何个别都不能完全地包括在一般之中，如此等等。任何个别经过千万次的转化而与另一类的个别（事物、现象、过程）相联系，如此等等。（《谈谈辩证法问题》，《列宁选集》第2卷，第713页）

列宁从辩证唯物主义立场科学地指明了人类认识过程中个别与一般的关系。个别与一般有内在的联系，不可分割。仅仅从个别与一般有内在联系来看，华严宗总算有一点辩证法思想，但是唯心主义的颠倒的立足点使他们不愿承认个别事物是客观存在的，他们更关心于“联系”（缘），他们夸大了，吹胀了个别与一般的联系，把联系绝对化，甚至抹杀“个别”的存在，这一观点和“无个性即无共性”（《矛盾论》）这一唯物主义的观点是根本对立的。那么，他们所谓关系（缘）只能是虚无缥缈的关系，不是物质第一、存在第二，而是关系第一了。

对同一性和差别性（同相、异相）这一对范畴，他们也采取了同样的手法，认为椽和瓦等共同构成房子，不但椽与椽之间有同一性，椽与瓦也有同一性。反过来看，每一根椽又与其他的椽有所不同，这又是它们的差别性。从这几句话，也可以看出华严宗确也有些辩证法思想。因为他们看到了事物的联系，并且指出了事物的同一性与差别性的辩证关系。但是他们这点辩证法的观点，终归和唯心主义的体系是不能相容的。哲学史上，无论中国和外国的事例都说明唯心主义终归要破坏辩证法。

“成相”与“坏相”这一对范畴的关系，他们也用了同样的手法，认为“成”就是“坏”，“坏”也就是“成”。《华严一乘教义分齐章》说：“由此诸缘，舍义成故。由成舍故，椽等名缘。”这是说，房子不是由众缘构成的；房子的构成是由众缘的相互支持、促成的结果。同时，这种相互促成的关系中又具有相互抵消的消极关系，对构成房子起着不利作用，即“坏相”。“坏相者，椽等诸缘，各住自法，本不作故。”这是说，构成房子的相互促成的缘（条件），同时又是对房子起消极破坏作用的缘，如椽、瓦……等部分，各自保留它们自己的特点，这些特点对于各个部分说，是有积极意义的，但对整个房子说，则有消极破坏作用。因为各个构成房子的部件如果更好地体现它们自己（如瓦、椽……等），就要从房子整体中分离开来。所以叫做“坏相”。

事物在不断发展着，随时有新东西产生，随时有旧东西在死亡，是辩证法。不能认为讲到变化的就是辩证法，更根本的是看这一哲学流派从什么立场来对待变化，是抹杀它，还是承认它，是正确理解它，还是有意歪曲它。

> 主观主义（怀疑论和诡辩等等）和辩证法的区别在于：在（客观的）辩证法中，相对和绝对的差别也是相对的。对于客观的辩证法说来，相对中有绝对。对于主观主义和诡辩说来，相对只是相对的，是排斥绝对的。（《谈谈辩证法问题》，《列宁选集》第2卷，第712页）

我们相信一切事物都在矛盾对立、转化中，但不是否认转化中有一定的质的稳定性，“相对中有绝对”。一种事物在某种条件下可以转化为它的对立物，但在条件不具备时，它的性质没有转化。我们说世界上有活人有死人，活人将变成死人，这是客观的辩证法，但生和死毕竟是两回事，不能混淆，不能说生就是死，死也就是生；建设和破坏有联系，在一定条件下也能互相转化，但不能笼统地说，建设就是破坏，破坏也就是建设。

华严宗不承认人有正常的认识能力，他们反常识、反科学，神秘主义是其归宿。这些荒谬的观点都直接和他们的唯心主义世界观密切联系着。

在“一”与“多”的关系上，他们先抽象地承认“一中有多，多中有一”的一多辩证关系，进而企图制造“一即多，多即一”① 的诡辩结论。他们说：“一即一切，一切即一。”华严宗以数钱为例，展开他们的诡辩。

“一者十，何以故？缘成故。十即一，何以故？若无十即无一故。”

“今既得成十，明知一即十也。”

“若一不即十，十即不成；由不成十故，一又亦不成。何以故？若无十，是谁一故。今既得一，知一即十。”②

科学实践证明数目从一到十，表示着事物的量的连续性，在十进位的计算系统中，一是十的一，十是一的十。华严宗这里也透露了一些辩证法思想。但是数目中的量的连续性和质的规定性又内在地联系着，不可割裂开来。恩格斯指出：

数。单个的数在记数法中已经得到了某种质，而且质是依照这种记数法来决定的。9 不但是 1 相加九次之和，而且是 90、99、900000 等等的基数。一切数的定律都取决于所采用的记数法，而且被这个记数法所决定。

又说：

因此，基数不但决定它自己的质，而且也决定其他一切数的质。（上文均见《自然辩证法》，《马克思恩格斯全集》第 20 卷，第 603 页）

华严宗不是通过数量的辩证关系来认识客观世界，相反，倒是利用计算数目的知识转弯抹角地引导人们离开实践、离开客观世界规律去论证他们的“关系之网”。他们说， 中有十，十中有一，每一个十和每

① 《华严一乘教义分齐章》第四。

② 同上。

一个一又有它的一与多的相互关系：

十复相迭，相即相入，重重成无尽也。[①]

“于佛一毛孔中即有一切佛、一切处、一切时乃至一切益，如一毛孔一切遍法界诸毛孔现，皆亦如是。”“于一尘中微细国土庄严清净旷然安住。”[②]

他们得出的结论就是一和多没有差别。华严宗论证一与多的关系上完全否认了一多的相对关系中还有绝对。承认或不承认相对之中有绝对，恰恰是辩证法和相对主义的分界线。他们把相对绝对化，只有相对，否认绝对，必然陷入相对主义、诡辩论、唯心主义。华严宗正是沿着这条错误堕入歧途的。他们说：

无定相者，谓以小无定小，故能容大；大非定大，故能容小。[③]

由此得出结论：

是故大小随心回转，即入无碍。[④]

按照华严宗的逻辑，认为“大”和“小”仅仅是主观的感觉，它不必、也不可能是事物客观存在的反映。这和古代希腊诡辩论者普拉塔哥拉斯的“人是万物的尺度”唱同一个调子。他们说：

见高广之时，是自心现作大，非别有大；今见尘圆小之时，亦是自心现作小，非别有小。[⑤]

---

① 《华严一乘教义分齐章》第四。
② 《华严经旨归》。
③ 《华严经义海百门》。
④ 同上。
⑤ 同上。

经过他们这样反复论证，他们自以为完全可以取消大小事物的客观差别，把它粗暴地归结为主观感觉的产物。结果，取消了空间上的差别。他们说：

> 大是小大，小是大小。小无定性，终自遍于十方；大非定形，历劫皎于一世。则知小时正大，芥子纳于须弥；大时正小，海水纳于毛孔。①

这就是说，认识没有必要，也没有可能。这一点上，华严宗继承了《庄子》书中的相对主义观点：

> “知天地之为梯米也，知毫末之为丘山也，则差数睹矣。”
> “万物一齐，孰短孰长。”②

华严宗说：

> 是故初门同体即摄同异二门中无尽、无尽、无尽、无尽、无尽、无尽、无尽、无尽、无尽、无尽。穷其圆极法界，无不摄尽耳。③

这种烦琐论证和欧洲中世纪经院哲学讨论一个针尖上能站几个天使同样的荒诞不经。尽管问题荒诞不经，而问题的背后却有它严肃的阶级内容和现实意义。他们把现实世界的大小、多少、社会地位的高低、阶级压迫都说成“无所谓”，这就为劝人追求出世的世界准备了条件。他们把当前现实世界说成“假”的，正是为了把佛国世界说成“真”的。

华严宗还力图抹杀时间先后的客观差别和它的客观基础：

> 百千大劫本由一念，方成大劫；既相成立，俱无体性。由一念

① 《华严策林》。

② 《庄子·秋水篇》。

③ 《华严一乘教义分齐章》第四。

无体，即通大劫；大劫无体，即该一念。[①]

在《金狮子章》中也说：

狮子是有为之法，念念生灭，刹那之间分为三际，谓过去、现在、未来。此三际各有过去、现在、未来，总有三三之位以立九世，即束为一段法门。虽则九世各个有隔，相由成立，融通无碍，同为一念，名为“十世隔法异成门”。

从唯物主义观点来看，时间和空间都是物质存在的形式。时间表示物质存在和发展的连续性，时间不是脱离物质而抽象的存在，不是思想中“念念生灭”观念的产物。过去、现在、未来的无限性，只能通过物质发展运动的无限性表现出来。但是华严宗却认为时间先后不过是主观观念，三世可以分为九世，九世也还是一个主观观念。他们既然认为时间观念脱离物质存在，抽象成为思想的产物，完全可以不必依照客观事物运动中出现的次序，可以任意颠倒先后，那么他们的结论是古就是今，今也就是古。华严宗否认时间和空间是物质的存在形式，认为时空是可以脱离物质的主观观念，因此，他们的三世（过去、未来、现在）当然可从思想中“融通无碍”，“隔法异成”，任意安排了。根本错误就在于把时间、空间看做人的意识随便加到事物上去的主观概念，而不是客观事物本身所固有的存在形式，他们首先否认世界的物质性，必然导致上述荒谬的结论。

对现象与本质的关系的问题上，他们也提出了他们的相对主义的看法。华严宗的“一即一切”，“一切即一”的错误观点还不止于混淆了数量的大小多少的差别，更重要的还在于抹杀现象与本质的差别。法藏以分析金狮子的例子来论证他的观点：

若看狮子，唯狮子，无金，即狮子显，金隐；若看金，唯金，无狮子，即金显，狮子隐。若两处看，具隐具显。

---

① 《华严经义海百门》。

又说：

> 一全是多，方名为一；又多全是一，方名为多。多外无别一，明知是多中一；一外无别多，明知是一中多。①

由此得出结论：

> 理不碍事，纯恒杂也；事恒全理，杂恒纯也。由理事自在，纯杂无碍也。②

法藏还“为学不了者设巧便，取鉴十面，八方安排，上下各一，相去一丈余，面面相对，中安一佛像，燃一炬以照之，互影交光。学者因晓刹海涉入无尽之义”③。

如果从教学法的角度来看，法藏不失为一个聪明的教师，也算世界上较早制造教具的教师。我们这里主要指出的不是这些，而是揭露华严宗通过相对主义宣传唯心主义的伎俩。我们有必要重读一下列宁的指示：

> 主观主义（怀疑论和诡辩等等）和辩证法的区别在于：在（客观的）辩证法中，相对和绝对的差别也是相对的。对于客观的辩证法说来，相对中有绝对。对于主观主义和诡辩说来，相对只是相对的，是排斥绝对的。（《谈谈辩证法问题》，《列宁选集》第2卷，第712页）

毛泽东也指出：

> 这一共性个性、绝对相对的道理，是关于事物矛盾的问题的精髓，不懂得它，就等于抛弃了辩证法。（《矛盾论》）

---

① 《华严金狮子章》。
② 《华严义海百门》。
③ 《宋高僧传》卷五。

从经典作家的科学论断中可以看出，相对主义、唯心主义、诡辩论是一脉相通的，它们是唯物主义和辩证法的死对头。马克思主义哲学如实地揭示出客观世界的存在、发展的真相，认为世界的物质性、物质的运动和发展和它的规律都是绝对的、客观存在着的，不依人的主观意志为转移的。否认这一真理，必然陷入唯心主义的泥坑。而相对主义，恰恰把“相对”神秘化、神圣化，把物质世界永恒发展和它的规律完全取消了，物质也成了相对的，事物发展变化的基本原理也说成为相对的。他们这一批诡辩家千方百计歪曲辩证法，仇视辩证法。

中国哲学史，发展到唐代，唯物主义与唯心主义在长期斗争中都积累了不少经验，唯心主义哲学流派深知唯物主义不是容易对付的，因此他们也经常在辩证法的形式下掩盖它的相对主义、唯心主义、诡辩论的实质。辩证法认为：

> 任何具体的东西、任何具体的某物，都是和其余的一切处于相异的并且常常是矛盾的关系中，因此，它往往既是自身又是他物。（《黑格尔〈逻辑学〉一书摘要》，《列宁全集》第 38 卷，第 144 页）

华严宗不惜余力去说明“变化”、“联系”，但是他有意地不讲是什么东西的“变化”、什么东西的“联系”。抽空了物质，悬空讲什么“变化”、“联系”，把变化、联系神秘化，只能引导到宗教神学、唯心主义，它必然和科学的结论背道而驰。世界上根本没有物质的运动和变化，因为“运动总得是从某个东西开始的”。（《黑格尔〈逻辑学〉一书摘要》，《列宁全集》第 38 卷，第 138 页）

华严宗由以上的唯心主义观点出发，他们对现象和本质这一对范畴，进行了一系列的曲解。他们否认事物有本质，把一切存在的客观事物都看做假象、幻象。我们不否认事物有假象，有幻象，正如列宁说的：

> ……非本质的东西，假象的东西，表面的东西常常消失，不象

“本质”那样“扎实”，那样“稳固”，例如：河水的流动就是泡沫在上面，深流在下面。然而就连泡沫也是本质的表现！（同上，第134页）

唯心主义者把物质世界看成佛性、真如（绝对精神）的投影，而我们认为假象是客观存在的事物具体表现的一个方面。“假象的东西是本质的一个规定，本质的一个方面，本质的一个环节。”（同上，第137页）我们认为不仅本质是客观的，而且假象也是客观的。因为假象中有客观世界的一个方面，它也是客观世界的表现。唯物主义哲学注重研究本质和现象的关系，目的在于掌握它的规律：

人对事物、现象、过程等的认识是从现象到本质、从不甚深刻的本质到更深刻的本质的深化的无限过程。（同上，第239页）

至于一切唯心主义哲学，首先不承认世界是客观存在的，当然他们所谓“现象”、“本质”不过是唯心主义认识论支配下的抽象概念，和具体存在的客观事物毫不相干。他们讲现象和本质，不在于认识事物发展的内在规律，而在于否认事物之间有内在的、本质的联系。所以他们把世界看做一个凌空高悬的无限的大网（“因陀罗网”）。他们讲了很多的“联系”，不过是精神方面、主观制造的联系，实际上取消了具体事物之间的内在联系。

总起来看，华严宗在中国哲学史上许多流派中较为注意范畴的阐明。它涉及个别与一般、同一与差别、发生与消灭、时间与空间、本质与现象，等等。从认识论上说，不能不说是一个发展。只是他们从颠倒的世界观看事物，一切都被歪曲、颠倒了。它不但不能促使认识的深刻化、接近科学，相反，倒是引导人们向反科学的道路迈进了一步。如果说华严宗还有些历史的价值，它的价值即在于起了反面教员的作用。

我们认为范畴是客观事物的某些普遍性质和内部联系在思维上的反映形式。对立的范畴之间的关系，是客观事物本身矛盾运动的反映。而一切唯心主义者和我们恰恰相反。他们首先否认世界是客观存在的，当然也否认范畴是客观事物的普遍本性的反映，在他们的哲学体系里，对立的范畴只能是概念游戏。范畴不再是认识事物存在、发展的规律的工具，而是把范畴当做论证唯心主义的工具。因此，范畴，在他们的唯心主义世界观支配下，必然脱离认识的实践，范畴成了一套空洞的概念。

正由于他们的哲学不在于认识客观世界，所以本来应当严肃对待的一系列的主要范畴，到了他们的哲学体系里都变得无足轻重。每一个有正常思想的人，都不难指出他们的违反科学、违反常识的混乱、颠倒。但是他们从唯心主义的世界观出发，反而诬蔑一般人正常的看法为“混乱”、“颠倒”，自称他们的哲学是“圆融无碍”，他们所谓“圆融无碍”，其实就是抹杀差别，调和矛盾，不辨是非。

我们必须强调指出，像华严宗这种糊涂思想显然是荒谬的，而他们之所以系统地制造混乱的宗教哲学体系的目的却十分清楚明白，这一点，他们一点也不糊涂。他们的哲学有鲜明的宗教目的，顽固地向唯物主义、向科学进攻，为当时封建地主阶级的利益服务。华严宗抹杀世界上的一切差别，为了引导人们离开当前现实的斗争，便劝人对现实世界的一切不感兴趣，他们教人到佛国寻求最后的安慰。

三

中国佛教到了隋唐时期，比南北朝时有了进一步的发展，他们为了防御唯物主义的攻击，对内协调步伐，更好地宣扬佛教宗教哲学，有必要把佛教经典著作进行一次系统整理。又由于国家统一，政治安定，寺院经济有所发展，帝王贵族大力支持，对于总结过去的佛教经典和学派也提供了有利的条件。唐代各个宗派都建立了自己的判教标准。各个宗派对自己宗派以外的其他宗派，有的贬低，有的抬高，当然各宗派都认为自己的宗派的地位和理论最高、最完整。

从华严宗的判教中不但可以看出它的根本观点，还可通过分析，看出它对唯物主义的坚决仇视，以及和其他宗派之间的异同。

法藏根据华严宗的观点把一切佛教流派按理论的深浅、全面和片面，划分为五等：（1）愚法声闻教；（2）大乘始教；（3）大乘终教；（4）大乘顿教；（5）一乘圆教。

法藏认为只有“一乘圆教”是佛教哲学发展的最高阶段。后来华严宗的宗密在法藏判教理论的基础上做了更详细的划分。由于宗教的教规，他虽不敢公开违背法藏的五教的判教标准，而事实上他的判教标准与法藏有些不同。他分为：（1）人天教；（2）小乘教；（3）大乘法相教；（4）大乘破相教；（5）一乘显性教。在这五教之外，还有一种比人天教更低级的“教”即是“儒教”和“道教”，实际上是六种“教”。下面根据宗密的《原人论》，对华严宗的判教观点加以评论。

宗密在他的《原人论》里，直接对世界的起源、生命的起源、人类社会不平等富贵贫贱的根源等作了明确的宗教唯心主义的解说。宗密认为佛教内部虽有高下精粗之分，但基本方向是符合唯心主义的，因而也是“正确”的；儒家和道家中的唯物主义观点完全是“错”的。所以他一开始即明确地对传统的唯物主义进行攻击：

> 儒道二教说人畜等类皆是虚无大道生成养育，谓“道法自然”，生于元气，元气生天地，天地生万物。故愚、智、贵、贱、贫、富、苦、乐皆禀于天地，由于时命，故死后却归天地，复其虚无。

宗密所引的这一种观点，就是秦汉以来，一切唯物主义者共同相信并反复发挥的唯物主义观点。从宋、尹到王充、范缜都是用这种理论说明物质世界和人类发生发展的。恰恰在一点上，引起了佛教哲学的仇视，因而首先遭到佛教徒的“驳斥”，被认为是“迷执”。[①]

他反对儒道两家的唯物主义观点举出了以下的理由：（1）如果像儒道两家所说的，“大道是生死贤愚之本”，人们没有必要、也没有可能去避祸求福，只有被动地等待命运的安排；（2）“万物皆是自然化生，非因缘者，则一切无因缘处悉应生化，石应生草，草或生人”，世

① 《原人论》，《斥迷执》第一。

界将是没有规律的；（3）相信生禀元气，死后又回到元气，死后没有鬼神，就不能解释古书上关于鬼神的许多记载、传说；（4）草木也由元气生成，为什么草木没有智识；（5）富贵贫贱皆由“天命”，何以贫多富少，贱多贵少，天何以不公平？如何解释“无德而富，有德而贫”的现象？

宗密公开责难唯物主义不能回答他所提出的问题，他的目的不过是为了“将”唯物主义一“军”，从而为宗教唯心主义争地盘，他的用心是十分明显的，这里不去多说。从他向唯物主义的挑战中，我们不难看出古代朴素唯物主义在哲学许多根本问题上，如对世界的物质性，物质和精神的关系等方面不可能做出完全科学的说明，因而不能巩固地占领阵地。同时也可以看出，古代唯物主义者，哪怕卓越的唯物主义者，在社会历史观方面仍然是唯心主义的，这就必然给宗教唯心主义留下了广阔活动的余地。像贫富问题、祸福问题，古代唯物主义者都无法正确答复。有了这一空隙，宗教迷信乘隙而入。由此更可以使我们认识马克思主义哲学是哲学上的革命变革的伟大意义和作用。只有马克思主义哲学才把唯物主义贯彻到底，只有掌握了历史唯物主义原则，才能把唯心主义最后的防空洞彻底摧毁。

当然，我们也必须指出，宗密对唯物主义所提出的几个难题，尽管可以给唯物主义制造一些麻烦，起了反面教员的刺激作用，但宗密自己的唯心主义哲学同样没有解决，不但没有解决，而且他所提出的用宗教唯心主义来解决的方案更荒谬、更错误。

宗密在《原人论》中首先批判了“人天教”。他说人天教只是对刚刚入门的佛教徒讲的最粗浅的道理。行善事，遵守佛教教义的信徒死后升天堂，不遵守佛教教义的人死后入地狱，变畜生。他认为这一种教对身体和精神的关系问题没有很好地解决，如果犯了罪或行善的人是今生的张三，或受到惩罚或享福的是来生的李四，那么“岂有今日身心造罪、修福，令他后世身心受苦、受乐？据此则修福者屈甚，造罪者幸甚。如何神理如此无道？”

宗密这里没有批判人天教相信因果报应是错的，只不过埋怨人天教把因果报应的理论讲得简单化了，对宗教的宣传不利。所以说这一派“虽信业缘，不达身本”。他还是为宗教迷信寻求辩护的借口。

《原人论》又批判了小乘教（早期原始佛教），认为小乘教“以色、心二法及贪、嗔、痴为根身器界之本”的主张，在理论上还有漏洞，对唯心主义不利。宗密认为小乘佛教承认“色”（物质界，即四大：地、水、火、风）和“心”（精神心理方面的受、想、行、识）是构成世界的基础，是实有的。宗密认为小乘佛教承认物质和精神都是实际存在的东西，即承认了世界有物质因素，他看来，就是小乘佛教对唯物主义有所让步，这种说法至少有二元论的嫌疑。他认为如果不坚决贯彻唯心主义原则，就会给唯物主义留下一半的天下，这是彻底的唯心主义者所不能容忍的。所以宗密从更坚决的唯心主义立场反对小乘教，说它“专此教者，亦未原身”。

《原人论》还批判了大乘法相教。这一派认为现实世界以及人类都是“唯识所变，识为身本”。宗密指出，把“识”绝对化，识有被理解为客观实在的嫌疑，没有彻底否认一切存在的实在性，他们的唯心主义还不够彻底。其实，远在宗密以前，法藏早已对法相宗提出了批评，他的批评比宗密更能联系宗教宣传的实际一些。法藏反对法相宗把“圆成实性”（或叫做“佛性”或“真如”，是佛教宗教哲学所认为最后真理）看做脱离现实世界、远离污染环境、超越一切的精神世界。他主张：

> 圆成（实性）虽复随缘成于染净，而恒不失自性清净。祇由不失自性清净，故能随缘成染净也。①

法藏认为法相宗说佛性是“真”，现实世界是“妄”。“真”和“妄”（真如世界和现实世界）不应分割得太辽远，太辽远了就会挫伤了人们走向天国的积极性，这对于佛教势力的扩张，对于销毁人民的反抗意志没有好处，所以应当反对。无论法藏或宗密，他们之所以反对大乘法相教，是从一种唯心主义立场反对另外一种唯心主义。

---

① 《华严一乘教义分齐章》第四。

华严宗和法相宗对待唯物主义的立场都很坚决，[1] 法藏和玄奘根本上没有什么不同，所争论的只是如何更有效地麻痹人民。“进入天国”，本来是一张无法兑现的空头支票，只是华严宗的空头支票日期近些，它反对法相宗把空头支票的日期开得过远，对争取群众不利。随着佛教各宗派的建立，各派都力图扩大自己的影响。天台宗的“无情有性”（《金刚錍》），禅宗的“顿悟成佛”（《六祖法宝坛经·顿渐品》）都抱着同样目的，大肆宣传，以广招徕。华严宗为了纠正法相宗的缺点，他们主张：

> 真该妄本，妄彻真源，性相通融，无障无碍。[2]

《原人论》又批判大乘破相教，认为大乘破相教比大乘法相教在理论上提高了一步，它指出了大乘法相教的“识”有客观实体的嫌疑，破相教指出了法相教的理论困难在于：

> 所变之境既妄，能变之识岂真？

宗密看来一切存在都是空的，“心（主观认识、心理作用、机构等）境（认识对象）皆空，方是大乘实理”。宗密认为大乘破相教真正能够杜绝唯物主义活动的道路，是最安全、最彻底的唯心主义宗教哲学。华严宗对佛教各宗派中小乘、大乘都在不同程度、不同角度提出了不同的批评，经过判教评定的结果，认为大乘破相教最“高”，因为大乘破相教的唯心主义最彻底。

华严宗看来，大乘破相教尽管唯心主义哲学观点比较最彻底，同时也给佛教立场带来了一些新的困难。因为大乘破相教对现实世界的一切

---

① 《唐高僧传》卷四：玄奘在印度那烂陀寺留学时，曾遇到“顺世外道来求论难，书四十条义，悬于四门，若有屈者斩首相谢。彼计四大为人物因”。这里讲的“四大”即地、水、火、风四种元素。顺世派认为地、水、火、风是构成人和物的物质基础，这是印度古代朴素唯物主义一个流派。唐玄奘“申大乘义破之，名《制恶见论》，……”

② 《华严一乘教义分齐章》第四。

存在，不论是主观世界（心）或客观世界（境）都破得彻底，而破光了这些之后，必须建立佛教的天国，论证现实世界之“幻”，正是为了显示佛教天国之“真”。宗教哲学的最终目的在于引导人们出世、从人世走向“天国”。所以宗密说：

> 现见世间虚妄之物，未有不依实法而起者。
> 如无湿性不变之水，何有虚妄假相之波？
> 若无净明不变之境（按：净明不变之境即真如世界，佛教的天国）何有种种虚假之影？

因此，这派“但破执情，亦未明显真灵之性”。对华严宗来说，以上这些流派，都有些片面理论上的缺点，只有“一乘显性教”（华严宗）才能显示佛教最高、最圆满的真理。

一乘显性教在大乘破相教的基础上建立起自己的宗教神学体系，宗密认为：

> 一切有情（按：有情即众生）皆有本觉真心，无始以来，常住清净，昭昭不昧，了了常知，亦名佛性，亦名如来藏。……但从妄想执著，而不证得。若离妄想，一切智、自然智、无碍智即得现前。

破除了世间的所谓“成见”，也就是说，接受了佛教唯心主义的世界观，即可成佛。佛教徒认为只有佛才有“一切智”、“自然智”、“无碍智”。

四

华严宗尽力运用一切诡辩方法，反反复复论证现实世界不真实、不能认识，说它是空幻的、相对的，它最终目的在于引导人们由人世通向天国。

通向天国，也有各种“通”的方法。华严宗吸取了中国佛教历史上比较灵活、比较狡猾的顿悟成佛的传统观点，结合了当时阶级压迫的具体情况，建立了他们独特的宗教神学体系。

华严宗以“十玄门”、“四法界”、“法界缘起”学说打开通向天国的大门。华严“十玄门”首创于智俨。法藏对智俨的学说有部分修正。智俨十玄门学说①与法藏十玄门（对智俨旧说，又称“新十玄”）大致相同，只是第二改称“诸藏纯杂具德门”，第七改称“广狭自在无碍门”，第九改称“主伴圆明具德门”。

照华严宗看来，要求得解脱人生的苦恼，不必改造现实世界，而只要改变一下对现实世界的看法，就可以圆满解决了。他们要在反对唯物主义世界观的基础上，建立一个圆满的、没有缺欠、各方面协调、没有矛盾、没有斗争的精神世界。“十玄门”主要目的在于阐明只要坚持唯心主义世界观，从宗教立场对待事物，一切都是“圆满”的，人人都得到满足（同时具足相应门）。个别和一般在统一的整体世界中各自存在，互不相妨，而又互不相同（一多相容不同门）。各个事物（诸法）相互依存，各得其所（诸法相即自在门）。各个事物都是整个世界的不可分割的一部分，好像天帝戴的结了宝珠的网帽子，每一颗宝珠都照见全部其他宝珠的影子，交相辉映，重重无尽（因陀罗境界门）。事物无论抽象原理和具体事物，都同时显现，不相妨害（微细相容安立门）。世界上存在，如说它是隐，可以说都是隐；说它是显，可以说都是显。比如只讲本体，一切事物都可以说是本体，只讲现象，一切事物都可以说是现象（秘密隐显俱成门）。世上事物，可以说是复杂的，又可以说都是单纯的，可以通过个别感官（纯）去感知，也可以通过众多感官（杂）去感知，不论是由前者（纯）感知或是后者（杂）感知，都能与佛国发生联系（诸藏纯杂俱德门）。不同时间都可分为过去、现在、未来，每一个过去、现在、未来又可分为过去、现在、未来。虽然有九世

① 智俨的“十玄门”对法藏的“十玄门”来说，叫做“古十玄”，它是（1）同时具足相应门，（2）一多相容不同门，（3）诸法相即自在门，（4）因陀罗境界门，（5）微细相容安立门，（6）秘密隐显俱成门，（7）诸藏纯杂俱德门，（8）十世隔法异成门，（9）唯心回转善成门，（10）托事显法生解门。

而实际生于一念（十世隔法异成门）。一切事物或隐或显，或一或多，都是由于主观意识的作用（唯心回转善成门）。真理蕴藏于每一具体事物中，通过每一事物都可以显示佛性、真如（托事显法生解门）。

上述这一大堆杂乱、重叠的主观观念罗列，无非反复说明，世界虽然看来很复杂，但世界上任何事物都和佛性、真如有关系，都体现了佛性、真如的一个方面。华严宗认为世界上任何存在的事物，不论是好是坏，是大是小，对构成整个世界的完整无缺来说，都是必不可少的。这里，只是用更加繁琐的词句、拙劣的描述，论证统治阶级所需要论证的结论“凡是存在的都是合理的”。这一套理论完全是替唐代当时腐朽的、反动的、残酷的剥削制度建立理论根据，统治阶级当然十分欢喜，愿意鼓励这种御用学派的传布和发展。

华严宗所谓“四法界”同样在说明它迎合统治阶级的要求，力图在不触动当时的统治秩序的一丝一毫的前提下，大做哲学文章。

“四法界”是：（1）事法界，（2）理法界，（3）理事无碍法界，（4）事事无碍法界。

从表面看来，华严宗所谓“事”与“理”有点像古典哲学所谓现象（事）与本体（理）的关系，又有些像中国古典哲学中所谓体（理）与用（事）的关系。但实际上它这一点点“相似”只是表面上的，实质上华严宗又有自己的体系。华严宗所谓“事”，有些像所谓“现象”或“用”，但是正如上面所做过的分析，华严宗根本否认有独立于意识之外的客观世界。从这一根本前提出发，他们的“理”不是事物的规律、“事”也不是客观世界的现象。他们所谓事只是纷然杂陈的，体现“真如”“佛性”的个别存在，所谓理，也只是不反映客观世界的悬空无着落的“理”。明确了这一点，再看他们反复讲说的“事”与“理”的关系只不过是概念上的关系。华严宗也力图和唯物主义的“理”和“事”相区别，他们叫它做“理法界”，“事法界”，称为法界，即意味着与真实的客观世界不同。

在“四法界”的学说中，基本观点和他们的宗教哲学体系完全一致，都是为了说明在世界一切都是“佛性”或“真如”的映象（或体现），无论所体现的个别存在（事）或一般原理（理）都是和谐的，无矛盾冲突的，互相需要、互相补充的。华严宗指出引人解脱苦难的道路是承认并接受当前的一切命运的安排。这样，无往而不自由，就是“解脱”了。世界上没有比这种用改变观点、躲避现实的方法更容易起麻痹作用了。这一方法确是安全省力而对统治阶级没有危害性的方法。

“法界缘起”看来复杂精致，又援引了一些佛经的话吓唬人。实质上不过是用唯心主义的观点来论证世界在概念上有相互依存、相互制约的关系，他们认为概念的关系是构成世界的纽带（缘起）。

总的来看，华严宗的宗教哲学用它那烦琐的、芜杂的经院方式，从各方面去论证客观物质世界不存在，人类一切苦难不是来自阶级压迫，它与当前的现实社会制度、社会存在没有关系。他们教人接受佛教的宗教宣传，安于现状。他们大力宣扬进入佛国不必等到遥远的将来，不必到另外的地方去寻找，就在当前的世界上，只要改变一下观点，就能进入佛国乐土。这是唐代佛教宗教哲学各宗各派理论的总趋势，华严宗作为一个哲学流派，在这一总趋势中，不甘落后，也分担了重要的角色。

华严宗从理论上反复阐明封建秩序的“合理性”，从唯心主义立场解释一些基本范畴。后来的许多唯心主义学派都继承了他们的衣钵，特别是程朱为代表的客观唯心主义理学，不论从思想上、从体系上都可看出他们的思想传授的渊源。程朱哲学经常宣扬什么“体用一源，显微无间”。[①] 说明事物都是这个总的精神实体的理的体现，这和华严宗的“理事无碍法界，事事无碍法界”的思想完全一致。程朱学派认为“人人有一太极，物物有一太极”[②] 也正是华严宗“一真法界”、“一切即一”、“一即一切”的翻版。程朱学派所讲的“理”也不是物质世界的客观规律，而是精神法则（天理）。程朱学派为了进一步把封建社会的

---

① 《程氏易传序》。

② 《朱子语类》卷一。

统治秩序绝对化，他们更加发挥了形而上学的哲学思想。连华严宗哲学中的一点点辩证法思想也给抛掉了。

从华严宗的宗教唯心主义哲学里我们可以认识到，辩证法和唯心主义归根到底是对立的。华严宗的哲学里即使有些辩证法思想，在它的唯心主义体系下，也只能把那一点点辩证法的思想引导走向相对主义和诡辩论。力图维持唐朝的封建统治制度的僧侣地主阶级必不敢正视辩证法。因为“事物的矛盾法则，即对立统一的法则，是唯物辩证法的最根本的法则”。（《矛盾论》）而华严宗的哲学只就相互联系、相互制约、部分与全体……等方面作了一些说明。我们只能说它有些辩证法思想的因素，而不就是辩证法，因为它对辩证法的核心避而不谈，他们不敢面对矛盾、对立面的斗争，不敢面对世界的运动和变化，而是从平静、谐和的观点去抽象地讲事物的联系。结果必然导致不问善恶、是非，世界上的一切东西都“圆满无碍”地过着和平共居的生活。压迫者和被压迫者，农民和地主，皇族和平民都成了宇宙关系之网的不可缺少的纽结。又由于它头脚倒立着，从唯心主义世界观出发，它那点辩证法因素不能正常发展，因而必然通向相对主义、诡辩论。它最终离开了辩证法归宿到形而上学，把世界看做充满了协调的、互相补充的、互相需要的、静止的“关系之网”。矛盾被抹杀了，辩证法也随着被消灭了。

华严宗的相对主义、诡辩论的特点是否认相对中有绝对，但他们却不否认最后有它的精神世界的“绝对”。华严宗的“一真法界”是绝对的。他们否认现实世界的真实，正是为了给佛性、真如或精神性的“理”保留地盘，给他们宗教哲学的“绝对观念”保留地盘。

再从阶级根源来看这个问题，就更容易说明华严宗为什么不敢正视辩证法的核心。因为辩证法“在对现存事物的肯定的理解中同时包含对现存事物的否定的理解，即对现存事物的必然灭亡的理解；……按其本质来说，它是批判的和革命的”。（《〈资本论〉第　卷第二版跋》，《马克思恩格斯选集》第2卷，第218页）华严宗不能、也不敢把“一真法界”的永恒不变的崇高地位给否定掉了，他们绝不敢正视当时的社会的矛盾和不协调。辩证法在唯心主义体系中只会被阉割了它最有生命力的核心部分。彻底的辩证法的宇宙观最后必然会突破唯心主义的束缚；彻底的唯物主义最后也必然会与形而上学决裂。在马克思主义哲学出现以前，辩证法与唯物主义没有有机地结合。马克思主义哲学的出现，才开辟了人类认识世界改造世界的新纪元，结束了哲学史上的史前期。

禅宗哲学思想略论

禅宗是中国佛教史上重要流派之一。按照传统旧说，认为它创始于北朝，但它真正形成佛教宗派，应当看作从唐代开始的。安史之乱以后，到北宋初年，是它的极盛时期。宋、元以后继续流传，没有断绝。这一派佛教思想不仅影响了宋代理学，也曾波及朝鲜和日本。因此，有必要对禅宗哲学思想进行初步考查。本文仅初步探讨禅宗的基本思想，而不在于作历史叙述。

佛教思想经过南北朝长时期的翻译介绍阶段，在社会上已有广泛的影响，并形成许多学派。像众所周知的“三论宗”、“地论宗”、“摄论宗”、“成实宗”等学派，他们讲授佛教经、论，各有师承、家法。这一时期已有“宗”的称号，实际上是学派，它和汉儒经师传授的方式相似，和后来隋唐时期的佛教宗派不同。隋唐以后的佛教宗派，模仿世俗地主阶级的宗法制度，把师徒之间的学术继承关系看做父子继承的关系，并仿照宗法制度的方式建立自己的传法的法统，制定自己的谱系，即所谓“法裔”、“法嗣”衣钵相传的制度。这是南北朝以来，门阀士族制度在中国僧侣地主阶级中的反映。

隋唐佛教中有许多重要宗派。其中对后来中国哲学界影响较大的，有三派：天台宗、华严宗、禅宗。以玄奘为首的法相宗（或称唯识宗）只风行三四十年，后即消沉；三阶教颇有广泛的信徒，但它偏重迷信宣传，哲学理论对后来影响较少。这些宗派远不能和天台、华严、禅宗相提并论。

一、早期禅宗的建立——菩提达摩和他的门徒

“禅”是天竺语 Dhyāna 一词音译的简称，音译作“禅那”；意译，

旧译作“思维修”、“弃恶”等，通常译作“静虑”。佛教把禅定看作宗教修养的六个重要途径之一。禅定就是安静地沉思。这种宗教修养方法一般地又可分为四个阶段，或者八个阶段，还有更详细的划分，这里不去详说。

在印度佛教不论大小乘各派，甚至佛教以外的宗教，都很注意禅定的宗教修养方法，但在印度没有相当于中国“禅宗”的宗派。禅宗是纯粹中国佛教的产物。

南北朝时期，中国佛教思想和学风大致分为两大趋势。南方佛教哲学和南朝的玄学相适应，体现了南方中国学风的特点，它比较重视义理的理解，以清通简要为特色。北方佛教哲学和北朝的经学相适应，比较重视戒行和禅定，对于纯理论的兴趣不高。北方佛教徒多注重禅定，所采取的方法基本上和印度传入的方法一致。

相传菩提达摩从南印度到达北魏，提出了一种新的禅定的方法，与过去禅定方法不同，也就是和印度的禅法有所不同。道宣在《唐高僧传》中曾指出菩提达摩禅法的特点：

> 稠（按：稠即僧稠，他代表旧禅法）怀念处，清范可崇；磨（按：磨即菩提达摩）法虚宗（按：虚宗即大乘空宗），玄旨幽赜。可崇则情事易显；幽赜则理性难通。

道宣是唐初和玄奘同时最有学问的佛教史专家，从道宣的眼里看菩提达摩的禅法和僧稠一派不同。僧稠采取的是静坐、调整呼吸、舌拄上腭、心注一境的坐禅方法。

菩提达摩禅法主要的特点，在于以禅定的形式进行思想意识的锻炼。他提出了“理入”和“行入”的宗教修养方法。

“理入”即“壁观”（按：旧说达摩面壁九年，把面壁静坐叫做壁观。根据《唐高僧传》的记载，“壁观”，是使心如壁立，不偏不倚）。道宣在《唐高僧传》中说：

> 理者，借教悟宗，深信含生同一真性。客尘障故（按：《楞伽

师资记》，作“客尘妄复，不得显了”)。令舍伪归真，凝住壁观，无自无他，凡圣等一，坚住不移，不随他教（按：《楞伽师资记》作“更不随于言教”)，与道冥符，寂然无为，是其本也。

这就是说，他教人从认识上脱离现实世界（舍伪），追求所谓超现实的真如世界（归真）。不但否认个人存在的真实性（无自），还要否认客观世界的真实性（无他），否认人类道德、社会存在的真实性。菩提达摩认为人类之所以不能接受佛教“真如”的原则，就在于人们受了感官对象的欺骗和蒙蔽的缘故（客尘障故）。

道宣在《唐高僧传》中又说到菩提达摩的“行入”的四种宗教修养方法：

第一、报怨行者，修道苦至，当念往劫，舍本逐末，多起爱憎。今虽无犯，是我宿作，甘心受之，都无怨诉。经云“逢苦不忧”，识达故也……

“报怨行”，劝人们放弃一切反抗外来压迫的企图，养成忍受奴役的性格。

第二、随缘行者，众生无我，苦乐随缘，纵得荣誉等事，宿因所构，今方得之，缘尽还无，何喜之有？得失随缘，心无增减，违顺风静，冥顺于法也。

“随缘行”，劝人放弃对外界是非善恶的分别，不计痛苦和快乐，把一切幸运和不幸都看做命运早已决定了的。

第三，“无所求行”，教人放弃改善当前生活的任何要求和愿望。

第四，“称法行”，教人按着佛教的基本教义（法）去行动。《楞伽师资记》说：“性净之理，因之为法，此理众相斯空，无染无著，无此无彼，……智若能信解此理，应当称法而行。法体无悭于身命，则行檀施设，行无吝惜，……檀度（按：檀度 Dānapāramitā 即对寺院经济捐助以获得解脱的方法，这是僧众敛财的理论根据）既尔，余五亦然。为除妄想，修行六度，而无所行，是为称法行。”

菩提达摩的学说可以考见的不过如此。他提出了这样简单的修行方法，是以前所没有过的。他还提出用《楞伽经》四卷①作为宣扬禅宗教义的教本，传给慧可。菩提达摩学说的主要特点，在于把印度输入的复杂繁难的坐禅的宗教修养方法改变为简易的宗教修养方法。

这里必须指出，菩提达摩的禅法的这些特点，并不是他的特点，而应当看做当时北方佛教学风的特点。因为当时的北方学风比较重朴实、单纯，在一定的程度上保持着汉代经学的传统。北朝的佛教有重实行的特点，北朝的儒家思想也有同样的特点。当时的社会风气，世俗地主阶级的学术风气必然会在僧侣地主阶级的宗教思想中得到反映。

达摩初到北魏，自称“南天竺一乘宗”，当时“文学之士多不齿之”②。我们不难设想，达摩当时如果不与当时当地的学风相适应，是不能立足的。他的社会地位和学术地位远不能和他以后隋唐时期的其他宗派创始人，如天台宗的智𫖮、华严宗的法藏、澄观、法相宗的玄奘等人相比。他宣扬《楞伽经》，也是因为这一部经的内容和当时北方流行的“地论学派”（宣扬《十地经论》的思想）属于同一思想流派。而他把禅法简单化，也和当时北方重实行、轻义理的普遍学风相适应。北方的“地论学派”和南方的“摄论学派”（在印度原属一派）都以“阿赖耶识”为中心问题。对于“佛性”是“当常”（来世会成佛）和“现常”（现世即可成佛）的问题有不同的说法，这种争论直到唐初还没有取得一致。涅槃佛性问题正是南北朝时期中国佛教史上被认为头等重要的问题之一。

因此，达摩在北方中国开始形成他的新宗派时，就和当时北方中国的具体环境相适应。虽然他的禅法和僧稠有所差异，虽然他自称是“南

① 《楞伽经》，即《楞伽阿跋多罗宝经》，或译为《大乘楞伽经》。这部经有四个译本：（1）北凉时中天竺沙门昙无谶译，四卷本，今佚；（2）刘宋时中天竺沙门求那跋陀罗译，四卷本，今存；（3）北魏时天竺沙门菩提流支译，十卷本，今存；（4）唐武后末年于阗沙门实义难陀译，七卷本，今存。菩提达摩所传的《楞伽经》即求那跋陀罗译的四卷本。所以净觉在他的《楞伽师资记》中以求那跋陀罗为第一祖，以菩提达摩为第二祖。

② 《唐高僧传》卷十九。

天竺一乘宗”，虽然他本人是一个异邦的佛教徒，但他所提出的主张和所走的道路，完全是当时北方中国具体环境下的产物。

据史传记载，达摩传法于慧可，慧可传法于僧粲，僧粲传法于道信（579—652年），道信传法于弘忍（601—674年）。因为弘忍死于道宣死后七年，所以《唐高僧传》没有他的传记。[①] 禅宗自慧可到道信，学的都是《楞伽经》，弘忍在黄梅东山寺传教，开始改用《金刚般若经》，[②] 这一转变是值得注意的。因为达摩最初在北方开始传教，北方是“地论学派”盛行的地方，用《楞伽经》比较适宜；弘忍传教的地区在湖北黄梅，湖北从南北朝以来就是“三论宗”流行的地区，“三论宗”属于大乘空宗，《金刚经》是它主要依据的经典。《金刚经》开始被禅宗所采用，这都是受当时的客观环境决定的。

从达摩到弘忍，这五代法裔相传的过程，可以看做禅宗的预备阶段，也可称为禅宗的先驱。这时期禅宗还没有形成宗派，也没有正式以“禅宗”作为自己宗派的名称。

就初期禅学的特点而论，无论它以《楞伽经》为中心思想（佛教大乘有宗），或以《金刚经》为中心思想（佛教大乘空宗），它都是客观唯心主义。它用宗教哲学宣传客观世界不实在，把主观精神作用（我）和客观事物及其规律（法）都看做是虚幻不实的。它夸大了世界上事物永远在生灭、变化的现象，说任何事物都不真实。它也认识到世界事物都在相互制约的关系之中，但把事物的关系（众缘）孤立起来，使其脱离具体客观事物，而把其仅仅看做观念的相互制约的关系。它也提出了人类认识的局限性和产生错误的可能性，从而宣称认识为不可能。禅对人类认识提出怀疑，它的贡献在于指出认识的局限性。方法失误在于过分夸大了这种局限性，由此得出结论，认为认识不可能，把认识说成愚昧无知的根源，这就荒谬了。

---

① 敦煌本《楞伽人法志》说：“大师俗姓周，其先浔阳人，贯黄梅。……七岁侍奉道信禅师。自出家，处幽居寺。……”

② 弘忍所讲说的《金刚经》即现存的《大般若经》中的五七七卷。这一卷经前后共有六种译本，最通行的是姚秦鸠摩罗什的译本。

二、从客观唯心主义到主观唯心主义——禅宗的正式建立，惠能和他的学派

在惠能（638—713 年）以前，中国流行的禅学流派很多，有的受印度禅定学说影响较深，也有的独创性较多。惠能取得“六祖”的正统独尊地位，那是他的宗派得到更广泛流传以后的事。宗密曾亲身经历了禅宗百家争胜的局面。他编过一部禅宗的语录集，叫做《禅源诸诠集》，这部大书可惜已经散失了，只留下一篇总序。它说：

> 今集所述殆且百家，宗义别者犹将十室，谓江西、菏泽、北秀、南侁、牛头、石头、保唐、宣什及稠那、天台等。立宗传法，互相乖阻。有以空为本，有以知为源；有云寂寞方真，有云行坐皆是；有云见今朝暮分别为作一切皆妄，有云分别为作一切皆真；有万行悉存，有兼佛亦泯；有放任其志，有拘束其心；有以经律为所依，有以经律为障道。非唯泛语而乃确言，确弘其宗确毁余类。事得和会也。①

虽包括近百家，他们的主要流派可分为“十室”。这“十室”之中按他们的学说的基本宗旨约可分为三大宗。就是（1）息妄修心宗，（2）泯绝无寄宗，（3）直显心性宗。与这三宗分别依次相应的说教方式也有所不同，它们是（1）密意依性说相教（对息妄修心宗），（2）密意破相显性教（对泯绝无寄宗），（3）直显心性教（对直显心性宗）。

按照宗密的划分标准，这三宗不便分高下，只是说教的方式和重点有所偏重。第一派是“息妄修心宗”：

> 今且先叙禅宗初息妄修心宗者，说众生虽本有佛性，而无始无明覆之不见，故轮回生死。诸佛已断妄想，故见性了，出离生死，神通自在。当知凡圣功用不同，外境内心各有分限。故须依师言教，背境观心，熄灭妄念。念尽即觉悟无所不知。如镜昏尘，须勤

① 《禅源诸诠集都序》卷上之一。

勤拂拭，尘尽明现，即无所不照。又须明解趣入禅境方便，远离愦闹，住闲静处，调身调息，跏趺宴默，舌拄上腭，心注一境。南侁、北秀、保唐、宣什等门下皆此类也。牛头、天台、惠稠、求那等，进取方便，迹即大同，见解即别。①

这一派，基本上接近于后来所谓禅宗的“北派”，其中主要代表人物为神秀、智诜等。他们要教人通过坐禅的方法，训练一种脱离现实的宗教世界观，他们和印度的传统禅法还保持一定的联系，如坐禅和调息的方法（舌拄上腭，心注一境）基本上是印度佛教瑜伽的修炼的方法。这一派唐中叶以后，即趋没落。

第二派是“泯绝无寄宗”：

二泯绝无寄宗者，说凡圣等法皆如梦幻，都无所有，本来空寂，非今始无。即此达无之智亦不可得。平等法界，无佛，无众生，法界亦是假名。心既不有，谁言法界？无修不修，无佛不佛。设有一法胜过涅槃，我说亦如梦幻。无法可拘，无佛可作，凡有所作，皆是迷妄。如此了达本来无事，心无所寄，方免颠倒，始名解脱。石头、牛头下至径山，皆示此理，便令心行与此相应，不令滞情于一法上。日久功至，尘习自亡，则于怨亲苦乐一切无碍。因此便有一类道士、儒生、闲僧泛参禅理者，皆说此言，便为臻极。不知此宗不但以此言为法，菏泽、江西、天台等门下亦说此理，然非所宗。②

这一派的主要代表人物是惠能的嫡传弟子们，他们的教学方法与第一派有很大的不同。他们主张顿悟，不主张坐禅，比前者有更多的中国佛教的特点。

第三派是“直显心性宗”：

---

① 《禅源诸诠集都序》卷上之二。

② 《禅源诸诠集都序》卷上之二。

三直显心性宗者，说一切诸法，若有、若空，皆唯真性。真性无相、无为，体非一切，谓非凡非圣，非因非果，非善非恶等。然即体之用而能造作种种，谓能凡能圣现色现相等。于中指示心性，复有二类，一云即今能语言、动作、贪、嗔、慈忍，适善恶，受苦乐等，即汝佛性，即此本来是佛，除此无别佛也。了此天真自然，故不可起心修道。道即是心，不可将心还修于心。恶亦是心，不可将心还断于心。不断不修，任运自在，方名解脱。性如虚空，不增不减，何假添补？但随时随处息业养神，圣胎增长，显发自然神妙，此即是为真悟、真修、真证也。二云，诸法如梦，诸圣同说，故妄念本寂，尘境本空。空寂之心，灵知不昧。即此空寂之知，是汝真性。任迷任悟，心本自知，不借缘生，不因境起，知之一字，众妙之门。由无始迷之，故妄执身心为我，起贪嗔等念。若得善友开示，顿悟空寂之知，知自无念无形，谁为我相人相？觉诸相空，心自无念。念起即觉，觉之即无，修行妙门唯在此也。故虽备修万行，唯以无念为宗，但得无念知见。①

这一派是第二派（泯绝无寄宗）的发展，与第二派有密切的思想渊源。宗密虽然在这里没有讲这一派的主要代表有哪些人，而他实际所指的是禅宗后期和华严宗后期合流后的新情况。宗密认为上述三宗的基本原理并不矛盾，它们之间可以互相调和。他认为当时佛教禅宗流派很多，甚至互相敌视，是不应该的：

十师资传授须识药病者，谓承上传授方便，皆先开示本性。方今依性修禅。性不易悟，多由执相。故欲显性，先须破执。破执方便，须凡圣俱泯，功过齐祛，“戒”即无犯无持，“禅”即无定无乱。三十二相都是空花，三十七品皆为梦幻。意使心无所著，方可修禅。后学浅识，便但只执此言为究竟道。又以修习之门，人多放逸，故复广说欣厌，毁责贪恚，赞叹勤俭，调身调息，粗细次第。

① 同上。

后人闻此又迷本觉之用，便一向执相。唯根利志坚者，始终事师，方得悟修之旨。其有性浮浅者，才闻一意，即谓已足，仍恃小慧，便为人师，未穷本末，多成偏执。故顿渐门下，相见如仇雠，南北宗中，相敌如楚汉。洗足之诲，摸象之喻，验于此矣。①

宗密还在他的《圆觉大疏抄》卷三下讲到禅宗的“七家”：

（1）神秀、普寂等凝心入定，住心看净，起心外照，摄心内证。

（2）成都净众寺无相（其传法世系为弘忍——智诜——处寂——无相），以无忆、无念、莫忘三句为宗。

（3）成都保唐寺无住（无相之弟子）以无妄为宗，起心即妄，不起即真。释门事相，一切不行。礼忏，转读，画佛，写经，一切毁除。所住之院，不置佛事。但贵无心而为妙极。

（4）江西道一以触类是道，任心为修，所作所为，贪嗔烦恼并是佛性。扬眉动睛，笑欠声咳，或动摇拂子，皆是佛事。不断不修，任运自在，名为解脱。无法可拘，无佛可作。

（5）牛头山慧融、智威、慧忠、鹤林马素、径山道钦以心境本空，非今始寂。了达本来无事，心无所寄，方免颠倒，始名解脱。

（6）南山念佛门以念佛为宗。

（7）菏泽神会以无念为宗，知之一字，众妙之门。但无妄念，即是修行。

宗密是华严宗的第五祖，他也吸取禅宗的一些观点。他讲的“十室”、“三宗”、“七家”只是大体的分类。从宗密的《都序》中可以反映出唐中期以后的禅宗的基本状况：

第一，禅宗在唐中期以后已蔚为大宗，它传播的范围已相当广泛；

第二，由于派别纷立，他们内部已开始分化，并有尖锐斗争，“顿渐门下，相见如仇雠，南北宗中，相敌如楚汉”；

第三，惠能一派在十宗中势力和影响最大。

我们把惠能当做中国禅宗的真正创始人，是有事实根据的。菩提达

---

① 《禅源诸诠集都序》卷上之一。

摩以下五世，只是惠能禅宗的先驱。后来中国哲学史上所谓“禅学”，某人的学说近禅（如宋儒、明儒说陆九渊，王守仁的哲学体系近禅），都是说他们的学说和思想方法和惠能以后的禅学接近，而不是指的惠能以前的禅学，更不是指的禅定的禅学。

隋唐政权与南北朝时期的政权性质有所不同。隋唐中央政府一方面和相沿数百年、享有政治和经济特权的门阀士族相勾结；另一方面也和当时数量更广大的一般寒门素族的地主阶级相联系。唐帝国的巩固、统一和繁荣富强之所以在当时达到全世界封建文化的高峰，和它得到当时新、旧、大、小的地主阶级各个阶层的支持有关，也和它夺取了隋末农民起义的成果有关。

隋唐时期的其他宗派，比较着重烦琐的章句解释、经院学派式的钻研。那些显贵的僧人，可以结交官府，出入宫廷。他们占有广大的土地，拥有众多的奴仆。佛教一方面宣扬要看轻世俗富贵，摒弃物质享受，但是在寺院经济特别发达的情况下，将不可避免地要走向奢侈、腐化、享乐的道路，在人民面前失去了它的欺骗作用。① 为了挽救当时佛教面临的危机，在内部产生了像禅宗这样的宗派。他们没有很多的学问，甚至有不识字的宗教领袖，他们多半出身于一般平民家庭，在生活作风上比较能够刻苦。他们没有占有大量的庄园，不要累世修行，不要大量的布施，不要许多麻烦的宗教仪式，不要背诵那些浩如烟海、穷年累月还不能完全记诵的经卷。

这样的革新运动，他们要有自己的武器。他们没有隋唐佛教其他宗派的优越条件，没有很多的“理论”和旧的佛教宗派相抗衡。他们唯一的武器就是用主观唯心主义，他们不要论证、不要引经据典，只要凭借每个人主观信仰和良心。因此，禅宗从惠能以后，从客观唯心主义转向主观唯心主义，不能仅仅看做禅宗本身的转变，它标志着唐代佛教发

---

① 据佛教历史的记载，从武则天开始，用赐法腊（按：佛教徒以出家年岁计算法腊），赐官职，赐品级的办法，收买佛教徒。薛怀义被任命为新平道行军总管；法朗等九人封为县公，赐紫袈裟，银龟袋；不空封爵为开府仪同三司，封肃国公，食邑三千户；赐杜义、玄嶷法腊三十岁；赐刘总法腊五十岁。

展中遇到危机后的新趋势。

惠能以后，经过几代的传播，禅宗在中国广大地区发展为五个较大的支派，禅宗这些支派曾流传到日本与朝鲜，并且有了进一步的发展。这五个支派是：沩仰宗，开创人是沩山灵祐和他的弟子仰山慧寂；临济宗，开创人是临济义玄；曹洞宗，开创人是洞山良价和他的弟子曹山本寂；① 云门宗，开创人是云门文偃；法眼宗，开创人是法眼文益。这五宗所创立的时代都在晚唐末五代的时候。灵祐的生卒是771—853年，义玄死于866年；洞山良价的生卒年代是807—869年；文偃的活动年代在宣宗、懿宗时代（847—872年）；文益死于958年，这时唐帝国已灭亡。

这正是唐帝国从衰亡到崩溃的时期，农民革命大规模爆发，最大的一次是875到884年的黄巢起义。全国各地，甚至包括当时的首都长安在内，都经常受到军阀战争的灾害。佛教的寺院经济和当时的门阀士族以及一般地主阶级的命运一样，在农民起义的震荡下，纷纷破产。唐帝国中央政府为了挽救财政的危机，曾在845年进行了一次规模最大的灭佛运动，佛教各宗派遭到极为严重的打击。②

安史之乱到唐末，这一时期人民的生活比过去更加痛苦了，农民起义的军队遭到地主武装勾结外族军队的镇压而失败了。在广大的人民群众生命财产没有丝毫保障的时候，在反抗遭到失败的时候，在敌人过于强大，不具备起义的条件，他们对自己的力量失去信心的时候，他们往往要在宗教中求安慰。在马克思主义经典著作中已不乏论述。

这时的佛教其他宗派的物质条件所遭到的摧残已难以恢复，寺院经济从此一蹶不振。禅宗的宣传方式，和它所采取的精神修养方法的优越

① 后人为了音调的协调，不称“洞曹”而称曹洞宗。

② 会昌五年八月，唐武宗下令，限期拆毁天下寺院四千六百所，兰若四万所。把佛寺的木材及建筑材料用来修理政府房屋，金银佛像交归国家的财政机关，把铁制的佛像用来改制农具，把铜制的佛像以及铜制的法器用来铸钱。没收了良田数千万亩，奴婢十五万人，僧尼还俗的有二十六万余人。佛教徒称这次的打击为“会昌法难”。

性就特别突出地显现出来。

从宗教哲学的发展看来，每当客观唯心主义失去它的欺骗作用时，主观唯心主义经常是接替者。因为宗教只能是唯心主义的，而唯心主义总不外是客观唯心主义和主观唯心主义两种基本形式。这时的阶级斗争更加尖锐了，随着唐帝国统治阶级的崩溃和倾覆，旧秩序已失去统治威力，统治者对人们思想束缚暂时失势的时候，人们有可能重新估价过去一切思想权威。在宗教信仰的领域内，由客观唯心主义转入主观唯心主义，那就成为极自然的事。

禅宗从惠能以后，呈现了崭新的面貌。它号召人们在选择“成佛”的道路时，只要有坚定的主观信仰，相信自己的内心，就可以解脱苦难，避免错误。惠能有两首著名的偈：

“菩提本无树，明镜亦无台，佛性常青（清）净，何处有尘埃。”

“心是菩提树，身为明镜台，明镜本清净，何处染尘埃。”①

同样，在《六祖法宝坛经》中也有一首流行更广的类似的记载：

菩提本无树，明镜亦非台，本来无一物，何处惹尘埃。

这里，惠能所谓“觉悟”，不是外在的东西，而是由主观决定的。他认为要求解脱，不能向外面找寻原因，只能向自己的内心找寻原因，所以他又说：

“东方人造罪，念佛求生西方；西方人造罪，念佛求生何国？凡愚不了自性，不识身中净土，愿东愿西；悟人，在处一般。所以佛言，随所住处，恒安乐。”②

他分明告诉人们不要向现实世界中寻求自由和平等；不要对现实世

---

① 敦煌本《坛经》。

② 《大正藏》卷四八（《坛经》）。

界的不合理提出任何抗议；痛苦的根源是由于自己的认识错误造成的；只要思想上有了转变，接受佛教的基本原理，马上即可得到解脱。他说：

> 菩提只向心觅，何劳向外求玄？听说依此修行，西方只在目前。①

又说：“佛向性中作，莫向身外求。”②

禅宗在这里积极宣扬逆来顺受的奴化思想，它教人们安于环境，向不合理的社会现象妥协。这一点，仍然是佛教以及一切宗教的基本立场。

据说惠能是一个不认字的和尚，生活艰苦，曾在黄梅五祖弘忍处做行者，后来成了禅宗的真正创始人。从他开始，主张不要背诵佛经，而是要体会佛经的精神；不需要累世修行，也不需要大量布施财物，只要主观上有觉悟，就可以成佛。这一简单速成的道路，对当时那些陷于极度困苦，而又看不出解放自己的道路的广大群众，有着极大的引诱力；对于反动统治者来说，这种宗教学说，恰好投合了他们不劳而获的阶级性格。哪怕犯了残害人民的大罪，只要“放下屠刀”，即可“立地成佛”。这样廉价地出售进入天堂的门票，当时的统治阶级也是欢迎的。

而这些特点，恰恰是隋、唐时期其他宗派所缺少，而为禅宗所独有的。禅宗的发展和滋长，就不值得惊讶了。

在哲学体系上看来，禅宗自从惠能以后，开始放弃了佛教的经典，不但不坐禅（虽然在名义上叫做“禅宗”），而且也不念经。

> 王常侍一日访师，同师于僧堂前看，乃问“这一堂僧还看经么？”师云“不看经”。侍云：“经又不看，禅又不学，毕竟作个什么？”师云：“总教伊成佛作祖去。”③

---

① 《大正藏》卷四八（《坛经》）。

② 同上。

③ 《镇州临济慧照禅师语录》，《大正藏》卷四十七。

在惠能以前，禅宗大师还是允许坐禅，比如四祖道信，据《高僧传》记载，他曾“胁不至席者四十年”，虽然菩提达摩以后的禅法和过去的旧禅法有所不同。可是到了惠能，就更进一步提出反对坐禅：

> 师曰：道由心悟，岂在坐也？经云，若言如来若坐若卧，是行邪道。何故？无所从来，亦无所去。无生无灭，是如来清净禅。①

惠能认为旧的坐禅方式，“住心观净”，“长坐不卧”，是错误的方法，《坛经》指出：“住心观净，是病非禅。”又说偈曰：

> 生来坐不卧，死去卧不坐。一具臭骨头，何为立功课。②

惠能的禅学，表面上废除了禅定的修行方式，而实质上却扩大了禅定的修行范围。因为，禅定的目的，在于通过禅定的方法，达到否认客观世界真实性的目的，从而教人放弃对现实社会的斗争。如果能从思想意识上，从世界观上达到了否认客观现实世界的目的，又何必一定要用禅定的方法呢？所以惠能以后的禅宗不把坐禅当做一种可靠的宗教修养方法，而是把宣传主观唯心主义的认识论作为主要的宗教修养方法、要通过认识论的途径以建立他们的宗教唯心主义世界观。形式上，对宗教的仪式、清规戒律的要求放松了，实质上，是对宗教唯心主义的世界观的宣传加强了。它把修养方法、认识论和宗教唯心主义的世界观，进一步统一起来。

> 时有风吹幡动。一僧曰风动，一僧曰幡动，议论不已。惠能进曰：不是风动，不是幡动，仁者心动。③

可见惠能这一学派，否认外在事物的存在和发展。他们认为这些变化都是由人们主观意识来决定的。还有一段著名的对话：

---

① 《大正藏》卷四八（《坛经》宣召第九）。
② 《大正藏》卷四八（《坛经》顿渐第八）。
③ 同上。

马祖道一，师（怀让）之弟子也。初居南岳传法院，独处一庵，唯习坐禅，凡有来访者都不顾。师往，彼亦不顾。师观其神宇有异，遂忆六祖谶，乃多方而诱导之。一日，将砖于庵前磨。马祖亦不顾。时既久，乃问曰："作什么？"师云："磨作镜。"马祖云："磨砖岂得成镜？"师云："磨砖既不成镜，坐禅岂能成佛？"祖乃离座云："如何即是？"师云："譬牛驾车，车若不行，打牛即是，打车即是？"又云："汝学坐禅？为学坐佛？若学坐禅，禅非坐卧；若学坐佛，佛非定相。于无住法，不应取舍。汝若坐佛，即是杀佛。若执坐相，非达其理。"①

又据记载，越州大珠慧海禅师初至江西参谒马祖，求问佛法。（马）祖曰：

今问我者，是汝宝藏一切具足，更无欠少，使用自在，何假向外求觅？

这一观点，来源于《坛经》：

"汝今当信，佛知见者，只汝自心，更无别佛。"②

"佛向性中作，莫向身外求。"③

"尔欲得作佛，莫随万物。心生，种种法生；心灭，种种法灭。一心不生，万法无咎。"④

惠能以后的五宗，对禅宗的主观唯心主义思想方法向神秘主义方面有所发展，但基本上和惠能的思想方法是一致的。他们强调"真如"不可以用语言和文字表示。他们认为语言所能表达的只是个体事物，或属于某一类的事物。而他们精神所寄托的理想，却不在任何个体事物以

① 《景德传灯录》卷六，《古尊宿语录》卷一。

② 《大正藏》卷四十八。

③ 同上。

④ 《大正藏》卷四十七。

内。他们不仅认为坐禅、念佛不能使人解脱苦痛，而且即使用任何语言文字的表现方式，也不能把佛教的“真理”表达出来。下面的故事可以说明后期（五宗时期）禅宗的精神特点：

> 师（义玄）初在黄檗会下，行业纯一。首座乃叹曰：“虽是后生，与众有异。”遂问：“上座在此多少时？”师云：“三年。”首座云：“曾参问也无？”师云：“不曾参问，不知问个什么。”首座云：“汝何不去问堂头和尚如何是佛法的大意？”师便去。问声未绝，黄檗便打。师下来。……如是三度发问，三度被打。师来白首座云：“……自恨障缘，不领深旨，今且辞去。”……师去辞黄檗。（黄）檗云：“不得往别处去，汝向高安滩头大愚处去，必为汝说。”师到大愚。大愚问：“什么处来？”师云：“黄檗处来。”大愚问：“黄檗有何言句？”师云：“某甲三度问佛法的大意，三度被打，不知某甲有过无过？”大愚云：“黄檗恁么老婆心切，为汝得彻困，更来这里问有过无过！”师于言下大悟，云：“原来黄檗佛法无多子！”大愚搊住云：“这尿床鬼子，适来道有过无过，如今却道黄檗佛法无多子。你见个什么道理？速道！”师于大愚肋下筑三拳。大愚托开云：“汝师黄檗，非干我事。”师辞大愚，却回黄檗。檗见来便问：“这汉来来去去，有什么了期。”师云：“只为老婆心切。”……黄檗云：“大愚有何言句？”师遂举前话。黄檗云：“作么生得这汉（按：这汉，指大愚）来，待痛与一顿。”师云：“说什么待来，即今便吃。”随后便掌。黄檗云：“这疯癫汉，却来这里捋虎须！”师便喝。黄檗云：“侍者引这疯癫汉参堂去！”①

从以上的例子，不难看出，后期禅宗，有以下两个特点：

第一，他们否认正面语言的表述能够说明禅宗的基本原理，因此，他们用比喻，用隐语，用拳打脚踢的动作来表述的方法。照禅宗的观点，认为语言不能正确地表达出真理的正确性。他们根本否认概念、推

---

① 《古尊宿语录》卷五。

理、判断等一切理性思维、逻辑抽象可以反映真实情况。实际上他们否认人类正常的认识能力和认识作用。

第二，他们所以否认人类有通过逻辑思维认识客观真理的可能，是由于他们认为禅宗所相信的真理是超现实的，在现实世界中不存在，因而不能用认识现实世界的方法来认识真理。他们所谓真理内容和性质，是建立在宗教信仰、宗教感情、主观意识的基础上的，而不是通过科学实践可以证实的。

根据以上两点，我们可以看出，禅宗仍然继承了佛教宗教哲学的基本立场，否认世界的客观真实性，从而否认了人类正常的认识作用。

从他们颠倒了的世界观出发（否认有客观世界），如果还要承认人类有正常的认识能力，并承认人类可以认识客观世界，这在禅宗的哲学体系里是不允许的。如果客观世界与主观认识不一致时，禅宗采取了“修正”客观世界的方法以服从主观认识。禅宗认为“真如”是最完全、最圆满的主观精神（本心），它不可以用语言表达。语言所表达的只能是有限的、不圆满的东西。禅宗认识到人类认识能力有它的局限性，就这一点来说，它见到了事实的一方面，但禅宗的失足处，在于夸大了这一方面。他们认为要认识真理，不能靠感觉、经验，也不能靠语言、文字，不能靠理性思维，认为这些途径会造成认识上的错误，从而做出神秘主义的结论来。他们认为世界真相，不能说，它不属于人类感觉和思维的对象。因为禅宗所谓真理，根本是一种主观神秘境界。这使他们不得不陷入荒谬的结论。

禅宗还意识到哲学上的根本问题是主观思维和客观现实的矛盾如何统一的问题。在哲学史上，禅宗以严肃的态度对待哲学上这一根本问题。它以主观吞没了客观，以心代替了物，但是，作为反面教材，它使中国哲学史上的认识论比过去更加深刻、丰富了。例如临济宗的“四宾主”、“四照用”等宣传方式即体现了禅宗的唯心主义认识论原则和它如何对待认识论原则。

“四宾主”，是临济宗经常使用的师生（或宾主）问答的方法，也是他们衡量双方真伪的标准。如果问学的人更能体会禅宗主观唯心主义的世界观，叫做“宾看主”。相反的情形，师父能坚持禅宗的观点，问学的人不能体会这种主观唯心主义世界观的，叫做“主看宾”。问答双方都能接受这种主观唯心主义世界观的，叫做“主看主”。问答双方都不理解禅宗的观点，但又装模作样，互相卖弄“机锋”，就是“宾看宾”。

“四照用”，是禅宗从主观唯心主义的认识论的立场对参学者进行说教的四种方式。这四种方式都是环绕着思维和存在的关系提出的。禅宗和佛教其他宗派的基本观点一样（这也是一切宗教哲学的基本观点），认为人们之所以不能接受佛教的认识论，都是由于存在着“我”、“法”两种“偏见”。佛教通常把这种“偏见”叫做“我执”和“法执”。当一个人没有放弃自己主观精神作用符合常识、符合科学的一般见解，对自己的认识能力抱有肯定的态度时，禅宗说这是“我执”，“妄生分别”，它坚决反对人们通过正常的途径，可以认识真理。所以它要破除“我执”，或“我见”。禅宗也反对人们坚持一切事物和它的规律有客观真实性。它深恐人们一旦坚持事物的存在和它的规律也是客观的，就会背叛唯心主义而接受唯物主义的观点。所以禅宗和佛教其他宗派一样，坚决反对人类有认识能力（认为认识活动只能给人们带来偏见）；坚决反对有客观存在的物质世界及其规律（他们认为客观世界不过是幻觉）。所以他们要破除“法执”。

临济宗所提出的“四照用”就是捍卫他们的主观唯心主义认识论的四个原则和教学方法。

有人已放弃“我执”，还没有放弃“法执”，禅宗对这种人说教时，要肯定他放弃“我执”的一方面，而批判他坚持“法执”的一方面。这就是临济宗所谓“先照后用”，也叫做“夺境不夺人”（“境”是“法”，“人”是“我”）。禅宗有时用文学形象化的语言，把这种情况比做“上苑花已谢，牛马尚骈阗”。这里，“上苑花”喻“境”，“车马”喻“人”。

和上述情况相反，有人放弃“法执”，但坚持“我执”这种偏见，在说教时就要肯定他放弃“法执”的一方面，而批判他坚持“我执”

的一方面。对这种人，要“先用后照”，也叫做“夺人不夺境”。禅宗有时用文学形象化的语言，把这种情况比做“是处有芳草，满城无故人”。“有芳草”是“不夺境”，“无故人”是“夺人”。

有人能够完全放弃“我”、“法”二执，很好地接受禅宗的认识论观点，对这种人，就要全部肯定，即“照用不同时”，也叫做“人境俱不夺”。禅宗有时用文学形象的语言，把这种情况比做“一片月生海，几家人上楼”。“月生海”，是“不夺境”，“人上楼”是“不夺人”。

最严重的是有些人坚持“我”、“法”二执，禅宗认为这是带有根本性质的错误，对于这种反唯心主义的认识论要进行严酷的思想斗争，就好像“驱耕夫之牛，夺饥人之食”，给他们以致命打击，要“敲骨取髓，痛下针椎”。禅宗有时用文学形象的语言，把这种情况比做“云散水流去，寂然天地空”。这是既无“境”也无“人”。对于这种错误的人要“照用同时”，要“人境两俱夺”。

此外，曹洞宗的“五位君臣”的原则（按：五位君臣即“正中偏”、“偏中正”，“正中来”、“偏中至”又称“兼中至”、“兼中到”。它和临济宗的“四照用”相似，都是针对学禅的人、在本体论或认识论方面所能接受禅宗的思想体系的程度而提出的说教的方法），云门宗的“三句”（按：云门三句，即云门宗有本体论方面三个主要范畴：“涵盖乾坤句”、“截断众流句”、“随波逐浪句”）都是利用禅宗特有的“机锋”，以宣扬它的宗教神秘主义。

曹洞宗另有“五位君臣”的说教方式，有所谓“五位功勋图”：

正中偏　君位

偏中正　臣位

正中来　君视臣

偏中至　臣向君

兼中到　君臣合

所谓“正中偏”、“偏中正”等五位君臣，是曹洞宗唯心主义本体论的一套神秘主义说教方式。他们认为作为万法根源的是佛性、真如，这是世界的最后的本体，也就是精神实体，曹洞宗的宗教哲学，把这样的精神性的本体叫做“君”（体），本体所显现出来的现象（幻象、假象）他们叫做“臣”（用）。

禅宗否认现实世界的物质存在是一切现象的基础，但是他们为了欺骗和麻痹群众，不得不虚构出现象与本质的关系。因为哲学上体用问题，即现象世界之“后”、之“上”有没有更根本的基础作为现象世界的依据。在魏晋时期如本末问题就是关于本质与现象的关系问题的初步探索。唐代的华严宗也曾对这一方面的问题作过系统的唯心主义的说明。因为他们知道，这一块阵地如果不去占领，对唯心主义的巩固不利。

曹洞宗提出了比较系统的唯心主义的体用观点——君臣五位图。他们认为一切事物都是幻象，它们存在的关系也不是真实的。有一段对话，可以说明他们否认外物的观点：

曹山答僧曰：“但有一切，总归斩尽。”

僧曰：“忽逢父母则将如何？”

师（曹山）曰：“拣什么？”

曰：“争奈自己何？”

师曰：“虽奈我何？”

曰：“为什么不杀？”

师曰：“无下手处。”

这里的“师曰”都是曹山本寂的话，它代表曹洞宗认为正确的意见。这一段的大意是教人否认一切存在是真实的，要人们和现实世界的客观存在斩断联系，对任何现象都不能例外，即使“忽逢父母”也要毫不容情。在封建社会里，天地君亲师是有绝对权威的，对父母也要“斩尽”，虽是一个比喻的说法，却可以看出禅宗怎样把问题提得尖锐而坚定。他们认为对一切存在都要毫不容情地与它斩断联系，不承认它们的存在。禅宗所谓“斩尽”，并不是真正用刀去斩杀，而是教人从思想上与唯物主义世界观划清界限，所以僧人问“为什么不杀”，他答曰“无下手处”。意思是，并不是真正有那么一个具体的现实世界，可以用刀“斩尽”，而是改变一下对世界的认识，换一换观点，就可以算是“斩尽”了。

在他们否认外物存在的基础上，论证他们的唯心主义本体论。禅宗认为涉及本体论的问题，最容易发生的“片面性”，有四种可能：

有一种人承认有所谓本体（或真如），但还不懂得事物（现象、用）是从精神本体派生的。这种情况，曹洞宗叫做“正中偏”，要求学人由体起用。

另一种人，承认现象是假，但还不懂得透过现象进一步探寻佛教的“本体”（真如），曹洞宗对这种情况叫做“偏中正”，要求学人由用归体。

还有一种人，承认有所谓精神性的本体（真如），并已开始努力由体到用，这种情况叫做“君视臣”。

也有一种人，承认现象是假，并力图透过所谓幻象去探求精神性的本体，这种情况叫做“臣视君”。

前两种人是学佛入门的初级阶段，后两种人是学佛入门后的较高的阶段。但都有“片面性”，这种片面性都使他们不能掌握禅宗否认外界、否认事物存在的完整的宗教唯心主义世界观。他们认为理想的“正确”的宗教世界观是坚决从唯心主义立场对待现象与本体的关系问题，这就是曹洞宗所谓“兼中到”，也叫做“君臣合”。

从曹洞宗的“五位君臣”的关系的学说，可以看出唯心主义在与唯物主义思想斗争中是怎样地不放过每一方面的哲学问题而全力以赴地维护宗教唯心主义立场。

禅宗所谓“机锋”，是因人因时因地而进行的一种宗教神秘主义的教学方法。有时对同一问题做出不同的回答，有时对不同的问题做出相同的回答，有时对提出的问题不作回答。只就它的教学方法而论，也还不是全无可取之处，他们叫做“对病施药”。

如云门宗回答学人问“如何是祖师西来意?”师云：“日里看山。”意思可能是说，本来分明，只有不去看的人，才会看不见。

问：“如何是吹毛剑?”

师云：“骼。”

这段问答大意是：问者以为用般若（智慧）慧剑无比锋利可以斩

断一切烦恼，好像最锋利的剑，把毛发向它的刃上吹去，毛发立断。但是骨骼根本无毛，纵有吹毛的利剑，也无所施。是说无涅槃可得，无菩提可证。

问："不起一念，有过无过？"

师云："须弥山。"

禅宗反对任何固定的、肯定的认识。如果有人把"不起一念"作为精神解脱的原则，执著在"不起一念"上，这个"不起一念"的念头本身也是不对的（过失）。所以他们回答"须弥山"。须弥山是佛经中经常讲到的最大的山。意思是说，即使不起一念，不言不动（像须弥山那样），它（过）仍然是存在的。

问："如何是佛法大意？"

师云："面南看北斗。"

北斗只能向北看，面南看当然看不到。但是，一旦回过头来，北斗又恰在对面。意思是叫人不要向外面用力，回头即是。禅宗叫人用神秘的内心反省的功夫。

他们认为言语、文字、概念只能给人们增加负担，而不能教导人们发现佛教的真理，他们反对求知，认为用求知的方法去理解禅宗的宗教原理，就像"头上安头，雪上加霜，棺木里眨眼，灸瘢上更著艾爝"。雪峰义存曾说："饭箩边坐饿死人，临河有渴死汉。"玄沙师备更进一步强调说："饭箩里坐饿死人，水里头没浸渴死汉。"意思是，只记得一些佛说的字句，即使这些经典上的字句勉强塞进自己的肠胃，也不能解决对"真理"的饥渴。光靠外来的灌输，不通过每个人的自觉的理解，是不能达到"解脱"的目的的。这种人好像饿死在饭箩里，渴死在河里的人那样愚蠢可笑。

禅宗的认识论的原则和科学的、常识的认识情况完全相反。他们所谓"正确"，实际上是错误；他们所谓"觉悟"，实际上是迷惑。这种颠倒的世界观、认识论是荒谬的。我们要指出，禅宗在哲学史上深刻地揭示了哲学上的根本问题，而且在这方面留下丰富的反面教材。中国哲学史上的许多学派，即使不同意禅宗的观点的，也要通过批判、扬弃的过程，而不能对它置之不理。这也就是后来许多宋明理学家，不得不“出入于佛老”的原因。

三、禅宗哲学思想的评价

禅宗虽然讲的是哲学，它毕竟还是宗教。它的哲学是为它的宗教目的服务的。它有它的特殊性，这种特殊性乃是在宗教一般性之下表现的特殊性。因而，它首先要具备宗教的本质，它必须宣扬那些落后的、忍受压迫的温驯的道德品质。它必须反对科学，反对认识的作用，反对革命的社会实践。

马克思在他的《〈黑格尔法哲学批判〉导言》[①] 中说过：

> 他破除了对权威的信仰，却恢复了信仰的权威。他把僧侣变成了俗人，但又把俗人变成了僧侣。他把人从外在宗教解放出来，但又把宗教变成了人的内在世界。他把肉体从锁链中解放出来，但又给人的心灵套上了锁链。

虽然马克思在这里批判的是马丁路德宗教改革的实质，和中国封建时期的禅宗有所不同。但这一分析，对于我们理解中国佛教的禅宗，有极重要的启示。禅宗在一定程度上，也是“把俗人变成僧侣”，把佛性灌输到人的内心，“给人的心灵套上了锁链”的，其作用是反动的。

禅宗从客观唯心主义向主观主义的转化，使它更深地陷入唯心主义的泥坑。它把一切存在（法）的客观真实性完全抹杀，采取了更粗暴、更独断、更主观的极端唯心主义的认识论。在它建立主观唯心主义认识论的同时，它比过去的哲学学派更深刻、更集中地对待思维和存在的问题。在中国哲学史上，它引起了人们对认识论问题的重视，虽然它走的方向错了。它构成了认识论上不可缺少的一个环节。它起着反面教员的作用，它把认识论引向深刻化的道路。

我们不同意有些哲学家对禅宗思想所做的抽象的评价，说禅宗的价

---

① 《〈黑格尔法哲学批判〉导言》，《马克思恩格斯选集》第1卷，第9页。

值在于它有“独立思考”、“大胆怀疑”的精神。仅从字句上看，禅宗似乎有些“左”的表现，这种现象和王阳明所提出的“良知”学说十分相似。王阳明提出让人不要盲从，要学会独立思考。王阳明教人独立思考，是在他们的唯心主义世界观的前提下，去独立思考的。尽管他教人思考问题要本着自己的良知，可是王阳明对于事父事君的封建道德规范从来没有独立思考过，相反，假使有人对这些伦理关系有所怀疑，王阳明倒是认为他没有独立思考，丧失了良知。王阳明所宣扬的天赋观念的支配力量经常和反理性的主观盲动主义结不解之缘。

禅宗的大胆怀疑、独立思考，和王阳明的哲学观点基本上有类似之处。禅宗教人大胆地怀疑那些不够专诚、不够主观的宗教学说，禅宗没有教人怀疑成佛、出世可以脱离苦海的可能性。禅宗的独立思考、大胆怀疑，只能在它的宗教观点所容许的范围以内进行活动。

总体来考查，禅宗是中国哲学史上所特有的一种宗教哲学。以宗教麻痹人心，是它的主要方面，它和其他宗教一样，教导人们忍受苦难，把苦难看作无足轻重，甚至教人当做快乐去迎接它，培养人们逆来顺受的奴化性格。它号召的思想解脱，正是对人们的思想束缚。尽管它在一定条件下起过某些进步作用，并有一些有价值的思想资料，但不能忘记它首先是宗教，其次才是哲学。这种哲学是深刻的，但是头脚颠倒的。

禅宗力图把佛性从彼岸世界拉回到每个人的内心，把依靠佛教的经典转向引导人们相信个人的顿悟（内心的神秘启示），把拜佛转向呵佛骂祖，这就埋藏下了毁灭它自己的炸弹。遇到一定的条件，遇到革命的阶级或进步的集团，或者这一武器拿到不满意现实剥削制度人们的手上，它将会沿着另一个方向——佛教教义所反对的方向前进。

禅宗后期，发展为宗教神秘主义、直觉主义，完全走向反科学、反常识的道路，这是禅宗思想发展的主流。另外一方面也值得我们注意，那就是禅宗哲学思想中潜伏着从理论上导致破坏宗教的倾向，这虽不是禅宗思想的主流，却也是不可忽视的一种倾向。如果忽略了这一方面，对于禅宗的评价就不全面。

禅宗后期，把人类一切活动，把世界一切事物都看做寻求解脱的

"妙道"。它认为在一切事物中都体现了"真如"。所以禅宗说："青青翠竹，尽是法身；郁郁黄花，无非般若。"①

禅宗企图用主观唯心主义，神秘主义吞没物质世界，但物质世界毕竟客观地存在着，是不可能任意抹杀的。禅宗把"真如"溶解在自然界里面，因而破坏了"真如"的超自然的精神实体；把"佛性"从"西方极乐世界"移植到人们的内心，使"佛性"人性化，因而贬低了"佛性"的尊严；把"般若"的绝对超越性还俗为"运水搬柴"的生活琐事，因而模糊了世间和出世间的严格界限。以上这些观点，在一定的意义下，都对宗教唯心主义起着破坏作用。

禅宗消除彼岸世界与现实世界的差别，说极乐世界并不在西方，而是在人的心内，禅宗说，佛无一法与人，佛法不过"吃饭、着衣、屙屎、送尿"，"佛见犹如厕孔"②。

像以上这些思想，表现得不是那么温良驯顺，一遇到另外的机会，为进步的阶级和集团所掌握改造后，就会完全起着另外的作用。

禅宗从惠能开始，并没有打算建立一支破坏佛教的宗教哲学。但自从把彼岸世界与此岸（现实社会）的藩篱撤除后，却在理论上给佛教带来了危机。就在禅宗鼎盛的时候，已经出现了"离经叛道"的倾向。

文益的弟子延寿（904—975 年）也曾呼吁重视禅宗面临的危机："近代相承，不看古教，唯专己见，不合圆诠。或称悟而意解情传，设得定而守愚暗证。所以后学讹谬，不禀师承。"③ 又说："今时学者，全寡见闻。恃我解而不近明师，执己见而罔披宝藏。"④

如果认为禅宗的危机仅仅是不读佛经，缺少知识，这还不算什么大问题。问题在于"唯专己见"，会走向背离佛教的道路。不同的阶级，不同的政治集团，都各有他们自己的"己见"。各种思想都反映一定阶级的要求。如果有人认真地从无神论的立场去理解禅宗，就会成为一个

① 《景德传灯录》第二十八。
② 《古尊宿语录》卷四。
③ 《宗镜录》卷四十三。
④ 《宗镜录》卷六十一。

天不怕地不怕的叛教者。佛既然“无一法与人”，又何必信佛呢？西方极乐世界既然在每人的心中，又何必礼佛、敬菩萨？既然一切思想束缚都要打破才可以获得彻底解脱，最好连和尚也不必做了。在古代，宗教神学势力笼罩着思想界的条件下，泛神论经常是宗教神学内部的破坏力量。它把神融化于自然界中，否认有所谓超自然的本源，西方的资产阶级初期的进步思想家，如布鲁诺、斯宾诺莎都是通过泛神论从宗教神学的迷雾中自己解放出来的。中国的禅宗时代比他们早得多，它不是以新兴的资本主义作为内部推动力量，而是在佛教内部反对贵族僧侣阶级的斗争中出现的，这一派是以世俗地主阶级中不当权派的中小地主阶级作为它的社会基础的，它的主要锋芒指向当权派的豪门贵族、特权阶级。

经过了唐末五代，北宋时期的大唯物主义哲学家张载和王安石都是出入于佛老，利用佛教（特别是禅宗）的泛神论思想的萌芽作为酵母，通过酝酿、改造，最后形成他们的唯物主义哲学体系。也有一些唯心主义者，谨守禅宗的唯心主义观点，扬弃了禅宗的僧侣宗教生活，而吸取了它的僧侣主义，形成了直接为世俗地主阶级服务的唯心主义理学，如程颢、程颐、陆九渊、朱熹、王守仁都是这一派人物的代表。还有一些进步的思想家，利用禅宗所倡导的不信权威的口号，敢于正面攻击封建正统思想的权威，相信自己的理性，如明末进步思想家李贽就是从左的方面批判继承禅宗的主观唯心主义思想的代表；清末的谭嗣同则是深受禅宗泛神论萌芽思想影响的资产阶级改良主义激进派。

最后，必须指出，李贽用主观唯心主义抗拒传统的封建正统思想，不失为一种武器，但不是最好的可以摧毁敌人的武器，因为它的理论不是建立在有充分根据的唯物主义基础上的。泛神论在宗教神学盛行的条件下，不失为一种披着神学的外衣传播唯物主义的哲学表现形式，但是它毕竟没有和宗教神学划清界限，因而也不是最有效的反宗教神学的思想武器。谭嗣同的时代是在马克思主义出现以后，但他的哲学却属于马克思主义以前的。这种理论武器用于 19 世纪末、20 世纪初的中国思想战场上，必然显得陈旧无力，达不到“冲决网罗”的目的。

现在，和李贽、谭嗣同所处的时代已有更大的不同。帝国主义为了对抗唯物主义，他们也在宣扬泛神论。泛神论不但不像古代那样，成为酝酿无神论和唯物主义的酵母，它反倒是培育宗教神学和唯心主义的温床。今天世界上流行的泛神沦是彻头彻尾的资产阶级唯心主义的反动思想。

禅宗的远祖旧说西土佛祖相传历二十八祖。《禅宗传法正宗记》、《景德传灯录》、《坛经付嘱品》并有此说。以禅宗《传灯录》传行最广，影响亦最大。此说最晚出，遂成定论。先乎此者，则众说纷纭：

（一）八代说。神会于滑台之会，答崇远法师问，引《禅经》曰：佛灭度后，尊者大迦叶、尊者阿难、尊者田末地、尊者舍那婆斯、尊者优婆崛、尊者婆须密、尊者僧伽罗义、尊者达摩多罗、及至尊者不若蜜多罗，诸持法者，以此慧灯次第传授。

此神会误以达摩多罗 Dharmatrāta 为菩提达摩 Bodhidharma。

（二）五十一代说。马祖门下惟宽禅师，以达摩为五十一世，惠能为五十六世。（见白居易《传法堂碑》）此或据僧祐《出三藏记集》中萨婆多部世系而言。

（三）三十五代说。敦煌本《六祖坛经》如来为七代，达摩为三十五代。

（四）三十代说。李华《天台左溪大师（玄朗）碑》云，佛以心法付大迦叶，此后凡二十九世，至梁魏间有菩提达摩禅师传楞伽法（《全唐文》三二〇）。

（五）七代说。东都净觉以求那跋陀罗为一祖，菩提达摩为第二祖。

（六）六代说。杜朏《传法宝记》即以达摩为初祖。禅宗北宗诸师多守此说。

（七）二十八代说。最早见于《付法藏传》（即《付法因缘传》）元魏西域三藏吉迦叶共昙曜译。此说即为后来《景德传灯录》及诸书所据之张本。

西土传法世系完全无征，有诸祖之名但无衣钵相授之实，以上七说没有一个说法是可信的，附列于后，以澄清这些不正确的旧说的影响。

禅宗传法世系表

- 菩提达摩①—慧可②—僧粲③—道信④—弘忍⑤
  - 神秀⑥
    - 普寂⑦
    - 义福⑦
  - 慧能⑧
    - 南岳怀让⑨—马祖道一⑩—百丈怀海⑪
      - 沩山灵佑(51)—仰山慧寂(52)
      - 黄檗希运⑫（见下）
    - 青原行思㉘—石头希迁㉙
      - 天皇道悟㉚—龙潭崇信㉛—德山宣鉴㉜
        - 雪峰义存㉝（见下）
      - 药山惟俨㊹—云岩昙晟㊺—洞山良价㊻
        - 曹山本寂㊼
        - 云居道膺㊽…………天童正觉㊾
    - 荷泽神会㊷—圭峰宗密㊸
    - 永嘉玄觉㊿
    - 其他五十九人

- 雪峰义存㉝
  - 云门文偃㉞—香林澄远㉟—智门光祚㊱—雪窦重显㊲
    - 天衣义怀㊳
  - 玄沙师备㊴—罗汉桂琛㊵—法眼文益㊶
    - 永明延寿(53)

- 黄檗希运⑫—临济义玄⑬—兴化存奖⑭—南院慧颙⑮—风穴延沼⑯
  - 首山省念⑰—汾阳善昭⑱—石霜楚圆⑲
    - 杨岐方会⑳—白云守端㉑
      - 五祖法演㉒—佛果克勤㉓—大慧宗杲㉔
    - 黄龙慧南㉕—黄龙祖心(54)
      - 东林常总㉖—宝峰克文㉗

①《唐高僧传》十六,《景德传灯录》三,《传法正宗记》五。

②《唐高僧传》十六,《景德传灯录》三,《传法正宗记》六。

③《景德传灯录》三,《传法正宗记》六。

④《唐高僧传》二十六,《景德传灯录》三,《传法正宗记》六。

⑤《宋高僧传》八,《景德传灯录》三,《传法正宗记》六。

⑥《宋高僧传》八,《景德传灯录》四。

⑦《宋高僧传》九。

⑧《宋高僧传》八,《景德传灯录》五,《传法正宗记》六,《古尊宿语录》一。

⑨《宋高僧传》九,《景德传灯录》五,《传法正宗记》七,《古尊宿语录》一。

⑩《宋高僧传》十,《景德传灯录》六、二十八,《传法正宗记》七,《古尊宿语录》一。

⑪《宋高僧传》十,《景德传灯录》六,《传法正宗记》七,《古尊宿语录》一。

⑫《宋高僧传》二十,《景德传灯录》九,《传法正宗记》七,《古尊宿语录》二、三。

⑬《宋高僧传》十二,《景德传灯录》十二、二十八,《传法正宗记》七,《古尊宿语录》四、五。

⑭《景德传灯录》十二,《古尊宿语录》五。

⑮《景德传灯录》十三,《古尊宿语录》七。

⑯《景德传灯录》十三。

⑰《景德传灯录》十三,《古尊宿语录》八。

⑱《景德传灯录》十三,《古尊宿语录》十,《续传灯录》一。

⑲《古尊宿语录》十一,《续传灯录》三。

⑳《古尊宿语录》十九,《续传灯录》七。

㉑《续传灯录》十三。

㉒《古尊宿语录》二十二,《续传灯录》二十。

㉓《续传灯录》二十五。

㉔《续传灯录》二十七，《明高僧传》五。

㉕《续传灯录》七。

㉖《古尊宿语录》四十七，《续传灯录》十六。

㉗《续传灯录》二十。

㉘《宋高僧传》九，《景德传灯录》五。

㉙《宋高僧传》九，《景德传灯录》十四。

㉚《宋高僧传》十，《景德传灯录》十四。

㉛《宋高僧传》十，《景德传灯录》十四。

㉜《宋高僧传》十二，《景德传灯录》十五。

㉝《宋高僧传》十二，《景德传灯录》十六。

㉞《传法正宗记》八，《古尊宿语录》十五、十六、十七、十八。

㉟《传法正宗记》八。

㊱《古尊宿语录》三十九。

㊲《续传灯录》二。

㊳《续传灯录》六。

㊴《宋高僧传》十三，《景德传灯录》十八、二十八。

㊵《宋高僧传》十三，《景德传灯录》二十一、二十八。

㊶《宋高僧传》十三，《景德传灯录》二十四、二十八、二十九，《传法正宗记》八。

㊷《宋高僧传》八，《景德传灯录》二十八，《传法正宗记》七。

㊸《宋高僧传》五，《法界五宗略记》。

㊹《景德传灯录》十四、二十八，《传法正宗记》七。

㊺《宋高僧传》十一，《景德传灯录》十四。

㊻《宋高僧传》十二，《景德传灯录》十五、二十九。

㊼《宋高僧传》十三，《景德传灯录》十七。

㊽《宋高僧传》十二，《景德传灯录》十七。

㊾《明高僧传》五，《续传灯录》十七。

㊿《宋高僧传》八，《景德传灯录》三十。

51《宋高僧传》十一，《景德传灯录》九。

㊷《宋高僧传》十二,《景德传灯录》十一。
㊸《景德传灯录》二十六,《传法正宗记》八。
㊹《续传灯录》十五。

从佛教经典的翻译看上层建筑与基础的关系

佛教开始传布于尼泊尔、印度、巴基斯坦一带，以后南到锡兰，北到中亚细亚。随着中国与中亚各国经济、文化的交流，佛教于东汉初年传入中国，在中国的社会历史条件下，开始有所发展，形成中国封建社会上层建筑的组成部分。

佛教经典绝大部分是在东汉到唐中期（约800年）的时间内逐渐译成汉文的。唐以后虽有些零星译述（约500卷左右），但其内容多为旧译佛经的补充，译出的也只是一些零星小品，在社会上没有起过什么影响，可以略而不论。隋唐时期在翻译的同时已开始了中国僧人自己撰述的新阶段，用中国僧人的著作代替了翻译。

从公元67年（汉明帝永平十年）到公元220年（东汉末），佛经译本，据记载有292部（包括395卷）①，翻译者有12人②。这些译出的佛经到了唐朝，只残存97部（264卷），到了今天，已残存无几。东汉的重要翻译家，有来自天竺、安息、康居、月氏等国的摄摩腾（亦称竺摩腾或迦叶摩腾）、安世高、支娄迦谶（简称支谶）③ 等。摄摩腾译的《四十二章经》保存下来了，可能是《阿含经》中的若干章节的节译或编译，今天已难以确指现存的《四十二章经》究竟属于《阿含经》中哪些章节。“译所不解，则阙不传，故有脱失，多不出者。”④ 译者不懂的，就不译，当然会有缺失。事实上即使译者自以为懂得的，其译文

---

① 见唐智升《开元释教录》卷一。

② 译经人数，只算主要译者，助手不在内。

③ 摄摩腾、安世高、支娄迦谶的事迹均见《高僧传》卷一。

④ 《法句经序》，《出三藏记集》卷七。

也未必就是真正的原来的意思，经常是用当时当地的中国人的理解去理解佛教的。

汉代译经，都不是有计划地选定的。晋朝著名和尚道安说：

> 此土众经，出不一时，自孝灵光和①已来，迄今晋宁康②二年，近二百载，值残出残，遇全出全，非是一人，难卒综理。③

这是说，遇到什么就翻什么，所译经典有全译的，也有删节本；给后来整理佛经目录的道安留下不少困难。还有一些佛经原文虽然携来中国，由于没有译出，后来连原本也散失："洎章和④以降，经出盖阙。良由梵文虽至，缘运或殊，有译乃出，无译则隐。"⑤

东汉的佛经翻译家，除了摄摩腾以外，还有两个比较重要的僧人，一个是安息国的安世高⑥，一个是月氏国的支娄迦谶⑦。安世高所介绍的以流行于安息一带小乘禅法为主；支娄迦谶所介绍的以流行于月氏一带的大乘般若空宗为主。安、支的翻译虽然把西域的佛教学说介绍到中国，译述也算比较多的，但他们在汉代社会上起的作用，却仍不如《四十二章经》；他们的介绍，直到魏晋以后才引起人们的注意。

汉代的佛教始终没有脱离当时在中国流行的神仙方术宗教迷信，据《后汉书·楚王英传》中说："……楚王英……晚节更喜黄老，学为浮屠斋戒祭祀。"当时皇帝（明帝）说他"诵黄老之微言，尚浮屠之仁祠"，这里都是把黄老和浮屠看做一回事。据《后汉书·孝桓帝纪》，讲到汉桓帝，"饰芳林而考濯龙之宫，设华盖以祠浮图老子"。

---

① 光和是东汉灵帝的年号，为178—183年。

② 原作康宁，误。宁康是东晋孝武帝的年号，为373—375年。

③ 《出三藏记集》卷五。

④ 章和是东汉章帝的年号，为87－88年。

⑤ 《出三藏记集》卷二。

⑥ 安世高的译经中，主要有《安般守意经》、《阴持入经》、《人本欲生经》、《犬十二门经》、《小十二门经》、《道地经》等。

⑦ 支娄迦谶的译经中，重要的有《道行般若波罗蜜多经》、《无量清净平等经》（即《大阿弥陀经》）、《般舟三昧经》等。

从楚王英直到后来的桓帝、襄楷，百年来，社会上信奉佛教的，都把佛教（浮屠）和黄老并称。襄疏中说：

浮屠不三宿桑下，不欲久生恩爱，精之至也。天神遗以好女，浮屠曰，此但革囊盛血，遂不盼之。其守一如此。

《四十二章经》也说：

日中一食，树下一宿，慎不再矣。使人愚蔽者，爱与欲也。

天神献玉女于佛，欲以试佛意，观佛道。佛言，革囊众秽，尔来何为？……去，吾不用汝。

襄楷疏，讲到黄老浮屠之道时，说："此道清虚，贵尚无为。好生恶杀，省欲去奢。"

《四十二章经》也说："人怀爱欲，不见道。""心中本有三毒，踊沸在内，五盖覆外，终不见道。""佛道守大仁慈，以恶来，以善往。"

又据袁宏《后汉纪》，讲到佛教时，说："沙门者，汉言息也。盖息意去欲，而归于无为也。"旧译"涅槃"为无为。"守一"出于《老子》的"守雌"、"抱一"，这都说明，汉代人所理解的佛道即是黄老之道。

东汉末年，牟子《理惑论》说：

昔孝明皇帝梦见神人，身有日光，飞在殿前。欣然悦之。明日博问群臣，此为何神？有通人傅毅曰：臣闻天竺有得道者，号之曰"佛"，飞行虚空，身有日光，殆将其神也。

能"飞行虚空"，"身有日光"，这是神仙。

汉代神仙方术，往往通过符咒、治病、占星，制造宗教迷信的预言以俘虏信徒。汉代佛教的传教徒也往往迎合当时社会上的神仙方术之士的传教手法。他们都要兼用一些占验、预卜吉凶、看病等小手法以欺骗拉拢群众。汉代的外国僧人几乎都会一些宗教欺骗伎俩。如摄摩腾，《高僧传》说他"善风仪，解大小乘"。安世高"博学多识，综贯神模，七正盈缩，风气吉凶，山崩地动，针脉诸术，观色知病，鸟兽鸣啼，无音不照”。[①]《高僧传》也说安世高通晓“外国典籍及七曜五行，医方异术”。汉末，三国时，康僧会“明解三藏，博览六经，天文图纬，多所综涉”[②]。昙柯迦罗“善学四韦陀，风云星宿，图谶运变，莫不该综”[③]。此外，如外国僧人求那跋陀罗“天文书算，医方咒术，靡不该博”[④]，求那毗地“明阴阳，占时验事，征兆非一”[⑤]。

《后汉书·乌桓传》：“……使［犬］护死者神灵归赤山，……如中国死者魂归岱山也。”《水经注·汶水注》引《开山图》曰：“泰山在左，亢父在右，亢父主生，梁父主死。”三国时汉译佛经，有把“地狱”译为“泰山”的。[⑥]

可见汉代人对佛教的看法，不论在理论方面及传教僧人的行动方面，都是从对待中国神仙方术的眼光去迎接这一外来宗教的。神仙方士的宗教迷信，是适应中国封建贵族要求长生不死，永远过着他们的剥削享乐生活的一种迷信思想。佛教也是在被赋予这种中国土生土长的宗教迷信思想的内容后，才得到传布的。

东汉末年时爆发了全国规模的黄巾起义[⑦]，起义军遭到武装的镇压，虽失败了，但从此动摇了东汉王朝的统治基础。以后就开始了地方势力的武装割据。经过长期的地主阶级武装混战，形成魏、蜀、吴三国。经过西晋短暂的统一，中国进入南北朝对峙的局面。这一段时期包括220—589年。

魏晋南北朝的政治特点是门阀士族地主阶级专政。门阀士族地主阶

---

① 《安般守意经序》，《出三藏记集》卷六。

② 《高僧传》卷一。

③ 《高僧传》卷一。

④ 《高僧传》卷三。

⑤ 同上。

⑥ 《六度集经》卷一：“命终魂灵入于泰山地狱，烧煮万毒……”卷三：“捐佛至诚之戒，信鬼魅之欺，酒乐淫乱，或致破门之祸，或死入泰山，其苦无数。思还为人，犹无羽之鸟欲飞升天，岂不难哉？”

⑦ 黄巾起义发生于184年。

级占有大量土地，甚至跨州连县，拥有大批的依附农民。门阀士族地主阶级的社会地位随着他们的经济地位的巩固而日渐巩固，他们享有一切特权。因而表现在思想意识和生活态度方面，特别具有“超脱”、“高傲”的虚伪态度。他们口里说“不为物累”，正是因为他们已占有了充足的财富。他们崇尚虚无，“以无为本”，正是由于他们用行政和法律的形式把农民束缚在固定的土地上，坐享剥削成果，用不着费一点心思。他们口里说看不起富贵、名位，正因为他们已经充分据有了这些特权，他们不必担心贫贱的命运会降临到他们的头上。南北朝的皇帝尽管可以更换，但门阀士族的经济地位、政治地位却是牢固不可动摇的。魏晋南北朝时期门阀士族的哲学家，就是从各方面给当时的剥削制度和生活方式制造理论根据的。

魏晋玄学唯心主义，利用古代哲学家老子、庄子的一些词句，给以符合门阀士族地主阶级利益的新解释。有一派主张“贵无”，以无为本，认为“无”是世界万物的根源，世界上形形色色的事物，都被认为是从“无”派生的。他们把这个虚构的、精神性的本体，叫做“无”，由于它是世界最后的根源，他们又叫做“本”；与此相对的，客观世界的万物，叫做“有”，又由于它是从“本”产生的，又叫做“末”。有、末是第二性的，只是事物的现象，而不是本质。

例如王弼把他的唯心主义本体论用以说明社会问题，在于宣称精神性的“无”、“本”是最主要的。王弼曾说过：“夫少者多之所贵也；寡者众之所宗也。”① 他在《论语释疑》中解释“一以贯之”，说“贯犹统也。……譬犹以君御民，执一统众之道也”。他以为以寡治众，以少统多，少数特权贵族骑在人民头上，是一种普遍原则。王弼在论证一与多的关系时，曾说“万物万形，其归一也。……由无乃一，一可谓无”②。王弼就是从以寡治众、以一统多的观点论证他的以无为本的唯心主义谬论的。他宣称，只要认识了“本”，“末”是无足轻重的。佛

① 《周易略例·明象》。

② 《老子注》。

教理论在魏晋南北朝的流行，主要是它适应了当时中国玄学唯心主义的潮流，符合门阀士族地主阶级的利益。

魏晋南北朝时期，佛教在门阀士族的大力扶持下，得到广泛的传播[①]，佛经翻译有了显著的增加。佛经翻译者在汉代才12人，魏晋南北朝增加到118人。在369年中，共译出佛经1621部，包括4180卷[②]。外国传入中国的佛经，一般是“随天竺沙门所持来经，遇而便出”。虽然“遇而便出”，而译出的以大乘空宗的经典最多，原因是“以斯邦人老庄教行，与方等经兼忘相似，故因风易行也”[③]。据佛经目录记载，译出的多数是大乘佛经[④]。魏晋南北朝的佛教徒是用当时人们所理解的老庄学说的标准去理解佛教的。这种情况恰恰像汉代以中国的神仙方术的观点去理解佛教一样。比如在魏晋广泛流行的般若学说，在印度，是用“否定一切”的思辨方法以论证现实世界的虚幻不实的。它不但认为一切物质现象和精神现象是虚幻不实的，连关于物质现象或精神现象的原理也认为是虚幻的。这一派学说并没有按照印度原来的观点介绍过来。当时重要佛教领袖道安是般若学说的大力提倡者，他就认为佛教般若学说是阐明魏晋玄学“本无”原则的。他说：“无在万化之先，空为众形之始。”[⑤] 道安对于佛教般若原理描述有：

> 其为象也，含弘静泊，绵绵若存。寂寥无言，辨之者几矣。恍惚无形，求矣漭乎其难测。圣人有以见因华可以成实，睹末可以达本，乃为布不言之教，陈无辙之轨。

---

① 北朝的佛教传播，据《洛阳伽蓝记》，北魏首都洛阳人口有10万9千户，有寺1367所；南朝与北魏同时的梁朝，首都建业有佛寺500余所，僧尼10余万，梁朝地郡县僧及依附于寺院的人口，使“天下户口，几亡其半”（《北史》卷七十《郭祖深传》）。

② 据唐智升《开元释教录》卷一至卷七。

③ 道安《鼻奈耶序》。

④ 见《开元释教录》。

⑤ 《名僧传抄》引《昙济传》。

又说：

> 寄息，故有六阶之差；寓骸，故有四级之别。阶差者，损之又损之，以至于无为；级别者，忘之又忘之，以至于无欲也。[1]

从道安的经序中可以看出，无论所用的名词和对于佛经作出的解释，都是在发挥魏晋玄学唯心主义思想。像“寂寥无言”，“恍惚无形”，“睹末可以达本”，“损之又损之，以至于无为”，“忘之又忘之，以至于无欲”，都是直接来自老子的。道安是个操行谨严、志向虔诚的佛教徒，他并不是故意与佛教哲学的本来意义相违背，但是他只能用玄学唯心主义的观点去理解佛教，并用他所理解的佛教的基本思想来指导佛经的翻译。道安和当时的一些佛教徒，主观上也认为不能用中国固有的概念和范畴去套佛教的概念、范畴。他认为“先旧格义，于理多违”，但是他理解的佛教并未超出魏晋玄学家对于老庄的理解[2]，所谓“格义”，是用中国旧有的哲学名词、概念去比附和解释佛教的哲学名词、概念，格义，就是生搬硬套。道安反对格义，他自己还是用的格义的方法。这种情况，也表现在翻译中。

汉魏译经中的“意”字，原当梵文的两个字，一指心意，一指忆念。所谓“安般守意”者，乃禅法的十念之一，并不是指守护心意。言其守护心意，不使放逸，是中国道家的修养方法，如“损之又损”，“忘之又忘”，都与佛教原意不合。例如吴支谦译的《大明度经》中的第一品，就是从中国玄学唯心主义的立场去理解佛经的：

> 善业[3]言，如世尊教，乐说菩萨明度无极。欲行大道，当自此始。夫体道为菩萨，是虚空也，斯道为菩萨，亦虚空也。

“般若”被译为“大明”，“波罗蜜多”被译为“度无极”。以“道”与

---

① 《道地经序》，《出三藏记集》卷十。

② 魏晋玄学的老庄之学，与老庄本来的思想是有区别的。

③ 善业，即须菩提的意译。

般若波罗蜜多相比附。魏晋玄学以无为本，译经时，则云“道亦虚空”。汉代支娄迦谶、吴支谦、秦竺佛念所译不同的《般若经》，都把经中的“真如品”（tathātā parivarta）译为“本无品”。到了鸠摩罗什，才改译为“大如品”，刘宋时代把“佛母般若”译为“真如品”。“真如”与“本无”意义是不同的，由于当时中国没有与“真如”相当的概念，于是译为“本无”。既译真如为本无，于是与本无相对的即“末有”。很自然地完全与魏晋玄学唯心主义的本体论，和“崇本息末”的思想体系合流了。如支谦所译的《本无品》说：

> 一切皆本无，亦复无本无，等无异于真法中本无，诸法本无，无过去当来今现在，如来亦尔，是为真本无。

与“真如”这一佛教基本概念相关的，魏晋玄学唯心主义把“无”，理解为佛教的“实相”，以本末与佛教的真谛（本）、俗谛（末）相比附。基本概念既然与魏晋玄学混淆不分，结果必然导致佛教玄学化。

也应当指出，魏晋佛教的翻译，到了后期，有些名词改变了初期那种“格义”的办法，翻译得比较严格，“真如”不再译为“本无”。如鸠摩罗什就曾在建立佛教专用名词方面做出不少努力。名词得到订正，可以使译文对原著更为忠实，但是它不能代替社会上对于佛教哲学的基本理解。有了比较可靠译本是一回事，当时社会上人们如何理解这些译著，又是一回事。

汉魏时期的翻译是：“梵客①华僧，听言揣意。方圆共凿，金石难和，……咫尺千里，觌面难通。”② 鸠摩罗什虽称“转能汉言，音译流便”③，但实际上他们的汉语的笔译能力是很差的。据《高僧传》卷七《僧叡传》说：

---

① 这里的“梵客”，是泛指西域人、印度人。

② 《宋高僧传》卷三。

③ 《高僧传》卷二。

昔竺法护出《正法华经·受决品》云："天见人，人见天。"什译经至此，乃言曰："此语与西域义同，但在言过质。"叡曰："将非人天交接，两得相见？"什喜曰："实然。"

这两句话并不难翻译，而鸠摩罗什对此感到束手，他的弟子，也是得力助手，也不懂得原文，所以说"将非……"。在翻译《大智度论》时，僧叡还讲到鸠摩罗什由于语言不通，在翻译中遇到的困难情形：

法师[①]于秦言大格。……苟言不相喻，则情无由比。……进欲停笔争是，则校竞终日，卒无所成；退欲简而便之，则负伤手穿凿之讥。[②]

鸠摩罗什读了他的弟子僧肇的《般若无知论》，对僧肇说："吾解不谢子，辞当相挹。"[③]《般若无知论》这篇宣扬佛教唯心主义的文章还在，它所讲的佛教仍然没有完全摆脱魏晋玄学的影响。鸠摩罗什自己承认，他的汉文不如僧肇。鸠摩罗什的翻译，都是通过他的得力助手僧融、僧叡、僧肇等协助进行的。译成汉文后，也要由他们作序，介绍所译经的大意。他们的序文，几乎和道安的经序一样，都是用魏晋玄学唯心主义的观点去阐明佛教经典，向读者推荐的。

当时佛经翻译的内容可分为以下四类：

（1）关于佛教基本知识的入门书，佛教名词、概念的解释。这是佛教徒每个人都要学习的，不论大乘和小乘，如《成实论》、《俱舍论》等，属于"佛教知识手册"之类的。

（2）关于佛教戒律的，这是用来维持僧众的集体生活的纪律的。

（3）关于佛的传记、故事的。

（4）关于佛教宗教基本理论的。

前三类多属于佛教徒内部学习的经典，社会影响不大，唯有最后一

---

① 这里指鸠摩罗什。

② 《大智释论序》，《出三藏记集》卷十。

③ 《僧肇传》，《高僧传》卷七。

类（关于宗教基本理论的）影响所及，不限于佛教徒内部，它是面向广大社会的，与当时社会思潮有极密切的关系。

魏晋南北朝翻译出的几千部经典中，只有少数经典得到广泛流布。当时经常讲授的有《成实论》，上面已经说过，属于“佛教知识手册”性质的，为僧众所必读。《般若经》很受重视，当时流行的有若干译本①，《维摩经》、《涅槃经》、《法华经》都有两种到七种的译本，在社会上有着广泛的影响②，如殷浩：“被废徙东阳，大读佛经，皆精解。”殷浩“始看佛经，初视《维摩经》，疑‘般若波罗蜜’太多，后见《小品》，恨此语（按：“此语”即“般若波罗蜜”这个词）太少。”③ 这都说明当时《维摩经》和《小品般若经》是十分流行的。《般若》讲空，与本无学说相呼应，它得到流行是容易理解的。《维摩经》在南北朝也引起社会上广泛的兴趣：

> 《京师寺记》云：“兴宁④瓦棺寺初置，僧众设会，请朝贤鸣刹注疏。其时士大夫莫有过十万者。既至长康⑤，直打刹，注百万。长康素贫，众以为大言。后寺众请勾疏。长康曰：‘宜备一壁。’遂闭户，往来一月余日，所画维摩诘一躯，工毕，将欲点眸子。乃谓寺僧曰：‘第一日观者请施十万，第二日可五万，第三日可任例责施。’及开户，光照一寺，施者填咽，俄而得百万钱。”⑥

这里是说，当时首都南京新建成一座庙。和尚们借机会捐一笔钱。当时

---

① 朱士行译《放光般若》、支娄迦谶的《道行般若》、竺法护《光赞般若》、支谦的《大明度经》、鸠摩罗什译的《大品般若》（即《放光般若》的之意译）、《小品般若》（即《道行般若》之意译）等。

② 南朝皇帝，几乎没有一个不信佛教的，其中梁武帝达到了迷信的程度。当时门阀士族贵族，如王洽、刘惔、孙绰、郗超、许询、殷浩、王濛、王修、袁弘、王羲之、谢安、谢朗、谢长遐、曹石兴、卫协、顾恺之等都与佛教有关系。

③ 《世说新语·文学篇》。

④ 晋哀帝年号，363—365年。

⑤ 长康，即名画家顾恺之。

⑥ 《历代名画记》卷五。

官僚贵族们在捐款的簿子上认捐的数目没有超过十万的。捐款簿子送到顾恺之时，顾恺之写上他将捐钱百万。顾恺之是个有名的穷画家，别人以为他在吹牛，劝他勾掉他认捐的钱数，免得到时拿不出。顾恺之只要求和尚们给他准备一面墙壁，他用了一个多月的工夫，画了一幅关于维摩诘的故事的壁画，并告诉寺里的和尚们，凡是来参观壁画的，第一天向每一个人收钱十万，第二天来参观的，每人收钱五万，第三天以后由参观者任意捐助。壁画开放后，前来参观的人拥挤不堪，不一会儿就收得钱百万。

上述这个故事，固然说明顾恺之画得好，也说明维摩诘是南北朝门阀士族地主阶级认为最值得学习的理想人物。所以从后来发现的壁画和文学著作中涉及维摩诘的很多，甚至到了唐朝的诗人王维，字摩诘，显然也是受了《维摩经》的影响[①]。

南北朝的门阀士族地主阶级垄断当时政治上、经济上一切特权，他们有条件口头上讲清高，宣扬不关心富贵，不羡慕荣利，甚至连直接统治人民的皇帝，也口谈玄理，想当起隐士来了。如：

> 简文帝[②]入华林园，顾谓左右曰："会心处不必在远，翳然林水，便有濠濮间想也。"[③]

这种假装清高的生活态度，是有其思想渊源的。在西晋时，郭象[④]早已给当权的统治者的脸上涂上一层光艳的油彩。他在《庄子·逍遥游》注中说：

> 夫神人即今所谓圣人也。夫圣人虽在庙堂之上，然其心无异于

---

① "维摩经"，旧译为《净名经》或《无垢称经》，"净"即"无垢"的同义词，"名"即"称"的同义词。"维"即"无"，王维，字摩诘，名字取得很没有道理，这里只是说《维摩经》影响之广泛。

② 司马昱，他在位时为371—372年。

③ 《世说新语·言语篇》。

④ 郭象（252—312年），见《晋书》卷五十。

山林之中，世岂识之哉？徒见其戴黄屋，佩玉玺，便谓足以缨绂其心矣；见其历山川，同民事，便谓足以憔悴其神矣。岂知至至者之不亏哉？

“神人”、“圣人”即政治上最高的统治者。他宣称，圣人虽然形式上过着世俗的、看来十分忙碌的生活，但是圣人在精神上是十分“清高”、“飘逸”的，“虽在庙堂之上，然其心无异于山林之中”！郭象把这批利欲熏心、脑满肠肥、热衷于腐化享乐生活的统治者，描绘成肖然物外、一尘不染的神仙。这样，统治者们卑鄙龌龊的现实生活却被描写为蕴藏着高洁超俗的灵魂！他们理想中的“圣人”，“虽终日挥形，而神气无变；俯仰万机而淡然自若”[①]。经过这样一装扮，贵族统治者既有清高之名，又有享乐之实。他们越是参加污浊的政治活动，反而越能表现贵族统治者的清高。

《维摩经》中所描绘的一个中心人物即维摩诘居士。这个居士，有广大的田园财产，有妻子儿女，又有神通，又有学问，连佛也要让他三分。佛的弟子们的知识、理论与这个不出家的居士相比，只有感到自惭形秽。以致当维摩诘居士生病，佛派他的得力弟子去问疾，那些弟子们，一个一个地都推托，不敢去。维摩诘居士是个什么样的人物呢？《维摩经》中有一段描写：

尔时毗耶离大城中有长者名维摩诘……资财无量，摄诸贫民；奉戒清净，摄诸毁禁；以忍调行，摄诸恚怒；以大精进，摄诸懈怠；一心禅寂，摄诸乱意；以决定慧，摄诸无智。

以上是说维摩诘这个脑满肠肥的大地主，生活富有而道德高尚，他有比佛弟子更全面的宗教道德修养。又说：

虽为白衣，奉行沙门清净律行；虽处居家，不著三界；示有妻子，常修梵行；现有眷属，常乐远离；虽服宝饰，而以相好严身；

---

① 郭象《庄子·大宗师》注。

虽复饮食，而以禅悦为味。

这是说他过着世俗贵族的生活，但能经常保持超世俗的比出家人还要纯洁的精神状态。又说：

若至博弈戏处，辄以度人；受诸异道，不毁正信；虽明世典，常乐佛法；执持正法，摄诸长幼。一切治生谐偶，虽获俗利，不以喜悦。入治正法，救护一切；入讲论处，导以大乘；入诸学堂，诱开童蒙；入诸淫舍，示欲之过；入诸酒肆，能立其志。

这是说维摩诘尽管在吃喝嫖赌，他的精神境界却是与众不同的。一般人吃喝嫖赌，是精神堕落，维摩诘去做这些坏事，就别有境界。这正是中国门阀士族地主阶级所欣赏的“虽居庙堂之上，然其心无异于山林之中”的谎话的印度版。维摩诘这种人物的思想境界和生活方式，正是南北朝门阀士族地主阶级所追求向往的。

据《世说新语·言语篇》：“竺法深在简文坐，刘尹问：‘道人何以游朱门?’答曰：‘君自见其朱门，贫道如游蓬户。’”一个出入宫廷，结交官府的势利和尚，还要大言不惭地说“游朱门”“如游蓬户”！简直是自欺欺人。用旷达掩盖其奔竞趋走的丑态，这就是当时社会上的“风流”和“清高”。

当时《法华经》与《涅槃经》得到广泛流行，主要是这些佛经中提出人人都能成佛的口号。人人都有佛性，在佛教大乘经典中如《维摩经》、《法华经》都已透露了这类思想。人是否能成佛，这本来是个虚构的问题，没有必要去认真考虑它是否可能。但是宗教问题是现实世界的反映，只是“人间的力量采取了超人间的力量的形式”。（《反杜林论》，《马克思恩格斯选集》第3卷，第354页）广大人民要求摆脱现实世界的苦难，向往幸福，它表达了在门阀士族地主阶级严重压迫下人民的愿望。列宁说：

被剥削阶级由于没有力量同剥削者进行斗争，必然会产生对死后的幸福生活的憧憬，正如野蛮人由于没有力量同大自然搏斗而产

> 生对上帝、魔鬼、奇迹等的信仰一样。对于工作一生而贫困一生的人，宗教教导他们在人间要顺从和忍耐，劝他们把希望寄托在天国的恩赐上。对于依靠他人劳动而过活的人，宗教教导他们要在人间行善，廉价地为他们的整个剥削生活辩护，廉价地售给他们享受天国幸福的门票。(《列宁全集》第10卷，第62页)

在南北朝时期门阀士族地主阶级统治下，剥削者利用宗教宣传，论证他们今生的富贵是过去“修福”的结果，并告诉人们对于现实的苦难不必计较，在将来的极乐世界里可以得到补偿。他们大力“保证”在另一个世界里得到平等，正是为了在现实世界里保持着不平等。如《法华经》宣称人人“悉皆与授记，未来当成佛”①。还一再保证“我不敢轻于汝等，汝等皆当成佛”②。在封建社会中女子比男子还多受一重夫权的压迫，在《法华经》中也讲到“龙女成佛”的故事。

《涅槃经》和《法华经》都宣传人人都有佛性，只是人们自己不去认识它，就像贫女藏有黄金，忘记了收藏的地方，才遭受贫困，一旦找到，立刻变成富足。这些思想，都起了巩固当时门阀士族地主阶级政权的作用。因为它教人面向虚无缥缈的西方乐土，就可以放弃了对现实社会的斗争。后来，《涅槃经》的四十卷本还进一步宣称“犯四重罪，谤方等经，作五逆罪，及一阐提悉有佛性”③。他们慷慨地打开进入天国的大门，给每个人都颁发一张永不兑现支票。宗教对于另一个精神世界的大量恩赐，正是对现实世界统治的严酷。

可见上述这些佛经译本得到重视，主要是符合了当时封建地主阶级的利益。我们不是用宗教去说明历史，而是用历史的实际去说明宗教。

佛教在隋唐时期，由南北朝的讲学的学派，进而建立了佛教的宗派。佛教徒中有了更多的精通梵文的翻译人才，如玄奘就是其中最有名气的一个。道宣论及玄奘的翻译时，说：

---

① 《授学无学人记品》第九。

② 《常不轻菩萨品》卷二十。

③ 《大般涅槃经》卷二二，《光明遍照高贵德王菩萨品》。

自前代以来，所译经教，初从梵语倒写本文，次乃回之，顺同此俗，然后笔人观理文句。中间增损，多坠全言。今所翻传，都由奘旨，意思独断，出语成章。词人随写，即可披玩。①

以前文字语言对翻译的障碍，到了隋唐时代总算清除了。翻译的准确性也大胜于前。在隋唐时期，从隋初（581 年）到唐贞元五年（789 年），共 208 年，这二百年间，共有译人 54 人，译出佛经 492 部，2713 卷。其中只玄奘一人即译出佛经和有关佛教以外的其他宗教著作 74 部，1335 卷。从翻译的数量和翻译的质量看，都达到佛经翻译前所未有的水平。

隋唐的佛教翻译和过去比较，有以下的特点。

魏晋以前，佛经原本主要是依据西域胡本，而只有少数是梵文本。译经也多为节译、选译。隋唐时期，多译全集，如《大般若经》一部书即达 600 卷之多，它是佛教大乘空宗的一部丛书。魏晋以前主译者多为外国僧人，必须通过中国助手才可译成中文。隋唐时期主译者多是本国僧人，主译者既精通佛教教义，也通晓梵汉语言。隋唐时期佛经翻译的目的性也较从前更为明确，系统性也显著的加强。魏晋以前，基本上是遇着什么经，就译什么，只有特殊情况下，有目的地到西方求法，如朱士行求《般若经》，法显求戒律。南北朝，鸠摩罗什开始系统地介绍大乘空宗的经典。唐代玄奘所译的一千余卷，除了他自己所信奉的法相宗经典外，还译了法相宗以前的大乘空宗的经典，如《大般若经》等。他还译了早期的小乘佛教、佛教以外其他流派的著作，以及有关思辨工具，“因明”学，等等。

玄奘以后，另一个唐代译经大师义净也是对佛经翻译有成绩的。唐代还翻译了大部分密教的经典。隋唐以后，读者足以从翻译为汉语的佛经中，了解印度佛教的基本面貌。

佛教在隋唐时期，比魏晋南北朝有了更大的发展。寺院经济比从前

① 《唐高僧传》卷五。

更为巩固，并形成了许多独立的宗派①。佛教发展了，翻译的佛经也相应地得到重视。但历史表明，隋唐时期，佛教翻译的质量和数量是尽管超过了前代，像玄奘的翻译虽有一千余卷，可是在社会上得到流行的，只是极少数。绝大部分译出后，就搁置起来，没有人理睬它了。它的社会影响不及前代。赵宋以后，又继续译了几百卷的佛经，译出的经典虽然好好地保存在那里，但是这些书的内容和译者，都逐渐被人们忘记了。

这里不得不提出一个问题：当翻译佛教经典十分困难的时期，译本却引起了广泛的社会影响。隋唐和以后的佛经翻译质量提高了，影响反而差了，甚至没有什么影响，这是什么原因？

我们认为，一种思想所起的影响，不能只从思想本身去找寻它的原因。宗教也是上层建筑中的一种，它必须为它的基础服务，佛经的翻译也不例外。它给它的基础服务得好，它就得到发展、传播，到处蔓延。它为它的基础服务得不好，就吃不开。汉末到魏晋初期，佛教的翻译多用“格义”，不免生搬硬套，译文对原文来说，不能算是忠实的。但是当时佛经翻译力求为它当时的基础服务，符合当时统治阶级的需要，尽管译文有些蹩脚，还是起了不小的影响。隋唐时期佛经翻译只做到了忠实于印度佛教的介绍，而没有做到密切配合当时中国政治的需要。汉魏佛经的翻译虽然不及后来的精确，但是它密切结合了当时的政治需要。汉代的《四十二章经》的内容，就是汉代的神仙方术的宗教迷信。它所以流布，和黄老思想得以流布，有着同样的社会基础，也起了同样的政治作用。

魏晋时期，介绍过来的佛教哲学理论被认为是玄学唯心主义的一个流派。玄学唯心主义是为当时门阀士族地主阶级的政治服务的，佛教的理论也起了密切配合作用。

魏晋时期译成中文的佛经有几千卷之多，而起作用、引起社会广泛重视的只有少数的几部，如上面我们已经讲过的。正是由于上面讲到的

① 主要的有天台宗、华严宗、禅宗、法相宗等。

那些佛经（如《般若》、《涅槃》、《法华》、《维摩》等）的内容更能符合中国门阀士族地主阶级的政治利益。也可以说，当时中国门阀士族按照他们的实际需要，去认识并宣扬这些佛经的。因此，这些少数佛经，不胫而走。它们得到传播和被重视，和魏晋玄学唯心主义得到传播和重视有着同样的社会基础。

隋唐时期，中国封建社会进入了新的阶段，门阀士族地主阶级专政的政治局面不存在了，地主阶级的社会地位进行了重新编组。因而，在思想意识方面，也有它特殊要求。隋唐佛教各宗派都在大力制造并更加密切配合为当时地主阶级的政治服务的思想体系。如天台宗、华严宗、禅宗等宗派的主要思想家，都是用注解佛经的方式为政治服务的。有的甚至撇开翻译，独立发挥佛教的宗教理论。因为翻译，是介绍外来的思想，不能完全符合本国的需要。宗教，即使它看来和当时的现实政治距离较远，讲的都是另一个世界的事，实际上它归根到底不能不为它的基础服务。隋唐佛教宗派中如法相宗，它的创始人即玄奘，确是一位杰出的翻译家，恰恰就是这个宗派的寿命最短。只经历了短短的三四十年，即衰落了，倒是那些用著述为主的另外的几个宗派得到了发展。

我们从隋唐时期几个主要的佛教宗派兴衰过程，不难看出，凡是密切配合当前的基础需要的那些宗派就得到发展；配合不密切的就停滞；生硬移植，不问自己的土壤气候的，就枯萎。正如恩格斯所说的：

> ……每一时代的社会经济结构形成现实基础，每一个历史时期由法律设施和政治设施以及宗教的、哲学的和其他的观点所构成的全部上层建筑，归根到底都是应由这个基础来说明的。（《反杜林论》，《马克思恩格斯选集》第3卷，第66页）

中国佛教经典的翻译，又一次说明了一切文化、连看来超世俗的宗教在内，都必须为一定的基础服务。宗教好像是超现实的，实际上它又是现实的反映。佛经的翻译，在最初虽然没有什么选择，遇到什么就翻译什么，看来带有偶然性；但是翻译过来之后，它能不能流行，起不起影响，就不再是偶然的而是必然的了。佛经翻译者能力、水平有高有低，这种差别只能决定翻译的质量，却不能决定译本是否能够传播。对翻译的佛经的理解，有深有浅，有的甚至误解了原文，它反映了注释者的程度。但是，一种外来的宗教思想真正在社会上造成影响的未必就是那些对原著理解正确的，倒是那些用当时流行的思潮来说明它的常常占了上风。这都说明，宗教是为基础服务的，从来就不是超政治的，离开了具体的基础，就无法理解宗教的活动。

买办学者胡适为论证他的实用主义，对中国古代佛经翻译事业发表了一些荒谬的论点。他说：

> 佛教徒要人传教，不能没有翻译的经典；中国人也都想看看这个外来宗教讲的是些什么东西，所以有翻译的事业兴起来。①

他把佛教翻译的兴起，说成由于中国人的好奇心，“都想看看这个外来宗教讲的是些什么东西。”这简直是把历史事件当做了儿戏。翻译事业何以在中国长期继续，胡适也作了荒谬的解释：

> 却不料不翻也罢了，一动手翻译便越翻越多，越译越不了，那些印度和尚真有点奇怪，摇头一背书，就是两三万偈；摇笔一写，就是几十卷。……所以这翻译的事业足足经过一千年之久。②

他认为只是由于印度和尚能写作，数量大，所以中国人的翻译不得不继续了一千年之久！这真是海外奇谈。

近人梁启超把佛教经典的翻译的流行或不流行，取决于译文优美或译文的拙劣。他说：

> 绝对主张直译之道安，其所监译之《增一阿含》、《鞞婆沙》、《三法度》诸书，虽备极谨慎，而千年来鲜人过问。而（罗）什译之《大品》、《法华》、《维摩》以及四《论》（中、百、十二门、

---

① 《白话文学史》，第158页。

② 同上。

大智度）不特为我思想界辟一新天地，即文学界之影响亦至巨焉，文之不可以已，如是也。①

如果把佛经的流布不广说成译笔拙劣，影响广泛则认为是由于译笔流畅、精美，也是错误的。唐玄奘的译笔不能说不精美，却仍然长久以来被束之高阁。可见，脱离了社会和阶级的原因，从译文技术去说明思想，只能越讲越支离，不可能找到佛经翻译兴废的真正原因。

法国学者沙畹，讲到何以中国大乘佛教流行，完全归之于外来的影响，认为中国最早求法的和尚所去的区域是大乘教流行，所以携回的和传布的也都是大乘佛教。这种说法也是毫无根据的。② 这是脱离了社会内部的具体条件，专从外面来找原因。他就无法说明何以后来中国僧人也曾接触了小乘，仍不能使小乘在中国得到流行，也还不能说明中国有了大乘，何以只有大乘的般若空宗在魏晋南北朝得到流行，同样都是大乘佛教，而大乘的法相宗并未流行。

我们认为只有历史唯物主义才是认识历史的真正钥匙。历史唯物主义是一种伟大的科学武器，它可以帮助我们扫清长期笼罩在历史领域的各种迷雾，使我们能够比前人更接近历史的真实。历史唯物主义告诉我们，社会的精神生活所由形成的来源，并不是要到观念、理论、观点中去找，而是要到社会的物质生活条件、社会存在中去找。因为理论、观点等，是社会存在的反映。离开了基础，空谈上层建筑，是讲不清楚的。通过佛经翻译的剖析，使我们从中进一步理解历史唯物主义的基本原理，对于加深学习马列主义著作是有帮助的。

---

① 《翻译文学与佛典》，《梁任公近著》第一辑，第113页。

② 沙畹：《宋云行记笺注》，冯承钧译《西域南海史地考证译丛》第六编。

佛教与中国思想文化

——《中国佛教史》第一卷序

佛教的创始人是悉达多（Siddhārtha），族姓为乔达摩（Gautama），中国古译为瞿昙，相传为净饭王太子，生于迦毗罗卫（Kapilavastu），该地现在尼泊尔王国境内。他一生传教活动在印度北部、中部恒河流域一带。释迦牟尼（Śākyamuni）是佛教徒对他的尊号。关于他的生卒年，根据文献史料的推断，约生于公元前565年，死于公元前480—490之间，略早于中国孔子（孔子的生卒年为公元前551—479年）。①

佛教在印度开始传播时期，正是印度奴隶社会比较发达的时期。印度封建化的过程历时较长，大约从公元前1世纪到公元后6世纪，印度的封建经济才逐渐巩固下来。进入封建社会后，印度奴隶制残余曾延续了很长时期。早期佛教是为当时的印度奴隶主阶级服务的，后期的佛教大乘则为封建地主阶级服务。

佛教开始传播于尼泊尔、印度、巴基斯坦一带，以后南到斯里兰卡、印度支那半岛，北到中亚细亚，随着中国与中亚各国经济、文化的交流，佛教于两汉之际传入中国，在中国的社会历史条件下，开始生根、发展，形成中国封建社会上层建筑的组成部分。

佛教在中国的传播和发展，经历了近两千年的漫长的岁月，它在中国封建社会各阶层中曾起过广泛影响。自从它传入中国那一天起，一直是适应当时封建地主阶级的需要来宣传解释其宗教学说的。不少中外学者认为中国的佛教背离了印度佛教原旨，使印度佛教走了样。这种看法不是没有一定的道理，但这种看法是不太妥当的。

---

① 参看汤用彤：《印度哲学史略》，中华书局1960年版，第59页。

思想意识是一定社会的产物，各种社会有它的成长和衰落的过程。印度佛教也有它生长和衰落的过程，总在不停顿地发展、变化着。印度的佛教，不但在一两千年间有很大的变化，即使拿释氏一生的宗教活动来说，据后人的研究，他早期传教和后期传教，其侧重点也不同。究竟什么是佛教的原样？释氏逝后约百年左右时间，佛教徒中间对教义教规的理解已发生了严重的分歧，形成上座部、大众部两大部派，随后，这两部派又不断发生分化，形成了十八部（或二十部）。接着又出现了佛教大乘教派。大乘教派中先有龙树、提婆倡导的中观学派，后来又有无著、世亲倡导的唯识学派。大乘自称得到释氏的“了义”，而小乘许多学派并不服输，与大乘并存，各立门户，都继续流传。由此可见，在印度事实上并不存在一个标准的佛教样板。如果要把印度佛教的各种教派分化、兴衰变迁的道理讲清楚，就不能只在佛教内部去寻找佛教变迁的原因，而应当从印度的社会历史中去寻找佛教兴衰变迁的原因。这属于另外的题目，不属于中国佛教史的范围。我们的任务是考察中国佛教的历史，揭示出它的发展变化的规律，从而有助于加深认识东汉以后中国的古代封建文化，更好地认识中国的哲学史、文学史以及整个历史。社会实践表明，一切事物都在发展变化，古人所信奉的“天不变，道亦不变”的观点只能表达取得政权的地主阶级的主观愿望。哲学和宗教看起来高入云霄，好像不食人间烟火，实际上它们仍然是一定的社会的经济生活和政治生活的反映，只是有时是直接的反映，有时是间接的反映，有时是曲折的反映罢了。社会经济生活和政治生活总在不断地发展变化，从而反映经济生活和政治生活的哲学、宗教也相应地改变。我们应当通过考察佛教在中国这块土地上初传、滋长、兴盛、衰微的全部过程，从中找出规律性的东西。

封建社会与近代社会不同，敬天法古，几乎是一切封建社会的共同信条。哲学有许多学派，宗教有许多教派，往往打出不同标志的旗帜以广招徕。但旗帜并不真正代表它的实质。以人们所熟悉的中国儒家为例。从春秋时期儒家创立，经过汉代的儒、宋明的儒，一直到清末“五四”以前的“孔家店”，大家习惯于把孔子所创立的儒家看做一个一成不变，影响中国文化历史达两千年之久的学派。其实汉代所信奉的儒学已经不是孔、孟、荀为代表的儒学。汉代的儒把燕、齐方士推演阴阳五行、占星变、言灾异、信禨祥、迎神送鬼、求雨止雨那一套都算作儒家的内容。这是儒、道（道术、道士）合流的儒。宋代程朱理学自命为得到尧舜禹相传的十六字真传①，自称为洙泗正宗。其实宋儒是以孔子为招牌，大量吸收了佛教和道教宗教世界观和宗教实践。如提倡涵养静坐，以观喜怒哀乐未发气象，致力于“天理人欲之辨”，要人们“存天理、去人欲”。“存天理、去人欲”不是一个哲学问题，而是一个神学问题，是教人如何消灭罪恶，拯救灵魂，进入天国（理想的精神境界）的问题。近代的康有为也曾抬出孔子的招牌，托古改制。中国历代儒家各派都自称自己的教派得到了教主的真传。中国佛教史的发展，也表明各个时代的佛教学派、学说与释氏的关系甚少，而与它所处的社会制度、阶级利益的关系甚深。“我们不把世俗问题化为神学问题，我们要把神学问题化为世俗问题。”② 这是我们研究各种宗教史的态度，也是我们研究佛教史的方法。

东汉时中国人知道西方有佛，一般是通过西方僧人的翻译介绍的。隋唐以后，由于译述介绍的佛教经典的增多，逐渐有了中国人自己的著述，其中包括对佛经的注解和阐明佛教的专著。今存的汉译佛教经典，绝大部分是在东汉到唐中期（前后历时约八百年）这一段时期翻译过来的。唐以后，也有些零星译述，约五百卷左右，其内容多为旧译佛经的补充，且多为零星小品，在社会上起的影响也不大。唐以后，还有大量的佛经译为西藏文字被保存下来，这也是我国佛典文献中一大财富。藏文佛经中，大部分是译自梵文，也有一小部分是由汉译转译成藏文的。可见，西藏地区自古与中原地区文化交流的频繁。

东汉及三国时期汉译佛经都来自天竺、大月氏、安息、康居等地以及我国西部地区的僧人介绍过来的。当时所根据的是天竺文字还是西域

① “人心惟危，道心惟微，唯精唯一，允执厥中。”（《尚书·大禹谟》）

② 《马克思恩格斯全集》第1卷第425页，人民出版社1956年版。

文字，现在还不甚清楚，其中可能有不少是西域当地的语言。到南北朝时，中国人讲到佛教的翻译时还常说“译胡为秦”（秦指符秦、姚秦）。现存的《四十二章经》，据说为摄摩腾译，从内容看可能是《阿含经》中的某些章节的节译或编译，但今天已难以确指它是《阿含经》中的哪些章节了。“译所不解，则阙不传，故有脱失，多不出者。”① 译者不懂的就不译，其中缺失是不可避免的。何况，在佛教传入初期，为传教需要只选译某佛经的一部分，也是十分自然的。事实上，即使译者自以为懂得，其译文也未必符合佛书的原意，因为当时的佛教信徒，都是用当时当地的中国流行的宗教观念和文化思想来认识佛教的。一种新的宗教思想信仰，初到一个陌生的民族中间，并要求取得当地群众的信任，不是一件容易的事。传教者要善于迎合当地群众的思想和要求，并且采取一些办法以满足他们的要求。理论在一个民族中实现的程度，决定于理论满足于这个民族的需要的程度。

东汉继承了西汉以来的宗教神学目的论的传统，谶纬迷信比西汉更盛行，经王莽、刘秀的利用和提倡，已遍及朝野。东汉社会上流行的宗教迷信有占星、望气、风角、卜筮等。《后汉书·方术列传》序说：

> 自武帝颇好方术，天下怀协道艺之士，莫不负策抵掌，顺风而屈焉。后王莽矫用符命，及光武尤信谶言，士之赴趣时宜者，骋驰皆穿凿，争谈之也。

在两汉当时迷信盛行的风气下，佛教也被中国人看成社会上迷信宗教的一种，这完全是可以理解的。袁宏《后汉纪》说：“沙门者，汉言息心，盖息意去欲，而欲归于无为也。”

旧译“涅槃”为“无为”，汉人所理解的佛教，是黄老之术的道教。汉代神仙方术，往往通过符咒、治病、占星、禳灾、祈福、预言祸福来吸引信徒群众。汉代佛教徒也往往迎合当时社会上神仙方术之士、道士们的传教手法，也兼用占验、预卜吉凶、看病等方术以接近群众。

---

① 《法句经序》，《出三藏记集》卷七。

据佛教史籍记载，东来的有名的高僧，都会一些方术。如安世高，“博学多识，综贯神模，七正[①]盈缩，风气吉凶，山崩地动，针脉诸术，观色知病，鸟兽鸣啼，无音不照”。[②]《高僧传》也说安世高通晓“外国典籍及七曜五行，医方异术”。汉末三国时，康僧会“明解三藏，博览六经，天文图纬，多所综涉”[③]。昙柯迦罗“善学四韦陀，风云星宿，图谶运变，莫不该综”[④]。此外，后来的外国僧人求那跋陀罗，“天文书算，医方咒术，靡不该博”[⑤]，求那毗地“明阴阳，占时验事，征兆非一”[⑥]。佛教传入中国所以能被接受，首先不一定是他们那一套“安般守意”的禅法及般若学，看来他们的方术更能吸引一部分群众。

《后汉书·乌桓传》：“……使［犬］护死者神灵归赤山，……如中国死者魂归岱山也。”《水经注·汶水注》引《开山图》曰：“太山在左，亢父在右，亢父主生，梁父主死。”因此，三国时汉译佛经，有把“地狱”译为“太山”的。可见汉代人对佛教的态度，不论在理论方面还是在传教僧人的行动方面，都是以对待中国神仙方术、道教的眼光去迎接这一外来宗教的。神仙方士、道士的迷信宣传，很适合中国封建贵族们希望长生不死，永远过着他们剥削享乐生活的贪愚妄想。佛教的教义本来和这种中国方术、道士的一套很不接近，但事实上，中国人当时的确把佛教理解为方术的一种。甚至佛教徒和道教徒名称也很接近。道教徒称为道士，佛教徒称为“道人”，这个称谓直到东晋南北朝时还流行[⑦]。

佛教传入中国的初期，为了在中国站住脚，先要与中国本土的宗教

---

① 七正，即七政，日月五星运行有规律，可用运算推知其变化。

② 《安般守意经序》，《出三藏记集》卷六。

③ 《高僧传》卷一。

④ 《高僧传》卷一。

⑤ 《高僧传》卷三。

⑥ 《高僧传》卷三。

⑦ “愍度道人始欲渡江，与一伧道人为侣。”（《世说新语·假谲篇》）。当时僧人自称“贫道”。僧人支孝龙多游朱门，时人讥之，支孝龙答曰：“君见其为朱门，贫道如游蓬户。”

迷信特别是道教相融合，中国人也用看待道教的眼光来看待佛教，所以当时的人称赞佛教的主张是：

> “浮屠者，佛也。西域天竺有佛道焉。佛者，汉言觉，其数以修慈心为主，不杀生，专务清净。其精者号沙门。沙门者，汉言息心，盖息意去欲，而欲归于无为也。又以人死精神不灭，随复受形，生时所行善恶，皆有报应，所贵行善修道，以炼精神而不已，以至无为而得为佛也。佛身长一丈六尺，黄金色，项中佩日月光，变化无方，无所不入，故能通百物而大济群生。……有经数十万，以虚无为宗，包罗精粗，无所不统，善为宏阔胜大之言，所求在一体之内，而所明在视听之外，世俗之人以为虚诞，然归于玄微深远，难得而测。故王公大人，观死生报应之际，莫不瞿然自失。”（袁宏《后汉纪》）

东汉社会上一般人所理解的佛教，有神通，项中佩日月光，变化无方，无所不入，这是中国所熟悉的“神人”、“至人”；“专务清净，息意去欲而欲归于无为”，这是中国的黄老之学和原始道教的口号。

汉末、三国，社会上一般人心目中的佛教，不过如此。虽然佛教的教义在当时已有较系统的介绍，但还不能说在社会上已有广泛的影响。在中国哲学家及其思想文献中，如当时的嵇康、阮籍、王弼、何晏，以及西晋的其他重要思想家的文字及著作中，都尚未发现有受过佛教明显影响的迹象。相反，倒是从早期佛典译文中可以见到佛教迁就中原道教的迹象。这一时期的佛教虽说佛、道融合，实际上是佛教融于道教，佛教迎合了道教。南朝慧皎在评论三国魏地佛教时认为很不符合佛教的规矩：

> 魏境虽有佛法，而道风讹替，亦有众僧未禀皈戒，正以为剪落殊俗耳。设复斋忏，事法祠祀。①

---

① 《昙柯迦罗传》，《高僧传》卷一。

用后来的僧众的清规戒律来衡量汉的僧人，当然认为不合佛教的标准，所以说“道风讹替”。其实中国佛教当时的面貌就是那个样子，和道教徒的修行方式相近，不能算“讹替”。当时“设复斋忏，事法祠祀”，倒是完全真实的，因为当时的中国人士理解的佛教确是祠祀的一种，是用来祈福的。

中国佛教史的发展，主要是在中国封建社会的前期汉唐和封建社会的后期宋元明清历史时期进行的。因此，中国佛教历史与中国封建社会的经济发展、政治斗争的关系至为密切。中国封建社会历时甚久，佛教传入时，当在西汉末年、东汉初年，当时封建豪强地主当权，以后的察举制度为豪强地主相互援引，相互勾结，形成盘根错节的世代拥有特权的封建贵族权势集团。它是后来魏晋南北朝门阀士族地主阶级的前身。佛教传入时，所依靠的社会力量是汉代的皇室及贵族上层。东汉桓帝延熹九年（公元166年）襄楷上书说：

> 又闻宫中立黄老浮屠之祠，此道清虚，贵尚无为，好生恶杀，省欲去奢。……

在宫廷帝王及贵族们的特权垄断之下，神仙长生，祠祀求福，也是一种奢侈的精神享受特权，一般老百姓办不到。三国时，佛教传播得更为广泛，一般广大群众只是被作为特权贵族施舍的对象才接触到它。如《三国志》卷四九，《吴志·刘繇传》记载：

> 笮融，丹杨人，……大起浮屠祠，以铜为人，黄金涂身，……下为重楼阁道，可容三千余人，悉课读佛经，令界内及旁郡人有好佛道者听受道，复其他役以招致之，由此远近前后至者五千余人户。每浴佛，多设酒饭，布席于路，经数十里，民人来观及就食且万人，费以巨亿计。

像笮融这样的贪残的官吏，信佛是为了他个人祈福，下令他管辖下的老百姓，凡信佛诵经的，免其徭役，还多设酒饭，招引来观者及就食者。可见这一带地方已有不少信徒，佛教的影响逐渐扩大。自然也有些群众虽未必真心信佛，只是为了逃避繁重的徭役，才来为他诵经拜佛的。

中国哲学史，以魏晋南北朝作为一个历史断代来划分，因为这一时期的封建社会有它的某些特点，和它以前以后的封建社会都不相同。佛教史接触涉及的问题和中国哲学史有许多共同或相关的地方，因而对佛教史的分期和我们编写的中国哲学史的分期力求一致。哲学史、佛教史所讲的内容分属两个领域，但他们都是从不同的角度反映同一个中国社会。其中也有许多共同相关的问题。我们撰写的佛教史与中国哲学史相互呼应，此略则彼详，此详则彼略，以期相互配合，避免重复。

佛教资料十分丰富，而建国三十年来，还没有一部中国佛教的通史，我们这部佛教史力求取材广泛，叙述详尽。佛教经典有些特殊名词、概念，为一般古籍所罕见，佛经翻译的文体也别具一格，不易为一般读者所理解，我们力求用现代科学的语言，把它的本来的意义介绍给读者，并提出我们自己的看法，给以评论。中国佛教史以东汉到三国为第一卷。晋、南北朝的佛教内容丰富，印度各派佛教已基本介绍到中国来，并在中国已有所滋长发展，拟把这个时期分为上、下两卷。

隋唐时期，是中国封建社会第二次大一统王朝的重建，国力强盛，文化繁荣，在当时对世界文化有过积极贡献。佛教在这样的社会历史条件下，由南北朝时期的滋长发展到盛大，形成了具有国际影响的许多宗派。对这一时期，我们也拟分为上、下两卷来论述。

宋元明清，是中国封建社会的后期，由于社会政治条件的改变，中国封建主义思想意识的各方面都在加强，中央集权的统治也更趋强化。经过隋唐时期三教鼎立，走向宋明以后的三教会同，形成了以儒家为中心的儒教。佛、道两教形式上走向衰微，实际上佛、道两教的宗教精神已渗透到儒教内部。儒教之成为宗教，多得力于佛、道两教为其支柱，而在两教中，佛教则起着主要的作用。从唐中期历宋元明清，我们还要论述西藏佛教，因为它也是中国佛教史的一部分，有它的特色和意义。宋元明清这一时期，也拟分上、下两卷来论述。

清末民初，中国封建社会解体，中国沦为半殖民地半封建的社会。

反映中国封建社会的意识形态也起了相应的变化。这一时期的佛教在社会上仍有相当影响，某些佛教宗派又有所抬头，但这时西方现代思潮涌进中国，佛教所服务的对象及其社会作用也与古代佛教有所不同，它是欧亚现代思潮汇合时期的佛教。我们拟把这个时期单独作为一卷，其时间段限于中华人民共和国成立以前。

佛教全书总称三藏。三藏浩如烟海，按内容来说，大致可分为四类：

第一类，关于佛教基本知识入门的书，如名词概念的解释，不论大乘小乘，只要是佛教徒都要具备的佛教常识，即古人所说的事数，如“五蕴”、“四谛”、“十二缘生”等，属于“佛教手册”之类。

第二类，关于佛教戒律，这是用来维持僧众集体生活规范的。

第三类，关于佛的传记、故事的宣传，对佛教信徒来说，是用来坚定佛教徒的信念，树立榜样以资遵循，也是为了普及的。

第四类，关于佛教宗教理论方面的，其中包括宗教修养方法。

前两类多属于佛教徒内部学习的经典，对社会影响不很大。第三类，既是对佛教徒内部的宣传材料，也是面向社会的。第四类影响所及，不限于佛教徒内部，它与当时的主要社会思潮相激荡、交融，息息相关，思想、文学、艺术、哲学，往往与佛经中的这一类著作发生多种联系。因此，本书的重点放在佛教的哲学思想的介绍与批判方面。佛教为了达到宗教宣传的目的，曾充分利用文学、艺术、音乐、壁画与雕塑等各种形式，对中国文化艺术产生过巨大影响。这方面论述也是本书南北朝、隋唐各卷的一个重点。随着佛教在中国的传播，因明学也曾为中国学者所关注，特别在西藏地区有所发展，由于长期缺乏整理，这一部分学问行将湮没，本书在隋唐部分也将给以介绍和评论。既然是中国佛教史，我们还要结合中国社会的特点，对寺院经济的形成及其作用，对佛教寺院组织，也给以适当的论述。

佛经翻译先后历千年之久，由分散到有组织有计划，其分工合作的制度及取得的有成效经验，今天仍有参考价值，本书也将在隋唐时期列为专章，给以介绍。

佛教在中国的传播和发展，与中国的社会经济、政治情况是不可分的；同时也应看到，中国封建社会经济结构和政治结构有它的特殊性，以封建宗法制度为核心，宣扬三纲五常的封建专制主义统治了中国两千多年，而支持这一社会制度的主要思想支柱，是儒家和后来转化成的儒教。佛教对中国的纲常名教起着夹辅作用。在思想方面它是为封建统治者征服人心的一个方面军，但不是主力军。只有在局部地区，如解放前的西藏，它取得过政教合一的绝对统治地位。在广大汉族地区，它和统治者配合得很好，虽也有时遭到过打击，随即又受到重视。中国佛教的命运与中国封建地主阶级的命运共休戚，相终始。如果只看到佛教的活动，而没看到佛教是在一种什么样的更大范围内的全局之下所起的作用，那就会对中国佛教的历史地位和影响难以做出适当的评价。

我们这本书，从佛教开始传入，就把它放在中国本土传统文化的附属地位。东汉三国时期的佛教，属于佛、道融合时期，它依附于方术、道士；晋、南北朝时期的佛教，属于佛、玄融合时期，它依附于玄学，并在依附的情形下逐渐得到滋长。隋唐时期佛教势力比过去有了更大的增长，寺院经济力量也逐渐雄厚，建立宗派，完成体系，并向国际化方向发展，属于三教鼎立时期，它虽然势力比过去盛大，也只是三教（儒释道）中之一支，并未能凌驾于儒教之上。进入封建社会后期的宋元明清时代，随着封建社会的停滞和衰退，佛教势力已趋于衰微，因为儒教已形成，并包容了佛教中对当时封建地主阶级有用的东西。佛教是依靠中国封建地主阶级的成长而起家的，也随着封建地主的没落而没落。对佛教有所偏爱的人们，虽惋惜它的衰败，却不能挽救它的衰颓。一种社会有兴衰，伴随着某种社会的一些宗教也有兴衰，我们不信佛教经典中所说的有什么“末法时期”，我们只相信社会历史发展规律；这个规律对任何伟大人物、伟大历史事件都是无情的，它是不可改变的。

宗教的存在除了思想认识的原因外，还有它的阶级土壤和社会土壤。只要有阶级、有贫富、有压迫，人们不能自己掌握自己命运，就为宗教提供了存在的条件。即使社会制度改变了，旧社会遗留下来的旧思想作为一种社会现象，不会很快在生活中消逝，看不到它存在的顽固性和相当大的社会影响，也是不对的。

从事中国佛教史的研究工作，前辈学者作过不少努力，也有很大的贡献，如杨仁山、蒋维乔、黄忏华、欧阳竟无、梁启超诸人都有过开创的功劳。稍后，如吕澄、熊十力、汤用彤、陈寅恪、陈垣诸先生的著作，对研究佛教史及佛教思想提供了极为重要的思想资料和发展线索，特别是汤用彤、陈寅恪先生对佛教史研究的贡献，至今仍为国内外学者所称道和尊重。

事物是发展的，社会在前进，人类的智慧也随着社会历史的前进而前进。1949 年全国解放后，中华书局要重印汤用彤先生的《两汉魏晋南北朝佛教史》，汤先生很不满意他的旧作，多次和我谈起，要我协助他重新写一部中国佛教史。只是多年来，政治运动接连不断，广大知识分子，不遑宁处，这个愿望竟未能实现。这十几年我国已有一些断代史的研究和作为文化史的部分、较详尽的关于佛教史的论著，这是可喜的现象。但这些著作毕竟不能代替中国佛教通史。值得庆幸的是我国经过浩劫，终于走上了光明大道，中国佛教史的研究也获得新的生机。我们自知才力和学识有限，要写出有高度科学水平的中国佛教史还有不少困难有待于克服，但是我们有机会见到前人所没有见过的材料；我们有可能吸收近年国际学者研究的新成果；我们比前人更幸运，因为我们开始运用辩证唯物主义和历史唯物主义这个最新最犀利的工具来解剖中国佛教史，有了这个工具，就可以透过历史的迷雾，比前人看到更多的历史真相。历史发展总有它的前因后果，但因果之间的联系，有时是内在的必然的，有时是表面的偶然的，各种社会现象纷纭复杂，弄不好很容易使人上当受骗。历史上重要的人物对历史的发展往往起着极关键性的作用，这是古今历史学家都注意到的。但个人与社会的关系，个人在社会中的地位，以及个人最终被时代和阶级关系所制约，这样一条真理，只有马克思主义才能给人以正确的答案，而这一点也正是我们的前辈学者所不能认识的。

今人叙述古人，往往有两种毛病，一是站在古人的立场来重述古人的话头，所谓以经解经。这种转手贩运的办法，看起来没有走样，却并不能真正把古人的精神表达出来，使今人看不懂。二是任意发挥，或者把古人所没有的思想说成古已有之，也有人用现代西洋哲学某一学派来比附。这样做，看起来条理清晰，可是由于发挥过多，把不属于古人的思想说成古人的思想，缺少科学性。用这两种办法研究历史都是有害的。如何用科学的语言，把佛教思想中不科学的、但又结构严密的宗教哲学体系讲清楚，这是一个很艰巨的任务，我们力图使我们所介绍的佛教思想尽可能准确、可信，符合历史实际。

我们不信仰佛教，也不认为佛教所宣传的是真理。但是我们认为佛教的产生和发展，有它的社会根源、思想根源。它的产生和发展不是偶然的，而是必然的。它所指出的解脱道路是假的，它所反映的当时的社会苦难却是真的。这就要求我们认真对待，不能掉以轻心。几千年来的广大佛教信奉者是受害者。他们信仰虔诚，态度严肃，真心相信佛教可以帮助摆脱现实苦难。他们的行为虽不足效法，但他们成为宗教的俘虏是值得同情的，放在一定的社会历史条件来看待这一现象，是完全可以理解的。我们也还要指出宣传佛教的人们中间确有一些利用佛教作为工具谋取私利的，历代封建统治者确曾利用佛教麻痹人民的反抗意志。看不到这一点，也是不对的。因此，我们只讲清楚道理，对佛教作为宗教，我们批判的锋芒所向是佛教的宗教世界观，而不是当前信奉佛教的群众；揭露的是佛教麻痹人民的宗教本质，而不是针对虔诚的善男信女。这样既尊重曾经存在的历史事实，也尊重千百万宗教信徒的宗教感情。毋庸讳言，马克思主义的世界观与宗教的世界观是根本对立的，但宗教信仰是个人的自由，我们反对任何人把自己的观点强加于人。信宗教有自由，不信宗教也有自由。宗教问题是可以讨论的，而且也应该讨论的。我们对佛教史上的许多理论问题，采取说理的态度，以理服人。

佛教属于唯心主义宗教体系，它通过唯心主义的理论的论证，把人们引进信仰主义的大门。它的逻辑分析、心理分析相当细致，辩证法思想也相当丰富。佛教哲学比起欧洲中世纪的神学和中国的封建主义哲学都更精密。正是由于佛教的输入，才使得中国的宋明理学改变了它的面貌，完整地构造了儒教的思想体系。也正是由于佛教的传播，才使得中国的道教在某些方面吸收了佛教的内容，形成了佛教道教交互影响的局面。中国佛教是在中国发展成长的，它已成为中国的传统思想的组成部分。它的哲学的解答虽然是错误的，但是它提出了问题，迫使人们进一步寻求正确的答案，它对我国文化有过积极作用。

伴随着佛教的宗教活动，同时丰富了我国的音乐、舞蹈、绘画、建筑、文学等各个领域。伴随着佛教的传播，促进了我国与邻国的文化交流，加深和促进邻国的友谊与了解。如果我们善于总结历史，不仅对古代历史研究有意义，对今后的国际文化发展也有积极意义。

最后应当说明，马克思主义的历史唯物主义的原理虽只有简单的几条，但如何正确运用于研究中国佛教史，却是一个艰难的有待于通过科研实践不断解决的问题。就我们来说还是刚刚开始摸索经验，理论水平确实不高，缺点错误一定不少，深望读者指正，以便今后改进。

《中华大藏经》序

1982年，在北京召开了规模空前的全国古籍整理出版规划会议，集中全国有关专家学者共商古籍整理出版大计。会议在京西宾馆一连开了好几天。这是以国家名义召开的，向全国、全世界宣布“四人帮”被粉碎后，告别极“左”思潮，中国政府重视古代文化，有计划、有步骤地以科学方法清理中国古籍的大会。与会者进一步加深了印象：我国古籍之丰富，学科门类之广泛齐全，为世界所仅见，是世界文化宝库中不可或缺的重要组成部分。

古籍规划讨论中，对流传在社会上的经史子集都作出近期、远期的整理出版规划，人力物力都作了安排。在开会期间，我发现大会议题没有把佛教大藏经考虑进去，便于当天写了一份《中华大藏经》整理出版建议提交给大会。大会认为整理、研究佛教典籍，不只是佛教信奉者的事，也是全国人民共同的文化事业；况且佛教、道教典籍卷帙浩繁，亟待整理，便立刻采纳了这个建议，把佛教、道教古籍整理工作列入国家规划。《中华大藏经》整理出版工程从1982年正式启动。

大会委托我负全责。我会同几个学生，先做普查版本的基础工作。最初只有五个人，随着工作的开展，人员逐步增加。对外联系原来叫做编辑小组，李一氓同志说，叫做“组”，名称与实际不相符，叫做“编辑局”为好。这个“局”并不是一个行政实体，只是个“假名”，十几年来连个公章也未刻。因当时我担任世界宗教研究所所长，所以国家划拨经费、财务收支均由世界宗教研究所财会人员代管，中华书局负责印刷、出版。1987年，我调到北京图书馆（现称国家图书馆），这个“编辑局”的工作地点又集中到北京图书馆，直到全书完成。

有了国家财力的支援，要编出一部既能满足佛教信奉者供奉咏诵的需要，又要供全国各界人士用来阅读、研究的可信的文献资料，就要超越古人以某学派、宗派为尊的宗派成见，要尽力避免已出版的十几种大藏经的印刷造成的差错，还要吸取过去已有佛教大藏经的特点，不抱成见，亦不盲目崇古，使其成为一部符合时代要求、反映时代面貌的佛教全书。

在编书之前，我们先在国内外进行普查，了解大藏经在国内外现存的状况及版本情况。还通过海外各界友好人士，及我国出国访问、进修学者，了解佛经流散在海外的情况。经过普查，并对照各主要版本进行比较，从第一部雕版大藏经《开宝藏》开始，直到清代的大藏经及民国以后铅字排印的大藏经（包括世俗典籍经、史、子、集）。我们认为所谓善本的“善”，并不在于它的完美无缺，而在于它反映了该书的时代特点。世上没有尽善尽美的“善本”。从雕版佛经开始，至今已有千年历史，选任何一种为主，都不能代表佛教在中国的真实面貌。经过反复比较，最后选定山西《赵城金藏》为基础（原称为底本，后认为不太准确），与另外八种不同时代的大藏经逐字逐句对勘，发现文字歧异时，只指出它们的异同，而不判断其是非。这样，一编在手，等于同时拥有九种大藏经呈现在读者面前。这是历代汉文大藏经众多版本中最具时代特色的一种新版本。全体编辑者相信，我们为保存祖国文化遗产，为推进新时代文化建设尽了一份心力。

一、现存汉传大藏经概况

根据现有资料，汉传大藏经大约有下述三种情况：

（一）唐代以前的写本藏经。唐写本藏经虽然在不同的历史时期曾有过不同的形态，所收经籍数目也不一致，基本上可用“会昌废佛”后通行全国的《开元释教录》作代表，共入藏一〇七六部，五〇四八卷，千字文编次由“天”字至“英”字四八〇帙。

（二）宋代以后的木版雕印本，根据现在掌握的资料，共有二十种不同版本。其中散失殆尽，基本不存者四种——《开宝藏》、大字本《辽藏》、小字本《辽藏》、《元代官刻大藏经》。现存的十六种中，国内版本十二种，国外版本四种。其中国内版本为：

一、《崇宁藏》1080—1104 年刻造，全藏五八〇函，千字文编次天字至号字，入经一一四〇部，六一〇八卷。国内存有零本。

二、《毗卢藏》1112—1151 年刻造，全藏五九五函，千字文编次天字至颇字，入经一四五一部，六一三二卷。国内存有零本。

三、《思溪藏》又称《圆觉藏》，北宋末年刻造，1132 年完成，全藏五四八函，千字文编次天字至合字，入经一四三五部，五四八〇卷。其后照原版式扩充补雕，全藏达五九九函，千字文编次天字至最字，入经一四五九部，五九四〇卷，改称《资福藏》。国家图书馆藏五三〇〇余卷，其中杂有若干《碛砂藏》本及日本抄补本。

四、《赵城藏》1149—1173 年刻造，全藏六八二帙，千字文编次天字至几字，入经一六〇〇余部，共六九八〇卷，现存五六〇〇余卷。国家图书馆及西藏萨伽北寺藏，但其中杂有明代万历二十年（1592 年）及清代雍正九至十一年（1731—1733 年）根据明永乐南藏本抄补的二〇〇余卷在内。

五、《碛砂藏》约在 1225—1322 年刻造，全藏五九一函，千字文编次天字至烦字，入经一五三二部，六三六二卷。陕西、山西及国家图书馆均有存，但都略有残缺。1931—1933 年时，曾据陕西所藏本影印过五〇〇部，缺逸者以资福、普宁、永乐南藏及陆道源本、亦黑迷失本等补入。影印本共六〇函，五九三册（经文五九函五九一册，目录一函二册），约较原大缩小二分之一；但仍缺十余卷。近年来，《碛砂藏》缺逸的经卷又有所发现。

六、《普宁藏》1277—1279 年刻造，全藏五五八函，千字文编次天字至感字，入经一四三〇部，六〇〇四卷，此后又补入约字函七部六卷，加上武字至遵字号遗失目录的秘密部经轨二八函，共五八七函，近一五〇〇部，六〇〇〇余卷。云南、山西、江苏等省均有存。

七、《洪武南藏》1372—1398 年刻造，全藏六七八函，千字文编次天字至鱼字，入经一六〇〇部，七〇〇〇余卷。此藏在一四〇八年版片被焚，印本仅存一部，略有残缺，并杂有部分坊刻本及抄补本在内。现藏四川。

八、《永乐南藏》约1408—1419年刻造，全藏六三六函，入经一六一〇部，六三三一卷。全国现存者很多，仅北京地区估计即在五部以上。

九、《永乐北藏》1421—1440年刻造，全藏六九三函，千字文编次天字至史字，入经一六六二部，六九三〇卷。全国各图书馆、佛教寺院现存者较多，北京地区估计在十部以上。

十、《径山藏》又称《嘉兴藏》，1589—1676年刻造，全藏分为“正藏”二一〇函，用千字文编次，系永乐北藏的复刻本；“续藏”九〇函，收入藏外典籍二四八种，约三八〇〇卷；“又续藏”四十三函，续收藏外典籍三八〇〇种，约一八〇〇卷，总计为三四三函，二〇九〇部，一二六〇〇余卷。北京、云南、浙江存有全藏近八部。

十一、《清藏》1735—1738年刻造，全藏七二四函，千字文编次天字至机字，入经一六六九部，七一六八卷。经版现存，全藏印本所存者亦多，1935年还印刷过二十二部，北京地区大约有五至十部。近年曾修复重印。

十二、《毗陵藏》20世纪初由江苏常州天宁寺配合金陵刻经处刻造，依据《清藏》重刻，但版式改为方册本。收经数目亦较《清藏》有所增加。

国外雕版本为：

一、《高丽藏》共刻造过二次，初刻本传世稀少，版片被焚毁；再刻本系1236—1251年刻造，版片现存。全藏六三九函，千字文编次天字至洞字，入经一六二四部，六五五八卷。

二、《天海藏》1637—1648年刻造的活字版，据元代《普宁藏》而有所增减。全藏六六五函，千字文编次天字至税字，入经一四五三部，六三二三卷。

三、《黄檗藏》1669—1678年刻造，系以《嘉兴藏》正藏为底本而有所增补。全藏七三四函，入经一六一八部，七三三四卷。版片现存。

（三）汉文大藏经的排印版本，共有六种，国内二种，国外四种。

国内版本：

一、《频伽藏》1909—1913年排印，全藏四〇函，千字文编次天字至霜字，入经一九一六部，八四一六卷，四一四册（目录一册）。是以日本《弘教藏》为底本而略有变动。

二、《普慧藏》1943年编印未完的一部汉文大藏经，原计划以汇集南传北传诸经论，校正前代印本之漏误，改订翻译名义之异同，广事搜集各藏以前之遗佚为目的；经过数年经营，只印出一〇〇册，内容有其他各藏未曾收入的部分经、论、疏释及日译本转译的南传入藏经中部分典籍。这是一部未曾编纂完毕的大藏经，发行面不广。印出的存书在20世纪六七十年代被毁弃。近年有重印。

国外排印本：

一、《弘教藏》1880—1885年编印，全藏四〇函，千字文编次天字至霜字，共四一八册，入经一九一六部，八五三八卷。

二、《卍字藏》1902—1905年编印，据《黄檗藏》校排，共三十七函（目录及索引各一函），三五七册，入经一六二二部，六九九〇卷。印就后不久，即失火被焚，流传甚少。

三、《卍续藏》1905—1912年编印，为《卍字藏》的续编，内容系广泛收罗中国及日本所存历代未曾入藏的佛教典籍汇编成书，曾受到金陵刻经处杨仁山及国内各大寺院和其他佛教居士们的大力支援。全藏入经一六五九部，七一四三卷，共一五一函，七五一册（目录一函一册）。印就之后，存书和《卍字藏》所存者一同被焚。民国初年商务印书馆曾影印过五〇〇部发行。其后日本编辑重排为《新纂卍续藏》。

四、《大正藏》1924—1934年编印。全藏共一〇〇册，正藏五五册，续藏三〇册，别卷一五册（图像一二册，总目录三册）。正藏入经二二三六部，九〇〇六卷，除传统入藏诸经、律、论、法之外，包括部分遗佚经论在内，续藏第五十六——八十四册。为日本佛教徒有关经疏、论疏及各宗派的著述；第八十五册收入南北朝及唐代古逸经和疑伪经及疏释等一八九种。

综观以上三种情况，历来入藏的基本经籍最少为一〇〇〇种（包括

《房山石经》的九六〇余种在内)，最多者为二二〇〇余种，平均数约在一六〇〇种左右。这是宋元明清各藏入经的基本数目，加上各藏特有的经籍，计《房山石经》约七〇余种，《嘉兴藏》五〇〇余种，《频伽藏》三〇〇余种，《大正藏》六〇〇余种（包括第八十五册的古逸疑伪诸经在内)，《续藏》一六〇〇余种，其他各藏特有的少数经卷等，共约三〇〇〇余种，除去重复，约二五〇〇种，加上传统入藏的基本数目一六〇〇余种，现存汉文佛教经籍总数约四一〇〇余种（《二十二种大藏经通检》总数为四一七五种)。

佛教是中国传统文化中与儒、道并尊的三大宗教的一个重要流派。我们有必要编纂一部新的大藏经，所收佛典理应概括全面。采用影印办法，既可避免排字造成新的差错（日本《大正藏》即是前车之鉴)，又可以保存善本古籍原貌；省去了繁重的排字校对的过程，还能大大缩短印刷时间。基于上述考虑，我们决定采用现存最有文物价值的《赵城金藏》为基础，所缺佚者以《高丽藏》等历代藏经补入。

二、关于《赵城金藏》的刻印和流传

《赵城金藏》是我国金代（1115—1234 年）民间募资雕刻的佛藏。全书采用千字文编号次序，自“天”字起至“几”字止。计六八二帙，每帙基本为一〇卷，或略有增减。全藏计六九八〇卷。卷轴装帧，每轴由若干版黏合成卷。绝大部分版式为每版刻二十三行，行十四字，有上下栏单线。版头刻经名、卷次、版次和千字文编号小字一行，遵循我国第一部木版雕印《开宝大藏经》的模式。部分经卷尚留有“开宝”、“咸平”、“天圣”、“绍圣”等北宋年代的题记等，也还杂有少数其他版本的痕迹。也有少数卷帙改为每行十五字、十六字的。与山西应县木塔中发现的十二卷《辽藏》相较，有一致处，或为《辽藏》版本的覆刻。

《赵城金藏》不仅保留了散失殆尽的《开宝藏》和《辽藏》覆刻的原貌，还有少数卷帙为辽代坊刻本，为研究木刻雕版提供了可贵的参考资料。

《赵城金藏》的刻造地并不在山西赵城，而是在山西的解州（今晋南地区解县）西十公里的静林山天宁寺。这部大藏的全名应叫做《解州金藏》更符合实际。由于这部金藏首先在赵城被发现，又由于元世祖忽必烈中统年间（1260—1264 年）在燕京印成后，将散页运到赵城，由庞家经坊黏合装裱成卷，并在每卷加上广胜寺刊印的“释迦说法图”一幅。因此命名为《赵城金藏》，沿用至今，也算事出有因。

这样一部在佛教大藏经中卷帙很多的藏经绝非一朝一夕可以完成，从经尾题跋中可以见到最早为金熙宗完颜亶皇统九年（1149 年，相当于南宋高宗赵构绍兴十九年），最迟为金世宗完颜雍大定十三年（1173 年，相当于南宋孝宗乾道九年）。还在经卷题记中发现有海陵王完颜亮天德三年（1151 年，相当于南宋高宗绍兴二十一年），贞元元年、三年，正隆二年、三年等年号。但未发现刻经人的姓名。《金史纪事本末》卷三〇，李有棠引旧文及《日下旧闻考》卷一五五存疑引《析津志》弘法寺条有“大定十八年（1178 年）潞州崔进女法珍，印经一藏进于朝，命圣安寺设坛为法珍受戒为比丘尼。二十三年（1183 年）赐紫衣为弘教大师，明昌四年（1193 年，相当于南宋光宗赵惇绍熙四年）立碑石，秘书丞兼翰林修撰赵沨记，翰林侍讲学士党怀英篆额”。《永乐大典》卷四六五〇记载：“弘法在旧城。金大定十八年（1178 年）潞州崔进女法珍印经一藏进于朝。命圣安寺设坛为法珍受戒为比丘尼。二十一年（1181 年）以经版达于京师。二十三年（1183 年）赐紫衣为弘教大师，以弘法寺收贮经版及弘法寺两地与之。明昌四年（1193 年）立碑石，秘书丞兼翰林侍讲学士党怀英篆额。”赵沨碑已不存，但碑文仍在。1192 年，中国国家图书馆研究员李际宁整理《碛砂藏》时，发现鲍善恢补刊经版卷尾的“题记”中有《敕赐弘教大师雕藏经版院记》：

潞州长子县崔进之女，名法珍，自幼好道，年十三岁断臂出家。尝发誓愿雕造藏经，垂三十年，方克有成。大定十有八年（1178 年），始印经一藏，进于朝。奉敕旨，令左右街十大寺僧，香花迎经，于大圣安寺安置。既而宣法珍，见于宫中尼寺，赐坐设斋。法珍奏言：“臣所印藏经，已蒙圣恩安置名刹，所造经板亦愿上进，庶得流布圣教，仰报国恩。”奉诏许之，乃命圣安寺为法珍建坛，落发受具，为比丘尼。仍赐钱千万，洎内合，赐五百万，起运经版。至二十一年（1181 年）进到京师。其所进经版凡一十六万八千一百一十三，计陆千九百八十为卷。上命有司选通经沙门导遵等五人校正。至二十三年（1183 年），赐法珍紫衣，号弘教大师。其导遵等亦赐紫衣德号。其同心协力雕经版杨惠温等七十二人，并给戒牒，许礼弘教大师为师。仍置经版于大昊天寺，遂流通焉。韪哉！眷遇之隆，古未有也。（中略）今弘教大师备修苦行，以刊镂藏版为本愿。于是协力助缘刘法善等五十余人，（中略）助修经版盛事，始终三十年之久方得成就。呜呼，可为难也哉！（后略）

赵沨碑亡于明中期，此碑文不期于明初鲍善恢的《碛砂藏》题记中发现。《日下旧闻考》、《金史纪事本末》、《析津志》、《永乐大典·顺天府》等书均以赵沨碑为基础，辗转引述。此前，蒋唯心、童玮均对《赵城金藏》进行了有益的介绍。

金藏雕版完成后，印刷传布情况未见记载。见诸文字的，有大定十八年（1178 年）崔法珍一部，大定二十九年（1189 年）普昭寺昭公本二部，金大安元年（1209 年）兴国院本一部，天宁寺本一部（年代不详），元宪宗蒙哥六年（1256 年）大宝积寺本一部（燕京南卢龙坊张从禄施印），元世祖忽必烈中统年间（1260—1264 年）广胜寺本一部，元世祖忽必烈至元年间（1264—1294 年）印送外国三十六部。《赵城金藏》刻成后，百余年间有记录的印刷发行的只见到以上四十三部。目前尚存的只有广胜寺本四八一三卷，大宝积寺本约五四〇卷，兴国院本及天宁寺本各十余卷，共五三八〇余卷，国内已难以凑成完整的一套，流散到日本还有一些残本。

元代以后，金藏原版曾有过两次补雕。第一次在元代窝阔台执政时期（1229—1242 年），由中书省耶律楚材请设“编修所于燕京，经籍所于平阳，编集经史”。其《湛然文集》卷一四有诗云：“十年天下满兵埃，可惜金文半劫灰。欲剖微尘出经卷，随缘须动世间财。”元代至元二十二年（1285 年），大都道者山云峰禅寺住持如意禅师祥近《至元辨伪录》卷四："大元启祚，睠意法门。太祖明诏首班，弘护兹道。太宗则试经造寺，雕补藏经。"木版易朽，且经战乱，此次雕补版片约占全藏的四分之一。有雕补年月的有五处，我们《中华大藏经》中所据《赵城金藏》本均有记载。集资赞助者有政府官员，有寺院住持僧人，也有民间男女信徒。

元太宗补版《赵城金藏》前数年，南宋朝私版《碛砂藏》在吴县延圣院刻成。宋理宗端平元年（1234 年）编定目录（天字至合字共五四八函）。24 年后，宝祐六年（1258 年）延圣院失火，经版被毁。元大德元年（1297 年），松江府僧录管主八持补刻碛砂经版，共千余卷。增入"济"字至"感"字，增收《宗镜录》一〇〇卷一〇函。元大德十年至十一年（1306—1307 年）增入从大都弘法寺中选出南方版本藏经中所缺的密宗经典八十七种二八二卷。

元代武宗到明代神宗的近三百年间，广胜寺迭经兴废，藏经颇有散失。中间曾经抄补。明清易代，又有散失。清雍正年间寺内开展过一次抄补缺卷工作。20 世纪 30 年代蒋唯心住寺调查时，此类抄本尚存二〇七卷，现在此类补抄本已损失过半。此补抄本以寺内所藏《永乐南藏》为底本，故千字文编号与《赵城金藏》不同，间有误抄处。

1932 年《赵城金藏》被发现后，附近村民进寺游览，信手取走，用来糊窗补壁，也有保存一两卷用以辟邪祈福。范成在寺院整理经卷时曾劝说村民送还，并出资购回约二百余卷。其后外地古旧书商闻讯，不断派人前往收购，倒卖图利。抗日战争前，北京图书馆曾购得一九二卷。其他图书馆、博物馆、私人藏书家也有从书肆购藏的。全国解放后，个人收藏的零星经卷捐献给北京图书馆收藏，张筱衡、周叔弢、徐森玉、周一良、贾敬颜等人捐赠共一五九卷。分散收藏在上海图书馆、山西省图书馆、北京大学图书馆、南京博物馆、山西省博物馆、广西博物馆、赵城广胜寺、太原崇善寺、"台北中央研究院"等各机关三十三卷。蒋唯心调查时这些经卷中的一部分尚在，后来才流散出去，另有一部分是早已散失的。

1931年，朱庆澜、叶恭绰等人发起，将陕西省开元寺和卧龙寺所藏之宋元刊本《碛砂藏》影印流通。由比丘范成负责调查各寺庙中所藏古本佛经中可补碛砂本缺佚卷册者。1932年夏，范成在西安遇一老僧性空从山西五台山归来，向范成提起山西赵城县广胜寺有四大书橱古本藏经，为卷轴装帧。范成根据这一重要资讯，随即赴山西赵城县，至洪洞千佛寺即发现一〇卷，到达广胜寺后，与带去的《大藏圣教法宝标目》逐一核对。范成在广胜寺发现古本藏经后，即电告上海“影印宋版藏经会”，称赵城古本藏经中发现未经传世的“经”、“论”、“疏解”、“杂著”等四十六种。后由徐鸿宝赴广胜寺商洽，将这四十六种金藏特有的孤本典籍运至北京、上海拍照，1934—1935年间，由北京图书馆、三时学会和“影印宋版藏经会”分别编成《宋藏遗珍》。另有保存完好的《楞严经》一〇卷，与通行本对校，勘出百余字的异同。照原样影印四〇〇部，仿原来装帧出版。可惜此书原本现已缺卷二、卷三、卷八，这个复制本也成了珍本。

1932年秋，南京欧阳竟无主持的支那内学院将赵城古藏经零本勘定为金元故物。为了查清实况，遂派蒋唯心前往山西赵城广胜寺做进一步考察。蒋唯心住在广胜寺内，逐卷检核，判定和区分兴国院本和元代初年弘法寺补雕本，旁及明万历、清雍正两次补抄的情况，并考证金藏雕印始末，对照高丽大藏经目录，参考《至元法宝勘同总录》，编定了《赵城金藏》简目。他的介绍文章1934年出版单行本。蒋唯心是向海内外全面介绍《赵城金藏》的第一人。他的考察报告引起了全国专家的注意，也引起了日本学者的注意，后来侵华日军也把它列为文物掠夺的对象。

三、《赵城金藏》的抢救和修复

（一）抢救

1937年，抗日战争爆发前，山西广胜寺上寺弥陀殿的十二个藏经柜共贮有藏经三部半，计有：①金刻卷轴装大藏经一部；②明初刻印

《永乐藏》一部；③影宋本《碛砂藏》一部。此外还有清刻《龙藏》，不全，只能算半部。

1939年7月，日本侵略军侵占山西省雁北。广胜寺力空和尚为防止日寇掠夺，即将《赵城金藏》五千多卷砖砌封存在广胜寺上寺飞虹塔内。中国人民深知，日本侵略军除烧杀掠夺财物外，还有计划地掠夺中国文物。以《枫桥夜泊》闻名世界的苏州寒山寺钟即被日军劫走，该钟至今下落不明。文物古籍也被他们视作掠夺的猎物。当时广胜寺西十五公里处的明姜村有一个日军据点，驻一个小队；西南面同蒲铁路沿线有敌碉堡五六处；西南十五公里洪洞县驻日军一个大队；正南七公里的苏堡镇驻日军一个小队；南面的日军已逼近广胜寺二公里处山下的道觉村。除通往抗日根据地的寺东北方向外，三面均有敌人。1942年春天传出消息，驻占赵城道觉村的日军要来抢取广胜寺的《赵城金藏》。1942年4月17日，由八路军与地方武装把全部经卷安全转移出去。日军率部来抢夺时，迟了一步。

《赵城金藏》转移到亢驿后，存放在机关院内。本来计划转运到沁源县太岳区驻地保存，未及运走，日寇发动了“五一”大扫荡。八路军带着经卷，马驮人背，与敌人周旋于崇山峻岭之间。反扫荡结束后，才把经卷送到沁源县太岳行署。

当时日寇骚扰频繁，沁源县也不是绝对安全的地方，遂由太岳区主任牛培琮派人把经卷运到山势险峻的绵山县，藏在一座废弃的煤矿内，指定专人负责保管，每年前往查看，搬出晾晒。但由于矿洞内渗水潮湿，部分经卷受潮发霉，粘连成块，无法打开。

抗战胜利后，晋冀鲁豫边区政府决定将《赵城金藏》交给北方大学保存。经卷运到后，正值北方大学西迁，经卷运到涉县温村，存放在一所天主教堂内，由北方大学校长范文澜派张文教负责前往看管。张文教接管后，把经卷由温村搬到长乐村一个通风干燥的小阁楼上保存，未再转移。

1949年北平解放后，经华北局书记薄一波批准，电令太行行署将《赵城金藏》运到北平，交北京图书馆（即今天的国家图书馆）收藏，共有四三〇〇卷，又有九大包。《人民日报》于1949年5月21日发布了《赵城金藏》运抵北平的消息。

（二）修复

北京图书馆于1949年5月14日邀请文化教育界专家多人举行展览座谈，并会商修复和保存的办法。北京图书馆赵万里介绍“《赵城金藏》的源流和价值”，张文教报告守护和护送的经过，范文澜介绍共产党重视文化遗产的政策。晁哲甫建议北京图书馆制定修复计划，请政府拨给修复专款。会后北京大学向达教授撰写《记〈赵城金藏〉的归来》一文，发表在5月23日的《人民日报》上。

《赵城金藏》入藏北京图书馆善本部，由馆内修整组负责揭裱。文物版本专家郑振铎、齐燕铭多次来北图视察修整情况。有的经卷因受潮、挤压，结成纸棒，修整难度极大，进展缓慢。最后由韩占魁等四位装裱书画的高手承担下来，采取特殊工艺手段，经过十七年努力，终于把这部稀世瑰宝修整完毕，可供阅读。

四、《中华大藏经》不同于历代刊行的大藏经

汉文大藏经以其篇幅宏大、版本众多、历时久远闻名于世。雕版印刷术以前，佛经传播靠手写流传。南北朝时北方已有摩崖石刻佛经，刻凿在岩石上，与造像祈福同一目的。隋代已开始用石板刻经，那是为了保存佛教经典，以防止兵燹战乱的破坏。刻在石板上，每块石板重达百斤，利于保存，但不便阅读。十世纪，北宋开宝年间开始以木版印藏经，世界上第一部雕版大藏经问世，世称《开宝藏》。后来辽、金、元、明、清都曾投入大量人力物力雕造藏经。现存公私家刊印的“大藏经”达二十种之多。辛亥革命后，还出版过铅字排印的两种“大藏经”——《频伽藏》和《普慧藏》。在国外，汉文版藏经有《高丽藏》、《黄檗藏》、《弘教藏》、《卍续藏》、《大正藏》等。纵观国内外已出版的各种“大藏经”，都有这样那样的缺点，今天看来都不算理想的版本。

为了避免过去各种大藏经的缺点，我们编印的《中华大藏经》力求做到版本要“精”，内容要“全”。我们慎重考虑，选用了八种有代表性的不同版本的大藏经，以《赵城金藏》为基础，进行对校。

《赵城金藏》是北宋《开宝藏》覆刻本，装帧、版式保有《开宝藏》的特点，在《开宝藏》散失殆尽的情况下，不论在版本方面、校勘方面，它都有无可比拟的价值。

国内现有藏经中未经传世的孤本还有《房山云居寺石经》、《辽藏》（又称契丹藏，用名不妥，因为它用汉文而不是契丹文）、《元代官刻大藏经》、《洪武南藏》。这几种大藏经多为《碛砂藏》和《永乐南藏》的覆刻本，所收典籍均少于《赵城金藏》，不宜用做基本参校本。《赵城金藏》收录佛典近七〇〇〇卷，现存五三八〇余卷，虽有缺佚，但可用《高丽藏》补入。《高丽藏》与《赵城金藏》同属《开宝藏》系统的覆刻本，版式基本一致，用《高丽藏》补《赵城金藏》自然协调，便于操作。

《中华大藏经》的校勘方式亦与过去有所不同。《中华大藏经》编辑者申明以《赵城金藏》为基础而不说以《赵城金藏》为底本，是经过考虑的。

《赵城金藏》长期存放在矿洞中，有的经卷水湿、霉变，字迹有残损、有漫漶。在抢救搬运中，卷帙有破损。虽经过北京图书馆的精心修整，基本恢复旧貌，但有些经卷水浸后有霉点，原件可以辨认，照相制版后即不够清晰。我们还要在底片上除去霉点。有残缺不全的字，确定为某字的，如“菩萨”有缺损一半的，即用《赵城金藏》中相同的字剪贴补足。经卷中遇到一行半行或一版半版漫漶不清的也用此法补足。遇到整卷缺佚的，即用《高丽藏》补，并在该卷校勘记中说明。按照传统校勘义例，虽经过编辑人员慎重加工，《赵城金藏》已不能称为底本，而只能说是以它为基础。《中华大藏经》成为中国众多版本大藏经之后的另一种新版本，字迹清晰，既可供佛教信徒咏诵，又可为研究提供可信的原始资料。

《中华大藏经》以《赵城金藏》为基础，与另外八种版本的大藏经对勘。这八种版本是《房山云居寺石经》、《资福藏》、《影宋碛砂藏》、《普宁藏》、《永乐南藏》、《径山藏》、《清藏》、《高丽藏》，九种藏经逐句校对，只勘出各种版本文字的异同，不加案断。

我们校勘的目的，不在于勘误订正，而在于会同比较。因为我们长期整理中国古籍的经验表明，不同版本出现的文句异同，多半不涉及义理，古籍版本出现文字异同各有道理（当然也有明显错误的），如果一定要由编者决定取舍，难免失之武断，徒耗人力，并不科学。

还应指出，每一种善本的特殊价值并不真正由于它的至美至善，而在于它体现了各自时代的某些特征。这些特征是别的版本不能代替的。如《房山云居寺石经》可谓善本，其中石刻佛经体现了《辽藏》的风貌。但也发现有的刻工为了贪图省工，出现了许多与上下文不相连属的“一”字。从一般校勘原理看，这些“一”字与形、音、义的错简毫无关系，只是由于刻工按版计酬，为了省力，又能占满版面，才出现了不应出现的许多“一”字。汉字中只有“一”字笔画最少，刻起来省力，用来充字数最方便。像这类缺点，瑕不掩瑜，并不能动摇《房山云居寺石经》版本价值的历史地位，这里只是说明中国过去雕印的众多版本的大藏经没有一种是尽善尽美的。《中华大藏经》为读者提供一个会同诸本的机会，标出异同，不作案断，正是极端负责的精神，尊重读者、研究者的判断能力。一卷在手，等于同时拥有九种版本的大藏经，为研究者提供了空前的方便，这是《中华大藏经》出版以前任何图书馆都无法办到的。

《中华大藏经》“上编”完成后，我们编辑者已准备编辑“下编”。“下编”将包括历代无千字文帙号部分与新编入藏部分，重点放在过去未入藏的佛典文献，以及逸散在前代大藏经之外，以及近百年新出的佛教文献，它包括：（1）近代由梵文、巴利文、藏文、蒙文等各种文字译为汉文的佛教典籍；（2）敦煌藏经洞保存的大量佛教典籍；（3）正史、地方志、丛书、类书、个人文集中保存的有价值的佛教资料；（4）与佛教有关的金石资料；（5）近现代的佛教著作与有价值的资料等。“下编”完成后与“上编”并立，为我国储备了一套完整的佛教文献资料，《中华大藏经》将成为名副其实的一套汉文佛教全书。值得欣慰的是，在国家支持下，《中华大藏经》“下编”工作已于2002年4月开始启动。因为我们已有了编辑“上编”的经验，可以比“上编”较快地出版问世。

五、《中华大藏经》的完成

《中华大藏经》在国家大力支持下，1982年开始编辑，当1986年初已出版到第十五册时，古籍整理出版规划小组负责人李一氓同志给薄一波同志写了一封信：

一波同志：

金朝所刻佛经，原藏赵城广胜寺，是极为珍贵的佛教典籍和历史文物。抗日战争时期，日寇意图掠夺，当时由您和陈赓同志命令所属，于敌伪碉堡丛之间，奋勇抢运至安全地带。全国解放后，由中央人民政府拨交北京图书馆保存。此后北京图书馆用十七年时间精心整理，灿然恢复旧观。一九八二年，国务院古籍整理出版规划小组委托任继愈同志主持，即《赵城金藏》基础编成《中华大藏经》，共约七千卷，将分装二百二十册，由中华书局出版。现已出十五册，特检送第一册藉留纪念。

一九八六年一月二十日

李一氓同志的这封信，简单地叙述了《中华大藏经》的编辑、出版经过及今后的打算。当“上编”一〇六册接近完成时，我曾给李一氓同志写信，说明“上编”完成在即，请求仍由国务院古籍整理出版规划小组支持继续完成“下编”。可惜他已生病住院，身体精力都不能执笔写字，由他的助手代写了一封回信：

继愈同志：

四月底以后，复多为心脏病纠缠，精神不佳。我意以专力完成《大藏经》正编及目录，此项工程已经是了不起，如能完成，当可告无罪于天下。至于续编及近代检索装备，只能留及后人。特此致函，略述微意，并请见宥为荷。

即颂

撰安

李一氓

五月卅一日

收到信不久，李一氓同志与世长辞，生前未能看到这部《大藏经》上编完成。如果没有他的大力支持，这部《中华大藏经》只能以《赵城金藏》的原始面貌沉睡在善本书库内，无从会同八种不同版本呈现在世人面前，更无从为建设新文化积累资料添砖加瓦。

编纂这部《中华大藏经》，我主要得力于两位青年助手。一位是李富华，他十二年如一日，审查校稿后，遂交中华书局；另一位是方广锠，他读博士生时，从事中国佛教文献专业，专攻版本目录之学，他还帮助制定编辑工作流程，对编纂工作起了重要作用。

上编出版到第三十五册时，我们编辑的主要成员——童玮教授不幸逝世。他一生致力于佛教经典版本目录之学，他编撰的《二十二种大藏经通检》凝结着他一生的心血。为了普查国内佛典古籍现存的情况，他不顾年高，走遍了大江南北、长城内外，南到苏州、南京、上海、南宁、昆明，北到雁门关外的宁武，东到东北吉林、长春、旅顺、大连，西到四川成都，山西晋城、太原、五台，经过他亲自访查，基本摸清了佛教古籍现存的概况。他在编辑《中华大藏经》工作中起着无可取代的作用。童玮还曾听山西晋城青莲寺僧人说，抗战时期，国民党第二战区司令部曾来人借走该寺的卷轴装佛经三十余卷，寺僧不敢不给，借走后未归还。当年的借阅者、借出者早已逝世。这几部《赵城金藏》卷子的下落，留下了永久难解之谜。童玮每次对我提到这件事，不胜唏嘘。

校勘组的石礎老师，在当年十分困难的条件下，工作勤奋认真，以致积劳成疾，本书第一册出版前因病逝世。张文苑先生负责底本组，承担着校勘工作的第一道工序。他认真负责，工作安排得有条不紊。不幸突发脑出血逝世。还有湖北的王世安先生，他为校勘工作付出了劳动，也过早地逝世了。对逝世的这几位来说，是终生遗憾，也给我们全体编纂者留下长远的怀念。

为了搜求中原找不到的卷帙，我们还得到海外朋友的大力支持、协助。这里特别感谢美国的余英时教授，承他的协助，找到《赵城金藏》散佚的《佛国记》，得以珠还合浦。先后对编纂《中华大藏经》提供资料作出贡献的国际友人还有日本临济宗相国寺派管长的梶谷宗忍先生、日本临济宗相国寺派教务部长绪芳香洲先生等。

我们还曾收到没有留下姓名的捐助汇款两笔，一次一五〇圆，一次二〇〇圆。感谢他们对中华佛教文化事业的支持，他们的心愿将与《中华大藏经》同在。

六、大藏经编辑人员总名录（以姓氏笔画为序）

[①]丁明夷　王玉甫　王世安　王立　王永清　王安　王克禄　王育仁　王若兰　王军　王惠仁　王新　王震飞　王静　王鸿　王释非　王铸　牛培昌　方生　方广锠　尹清慧　石磑　石静宜　白梅　包兰秀　曲秀兰　朱红蕾　朱启贤　朱曙光　任今要　任道平　任慧　任继愈　伊晶　安月兰　李玉清　李若聪　李富华　李硕　李璋元　李莹　李蕊　李锡琏　李铁钢　吴彩本　吴莹　何梅　余岫云　余涂才　汪颂圻　沈秀英　沈林红　宋启民　宋璟　尚其康　金世光　金莲生　周立新　周悌闻　周维桢　屈小琦　孟淑玖　柯金康　柳本明　胡受之　郝继东　郑廷础　姜京春　姚京胜　荀俊恩　范庆文　袁文君　袁祝　马彤谨　马鹏云　马艳霞　夏洛玉　乌红梅　郭建纲　郭卫东　郭苹　高明赞　唐洁　陆德明　陈力　陈小平　陈兆明　陈亦男　陈贞辉　陈军　陈刚　孙小宸　孙华　孙培育　孙爱东　曹扬　娄春明　梁宝全　张大柘　张子静　张文苑　张方梅　张以林　张以鸾　张廷杰　张宏愿　张岩　张

① 原书为繁体字本，编辑人员总名录亦按繁体字笔画排序，本书为简体字本，原顺序不变。——编者注

佩兰　张红　张桂元　张桂新　张凤喜　张谦　张馨　张跃生　单立经　乔颖　程昕　傅克勇　傅增提　邹文莉　童玮　鄢玉川　万淑惠　葛维钧　葛艳飞　董型武　叶祝华　叶龙先　杨世荣　杨旻　杨素香　杨崇异　赵湘君　赵瑞禾　翟瑞华　蒋兆华　蒋孟平　巩如旭　刘永平　刘伯涵　刘维彰　刘泽邦　刘韵　刘艳青　潘桂明　潘翔九　卢守中　鞠敏　萧越慧　魏广洲　钟刚　庞瑞琦　苏珂孙　苏军　苏刚健　苏燕孙　龚守缙

参加人员先后共有160人，分别属于底本、修版、调度、校勘、汇稿、定稿、总务、财务八个部门。各部门人员多少不等，少的一个人，多的四五十人。参加者年龄从二十岁到八十岁，老少不一；参加时间最长的从始到终十二年，最短的三个月，不等。他们的辛劳和业绩也将与《中华大藏经》同在。

具有中国民族形式的宗教——儒教

孔子是儒家的创始人。孔子以前已有以儒为职业的，但他们还不成为学派。孔子一生从事教育事业，开门授徒，以他的思想体系教人，于是中国出现了第一个学派——儒家。孔子和儒家有不可分割关系，是大家公认的。后来宋朝兴起了儒教，儒教奉孔子为教主，教主称谓出现在孔子死后若干年，孔子对此不负任何责任。儒家与儒教不是一回事。

北周时已有“三教”的说法（三教指佛教、儒教、道教），北周国祚短促，没有引起注意。隋唐时期“三教”之说已很流行，唐朝凡遇国家庆典，诏“三教”辩论于殿廷。儒、释、道三教为自己的“教”争荣誉，争地位，都推派代表积极参加。

唐朝不少排斥佛教、道教之人，最为人所知的有韩愈。韩愈排斥佛教（也反对道教），韩愈排斥佛教在于用儒教代替佛教和道教，为儒教争地位。像韩愈这种主张的人，唐朝占少数，社会上多数人承认三教鼎立这样的事实，认为孔子、释迦、老子都是“圣人”，都值得尊敬①，释迦的身份从南北朝起，人们已不把它当做外国人看待，佛教经典也取得与儒家经典同样合法的地位，建立了“佛教经学”，普及程度超过了儒家经典。

儒教成为完整形态的宗教，应当从北宋算起，朱熹把它完善化。多年来人们习惯地称为理学或道学的这种体系，我称之为儒教，这不是什么名词之争，它实在关系重大。为了说明事实，先从中国的国情说起。

唐虞三代的历史资料留下来的不多，我们只从秦汉说起，秦汉奠定了后来两千多年的政治格局，即统一的中央集权的封建专制制度。秦汉

① 三教鼎立，孔子、老子已被看做教主，地位与先秦的孔子不一样了。

以后的许多朝代，直到清末，都是沿着这条路线向前走的。两千多年来也有分裂的时候，不过为期不长，即使分裂期间，从人民到统治者都认为是不正常的现象，统一才是正常的。两千多年贯穿着一对基本矛盾：政治上的高度统一，经济上的极端分散。封建经济是一家一户为生产单位的自然经济，产品为了自己消费，不为流通。经济交流、手工业品制造基本上是封闭的，只有供上层贵族享用的奢侈品带有全国性的流通，南海的珍珠、丝绸，北方的毛皮都集中到宫廷贵族手中，丝绸之路还远达欧洲。但这也限于奢侈品，不能与后来资本主义时期的商品相提并论。

自然经济的特点是封闭型，分散经营，不希望政府过多的干预。中国秦汉以后是统一的大国，从政治上要求集中权力，多民族，地区广大，如果政令不一，就难以达到统一的目的。中国中原地区进入封建社会比较早，生产也比较发达，周围的地区有些民族还处在奴隶制甚至原始社会，双方难免发生掠夺性战争。为了保证国家的生产正常进行，客观也需要有一个强有力的中央政府来维持安定繁荣的局面。政治上的高度统一，是客观需要，经济上的极端分散又是客观现实，它是自然经济的本性。政治的集中与经济的分散，这一对矛盾如何协调，不使它畸轻畸重，便成了历代统治者关心的大问题，儒教在这里起着重要作用。

封建社会靠什么统治？像中国这样纵横数千里、上万里的大国，光靠武力、政治的权力是办不到的。除了政治军事力量以外还得有宗教来配合。世界的三大宗教都是在封建社会发展起来的，这不是偶然现象。封建社会需要宗教。如果仅仅是个人的需要，它带有主观因素和偶然性，可以不必太注意，如果出自社会的需要、国家的需要，这就不能看做主观的、偶然的，它具社会性、群众性、客观性。宗教的产生和流行，即出于社会客观的需要。儒教就是出现在中国古代这块土地上的特殊宗教，只有中国才能有的宗教。

宗教之所以为宗教，有它的本质部分和外壳部分。外壳部分，是它的组织形式、信奉的对象、诵读的经典、宗教活动的仪式，等等。这些方面，因教而异，各不相同。宗教之所以为宗教，还有它的本质部分，本质指它所信仰、追求的领域是人与神的关系或交涉。用中国古人习惯的说法即“天人关系”。宗教涉及的范围既在社会生活之内，又在社会生活之外。宗教要处理现实生活中的吉凶祸福问题，同时又要借助超现实的外在力量。“天人关系”涉及两个对象，“天”和“人”，两者之中，有一头是虚设的——天；有一头是实在的——人。这必然造成它的虚构性与实践性两者的奇特的联系。

有没有一个创造世界的主宰者，创造世界的主宰者是什么形象，是慈祥还是严厉，是中国人还是外国人，有形还是无形①，这都不重要。宗教与哲学都讲人生和社会的根本问题，但两者的立场和方法不同。哲学用理性、思辨的方式，去探索、分析世界和人生的根本问题，宗教以信仰和直观来探索、解决世界和人生的根本问题。哲学至少承认有些问题还搞不清楚，不便贸然下结论，宗教不承认有解决不了的问题，也没有搞不清楚的问题，人生中遇到的一切疑难杂症，宗教都能手到病除。由于有这样的差别，哲学从宗教中分离出来以后②，与科学的关系较密切；宗教从本质上与科学对立，因为信仰主义不允许怀疑，崇拜的对象决不允许当做研究的对象，走的是一条非理性主义的道路。也有的宗教哲学用理性主义的形式把人引向信仰主义，佛教中某些流派就是用思辨的手段，把人引向信仰主义的。理学，我叫它做儒教的，就是这样的一种以理性主义为手段，最终把人引向信仰主义的。宋儒教人读书要善于怀疑，朱熹关于读书法讲了很多有价值的经验。但不允许怀疑人为什么要孝，为什么要忠。对忠孝发生怀疑，等于禽兽。王阳明算是最大胆的反传统的怀疑者，敢于对孔子的话进行考虑后才相信，不盲从。但王阳明也不敢怀疑，人是否要忠，要孝。认为忠孝是天性，是良知所赖以发生的根荄。

宗教提倡禁欲主义，并有一系列遏制欲念的训练方法，儒教也是这样，“征忿、窒欲”是儒教修养的一项基本内容。哲学教人服从真理，

① 佛教、基督教有圣像供奉；伊斯兰教无圣像，道教不承认有造物主。

② 在欧洲是近代以后的事，中世纪时期，哲学在宗教的包容下才能存在。

为真理而斗争。朱熹遇到小人当道，对他进行压迫时，他没坚持斗争，把上奏皇帝进行申辩的稿子销毁，自称“遯翁”，这是他占卜以后受到神明的启示以后做出的决定[①]。主宰命运的是“天”，不是“人”。对待“天人之际”，最后屈人以顺天。

儒教除了具有宗教的一般本质以外，儒的外壳，也有宗教的特征。它信奉“天地君亲师”。君亲是封建宗法制度的核心；《四书》、《五经》、《十三经》是儒教共同诵读的经典；祭天、祭孔、祭祖，是封建宗法制下，自天子到老百姓按等级制度举行的儒教祭祀仪式。童蒙入学塾读书，开始接受儒教的教育时，对孔子牌位行跪拜礼[②]。从中央到地方各州府县都建立孔庙，为孔教信徒定期聚会朝拜的场所。正因为它是一种中国自己培养起来的宗教，它以封建宗法制为核心，吸收了佛教、道教中的一些宗教修养方法（如禁欲主义、静坐反省）。它千百年来，培养、锻炼出了大批忠、孝的典型，载入典册、铭于金石、祀于廊庙。儒教有时以反宗教的面貌出现，实际上用适合封建宗法制的民族形式的宗教，以更加入世的姿态把人们引入信仰主义、蒙昧主义、偶像崇拜的死胡同。

儒教建立后，历代政府用行政命令推行它的主张，用科举考试鼓励青年人钻研诵习，耳濡目染，使宗教社会化，把俗人变成僧侣。人们记忆犹新的十年动乱期间的造神运动所以得逞，于百万群众如醉如狂的心态，它的宗教根源不是佛教、不是道教，而是中国儒教的幽灵在游荡，只不过它是以无神论的面貌呈现在人们面前的。

（《文史知识》1988 年第 6 期）

---

① 朱熹《周易本义》开头讲占卜仪式，说：日炷香致敬，……筮者斋洁衣冠北面，盥手焚香，致敬。……命之曰：假尔泰，筮有常，假尔泰，筮有常，某官姓名，今以某事云云，未知可否，爰质所疑于神于灵，吉凶得失悔吝忧虞，唯尔有神，尚明告之。……

② 鲁迅记述他幼年入学，在三味书屋拜师礼，还未改。

朱熹与宗教

朱熹（1130—1200 年）是中国哲学发展史上一个重要的里程碑，是继孔子、董仲舒之后，完成儒教体系的最重要的人物。研究朱熹的思想，既是一个学术问题，也与当前中国人的现实生活有关。在中国学术界一般的看法，认为朱熹的思想体系属于哲学，本文认为朱熹的思想体系属于宗教，他的哲学思想是为他的宗教体系服务的。

一、中国特殊的社会历史条件决定中国宗教的特殊表现形式

宗教、哲学不同于自然科学，它具有鲜明的民族特点。中华民族的文化与其他民族的文化相比，有其共同性[①]又有其特殊性。中国的社会与西方比较，有以下几个特点：

中国封建社会维持的时间长久而稳定；封建宗法制度发展得比较完备；封建的中央专制集权；农民起义次数多，规模大；资本主义没有得到发展。中国有文字记载的历史近四千年，其中有两千多年是在封建社会中度过的。中国古代思想引起全世界注意的部分，也以它的封建文化最为显著。如果想把中国封建文化研究得比较清楚，要调动政治、经济、文化等各方面的学者共同努力才行。本文只是从哲学与宗教一个侧面来接触这个问题。

上面说过，宗法制度是中国封建社会历史的特点之一。宗法制度产

---

① 社会发展史表明，人类社会一般必须经历五种社会发展阶段：即原始社会，奴隶制社会，封建制社会，资本主义社会，共产主义社会。也有不同意这五种生产方式的，但社会发展由低级向高级，由不发达向发达的方向的发展，则是多数历史学家所承认的。

生于氏族公社后期。一般在生产落后、劳动不发达、产品数量极为匮乏的情况下，社会制度在更大的程度上受血族关系的支配。世界上许多民族随着社会经济生产的发展，冲破了血族关系的束缚，建立了以地区划分的国家组织。在中国却不是这样。国家组织形成后，氏族社会遗留下来的血族关系的旧形式不但没有被摒弃，反而作为一种有效的社会组织形式，对国家、社会的活动继续起着调节作用，甚至是支配作用，成为调整社会关系的杠杆。由于阶级矛盾、贫富悬殊造成的冲突通过宗教关系而得到缓和，宗法制度在阶级社会里，仍然以自然的血缘纽带把社会成员牢固地联系在一起，共同的风俗习惯、心理状态、行为规范，在社会上仍然具有普遍意义。儒家在维护宗法制度方面，不断地利用旧形式，填充新内容。

问题还得从西周说起。

周民族战胜了殷民族，取得了全国统治地位，少数统治者征服多数被征服者，他们有效地利用了血缘关系的宗法制度，按血缘关系，分封了本族及其亲属贵族，把他们分驻在齐、鲁、燕、晋等东方重要地区，建立了国家。这个制度延续了七八百年，秦统一后，分封制才解体。分封制度停止了，但血缘关系的宗法制度却在新的形式下得以保持。秦汉统一后，把氏族社会遗留下来的原始宗教仪式，给予系统的解释，讲出一番道理，这就是汉初的《礼记》。原始宗教没有专职的宗教职业者，氏族的首领就是祭祀的主持者。族内祈祷丰年、禳除疾病、消灭自然灾害等活动，全族成员都要参加。生产活动、社会活动同时也是宗教活动。内部的祭祀、对外的部落之间的战争也是在宗教仪式的引导下进行的。古代记载过许多礼仪，是当时社会民俗的记录。如冠、婚、丧、祭、军、宾、燕、飨的活动，都可以在原始宗教中找到它的来历①。西周的文化，经过长期传播，逐渐形成了超出周民族范围的华夏文化。周王室东迁后，王室失去领导地位，鲁国由于周公的原因，保存了完整的

① 今天的少数民族地区的调查可以与古代礼书记载相印证。

礼乐文物、典章制度①。儒家创始人孔子、孟子出于邹鲁，绝非偶然。孔子整理六经，并以六经作为教材，传授门徒，则是学者们公认的事实。六经中，礼乐部分即包括了原始宗教的记录和解释。六经中体现了宗法制为核心的天人观、社会观、宗教观等芜杂的内容。儒家经典中的“敬天法祖”、“尊尊亲亲”、“敬德保民”的教训，都带着原始宗教的遗迹，后来儒家对所传的六经不断给以新的解释，注入新内容，使它成为生活的准则。儒家经典始终具有浓重的宗教传统。

秦汉统一，奠定了中国两千多年大一统的政治格局。中国人长期以来，认为统一是正常的，分裂是不正常的。但是封建社会的经济是自然经济，农民的生产品除上交国家外，都为了自己一家一户的消费。经济上是自给自足的封闭的体系，是分散经营的个体。经济上的分散，要维持统一的局面，没有统一的思想工具是不可能的。秦汉统一后，探索思想统一的经验，历时七十年，终于定儒家于一尊，董仲舒的神学目的论取得了支配的地位。东汉《白虎通》把经学神学化、系统化。过去学者讲两汉经学多注意其师承家法传授，而不大注意其神学意义，是不全面的。

魏晋南北朝时期，统一的国家长期分裂，儒教的势力有所削弱，但封建宗法制并没有削弱，门阀士族势力强大，严孝悌之教，重宗谱之学。当时民族矛盾激烈，战争频繁，给宗教的发展提供了土壤，佛道二教得以盛行。隋唐统一，儒、释、道并称三教。国家大典，召三教代表人物讲论于宫廷上。儒家被公认为宗教，自此时始。

二、中国哲学与中国的宗教

从人类认识史的角度来考察中国儒、释、道三教的鼎立与融合的过程，也可看出人类认识不断前进、不断深化的过程。

中华民族的认识史即中国哲学发展史。先秦时期，人们关心的是天

---

① 《左传》昭公二年，晋国韩宣子到鲁国访问，看到鲁国保存的丰富文物典籍，惊叹道：“周礼尽在鲁矣。”

道问题，讨论关于世界构成问题。这相当于人类认识的幼年时期，董仲舒的神学目的论也未超出这一认识阶段的水平。处于宇宙论（Cosmology）的阶段，还没有达到本体论（Ontology）的阶段。经历了几次社会大变乱，政治上的大变革，人们对天道观的兴趣逐渐被更复杂的社会矛盾所吸引，兴趣由对世界是什么构成，进而追问社会现象中人们自身的问题，人的本性是怎么构成的。人性论在春秋战国时期已被提出，那仅仅是开始，从孔子的“性相近也，习相远也”到孟子的性善说，荀子的性恶说，董仲舒的“性三品”说，扬雄的“善恶混”说，虽说在认识上不断前进，但在理论上还不深入。像人性善恶的根源，人性与社会的关系，人性与生理机能、个人的行为与人性有什么关系，人性有没有变化，规律是什么等问题，都还来不及探索。

佛教传入中国后，大量经典译为汉文，人们看到了所描绘的世界比中国六经所涉及的要广大得多。佛书中对人的感情、意志、心理活动的描述，也比中国古圣贤相传的人性论丰富、细致、复杂得多。三世因果之说，更是中土人士前所未闻，听到后，莫不爽然若失①。人类知识也在不断发展。日趋复杂的生活现实强迫人们回答一些带根本性的问题。社会为什么有灾难，人们为什么有富贵贫贱，世界是什么样子，应当以什么生活态度对待这个世界？人活着为什么？等等。任何一门具体的科学都不能回答这些问题，只有哲学和宗教有兴趣来回答。回答得正确与否，是另一回事，但古今中外哲学家和宗教家都自认为有了正确的答案，只是两者所走的道路不同，哲学采取思辨的方法，宗教走的是信仰的道路；哲学从理性方面做出解释，宗教从感情方面给以满足。就理论上讲，哲学和宗教各有自己的领域，但这种清楚的领域划分，只有当人们从中世纪的长期冬眠中觉醒以后才能认识到，才能获得哲学的完全的意义。中世纪的哲学还没有从宗教中独立出来，只是宗教的附庸。人类认识水平是科学水平的反映。科学水平低下（与近代相比），哲学无力给以合理的解释，不得不借助于宗教。哲学与宗教的界限今天也还有人

① 此说见袁宏《后汉记》。

没有完全划清，何况在古代？

“五四”以后的中国哲学家们，接触近代欧洲文化和哲学。他们敏锐地感到中西哲学的性格的差别！我的老师熊十力先生一再强调，欧洲哲学只能给人以思辨的知识、逻辑的方法，却不能教人从躬行履践中获得安身立命的精神受用。真正了解中国传统文化的学者们都感到这种差别。差别是客观存在着。现在要指出的是，西方人并不是不要安身立命的地方，每一个有文化的民族，如果没有一个安身立命的精神寄托处，将是不可想象的。西方人把安身立命的境界寄托于宗教，把认识世界的任务交给了哲学。西方经历了产业革命，科学和生产力得到现代化，使哲学、科学有条件从宗教中分离出来，中国没有经历像西方那样的产业革命，长期停留在封建社会，哲学没有条件从宗教中分离出来，宗教仍然统治着哲学，两者划不清界限，这就造成了中国封建时代的哲学与宗教浑然一体的状况。西方中世纪的哲学也是大讲安身立命的，他们也要囊括宇宙，统贯天人以成圣成贤为目标。正如西方中世纪安瑟伦（Anselmus，约 1033—1109 年）所主张的那样，把信仰看作理解的基础，理解则可为信仰提供论据。其时相当于中国宋仁宗到徽宗时期，约与周敦颐、二程、张载、邵雍同时。西方的托马斯·阿奎那（Thomas Aquinas，约 1225—1274 年）所处年代相当于南宋理宗到度宗时期，约后于朱熹。西方的经院哲学也讲他们的“天理人欲”之辨，“身心性命”之学。真是东圣西圣若合符节。也有人喜欢把程朱陆王与近代康德、黑格尔相比，“五四”以来，相沿成风。不同的社会发展阶段（封建社会与资本主义社会）拿来相比，是不慎重的，不能从中得出什么可信的结果。也有人认为中国理学与印度佛教哲学相近，是由于都是东方人的思想。实际上，中印古代思想相近，是由于中国和印度的古代社会发展阶段相仿，印度和中国都没有正式进入近代资本主义社会就沦为殖民地和半殖民地。中印古代文化相近、相似，只是由于这两大民族的文化都带有“古代”特征。

这样讲，是不是抹杀了中国民族文化的特点，完全以社会发展阶段来区别文化的差异呢？完全不是。中国古代文化除了带有中世纪的普遍特征外，还有它自己的特征，即封建的宗法制度。中国的儒教是为封建宗法制度服务的，是封建宗法制的产物，正像印度古代哲学为印度的种姓服务成为它的特点一样。正是由于中国封建宗法制度的强大、顽固、历史长久，所以它对中国的传统文化有着极为重大的影响，其威力之深远，远非西方人所能想象。中国本土的思想固然要受它的支配，就连来自外国的佛教，如不向封建宗法制让步，也难以通行。从东晋到唐初，这二百余年间，发生过“沙门不敬王者”、“沙门不应拜俗”的争辩，均以沙门失败而告终。僧众要求治外法权，也遭到失败。佛经原著与中国宗法伦理制冲突，则删略不译。或改译、或增字以迎合封建宗法制度的需要①。对佛教徒来说，“圣言量”是最高准则，倘故意违犯，将堕地狱，受恶报。中国佛教徒宁肯尝堕地狱、受恶报的后果，也不敢触犯封建伦理、“三纲五常”的尊严。

中国的宗教与哲学不得不为封建宗法、纲常名教服务，这种事例到处可见。如佛禅林清规，重修《百丈清规》首先祝君王，然后才祝佛祖，这都表明中国的宗教世俗化程度之深。不只表现在仪式上，宗教理论上也是与当时的封建宗法制度配合的。宗教的核心是宣扬出世，从生活习惯到世界观都要与现实社会的俗人有所区别。但是中国影响最大的佛教宗派禅宗就主张西方极乐世界不在彼岸而在此岸；不在现实世界之外，而在现实世界之中。所谓解脱不是到另外地方，过另一种生活才能解脱，解脱即世界观的转换功夫。所谓出家、解脱，并不意味着离开这个世界去寻找另一个西天。只要接受了佛教的世界观，日常生活中的尘世就是西天②。宗教世俗化是中唐以后佛、道二教共同趋势，到了唐末五代，民生凋敝，战乱频繁，寺院经济遭到破坏，只剩下禅宗这个宗派不但没有衰落，反而遍地蔓延。道教的全真教也是走的世俗化的道路。

---

① 陈寅恪：《寒柳堂集·莲花色尼出家因缘跋》第719页；日本中村元：《儒教思想对佛典汉译带来的影响》，中国社会科学院《世界宗教研究》1982年第2期。

② “菩提只向心觅，何劳向外求玄？听说依此修行，西方只在眼前。”（《坛经》）

从唐代的三教分立，到唐末五代的三教合一，已经水到渠成。理学的出现，即儒教的完成。理学排斥二氏（释道两教），并取得成功，完成了前人排佛老数百年未竟之业，这只是一种假象。实际上并没有排斥掉二氏，而是吸收了二氏的一些重要内容，挂起儒教的招牌。宗教不同于政治势力，可以用什么力量去打倒，宗教是意识形态，特别在中世纪有极强大的生命力，从历史上抹掉它，是不可能的。中国历史上的几次大的“毁法”① 运动，都未成功，毁法之后，信佛群众反而更加炽烈，即是明证。

理学产生于中国封建社会后期。《宋元学案》的学者以孙复、石介、胡瑗为理学创始人，这一说法没有被正统的理学家所承认。理学家自己认为周敦颐、二程才是理学的创始人，后一学说占了上风。北宋五子②所处的时代，正是王安石变法几经反复的时代，这是北宋的一件大事，直到北宋灭亡，这一政治斗争才算终止。变法失败并不能只归咎于人谋不臧，它是封建社会后期不可避免的困境。变法没有出路，不变法也没有出路。与此相适应则是哲学上的北宋理学的建立。哲学上也遇到了危机，不改变就没有出路，危机来自佛教和道教的威胁。不论孙复、石介、胡瑗，还是周、程、张、邵，他们个人的思想体系不尽相同，都以批判二氏相号召。也可以说，这是儒家哲学面临的思想危机，和变法的形势一样迫切，非解决不可。它们的努力获得了结果，建立了儒教，到南宋朱熹，正式完成了这一历史使命。

三、朱熹理论体系剖析

朱熹继承周敦颐的《太极图说》的“无极而太极”的思想并有所发挥，建立“理一分殊”的学说，论证事物的多样性与统一性的关系，比较完整地阐发他的唯心主义本体论。继承程氏“性即理”的命题，

① 北魏太武帝、北周武帝、唐武宗、后周世宗都曾用行政手段灭佛。史称“三武一宗”。

② 北宋五子：周敦颐（1016—1073 年），程颢（1032—1085 年），程颐（1033—1107 年），张载（1020—1077 年），邵雍（1011—1077 年）。

突出了“理”的客观性及普遍性，并吸收了张载的太虚即气的学说，改造了张载的哲学体系使“气”从属于“理”，理为气的主宰。这就使朱熹把宇宙论的框架建造得比过去任何一个哲学家都完整。在人性论方面，朱熹吸取了前人关于人性的成果而又有新的发挥。他说：“人之有生，性与气合而已。即其已合而析言之，则性主于理而无形，气主于形而有质。”① 这是说天命之性通过气质之性才形成具体的人。区分天命之性和气质之性，是要在理论上解决中国哲学史上长期存在的性善性恶的争论。朱熹认为孟子主张性善，是指天命之性，但孟子不知道人还有气质之性，因而不能很好地解释人性既善，恶从何来的问题，所以说他对人性的解释不够完备。荀子主张人性恶，扬雄主张善恶混，韩愈主张性三品，都是指气质之性而言，他们不懂得极本穷源的天命之性是善的，所以他们对人性的解释也不透彻。朱熹认为只有严格区分天命之性和气质之性，才能做出圆满的解释。所以他对张载、二程的人性论给以极高的评价：“故张程之论立，则诸子之说泯矣。”② 讲天命之性是人的本性，即可以为性善说找出本体论的依据。照朱熹的体系，万事万物都是太极的体现，太极体现在人，叫做性。太极是最完美无缺的本体，一切事物都分享了太极的光辉。太极完美无缺，它体现到人性，也应当是完美无缺的。既然本性是善的，即使气质上有缺陷，经过努力是可以把差距缩小的。

朱熹的人性论的重点在于论证封建道德规范（如仁、义、忠、孝等）是天命之性，人人都有这些道德品质，只是由于气质的偏蔽，使得有些人没有很好地把这个天命之性（道德）充分实现出来。经过朱熹的论证，孟子的性善说得到了本体论的证明，才确立起来，它给人以努力的方向，又给目前还不尽符合封建道德标准的人以信心。所以朱熹说划分天命之性与气质之性“有功于圣门”。朱熹还认为天命之性的内容包含着“仁、义、礼、智”。仁、义、礼、智不只是人的本性，甚至也

① 《文集·答蔡季通》。

② 同上。

是宇宙的本性（天地之德）。“在天曰元亨利贞，在人曰仁、义、礼、智。”[①] 既从理论上论证人人接受封建道德的必要性（吸收荀子性恶说对人民改造的思想），又从理论上指出改造成为圣贤的可能性（发挥孟子性善说的思想）。

在心、性、情的关系方面，朱熹也有新的发展，他说：“性者心之理，情者性之动，心者性情之主。”[②] 用比喻来说，“心如水，性犹水之静，情则水之流。”[③] 性中有仁、义、礼、智，发为情，则为恻隐、羞恶、是非、辞让。“仁、义、礼、智根于心”，是从性上见得心。恻隐之心，仁之端也，这是从情上见得心。性只是理，故无不善；发而为情，则有善有不善。本体的心是“道心”，为情所累的心，是“人心”。与“道心”、“人心”相适应的是“天理”与“人欲”。朱熹说：“只是人之一心，合道理底是天理，徇情欲底是人欲。”[④] 朱熹比二程不同处，二程认为道心即天理，人心即人欲。朱熹认为道德即天理，人心不尽同于人欲，人心有为善为恶两种可能，人欲则一定是恶的。战胜人欲恢复了天理，便是“仁”。

人的最终目的，是求仁。“克己复礼为仁，言能克去己私，复乎天理，则此心之体无不在，而心之用无不行也。”[⑤] “仁”为“心之德，爱之理”。[⑥] 又说：“盖仁之为道，乃天地生物之心，即物而在。……诚能体而存之，则众善之源，百行之本，莫不在是，此孔门之教，所以必使学者汲汲于求仁也。”[⑦]

以上是说朱熹把人的普遍原则贯彻到天（自然）的普遍原则，同时，朱熹又把自然的普遍原则推广到人的普遍原则。朱熹在《大学章

---

① 《文集·仁说》。
② 《语类》卷五。
③ 同上。
④ 《语类》卷七八。
⑤ 《文集·仁说》。
⑥ 同上。
⑦ 同上。

句·补格物传》说：

> 所谓致知在格物者，言欲致吾之知，在即物穷其理也。盖人心之灵莫不有知，而天下之物莫不有理。惟于理有未穷，故其知有不尽也。是以大学始教，必使学者即凡天下之物而益穷之，以求至乎其极。至于用力之久，而一旦豁然贯通焉，则众物之表里精粗无不到，而吾心之全体大用无不明矣。

格物就是“即物而穷其理”，教人们从认识具体事物人手。穷理的对象既包括穷究一草一木的理，也包括哲学上最根本的原理。朱熹虽说穷究天下万物之理，但着力于教人穷究封建道德原则，“且穷实理，令有切己功夫。若只泛说穷天下万物之理，不务切己，即是《遗书》所谓‘游骑无所归’矣”。[①] 可见他的格物说虽然包含求知于外物的因素，但重点不在于认识自然界，并发现其规律，而是一种封建道德修养方法。他要的不是一件一件事物的理，而是要达到“众物之表里精粗无不到，吾心之全体大用无不明”的境界。这种思想境界是一种顿悟的境界，是全知全能的精神境界。“知至，谓天下事物之理，知无不到之谓……要须四至八到，无所不知，乃谓至耳。因指灯曰：‘亦如灯烛在此，而光照一室之内，未尝有一些不到也。’”“格物是零细说，致知是全体说。”[②] 又说“心包万理，万理具于一心。不能存得心，不能穷得理；不能穷得理，不能尽得心”。[③]

从自然界到人，朱熹把它打通了。天人共理，天人一贯，天人相通。他比秦汉的天人合一的神学目的论前进了。董仲舒讲天人合一，讲天有意志，有喜怒，能赏罚，人若违天，必遭谴责。朱熹沿着这条路线前进，却在道理上讲得更加圆通。朱熹的“天”、“理”不是那么露骨的人格化，而更多的地方表现为理性化、人性化、合理化。朱熹说：

① 《语类》卷一八。
② 《语类》卷一五。
③ 《语类》卷九。

太极只是个极好至善底道理。人人有一太极，物物有一太极。周子所谓太极，是天地人物万善至好底表德。①

自然界的事物，按其存在而言，只有“如何”，而不存在善恶的价值。人们不说山河大地如何善，如何有德性。天地人物“万善至好”，这个天地人物已被赋予道德属性。所以朱熹又说：

天地以生物为心者也，而人物之生又各得夫天地之心以为心者也，故语心之德，虽其总析贯通无所不备，然一言以蔽之，曰仁而已矣。②

天地和人一样，都以生物为心，这个“生物之心”贯彻、显现于万事万物，显现于一草一木，也贯彻、显现到社会、政治各个方面。朱子喜欢用“月印万川”的比喻来说明这个道理，同一个太极（众理之全）体现到各个事物，各个事物都分享到“太极”的光辉。如果一定要形容这个太极的性质，那么它就是“仁”。朱熹说“天地之心，其德有四，曰元亨利贞，而元无不统”，“人之为心，其德亦有四，曰仁义礼智，而仁无不包”。又说“仁之为道，乃天地生物之心，即物而在。……诚能体而存之，则众善之源，百行之本莫不在是。此孔门之教所以必使学者汲汲于求仁也”。③ 这个“心”，“在天地则块然生物之心，在人则爱人利物之心，包四德而贯四端者也”。④

朱熹又批评了程门学者传授二程的“仁”说走了样，出现两种偏差：一种偏差认为物我一体是仁之体，以杨时为代表；一种偏差认为“心有知觉为仁”，以谢良佐为代表。朱熹本来认为天人一贯，天地和人都要贯彻、体现以“生物为心”的仁。以“物我一体”为仁，又有什么不对。朱熹担心其蔽“或至于认物为己”，使人误认为“仁”不须

① 《语类》卷九四。

② 《文集·仁说》。

③ 《文集·仁说》。

④ 同上。

努力去求，本来现成，人含糊、昏缓而无警切之功。如以“知觉言仁，其蔽或至于认欲为理”，这种偏差危害性更大。这是明目张胆的禅家思想。朱熹多次批评禅宗以知觉为性，他们说“在目为视，在耳为闻，在手执捉，在足远奔”。朱熹认为这种脱离封建伦理价值的言行活动，不是性，人和禽兽的差别恰恰在于人有价值观，视、听、言、动要合于道德规范，才是“仁”；没有道德内容的视、听、言、动是禽兽，不是人。

虽然朱熹的哲学体系，从天地万物说起，从格物致知人手，说到底，落脚点却回到人伦日用之常规，归结到封建道德修养，归结为求仁。格物以致知，只是为穷理以尽性。知命，即知天。朱熹的眼中，天地万物充满了一片生机，充满了和谐，宇宙万物原来是仁的显现，只是人们缺少修养，不去体察，看不到罢了。元亨利贞，是天地的四德①，而元无不包。仁义礼智是人性的四德，而仁无不统。心的本质即天的本质（心之即天德）。朱熹随时随地有意贯通天和人的关系。这是宋儒共同的、基本的世界观。周敦颐不除窗前茂草，曰“和自家生意一般”。二程说“观鸡雏可以观仁”。程颢说“仁者与物同体”。张载“民吾同胞，物吾与也”，“为天地立心，为生民立命”。朱熹教人保持“中心恻怛之怀”。

一种在社会上发生广泛影响的学说，都不是无病呻吟，皆有感而发。北宋立国之初，局面就比较迫促，内忧外患一直不断。王安石变法，牵动北宋的政局，反反复复，直到北宋的灭亡。这是当时政治危机的反映。北宋经济凋敝，民不聊生，变法也不是，不变法也不是，统治者进退两难。北宋五子与王安石政治上的变法同时出现。北宋五子在学说上却是成功的，从周、程、张、邵到南宋朱熹，逐渐把这个宗教思想体系完善化。南宋小朝廷的日子比北宋更不好过，经济更困难，民气更萧索，“中兴”不过是幻想，恢复只是空话。无论北宋或南宋，社会现

---

① 朱子和宋儒说事物的德，即本质、属性；仁者之德，犹言润者水之德，燥者火之德（《二程全书》卷一五）。

实不是那么令人鼓舞的，但是当时的宋儒的言论却看不出这种苦难和不安。他宣扬的是天机活泼、生意盎然，宋儒所从事的精神修养也是从容中道，睟面、盎背、徐行缓步的圣贤气象。这恰恰说明宗教的世界观是现实世界的歪曲的反映。唐末五代，民不聊生，甚至人相食，而禅宗大盛，到处教人立地成佛，不看经，不坐禅，却能保证人成佛作祖。

两年前，我在《论儒教的形成》[①]一文曾说过，宗教都宣扬有两个世界，一个是超世间的精神世界，即天国、西方净土、彼岸世界；另一个是现实世界。有的宗教把彼岸世界说得活灵活现，十分具体，几乎是现实世界一切幸福的无限夸张。也有的宗教把彼岸世界说成是一种主观精神境界。我国隋唐以后的佛教道教都有这种倾向。出家并不意味着教人离开这个世界，到另一个西天去寻求安顿，在日常生活之中，只要接受了宗教世界观，当前的尘世也就是西天极乐世界[②]，每一个参悟佛教教义、接受宗教世界观的众生即是佛。佛不在尘世之外，而在尘世之中。

宋明儒教也正是这样，它给人指出一个精神境界，所谓"极高明而道中庸"，不用改造世界，只要改造自己的世界观，即可成为圣人。而佛教的这种不脱离世间而能出世的理论，本身又破坏了佛教理论的完整性。人们不免要问，既然"运水搬柴，无非妙道"，那何必硬要出家呢？事父事君不也是妙道吗？而中国封建社会遇到的最大的社会危机，恰恰是在于"三纲"的秩序从政治措施到思想意识，如何加强和巩固的问题。这个大问题，佛道两教虽然也都愿尽力帮忙，但提倡"出家"，总不免隔了一层。从运水搬柴可以见性成佛，到事父事君可以成圣成贤，中间只隔着一层纸，只要戳破这层纸，道路就打通了，儒、佛、道三教也就融合起来了。从历史上看，不只儒教有三教合一的行动，佛道二教也都讲三教合一。这是文化发展的总趋势，不是哪一个人可以决定的。理学成为儒教，敬天、法祖的老传统，被添入了新内容。

---

① 见《中国社会科学》1980年第1期。

② 见《坛经》。

四、朱熹与新中国

朱熹自称远绍洙泗正统，近接伊洛渊源，他是孔子以后影响最大的哲学家。当然，朱熹影响大，这是历史条件造成的，不完全是朱熹个人的能力。“五四”时代，提出“打倒孔家店”的口号，实际上孔子是代人受过。“五四”时代要打倒旧的习惯势力，与其说是针对孔子，不如说是针对朱熹。因为“五四”时代人们声讨的孔家店的罪状，几乎都是朱熹和儒教的，和孔夫子没有什么直接关系。

中国社会几乎没有经历资本主义阶段，就由半封建半殖民地而一步跨进社会主义了。由于缺少西方约四百年的反对中世纪教会神权的统治势力的斗争的传统，给我们的社会主义建设带来了不少麻烦。“五四”时期提出两大口号：“科学”与“民主”。三年前纪念“五四”六十周年，人们还提到“五四”的两大任务，还要继续完成。欧洲反封建反了几百年，我们才几十年。中国的封建文化、思想与封建制度结合得很紧密的宗教（儒教）十分顽强，过去我们对此估计不足。衡量一下，近百年中国走过的道路，再上溯到朱熹，以后九百年来走过的道路，对我们每一个中国人，尤其对研究中国哲学史的人不能无所感受。哲学、宗教，看起来，高高在上，讲的问题，提出的范畴，好像远离人间，实际上它是现实世界的一面镜子。

儒教是中国封建社会后期产生的适应当时情况的宗教，是具有中国特点的宗教。这一点，清代颜元也指出过，二程“非佛之近理”，乃程颐之理“近佛”①，又说“其辟佛老，皆所自犯不觉，如半日静坐，观喜怒哀乐未发气象是也”②。颜元讲的仅仅是程朱儒教的一部分。朱熹认为天地之大德曰生，天地有生物之心。人也有从天得来的爱物之心——“仁”。没有“仁”的人，不成为人，没有“仁”的天地不成为天地。朱熹为学，不仅在于纯知识的探求，他确实用实践来体验古代圣人的教导。以朱熹对《论语》“观过斯知仁矣”的理解为例：

---

① 颜元《存学编》。

② 颜元《存学编》。

观过之说，……似非专指一人而言，乃是通论人之所以有过，皆是随其所偏，或厚或薄，或忍或不忍，一有所过，无非人欲之私。若能于此看得两下偏处，……便见天理流行，……故曰“观过斯知仁矣”。言因人之过而观其所偏，则亦可以知仁，非以为必如此而后可以知仁也。

朱熹不但对原文作了如上的解释，而且还切身体会圣人的教导，他接着说：

若谓观己过，窃尝试之，犹觉未稳。若必俟有过而后观，则过恶已形，观之无及，久自悔咎，乃是反为心害而非所以养心；若曰不俟有过而预观平日所偏，则此心廓然本无一事，却不直下栽培涵养，乃预求偏处而注心观之，圣人平日教人养心求仁之术，似不如此之支离也。[①]

可见朱熹的为学，不是口头讲论，确实从体验中得来，它不是纯思辨之学，而是指导行为的学问，它是宗教而不是哲学。宗教不是教人去说的，而是教人去做的。与汉代董仲舒的学说以及《白虎通》的儒教神学相比，汉代的“天”是人格化的神，它反映两千年前人类认识的水平。朱熹的“天”，不是活灵活现的人格神，而是封建宗法化的理性之神，它不具有人形，而具有人性，有“盎然生物之心”。儒教崇拜的对象是“天、地、君、亲、师”，好像是多元的，其实这五者即封建宗法社会的异化物。其中君代表封建政权，亲代表族权，是中国封建宗法制度的核心。天是君权的神学依据，地是天的陪衬，师是代天地君亲立言的神职人员，握有对封建制度最高的解释权。正如佛教奉佛、法、僧为三宝，离开了僧[②]，佛和法就无从传播。

儒教不同于其他的宗教，甚至打出反对宗教的旗帜。儒教以气质之性为恶的起源，即宗教的“原罪”说；儒教宣传禁欲主义，教人轻视

① 《文集》卷六七。

② 儒教的“师”，相当于佛教的“僧”。

物质生活，教人屈服于“天理”；不去改善外部世界，而教人涵养省察内心的一念之差。朱熹的学说出于一时的不被谅解，曾遭到禁锢，但不久即解禁，历元、明、清得到国家的提倡。朱熹的著作成为知识分子应付考试的教科书，朱熹的观点，也灌输给广大知识分子。

生产力和经济发展要求冲破封建主义的束缚，为资本主义开辟道路。从明朝万历（1573—1620 年）时期，及清朝乾隆（1736—1795 年）时期，工商业在个别地区有相当发展，如果不受干扰，可以和当时世界步调相一致，走向资本主义。可是中国的封建势力十分顽固、强大，新生力量几次萌发，几次被抑制。历史家们常说鸦片战争以后，中国的科学、技术才被迫落后，事实上从明中叶以后，中国的科学、技术已开始失去领先的地位。中国发明火药，但明朝要买西方的大炮；航海事业，中国本来是先进的，明以后落后了，航海周游世界的不是中国人。天文历法，中国是世界上先进国之一，明以后，历法推算也不及西方准确了。中国科学技术落后，有多种原因，而宋代儒教思想对人民的禁锢的作用，绝不能低估。

朱熹的格物说，绝产生不了科学家，它只能为封建宗法制度服务；朱熹的仁说，训练不出改革家，更不会有革命家。他的格物穷理，身心性命之学，是为了保卫封建伦理秩序。

照通常情况，社会主义前身是资本主义。新中国没有经历发达的资本主义社会，而是在半封建半殖民地旧址上建立的。在人民民主的政权下，很容易地改革了封建的土地私有制，但对封建宗法主义的影响估计不足，没有来得及详细区别哪些是封建文化的优秀传统，哪些是封建主义文化的糟粕。每一民族的文化，精华部分是人民群众长期积累、创造的文化财富，它代表民族文化的优良传统；糟粕部分是少数特权剥削者假借全民的名义，以谋私利，它是民族文化的赘疣。举世瞩目的中国十年“文化大革命”，许多罪恶的行动，就是用封建主义冒充马克思主义得以畅行无阻的。

中国封建主义的核心是封建宗法制度“三纲”说。“三纲”说与社会主义民主是不相容的。儒教的中心思想即“三纲”说。君权、族权、神权的压迫下，农民没有民主，群众如果不从族权下解放出来，只听张姓、王姓一族一家的支配，就谈不上民主。青年男女婚姻自主、婚姻自由的权利还不断受到家长及旧势力的干扰，现在的新婚姻法就是法律形式保障青年男女民主权利的。家长制，一言堂，也是封建宗法制的残余。这些问题，在西方社会已不成问题，在新中国却还在起作用，妨碍社会的前进。

西方世界有自己的困难，比如家庭关系的不巩固，老年人没有归宿，有人对东方的家族制说了许多优点。社会主义的尊老爱幼、平等互助的新的家庭关系，子女有赡养父母的义务，与封建宗法制的家长的绝对统治是有区别的。封建制的孝道与社会主义下的尊敬父母的孝是不同的，因为封建宗法制下，子女是父母的附属物，子女为父母而活着。同样，我们也要看到，一种学说在不同的社会环境中，会发生不同的作用。朱熹、王守仁学派传到日本，起了进步作用。在西方，中国的文化也在不同的时期，不同的民族、国家起了不同的影响。因为，一个民族的存在、发展，要靠它自己的传统文化作为支柱，外来的文化只起着借鉴和催化的作用。朱熹的思想，无论它的积极部分或消极部分，对外国文化都不能起决定性的作用。朱熹的思想在中国经历了近千年的官方提倡，强制灌输，“三纲”说、“天地君亲师”的崇拜，已深入人心，积重难返。作为一个新中国的学者的切身感受和站在这个文化圈以外的学者的印象是不同的。

我们谈论的是哲学问题，我这里涉及的似乎不属于纯哲学问题。这正是朱熹的思想。朱熹教人要从格物、致知入手，进而正心、诚意、修身、齐家，以至于治国平天下。建设社会主义的国家，也正属于“治国平天下”的范围。照朱熹的方案是不行的。朱熹的学说讲了近千年，并没有解决人民的温饱问题，并没有使中国人民真正站起来。朱熹的思想体系中有可取的地方，但朱熹建立的儒教体系是不可取的。

（原载《中国社会科学》1982 年第 5 期）

论儒教的形成

中国哲学史是在中国这块土地上生长、发展的，中国社会历史的特点，决定了中国哲学史的面貌和性质，正像欧洲的社会历史决定欧洲哲学史的面貌和性质一样。

中国有文字记载的历史绝大部分是封建社会的历史，中国哲学史的发展主要是在中国封建社会历史时期进行的。研究中国哲学史，如果把中国封建社会的哲学史研究清楚了，找到它的基本规律，中国哲学史的主要任务也接近完成了。中国封建社会历史有哪些特点，大家的意见还不一致，剔除其分歧的部分，总还有些基本上被人们公认的部分。简略地说，中国的封建社会历史约有以下几个特点：

（1）中国封建社会维持的时间长久而稳定；

（2）封建宗法制度发展得比较完备；

（3）中央集权下的多民族的大一统国家结构形成得早，分裂不能持久；

（4）农民起义次数多、规模大；

（5）在中国的封建制度下，资本主义没有得到很好的发展。

如果把中国封建社会发展的阶段再进一步划分，可以分为以下的六个时期：（1）分散割据的封建诸侯统治时期（春秋战国到秦统一前）；（2）中央集权的封建专制制度建立时期（秦汉）；（3）门阀士族封建专制时期（魏晋南北朝）；（4）统一的封建国家重建、兴盛与地方割据时期（隋唐五代）；（5）封建国家中央集权制完备与社会停滞时期（宋元明）；（6）封建社会僵化没落时期（清）。以上六个时期，隋唐以前封建社会在发展、在前进，宋元明以后封建社会制度则开始停滞以至僵化。在上述经济、政治形势变动的同时，代表统治阶级利益的思想体系也相应地发生着变化。

封建社会的上述历史特点和历史过程，造就了以儒学为核心的封建意识形态，这种同封建宗法制度和君主专制的统一政权相适应的意识形态，对劳动人民起着极大的麻醉欺骗作用，因而它有效地稳定着封建社会秩序。为了使儒家更好地发挥巩固封建经济和政治制度的作用，历代封建统治者及其思想家们不断地对它加工改造，逐渐使它完备细密，并在一个很长时间内进行了儒学的造神活动：把孔子偶像化，把儒家经典神圣化，又吸收佛教、道教的思想，将儒家搞成了神学。这种神学化了的儒家，把政治、哲学和伦理三者融合为一体，形成了一个庞大的儒教体系，一直在意识形态领域占据着正统地位，对于巩固封建制度和延长其寿命，起了十分巨大的作用。

春秋时期孔子创立的儒家学说本来就是直接继承了殷周奴隶制时期的天命神学和祖宗崇拜的宗教思想发展而来的，这种学说的核心就是强调尊尊、亲亲，维护君父的绝对统治地位，巩固专制宗法的等级制度。所以这种学说稍加改造就可以适应封建统治者的需要，本身就具有再进一步发展成为宗教的可能。但是在先秦它还不是宗教，只是作为一种政治伦理学说与其他各家进行争鸣。由儒学发展为儒教是伴随着封建统一大帝国的建立和巩固逐渐进行的，曾经历了千余年的过程。孔子的学说共经历了两次大的改造。第一次改造在汉代，它是由汉武帝支持，由董仲舒推行的，这就是中国历史上所谓“罢黜百家，独尊儒术”的措施。汉代大一统的中央集权封建宗法专制国家需要一套在意识形态上和它紧密配合的宗教、哲学体系。孔子被推到了前台，董仲舒、《白虎通》借孔子的口，宣传适合汉代统治者要求的宗教思想。第二次改造在宋代，宋统治者集团利用机会从唐末五代分散割据的混乱局面中捞到了政权。他们鉴于前朝覆亡的教训，把政治、军事、财政、用人的权力全部集中到中央。宋朝对外宁可退让，对内则强化中央集权的封建宗法专制制度；思想文化领域里也要有与它相适应的意识形态相配合。汉唐与宋明都是中央集权的封建宗法专制制度的国家，但中央权力却是越来越集中，思想文化方面的统治方法也越来越周密。为了适应宋朝统治者的需要，产生了宋明理学，即儒教。儒家的第二次改造，虽说完成于宋代，追溯上去，可以上溯到唐代。韩愈推重《大学》，用儒教的道统对抗佛教的法统。李翱用《中庸》来对抗佛教的宗教神秘主义。到宋代朱熹则把《论语》、《孟子》、《大学》、《中庸》定为“四书”，用一生精力为它作注解。朱熹的《四书集注》被宋以后的历代封建统治者定为全国通用的教科书。“四书”从十三经中突出出来，受到特殊的重视。

下面，我们就从汉代起回溯这个历史过程。

封建大一统的局面形成之后，必然要求与它相适应的哲学作为指导思想。秦王朝不加掩饰地实行严刑峻法，结果很快覆亡了。贾谊《过秦论》就总结了这一教训。汉初的黄老之术，虽有一时的作用，也不是封建国家长治久安之策。统一的封建帝国需要这样一种思想体系：它能够用统一的神权来维护至上的君权，它能够用祖先崇拜来巩固宗法等级制度，它又能够用仁义道德的说教来掩饰统治者对劳动人民的压迫和剥削。为了寻求合适的思想体系，西汉王朝探索了六七十年之久，终于选中儒家，出现了儒家的代表人物董仲舒。董仲舒为了巩固政治的统一，主张思想统一，提出罢黜百家、独尊儒术。从董仲舒起，孔子被抬上了宗教教主的地位。春秋时期的孔子是一位政治家、思想家、教育家和儒家学术团体的领袖，但常常被嘲弄、被冷遇；汉代的孔子就成了儒教的庄严、神圣的教主，他被塑造成神，成了永恒真理的化身。汉代封建统治者希望人民去做的许多事，都假借孔子的名义来推广，封建宗法制度进一步得到巩固、加强。“三纲”说在荀子、韩非的著作中已开始提出，但那时只是一家之言，表达一种政治伦理思想。汉代董仲舒以后，通过政府把它推广到社会生活中去。东汉的地方察举制度曾规定了许多道德品目，如“孝廉”，既是一种道德品质，同时又是一种做官仕进的条件。儒家的封建伦理和社会政治的制度结合得更紧了。西汉和东汉统治者为了巩固中央集权，他们使王权与神权进一步合流，为王权神授制造理论根据。但在实际政治生活中，他们把神权限制在王权之下，而不允许平起平坐，更不用说神权凌驾王权之上了。

中国封建统治者，由于和农民起义打交道的经验多，日益感到利用宗教化的儒学来麻痹人民的反抗意志十分必要。因此，汉代开始采用儒家的经典来为他们的政治、法律的措施作说明。汉武帝时，张汤决狱，要从《春秋》中找根据（其实是捕风捉影，与《春秋》没有关系）。东汉以皇帝名义召开的白虎观的会议，更是用政权来推行神权、用神权维护政权的典型例子。这时的儒家的面貌已经不同于先秦的儒家，孔子地位被抬高了。

汉代的儒家，先按照地上王国的模型塑造了天上王国，然后又假借天上王国的神意来对地上王国的一切活动发指示。这就是汉代从董仲舒到白虎观会议的神学目的论的实质。天为阳、为君、为父、为夫；地为阴、为臣、为子、为妇。天地自然界的秩序被说成像地上汉王朝那样的社会秩序。自然界也被赋予封建伦理道德的属性。虽然没有西方上帝造人类那样的创世说，但也有类似的地方。儒家定于一尊，儒家的经典成为宗教、哲学、政治、法律、道德、社会生活、家庭生活以及风俗习惯的理论依据。哲学虽不像欧洲中世纪那样成为神学的婢女，但成了六经的脚注，非圣等于犯法。所谓圣人就是尧、舜、禹、汤、文、武、周公、孔子等儒家所崇拜的偶像。

东汉末年的黄巾大起义，动摇了汉王朝的政治统治基础。王权与神权紧密配合的汉王朝崩溃，代之而起的是分散割据的地方封建势力。政治上出现了三国分立的局面。三国时，商业交换基本停止，不再铸造货币，出现了更典型的自然经济。以王权、神权相结合的儒家正统思想——神学目的论也受到了致命的冲击。这时出现了魏晋玄学，在民间和社会上层相继发展了佛教、道教。这时，我国北方、南方少数民族也纷纷武装起义来反抗汉族的政治压迫。他们的领袖人物中有的是被卖的奴隶，后来起义成功，建立了王朝①。在思想领域，他们首先冲击的是儒家内中华而外夷狄的思想。少数民族统治者信奉佛教。汉族群众信奉佛教和道教。五斗米道、太平道在农民中间广泛流行。

---

① 如以刘聪、石勒等人（《晋书》卷一〇二及卷一〇四）为代表的北方少数民族的起义。

由于中国广大地区已具有高度的封建经济、政治和文化，少数民族掌握政权后，由奴隶制社会很快被带进了封建社会。封建社会的统治和被统治的关系，也很快被他们接受。具有中国特点的封建宗法专制主义也还得被重视。因为这一套统治人民的经验行之有效，而这一套封建伦理道德规范在儒家有深远传统。当然，起决定作用的是中国封建的经济结构和社会结构。中国封建社会的宗法制度是与中国封建社会相终始的，“三纲”、“五常”被儒家说成为万古不变的规范。说“万世不变”，这是古人的局限性，因为古人不知道封建社会以外还有其他生产方式。仅就中国的社会情况而论，说它是封建社会“万世不变”的秩序也未尝不可。

在魏晋南北朝时期，佛教、道教广泛流行，儒家失去独尊的地位，但统治者并未抛弃它，它仍然是封建思想的正统。梁武帝崇奉佛教，但梁武帝的《敕答臣下神灭论》的主导思想仍是儒教而不是佛教。当时的统治者用佛、道作为儒教的补充，三者并用或交替使用。三教之间有斗争，有妥协，也互相吸收。既然封建宗法制度未变，维护封建宗法制度的伦理纲常就不会被抛弃，“三纲”、“五常”的秩序非维持不可。因此，佛教、道教也要适应封建宗法制度的要求，才能得到地主阶级的支持。佛教五戒十善，采用的善恶道德标准仍然不能超出三纲五常的规定范围，违反了就是十恶不赦。封建地主以造反为罪大恶极，佛教也认为无君无父是构成入地狱的罪行。难怪宋文帝发自肺腑地说，佛教虽主张出世，但有助于王化①。魏晋玄学否定了神学目的论，但未对儒家的封建宗法制度、三纲五常触动一根毫毛。当时名教与自然的争论，反映了玄学家们如何对待三纲五常的根本态度。不论哪一派，都不敢说不要名教。玄学最大的代表人物之一如王弼，还是认为孔子比老子高明②。农

---

① 宋文帝：“若使率土之滨，皆敦此化，则朕坐致太平矣，夫复何事？”（见《广弘明集·宋文帝集朝宰论佛教》）

② 裴徽问弼曰：“夫无者，诚万物之所资也，然圣人莫肯致言，而老子申之无已者何？”王弼回答说：“圣人体无，无又不可以训，故不说也。”（何劭《王弼传》引）

民不是先进的生产关系的体现者。农民的思想随着生产资料、政治权利的被剥夺，也被迫接受统治阶级的王权神授、天命决定论，也被封建宗法制度所束缚[①]。

虽然政治上南北处于分裂状态，中国历史这一时期在某些方面仍有所发展。北方和南方在各自的统治范围内有相对安定的政治局面，于是北方和南方各民族在经济、文化的交流中有了进一步的融合。许多落后的氏族部落和奴隶制初期的民族，由于同汉族不断交往，相互了解、通婚、学习，很快赶上来，进入封建社会，这就给以后隋唐建立的多民族繁荣昌盛的封建统一王朝准备了条件。

隋唐时期由于封建经济的进一步繁荣、发展，对世界经济文化交流有过贡献。南北朝时期分裂割据的影响逐步泯除。佛教结束了南北朝各宗派长期分裂的局面，形成了统一的各宗各派；道教也混合南北，形成了统一的唐代道教。佛教、道教各自发展自己的寺院经济并建立宗派传法世系。儒家的经学也兼采南北经学流派，形成具有唐代特点的经学。儒、释、道三家鼎立，都得到封建王朝的大力支持[②]。三家学说有异，服务的对象却是一家[③]。朝廷遇有大典，经常让三教中的代表人物在殿上公开宣讲。儒家讲儒家的经典，佛教、道教也各自讲各自的经典，时称儒、释、道三教。儒、释、道所讲论的内容，也逐渐由互相诋毁而变得互相补充。政府明令禁止道教攻击佛教和佛教攻击道教的文字宣传。唐初朝廷举行公开仪式中，有时规定佛教徒在先，有时规定道教徒在

---

① “统治阶级的思想在每一时代都是占统治地位的思想。这就是说，一个阶级是社会上占统治地位的物质力量，同时也是社会上占统治地位的精神力量。支配着物质生产资料的阶级，同时也支配着精神生产的资料，因此，那些没有精神生产资料的人的思想，一般的是受统治阶级支配的。”（《德意志意识形态》，《马克思恩格斯选集》第1卷，第52页）

② 唐大足元年（公元701年），武则天当政时，已明白宜示，三教有共同的任务，并令人撰写《三教珠英》。（《唐会要》卷三六）

③ 文宗诞日，召秘书监白居易、安国寺沙门义林、上清宫道士杨弘元入麟德殿内道场谈论三教。居易对语中有谓“儒门释教虽名数则有异同，约义立宗，彼此亦无差别，所谓同出而异名，殊途而同归者也”。（《白氏长庆集》卷六七）

先，中唐以后规定齐行并进，不分先后。儒家对佛、道有所攻击，主要说他们不生产、不当兵、不纳税、不负担政府的义务、不符合中国传统的风俗习惯，等等。但儒家在哲学观点上，则大量吸收佛、道的东西。

久为人们熟悉的宋代理学的开创者周敦颐的代表著作是他的《太极图说》和《通书》。周敦颐的学术渊源，来自道士（陈抟—种放—穆修—周敦颐），他们的传授关系是有案可查的。维护周敦颐的朱熹一派，极力否认周氏与道教的关系，给以新的解释；也有一派如陆九渊弟兄，认为“无极”之说源出老子（道教），为了维护儒家的正统，他们提出这不是周氏的主张，不然就是他早年思想体系不成熟的作品。又据记载，周敦颐与僧寿涯也有学术上的交往①。宋代的朱熹与道教的牵连更深，对道教的经典《阴符经》、《参同契》曾大力钻研。儒道合流的代表人物，由北宋上溯，如唐朝司马承祯，由此再上推，到南朝的陶弘景、北朝的寇谦之，都是结合封建伦理学说来宣传道教的。宋以后的道教更是公开宣扬三教合一，如假托吕洞宾的名义的一些宋明道教著作，都在宣扬忠孝仁义等封建宗法世俗观点。

儒佛互相渗透的情形更普遍，如唐代的柳宗元、刘禹锡、梁肃、白居易，这是人所共知的。过去人们对柳宗元、刘禹锡以唯物主义而信佛，觉得不好理解，有的哲学史工作者出于爱护唯物主义哲学家的感情，对这个现象也进行过解释，对他们的信佛表示遗憾。宋代的唯物主义者王安石，同时又是佛教的信奉者，晚年还舍宅为寺。这些唯物主义者都受儒教的熏陶，并且认为儒佛并不矛盾，可以相通②。以佛教徒和尚身份而公开主张儒教的，如宋代的孤山智圆，自号“中庸子”，他自称：

> 中庸子智圆名也，无外字也，既学西圣之教，故姓则随乎师也。尝砥砺言行以庶乎中庸；虑造次颠沛忽忘之，因以中庸自号，

① 僧寿涯赠诗有：“有物先天地，无形本寂寥。能为万象主，不逐四时凋。”

② 柳宗元：“浮图诚有不可斥者，往往与《易》、《论语》合，诚乐之，其于性情奭然，不与孔子异道。”（《柳河东集》卷二五）

故人亦从而称之。或曰："中庸之义其出于儒家者流，子浮图子也，安剿窃而称之耶？"对曰："夫儒释者言异而理贯也，莫不化民俾迁善远恶也。儒者饰身之教，故谓之外典也；释者修心之教，故谓之内典也。唯身与心则内外别矣，蚩蚩生民岂越于身心哉？非吾二教何以化之乎？嘻！儒乎，释乎，其共为表里乎！"（《闲居编·中庸子传上》第一九）

故吾修身以儒，治心以释，拳拳服膺、罔敢懈慢犹恐不至于道也，况弃之乎？呜呼！好儒以恶释，贵释以陕儒，岂能庶中庸乎？（同上）

自然现象不同于社会现象，它不具有人类社会的道德属性，但智圆用儒家的仁义观点，加给自然界生物以道德属性①，与朱熹等以仁义礼智释元亨利贞的思想方式是一个路数。

至于佛教与道教的合流、交互影响，也是随着隋唐在政治上的大一统而形成的。道教经典很多取自佛经，这已是公认的事实②。天台宗的创始人慧思，既是佛教徒，又信奉道教的长生求仙的方术，要作"长寿仙人"③。史传有明文，并不避讳。

从唐代的儒、释、道三教鼎立发展为宋代的三教合一，这个长期的历史过程，也就是儒教在封建政权的支持下逐渐酝酿成熟的过程。

从汉武帝独尊儒术起，儒家已具有宗教雏形。但是，宗教的某些特征，尚有待于完善。经历了隋唐佛教和道教的不断交融、互相影响，又

---

① 钱唐县西北水行十八里，有村曰"义犬"者。昔人养犬甚驯，行迈于是，醉卧草间，野火四至，将焚焉。犬能亟至河岸，以身濡水，湿其草，主遂免祸。睡觉，犬力殚毙矣。感其义，因葬之。乡人命其地曰"狗葬"。后刺史以"义犬"之名，易"狗葬"之名，予舟行过其地，遂为文以感之："浩浩动物，唯人为贵。立人之道，曰仁以义。二者不行，与畜同类。畜能行是，与人曷异。懿矣斯犬，立功斯地。救主免焚，濡草以智。其身虽毙，其名不坠。"（《闲居编·感义犬》第二七）

② 陶弘景的《真诰》有数十处抄自《四十二章经》。

③ 见慧思：《南岳誓愿文》。

加上封建帝王的有意识地推动，三教合一的条件已经成熟。以儒家封建伦理为中心，吸取了佛教、道教一些宗教修行方法，宋明理学的建立，标志着中国儒教的完成。它信奉的是“天地君亲师”，把封建宗法制度与神秘的宗教世界观有机地结合起来。其中君亲是中国封建宗法制的核心。天是君权神授的神学依据，地是作为天的陪衬，师是代天地君亲立言的神职人员，拥有最高的解释权，正如佛教奉佛、法、僧为三宝，离开了僧，佛与法就无从传播。宋朝理学兴起的时候，恰恰是释道两教衰微的时候。风靡全国、远播海外的佛教，形式上衰微了，实际上并没有消亡，因为儒教成功地吸收了佛教。看起来中国没有像欧洲中世纪那样宗教独霸绝对权威，但中国中世纪独霸的支配力量是不具宗教之名而有宗教之实的儒教。

儒教这个宗教，看起来不同于其他宗教，如基督教、伊斯兰教、佛教等，甚至打出反对上述宗教的幌子。清代学者颜元早已指出程颐的思想“非佛之近理”，乃程颐之理“近佛”。（见《存学编》）还指出：

> 其（朱熹）辟佛老，皆所自犯不觉。如半日静坐，观喜怒哀乐未发气象是也，好议人非，而不自反如此。（《存学编》）

进入高级阶段的宗教都有他们不同的“原罪”说。宣传人生下来就有罪，必须靠宗教的精神训练来拯救人们的灵魂。程颐说：

> 大抵人有身，便有自私之理。宜其与道难一。

儒教宣传禁欲主义：

> 甚矣，欲之害人也。人之为不善，欲诱之也。诱之而弗知，则至于天理灭而不知反。故目则欲色，耳则欲声，以至鼻则欲臭，口则欲味，体则欲安。此则有以使之也。然则何以窒其欲？曰：思而已矣。学莫贵于思，唯思为能窒欲。曾子之三省，窒欲之道也。（《宋元学案·伊川学案》）

这种禁欲主义，一直成为宋以后儒教修养的中心思想。他们甚至连五欲排列的次序也按佛教的眼、耳、鼻、舌、身五欲排列。

宗教都要树立一个至高无上的神（名称各有不同）。儒教亦宣传敬天、畏天，称国君是天的儿子。君权与神权紧密结合起来。国君被赋予神性。儒教还有祭天、祀孔的仪式。

宣传“以贫为荣”、“以贫为乐”，也是儒教的一个重要内容。儒教著作中称赞有道之士“虽箪瓢屡空，宴如也”。穷了，就避免了声、色的物质诱惑。儒教认为生活水平越低，道德品质越高，他们把物质生活的改善看做罪恶的源泉，把生活欲望与道德修养摆在势不两立的地位。“不是天理，便是私欲”，“无人欲即是天理”。（《宋元学案·伊川学案》）

儒教把一切学问都归结为宗教修养之学。儒教不去改造客观世界，而是纯洁内心；不向外观察，而是向内反省；不去认识世界的规律，而是去正心诚意当圣贤。圣贤的规格就是儒教规格的人的神化，即典型的僧侣主义的“人”。他们说：

> 颜所好者何学也，学以至圣人之道也。……喜怒哀乐爱恶欲，情既炽而益荡，其性凿矣。是故觉者约其情，始合于中，正其心，养其性，故曰：“性其情。”愚者则不知制之，纵其情以至于邪僻，梏其性而亡之，故曰：“情其性。”（《颜子所好何学论》）
>
> 伊川见人静坐，便叹其善学。（《宋元学案·伊川学案》）

宗教都主张有一个精神世界或称为天国、西方净土，宗教都有教主、教义、教规、经典，随着宗教的发展形成教派。在宗教内部还会产生横逸旁出的邪说，谓之“异端”。儒家则不讲出世，不主张有一个来世的天国。这是人们通常指出的儒家不同于宗教的根据。

但是我们应当指出，宗教所宣扬的彼岸世界，只是人世间的幻想和歪曲的反映。有些宗教把彼岸世界说成仅是一种主观精神状态。在中国的历史上，隋唐以后的佛教、道教，都有这种倾向。以影响最大的禅宗为例。中国出现过许多宗派，禅宗受中国封建文化影响最多，他们宣称：“菩提只向心觅，何劳向外求玄？听说依此修行，西方只在眼前。”

(《坛经》)禅宗主张极乐世界不在彼岸而在此岸，不在现实生活之外，就在现实生活之中，所谓出家、解脱，并不意味着离开这个世界到另一个西天。在日常生活之中，只要接受了宗教的世界观，当前的尘世就是西天，每一个接受佛教宗教观的众生即是佛，佛不在尘世之外，而在尘世之中。

宋明理学吸收了禅宗的这种观点。虽然它不讲出世，不主张有一个来世的天国，但是却把圣人的主观精神状态当做彼岸世界来追求，这和禅宗主张在尘世之中成佛是完全相同的。

程颢的《定性书》被宋明理学家公认为经典性的权威著作，这种“定性”与佛教禅宗的宗教修养方法一脉相承，所谓“动亦定，静亦定，无将迎，无内外”(《定性书》)，即是禅宗的“运水搬柴，无非妙道”。把人性区别为“义理之性”与“气质之性”，“人欲”又是挟“气质”以俱来的罪恶，实质上是宗教的“原罪”观念。程颐的《颜子所好何学论》是一篇典型的宗教修养方法论，是一篇宗教禁欲主义的宣言书。张载的《西铭》也是一篇歌颂“天地君亲师”的儒教宣言，他认为人生的一切遭遇天地早安排定了，享受富贵福泽是天地对你的关怀，遭受贫贱忧戚，是天地对你的考验。天地与君亲本是一家人。二程教人主敬，程颐终日“端坐如泥塑人”。“存天理，去人欲”更是一切唯心主义理学家全力以赴的修养目标。他们所谓“天理”，无非是封建宗法制度所允许的行为准则，内容不出“三纲”、“五常”这些儒教教条。儒教追求的精神境界更偏重于封建道德修养，巩固宗法制度。儒教的孝道除了伦理意义外，还有宗教性质①。儒教没有入教的仪式，没有精确的教徒数目，但在中国社会的各阶层都有大量信徒。儒教的信奉者绝不限于读书识字的文化人，不识字的渔人、樵夫、农民都逃不脱儒教的无形控制。专横的族权、高压的夫权、普遍存在的家长统治，简直像毒雾一样，弥漫于每一个家庭、每一个社会角落。它像天罗地网，使人无法摆脱。

---

① 见《孝经》。

宋明理学所普遍关心并反复辨明的几个中心问题有“定性”问题、“义理之性”与“气质之性”的问题、“孔颜乐处”问题、“主敬”与“主静”问题、“存天理去人欲”问题、“理一分殊”问题、“致良知”问题，等等。这些问题虽以哲学的面貌出现，却具有中世纪经院神学的实质和修养方法。看起来问题虽多，最后都要归结到“存天理，去人欲”这个中心题目上来。

宋明理学各家各派，不论是政治上进步的、保守的，唯心的、唯物的，都在围绕一个中心问题阐述自己的观点：如何正确处理（对待）“天理”与“人欲”的关系。它不是一个哲学问题而是一个神学问题，即如何拯救灵魂，消灭“罪恶”，进入“天国”（理想的精神境界）的问题。中国哲学史涉及社会伦理思想的特别多，而涉及自然的比较少，这也是被中世纪封建社会的特点所决定的。欧洲中世纪的哲学是神学的奴婢，它的注意力也不在认识自然界而在拯救人类的灵魂。恩格斯指出，特别在近代才突出思维与存在、精神与物质的关系问题①，古代不是这样，那时人是靠天吃饭，是自然的奴隶，也就没有能力摆脱神学的束缚。西方中世纪神学的中心观念是“原罪”，中国中世纪神学的中心观念是“存天理，去人欲”。这不是谁抄袭谁的，而是封建社会的共性决定了的。只要是中世纪封建社会。必讲天理人欲之辩。只是欧洲有欧洲的讲法，印度有印度的讲法，中国有中国的讲法。

在资本主义出世以前，人们都受神的统治，神学笼罩一切。因为中外中世纪的经济是封建经济、小生产的自然经济，靠天吃饭。物质生产要靠天，精神上就不能不靠天。人们不能摆脱宗教这个异己的力量。统治者则充分利用牧师这一职能来维持其统治。由于这个原因，封建社会里的唯物主义阵营在实力上无法与唯心主义阵营旗鼓相当，唯物主义者总不能摆脱宗教和唯心主义的巨大影响。欧洲中世纪宗教和教会具有垄断一切的势力，曾经发生过的唯名论与唯实论的争论，唯名论属于唯物

① “全部哲学，特别是近代哲学的重大的基本问题，是思维和存在的关系问题。”《马克思恩格斯选集》第4卷，第219页。

主义阵营，但要披上宗教的外衣。后来18世纪法国唯物主义者则是踢开上帝，抛开神学的外衣，大讲无神论。像斯宾诺莎实质是唯物主义者，还保留着“神”这个外壳。中国哲学史上提出唯物主义观点的思想家，如宋代的陈亮，明代的王廷相，清代的工夫之、颜元、戴震等人都在不同的领域对儒教的某一方面的问题有所抨击①。与正统的儒教——程朱陆王的理学在哲学路线上相对立，但他们都抛不开孔子，摆脱不了六经，他们都自称得到孔子的正统真传，假借孔子、孟子的衣冠来扮演革新儒教的角色。他们对孔子这位教主则不敢怀疑。明代的李贽曾提出过“不以孔子之是非为是非”，这是他敢于突破藩篱的地方，但他怀疑的限度只限于孔子的个别结论，而不是怀疑孔子这个教主，更不是要打倒孔子。他竭力抨击那些口诵圣人之言、败坏封建纲常的假道学假圣人之徒，他提倡忠孝仁义，维持封建宗法制，他是爱护这个制度的孤臣孽子。李贽对佛教五体投地，他是儒教异端，而不是反封建的英雄。

宋明理学体系的建立，也就是中国的儒学造神运动的完成，它中间经过了漫长的过程。儒教的教主是孔子，其教义和崇奉的对象为“天地君亲师”，其经典为儒家六经，教派及传法世系即儒家的道统论，有所谓十六字真传②。儒教虽然缺少一般宗教的外在特征，却具有宗教的一切本质属性。僧侣主义、禁欲主义、“原罪”观念、蒙昧主义、偶像崇拜，注重心内反省的宗教修养方法，敌视科学、轻视生产，这些中世纪经院哲学所具备的落后宗教内容，儒教应有尽有。

佛教禅宗曾把僧侣变成俗人，以求得与中国的封建宗法制度配合；儒教则把俗人变成僧侣，进一步把宗教社会化，使宗教生活、僧侣主义渗透到每一个家庭。有人认为中国不同于欧洲，没有专横独断的宗教；我们应当看到中国有自己的独特的宗教，它的宗教势力表面上比欧洲松散，而它的宗教势力影响的深度和广度、控制群众的牢固性更甚于欧洲

---

① 他们给“人欲”以合法的地位，主张唯物论，反对唯心论，这都不符合儒教的原则。

② “人心惟危，道心唯微，唯精唯一，允执厥中。”（《尚书·虞书》）

中世纪的教会。欧洲中世纪设有异教裁判所，中国的儒教对待叛道者使用的教条教规也是十分严酷的。凡是触犯了封建宗法规范，被认定为大逆不道、逆伦灭理的，可以在祠堂里当众处置，直到死刑。更重要的一个手段是“以理杀人”。被儒教残害的群众，连一点呻吟的权利也被剥夺干净，丝毫同情、怜悯也得不到。千百年来，千千万万男男女女无声无息地被儒教的“天理”判了死刑。儒教“视人之饥寒号呼、男女哀怨，以至垂死冀生，无非人欲”（戴震：《孟子字义疏证》），必尽除之而后快。真是“杀人如草不闻声”，精神的镣铐比物质的镣铐不知道严酷多少倍。

董仲舒对孔子的改造，已经使孔子的面目不同于春秋时期的孔丘。汉代中国封建社会正在上升时期，统一的封建王朝继秦朝以后，富有生命力，配合当时的政治要求而形成的儒教虽有其保守的一方面，但也有积极因素。宋明以后，中国的封建社会已进入后期，出现的资本主义萌芽都不幸没有得到正常发展的机会。宋明封建王朝的统治者推动儒教的发展，朱熹对孔子的改造，与孔子本人的思想面貌相去更远。如果说汉代第一次对孔子的改造，其积极作用大于消极作用，那么宋代第二次对孔子的改造，其消极作用则是主要的。

儒教限制了新思想的萌芽，限制了中国的生产技术、科学发明。明代（十六世纪）以后，中国科技成就在世界行列中开始从先进趋于落后。造成这种落后的主要原因在于封建的生产关系日趋腐朽，使社会经济停滞不前，中国的资本主义没有得到发展的机会，而儒教体系对人们探索精神的窒息，也使得科学的步伐迟滞。上层建筑对它的基础绝不是漠不关心的，它要积极维护其基础。中国封建社会特别顽固，儒教的作梗应当是原因之一。

自从五四运动开始提出“打倒孔家店”的口号，当时进步的革新派指出孔子是中国保守势力的精神支柱，必须“打倒孔家店”，中国才能得救。当时人们还不懂得历史地看待历史事件和历史人物，不善于用发展变化的眼光看待事物，因而把春秋时期从事政治活动和教育文化事业的孔子和汉以后历经宋元明清封建统治者捧为教主的孔子混为一谈。

孔子只能对他自己的行动承担他的历史功过，孔子无法对后世塑造的儒教教主的偶像负责。作为一个教育家、政治思想家、先秦儒家流派的创始人，我们应当给以全面的恰当的评价，历史事实不容抹掉，而且也是抹不掉的。孔子这个人在历史上的功过，现在学术界还没有一致的意见，这是一个学术争论的问题，不可能短期取得一致的意见。儒教的建立标志着儒家的消亡，这是两笔账，不能混在一起。说孔子必须打倒，这是不对的；如果说儒教应当废除，这是应该的，它已成为阻碍我国现代化的极大思想障碍。

有人认为中国历史上不曾出现过像欧洲中世纪那样的政教合一的黑暗统治时期，是得力于孔子的儒家学说。儒家起了抵制宗教的作用，儒家不迷信，所以抵制了神学的统治。

中国没有出现欧洲中世纪那样的基督教，这是中国社会特点所决定的；说中国有了儒家从而避免了一场宗教神权统治的灾难，是不对的。因为儒教本身就是宗教，它给中国历史带来了具有中国封建宗法社会特点的宗教神权统治的灾难。

宗教、迷信、神权是人类历史上不可避免的现象，迄今还没有发现过有哪一个民族、国家有过对宗教的免疫能力。不过在不同国家和不同地区，宗教具有不同的表现形式罢了。中国儒教顽强地控制着中国，它与中国封建社会相始终，甚至封建社会终结，它的幽灵还在游荡。

还应当看到宗教有它的形式和内容。形式上可以有信奉的偶像不同、教义教规的不同，但寻求彼岸世界的宗教世界观是一切宗教的共同的特点。教权与王权的关系，西方与东方形式上有所差异，西方是教权高于王权，中国除从前西藏地区外，则是王权高于教权。但王权与教权的紧密配合，及其禁锢人们的思想的程度，东方与西方没有两样。

有人认为中华民族屹立于世界民族之林，经历了多少次风雨，儒家提倡的气节，起了重要作用。所以历史上出现了临危不惧、见义勇为的英雄人物。当民族面临危机严重的关头，我国出现过不少英雄，他们是民族的脊梁。应看到，临危不惧、以身殉其理想，历史上屡见不鲜，如墨子的门徒们为维护墨家的利益、理想，赴汤蹈火，死不旋踵；田横与五百壮士同日自杀以殉齐国；董狐秉笔直书，视死如归。他们都不是孔子或儒家的信徒。还有一些为宗教狂热的驱使到西方取经的佛教徒，也能不避死亡，策杖孤征。可见把曾子所说的“可以托六尺之孤，可以寄百里之命，临大节而不可夺”的坚强品德记在孔子或儒家名下，是不符合事实的。像曾子所标榜的这个要求，儒家创始人孔子就没有做到。孔子周游列国，遭到蒲人的围困，孔子对天发了假誓，作了假保证，才逃脱包围。一旦脱离险区，发的誓就不算数了，还自己解嘲说“要盟不信”[①]。孔子还看不起那些“言必信，行必果”[②]的人们，他在气节这一点上偏偏表现得不好。一个民族，不论大小，都有它的长处。世界大门已经敞开，可不能再抱着“河东白豕”那种自我欣赏、自我锢蔽的态度。欧洲人的书里也曾讲由于有了基督教的好传统，使他们保持了宽容、忍让、慈爱为怀的高尚情操。事实果真如此么？我们中华民族早就有过深刻体会——当年大炮、军舰、圣经、鸦片同时莅临，这就是他们所宣扬的高尚情操。所谓宽容、忍让的美德是有的，它出自劳动人民，而不是圣经的教训的结果。

有人认为儒家有爱国主义的好传统，儒家保存了中华民族的文化，形成一种团结的向心力。

爱国主义，不是抽象的名词，它有实际的内容。春秋战国时期诸侯国林立。许多学有专长的人，有政治抱负的人，到处游说，想依靠一个国家的国君支持他们的主张，推行他们的政治理想。孔子就是其中的一个。孔子离开了他的祖国鲁国，到处游说，他到过齐国、卫国、楚国等大国。哪一个国君用他，他就在哪个国家当官。后来孔子的弟子们、诸子百家的领袖们都是这样做的。当时没有人议论他们背离祖国，或不爱国。战国末期，李斯的《谏逐客书》不但没有想到要好好为祖国效力，而是举出种种理由，规劝外国君主重用有才学的外国人，而不必管他们来自哪个国家。当时各民族之间经济、文化、婚姻的联系频繁，视为当

① “要盟也，神不听。”（《孔子世家》）

② 《论语·子路》：“言必信，行必果，硁硁然，小人哉。”

然，诸侯贵族曾与邻近的少数民族通婚①，春秋战国时期，民族之间、国与国之间的关系是正常的、开放的，不是封闭的。

到了秦汉以后，中国创立了多民族的统一的宗法封建专制主义的大一统的国家。这时的国内各民族关系也是平等和睦的。只是来自北方游牧地区，尚处在奴隶制前期的匈奴部落对农业地区经常掠夺，把早已进入封建社会的内地居民掠为奴隶，这就遭到进入封建社会的全体人民的反抗。掠夺与反掠夺的斗争，加深了民族的界限。长期的战争和经济交流（战争也是一种代价很高的文化交流），使多民族的封建大一统国家在安定的政治局面下不断得到发展。隋唐皇室就不是纯汉族。唐代任用朝廷和地方官吏，对蕃汉各族一视同仁，这对于封建的发展繁荣起着促进作用。民族融合，和平相处，这是历史发展的主流。

但也应当看到，由于地理形势的远隔，我国与东南海外的往来关系远不如西北陆上的密切。我国历史上不断地一批一批地把西北民族从部落社会、奴隶制社会带进了封建制社会，同时又不断接触一些新的部落民族。长期以来，形成了汉族的自大优越感，以“天朝”自居。宋以后，历代统治者致力于控制内部、防止造反，再加上儒教的长期灌输，从而形成一种极不健康的民族思想意识。对外来的东西，又怕又恨，产生一种儒教变态心理②。

有人认为有了以儒教为中心的文化共同体，团结了中华民族。华侨中多半相信儒家思想，他们的爱国主义精神，多得力于儒家的传统。

这是用思想去说明社会历史，而不是用社会历史去说明思想；而且这个说明也是不正确的。华人海外谋生，很不容易，他们多半是冒着生

---

① 《史记·晋世家》：晋献公娶狄女、娶骊姬，晋文公娶季隗。

② “宋的文艺，现在似的国粹气味就熏人。然而辽金元陆续进来了，这消息很耐人寻味。汉唐虽然也有边患，但魄力究竟雄大，人民具有不至于为异族奴隶的自信心，或者竟丝毫未想到，凡取用外来事物的时候，就如将彼俘来一样，自由驱使，绝不介怀。一到衰敝陵夷之际，神经可就衰弱过敏了，每遇外国东西，便觉得仿佛彼来俘我一样，推拒，惶恐，退缩，逃避，抖成一团，又必想一篇道理来掩饰，而国粹遂成为孱王孱奴的宝贝。”（《看镜有感》，《鲁迅全集》第1卷，第300—301页）

命危险去的。明清以前出国谋生的华侨得不到政府的支持和保护，近代中国又处在半殖民地的地位，政府无力保护，在海外受尽了凌辱和种族歧视。华侨如不团结，不互相帮助，就难以生存，更不用说发展了。华侨渴望祖国繁荣、昌盛，他们的处境决定了他们热爱祖国的思想感情。

中国是一个封建宗法制度占统治地位的国家，华侨离乡背井，往往依靠封建宗法关系、同乡邻里关系、行会关系。以这些关系为纽带，加上语言、习惯、经济的联系，自然结成了自己的相互依存的共同体。他们可能把“天地君亲师”的神位一齐带出国，但团结他们的主要力量是现实的生活而不是什么儒教的遗泽。多少世纪以来，世界上失去祖国的犹太人，顽强地生存着，他们都不信儒教。流浪的吉卜赛人，也顽强地生活着，他们也不知道什么是儒教。

有人说，儒教集中体现了中华民族优秀的文化传统，它培育了许多“取义”、“成仁”、可歌可泣的民族英雄。不错，中华民族是有优秀的传统，在它的历史上也涌现出许许多多伟大的民族英雄，但不能把功劳记在儒家或儒教的账上。中华民族的优秀文化传统和自强精神是在同民族压迫和阶级压迫的斗争中，在同自然界的斗争中形成的，主要是指反抗精神、牺牲精神、科学精神和民主精神。这些优良传统首先体现在广大劳动人民身上，也体现在代表人民利益的一些先进的人物身上。历来反抗黑暗的专制统治、反抗暴政、反抗民族压迫，最终把封建制度推翻的并不是正统的儒家人物，而是农民的革命力量。创造了中国灿烂的古代文明，在农业、手工业和建筑、绘画、雕塑等方面创造出高度的技艺和举世闻名的伟大作品的作者们甚至连名字也没有留下，他们是农民、手工工人和各种巧匠艺师，却不是儒教信徒。否定天命鬼神，高举无神论和唯物论旗帜的并不是儒教正统学者，而是敢于冲破儒教传统的先进人物。宋元及明清优秀的文学作品，其指导思想多半是发不平之鸣、离经叛道之作。近百年来，在民族危亡、社会昏暗的时刻，从伟大的太平天国运动、辛亥革命，直到五四运动，这些斗争唤醒了沉睡的中国，为在中国共产党领导下使中国重立于世界各国之林开辟了道路。这些伟大的运动，一个重要的斗争目标，就是反封建制度，反儒教思想。

宋明以后的儒教，提倡忠君孝亲、尊孔读经、复古守旧，这些都是文化遗产中的糟粕，是民族的精神赘疣。像岳飞这个民族英雄，由于儒教灌输给他的忠君思想，使他违背了民族利益，放弃已经到手的胜利，自己冤死，国家受难。文天祥在《正气歌》里说的“成仁”、“取义”的名句，虽出自儒教圣训，但推动他行动的根本动力，还是他面临的民族压迫的现实。我们同样应当指出，外来侵略者也提倡儒教，内部的投降派也提倡儒教。抗战时期日本帝国主义者也修过孔庙，大小维持会的头目，多为儒教信徒，而抗日根据地的军民群众并没有靠“成仁”、“取义”的口号来作为抗战的动力的。

中国文化确实有好传统，像奋发有为、刚毅顽强、吃苦耐劳、不畏强暴，这都是劳动人民的优秀品质。这些优秀品质并非来自儒教，甚至是反儒教的产物。如果我们的广大群众和海外侨胞都照儒教的规范行事，那就要脱离生产，轻视劳动，“畏天命，畏大人，畏圣人之言”，他们神龛里供奉着“天地君亲师”的神位，虔诚礼拜，终日静坐，“如泥塑人”，天天在“存天理，去人欲”，将是什么样的精神面貌，又怎能立足于世界呢？

总之，历史事实已经告诉人们，儒教带给我们的是灾难、是桎梏、是毒瘤，而不是什么优良传统。它是封建宗法专制主义的精神支柱，它是使中国人民长期愚昧落后、思想僵化的总根源。有了儒教的地位，就没有现代化的地位。为了中华民族的生存，就要让儒教早日消亡。我们只能沿着“五四”时代早已提出的科学与民主的道路，向更高的目标—社会主义前进，更不能退回到“五四”以前的老路上去。倒退是没有出路的。

作者附言：这篇文章，是根据我1979年访日时所作的《儒家与儒教》学术报告补充改写的。

（原载《中国社会科学》1980年第1期，
收入北京师范学院出版社《任继愈学术论著自选集》，1991年）

《中国道教史》序

中国三大宗教（儒、释、道）是中国传统文化的三大支柱。学术界对儒教经典研究得较多，对佛教经典研究得较少，对道教经典研究得就更少。造成这种状况的原因甚多，由来已久。按照封建正统观点，认为只有儒家的经史子集才有资格代表中国传统文化，佛教、道教典籍属于旁支，文化价值不大。这是长期流行的一种偏见。清朝编纂《四库全书》，这是中国封建社会最后一次文化丛书结集。共收书 3461 种，79309 卷。存目的有 6793 种，93551 卷。两项共计一万余种。其中所收佛教典籍，属于《子部·释家类》，共 13 部 312 卷。所收道教典籍，归于《子部·道家类》，共收 44 部，430 卷。佛、道两家的典籍共计不到一千卷。

封建儒家学者们总认为佛道两教的典籍价值不大。我们从中华民族传统文化的整体来看，佛道两教与儒家传统文化同样重要，同样影响着中华民族的文化生活、家庭生活、社会生活以及政治生活。佛教、道教的影响，其深远程度当不在儒家经史四部之下。三教交互融摄，构成唐宋以来中国近一千多年来的文化总体。不研究中国佛教就无从了解中国文化和中国历史，这一点已逐渐被学术界人士所承认；对道教研究的重要性，似乎没有像对佛教那样重视。事实表明，道教典籍中可供发掘的东西非常丰富，其重要性绝不下于佛教，甚至更重要。

道教生长在中国本土，约与佛教同时活跃在舞台上。但道教的命运不济，错过了大发展的机会，让佛教占先了一步。一步落后，步步落后，两千年来，一直没有能超过佛教。唐朝时道教可谓极盛，它得到皇帝的支持，受到特殊的恩宠，道教的信徒人数和天下道观的数量也只有佛教的二十分之一。

汉末、魏晋，天下大乱，老百姓走投无路，往往投靠宗教。那时中央政权对全国失去控制，正是宗教发展的良好时机。由于黄巾起义打过道教的旗帜，黄巾被打败，道教也受牵连，统治阶层对道教存有戒心，有很长时期对道教不敢信任。这时佛教接受了中国封建宗法思想，乘机宣传其三世因果报应轮回之说，扩大了地盘，在帝王、贵族支持下，招纳了大量的信徒。

南北朝时期，北朝道教经过寇谦之的改造，南朝道教经过葛洪、陆修静、陶弘景的改造，取得上层统治者的支持，才有了较大的发展。这中间已比佛教的发展落后了若干年，错过了大发展的时机。在道教典籍的搜集、整理方面，道教丛书的集结工作也比佛教落后了一步。道教有很多做法是从佛教那里学来的。佛教最早把自己的全集称为“一切经”，道教编集道教的全集也称“一切经”。由于“一切经”这个名称被佛教占用在先，后出现的道教的“一切经”则称为“一切道经”，以区别佛教的“一切经”。唐玄宗时，曾令编纂《一切道经音义》，也就是当时的《道教大辞典》。唐武后时已出现过“道藏”一词，但未能通行，“道藏”一词正式确立，是在宋代佛教“大藏经”以后的事。

宗教的存在和发展要靠民众，为了更大的发展则须依靠政权上层的支持。东晋时期，佛教最有名的推动者道安也懂得“不依国主，则法事难立”。道教的发展、宣传也遵循这一个原则，既注意拉拢上层，也注意普及于下层。有上层的支持，经济来源有保证，为寺院经济创造条件；有下层群众的广泛信奉，才能壮大宗教的声势，才可以更加促进上层的重视。只有上层而下层信徒不足，则缺少存在的基础，难以发展；有下层群众而没有上层的支持，也不能长久①。佛教、道教在中国都有悠久的历史，历久不衰，除了社会的客观原因外，与道教、佛教的主观努力也有极大的关系。他们宣传宗教，既要结交上层权贵，又要俘虏下层群众，针对不同信徒的需要，推行其宗教宣传内容。

道教开始拥有群众是从下层开始的，如东汉的黄巾（内地道教）、张鲁（巴蜀的道教）多以下层群众为对象。中国农村长期愚昧落后，

① 隋唐时期的“三阶教”，在下层流传颇广，后被政府取缔，终归消失。

缺医少药[1]，以符水治病，驱妖捉鬼，祈福禳罪，与民间巫术、占卜、星相、图谶等迷信相结合，道教活动得以广泛蔓延，道教典籍中也保存了这一部分内容。

道教为了取得上层统治阶层的信赖和支持，也尽力满足他们的需要。地主阶级自南北朝以来，形成世袭的特权阶层，他们生活优裕，总希望长期活下去，即使不能永生，也想长寿。道教为了迎合他们的精神生活和肉体生活的需求，向他们推销养生、服食、炼丹、房中等宗教内容。道教外丹教法在南北朝隋唐盛行不衰，即得力于上层贵族特权阶层的信奉和支持。炼丹要耗资财、费人力，穷人不敢问津，中产人家也办不到，只有特权阶层大贵族对此有兴趣。

道教和其他宗教一样，着重宣传神的启示，自称他们的典籍，为神仙颁赐，他们制造文书，以宣达神意，因而道教中颇多书法家。最有名的王羲之手写《黄庭经》与道士换鹅的故事流传甚广，王羲之是世代信奉天师道的道教徒。

道教宣传的重点和宣传内容都保留在道教的典籍里，从今天保存下来的《道藏》可以窥见道教发展变迁的各个侧面。从汉末到明清，社会思潮不断变化，与社会思潮相适应，佛、道、儒也在变化，三教之间又有互相影响、互相渗透的关系，这种互相融通、渗透的关系也表现在道教的典籍里。

综观道教发展的历史，可以分为四个段落（或称为发展时期）。

南北朝时期，道教得到当时帝王贵族统治者的支持，跻身社会上层，这是它的第一个发展时期。唐朝皇族与老子攀亲，自称李耳的后裔，政治上予以扶持，大力推行道教，这是第二个发展时期。北宋真宗开始，后来徽宗继续崇奉道教，用道教麻痹人民，陶醉自己，借以遮盖北方强邻压境造成的耻辱，这是道教发展的第三个时期。明代中叶，帝王迷信道教，妄图成仙，道教曾受到皇帝宠遇。皇帝纵容道士干预政治，参加政府内部的权力争夺，这是道教发展的第四个时期。

---

① 当前尚且如此，两千年前的农村可想而知。

元朝初年道教也曾受到皇帝的重视（如丘处机），但元朝统治者不专重某一种宗教，对基督教、伊斯兰教、汉地佛教、藏传佛教也都重用①。中间还有一次焚毁道经的劫难。

明中叶以后，国力衰竭，内忧外患，朝廷自顾不暇，对道教不能从财力上支持。清朝当权者及上层贵族起自关外，承袭萨满教传统，对道教不感兴趣，道教历代享受的特殊宠遇有所裁抑。道教发展在上层社会受阻，势力转入民间，转变成秘密宗教团体。这些民间宗教也有自己的经典，但不被政府承认，不能公开传播。日后如重新编辑“道教全书”（或称“新道藏”）时，流传于民间的这部分道教典籍应当收入。

《道藏》中所保存的若干思想资料在中国思想史上占有重要的地位。它与佛教一样，在这里都有所反映，各个时代的重要哲学思潮及其资料丰富了中国哲学史的内容。如魏晋以后，哲学界关心和讨论的中心问题是“本体论”。以本体论取代两汉的宇宙构成论。这一变化，说明中华民族理论思维的深入和提高。从本体论转入心性论，是中国哲学史发展的又一次提高。在隋唐时期，佛教各大宗派，如天台、华严、禅宗都各在自己学术领域里有所建树，佛教的心性论处在时代思潮的领先地位。道教的理论也适应了这一时代思潮。世人论道教内丹之学，多认为它由外丹发展而来，这种说法不为无据，但还不能算全面地说明问题。内丹说，实际上是心性之学在道教理论上的表现，它适应时代思潮而生，不能简单地认定内丹说的兴起是由于外丹毒性强烈，服用者多暴死，才转向内丹的。“内丹说”在道教，“佛性说”在佛教，“心性说”在儒教，三教的说法有差异，而他们所探讨的实际上是同样的问题。以道教来看，《抱朴子》的道的理论已偏重于本体论，但不纯熟。唐代司马承祯的坐忘学说则是典型的心性论。当时道教与佛教相呼应，各自从自己的立场阐发心性之学。佛教道教倡导于前，儒教反而显得落后，后来韩愈、李翱等人也跟着探索这一领域，这种理论兴趣和思维水平到唐

① 道教为了装点自己，故意把元朝皇帝说成一个道教信奉者，正如印度佛教徒把阿育王说成佛教信奉者一样。阿育王除佛教外，也保护其他宗教。

末、五代更加成熟，成为学术界的中心议题。宋代理学兴起，心性论与治国平天下的封建政治学说相结合，形成理论完备的儒教体系，成为心性论的主力。佛、道二教没有能够继续发展，仍停留在原来的水平上，反而落后了。

金元时期出现的全真道及其相关的教派，与以前及后来的许多道教流派不同，对于这些特异的道教的政治背景前辈学者有很好的论述[①]。应当指出，金元时期的全真教把出家修仙与世俗的忠孝仁义相为表里，把道教社会化，实际上是儒教的一个支派。儒教在宋代形成后，成为中国封建社会后期的思想支柱的中心力量。南宋灭亡，儒教并未受到损伤，朱熹建立起来的儒教体系几乎全部在元代得到继承，政统转移，而道统赓续。皇帝换了姓氏，中华民族的传统文化反而凭借元朝强大武力推广到更边远的地区[②]。儒教势力强大，体系完整，超过佛道二教，其实，它包含了佛教、道教的心性修养内容。

研究道教，不能离开佛教，也不能离开儒教。佛教与道教看起来长期有争论，事实上这两教基本上同兴衰、同荣辱、同命运。佛道两教均受过政治压迫、迫害，佛教遭受的政治打击的次数比道教还要多些[③]，原因在于他们的势力强大，达到与国争利的地步，政府就出来干预。佛道两教互相吸收，道教吸收佛教的东西更多于佛教吸收道教的。唐代为三教鼎立，唐中叶以后的总趋势为三教合一。宋以后儒教形成自己的庞大体系，以釜底抽薪的方式，从内部吸取佛道二教的修炼方法，如静坐、养神、明心、见性等，这都是孔孟所未讲的新内容。儒教从佛道二教那里补充了新内容。

中国的佛教早已中国化，佛道两教相比较，道教更具有中国封建社会农民型的朴素意识，道教似不及佛教机巧。道教在佛教初传入时帮了佛教的忙，佛教势力壮大后却反戈相击。像《老子化胡经》这一段公案，先后聚讼达千年之久。老子化胡本属无稽之谈。佛道两教争高下，

---

① 见陈垣先生《河北新道教考》等有关著作。

② 云南省各县的孔庙是元朝建立的。

③ 佛教所谓“三武之祸”。

道教没有倾全力从理论上争是非，而是采用农村乡里间争辈分的方法，编造事实，抬高老子。佛教初传入中国，为了便于立足，希望与中国名人拉上关系。佛教徒中不乏饱学之士，他们并不是看不出老子化胡说的荒谬，但他们忍让着，任凭《化胡经》广为流布，并不进行反驳。佛教显然是利用道教为自己开路①，可以认为双方互相利用，毕竟佛教利用道教的成分更多。等到佛教势力强大到足以自张一军时，则发动教徒，利用一切手段攻击《化胡经》，最后一次大辩论发生在元朝，假借元朝统治者的干预，连道藏的经版都销毁掉。当然，流传了千百年的《化胡经》，山陬海隅，所在多有，光靠一次行政禁令是毁不尽的。

道教研究室的多数同志，曾以集体力量，花了多年时间把道教全集——《道藏》检阅了一遍，并撰成《道藏提要》一书，现已交中国社会科学出版社出版。对几千卷道教典籍的内容、时代、作者，提出了自己的看法。在这样扎实的基础上，我们写出这部《中国道教史》。有几分材料说几分话，我们不尚空谈，力图避免华而不实的学风。撰写人承担的篇章，基本上是他们研究的专题的一部分，对作者来说，比较驾轻就熟。各章节之间，看来是独立的专题，但各专题之间独立而不是孤立，我们照顾到其上下左右的联系，向读者提供中国道教发展的整体印象。

这部《中国道教史》是集体撰写的，文体作风难求划一，我们力求规范化一些；篇章之间难免略有交叉，我们力图安排得合理一些。学术研究有继承性，我们尽量利用前辈研究的成果，如刘师培、陈垣、陈寅恪、汤用彤、陈国符、王明诸先生的著作；日本学者吉冈义丰、大渊忍尔、福永光司教授的成果，也给我们以重要参考帮助，这些都随文注明。

本书在上海人民出版社积极安排下得以早日问世，在这里表示感谢。

---

① 汤用彤先生说："汉世佛法初来，道教亦方萌芽，分歧则势弱，相得则益彰。故佛遭均藉老子化胡之说，会通两方教理，遂至帝王列二氏而并祭，臣下亦合黄老、浮屠为一，固毫不可怪也。"（《汉魏两晋南北朝佛教史》，中华书局 1983 年版，第 43 页）

《道藏提要》序

1978 年中国社会科学院正式成立，世界宗教研究所根据国家建设需要，制定社会科学发展规划，整理《道藏提要》是其中一项。《道藏》卷帙浩繁[①]，内容芜杂，有珠玉，也有泥沙[②]。况且《道藏》有许多典籍撰者不明，时代不详，书上标明的撰者有真有假，难以分辨。在人力不足的情况下，仿《四库提要》体例编制《道藏提要》，困难很大。我们深知《道藏》这部道教典籍丛书是研究道教的主要资料库，如能早日把它整理出来，将有利于道教研究工作的发展。

自从新中国建立后，举国上下都在进行基本建设，文化学术的基本建设离不开资料的汇集与整理，而且资料工作必须先行。我国历代开国之初，偃武修文，必先从事资料汇集整理工作。明初有《永乐大典》，清初编《古今图书集成》、《四库全书》。法国资产阶级上升时期有百科全书派。只有资料充实、齐备，才有可能孕育新建国家的文化高潮。没有充足的资料为依据，谈论学术文化，势必流于空谈。

中国三大宗教（儒、佛、道）是中国传统文化的三大支柱。学术界对儒教典籍研究得较多，对佛教典籍研究得较少，对道教典籍研究得就更少。造成这种状况的原因甚多，由来已久。按照封建正统观点，认为只有儒家的经史子集才有资格代表中国传统文化，佛教、道教典籍属于旁支，文化价值不大。这是长期流行的一种偏见。清朝编纂《四库全书》是中国封建社会最后一次文化丛书结集。共收书 3461 种，存目书

---

① 共千余种，四千余卷。

② 《道藏》中涉及医学、化学、生物、体育、保健、天文、地理等内容，引起近代一些研究者的重视。

籍6793种，两项共计一万余种。其中所收佛教典籍，属于《子部·释家类》，共13部312卷。所收道教典籍归于《子部·道家类》，共收44部430卷。何以收得这样少？《四库全书·道家类·总叙》说：

后世神怪之迹多附于道家，道家自矜其异，如《神仙传》、《道教灵验记》是也。要其本始，主于清静自持，而济以坚韧之力，以柔制刚，以退为进。故申子、韩子流为刑名之学，而《阴符经》可通于兵。其后长生之说与神仙家合为一，而服饵、导引入之，房中一家近于神仙者亦入之。鸿宝有书，烧炼入之。张鲁之教，符箓入之。北魏寇谦之等又以斋醮章咒入之。世所传述大抵多后附之文，非其本旨，彼教自不能别，今亦无事于区分。然观其遗书，源流变迁之故尚一一可稽也。

《四库全书》的编者把佛道两教的典籍归类于《子部》，取消了佛教和道教与儒教平列的地位。孔孟之书归于"经部"，佛道之书归于"子部"。被选入《四库全书》的佛教典籍仅二十四种，不收经典。道教典籍收录较多于佛教，所收的都是与老、庄、《周易》注疏有关的典籍。对道教内外丹法、图箓、斋醮等具有道教特点的均未收，这是按照当时皇帝的指示办的。

释道外教，词曲末技，咸登简牍，不废蒐罗。然二氏之书，必择其可资考证者，其经忏章咒，并禀尊谕旨，一字不收（《四库全书总目凡例》）。

《四库全书》的编辑原则并不是清朝首创的。《隋书》载王俭《七志》以道佛附见，合为七门。阮孝绪《七录》以佛录第六、道录第七。《隋志》则于四部之末附载道经佛经总数。《唐志》以下，有经目而不详。

儒家学者总是怀有偏见，认为佛道两教的典籍价值不大。我们从中华民族传统文化的整体来看，佛道两教的文化与儒家传统文化同样重要，同样影响着中华民族的文化生活、家庭生活、社会生活以及政治生活。佛教、道教的影响，其深远程度当不在儒家经史子集之下。三教交互融摄，构成唐宋以来中国千余年来的文化总体。不研究中国佛教就无从了解中国文化和中国历史，这一点已逐渐被学术界人士所承认。道教典籍中可供发掘的东西也非常丰富，人们已经看到它在医药、保健、化学、音乐、艺术等方面的有价值的内容，深入发掘，当不止这些，像关于道教的哲学内容，研究得就很不够。道教典籍在中国文化宝库的地位决不下于佛教，甚至更为重要。

三教（儒、佛、道）各有自己的典籍。佛教道教经历了南北朝的大发展，典籍数量由少到多，急剧增加，这两教对于他们拥有的众多书籍还没有一个统一的名称，当时称为“众经”、“一切经”。如僧人玄应、慧琳分别编纂了两部佛教名词检索的工具书，两书都命名为“一切经音义”。这里讲的“一切经”不包括中国汉唐时儒家的《六经》《五经》，它专指佛教经典。如果该书成于宋代，就可能叫做“大藏经音义”。现在编纂这样的书就叫做“佛教大辞典”了。

道教生长在中国本土，约与佛教同时活跃在历史舞台上。但道教的命运不济，错过大发展的时机，让佛教占先了一步。一步落后，步步落后，两千年间一直没有能超过佛教。唐朝道教得到皇家的支持，受到特殊的恩宠，可谓极盛。而道教信徒人数及天下道观的数量也只有佛教的二十分之一。

汉末魏晋天下大乱，老百姓在走投无路的情况下往往投靠宗教。由于黄巾起义打出道教旗帜，黄巾失败后，道教也受到牵连，统治者对道教存有戒心，有很长时期对道教不敢信任。这时佛教接受了中国封建宗法思想，乘机宣传三世因果报应轮回之说，扩大了地盘，在帝王贵族支持下，招纳了大量信徒。

南北朝时期，北朝道教经过寇谦之的改造，南朝道教经过陶弘景的改造，都取得上层统治者的支持，才有了较大的发展。这中间已比佛教的发展落后了若干年，错过了大发展的时机。关于道教典籍的收集整理方面，道教也落后于佛教一步。道教整理典籍的做法是从佛教那里学来的。佛教最先称自己的全集属“一切经”，道教编集道教全集也称“一切经”，由于“一切经”这个名称被佛教占用在先，后来道教的“一切经”则称为“一切道经”，以区别佛教的“一切经”。唐玄宗时曾令编纂《一切道经音义》，等于当时的《道教大辞典》。唐武后时出现过“道藏”一词，但未能通行。“道藏”一词正式确立是在宋代佛教《大藏经》出现以后的事。

宗教的存在和发展要靠群众，为了更大的发展则须依靠政府当权者的支持。佛教名僧道安深刻懂得“不依国主则法事难立”。道教的发展也离不开这一条经验。有上层支持，可得到充分的物资供应，为寺院经济创造条件；有下层广大群众信徒才能壮大宗教的声势，有了声势更能引起上层统治者的重视。只有上层而下层信徒不足，缺少存在的基础，难以发展；有下层群众而没有上层支持，也不能长久[①]。佛教、道教在中国都有悠久的历史，长久不衰，除了社会的客观原因外，与两教的主观努力也有极大的关系。他们推行宗教宣传，既要结交上层权贵，又要俘虏下层群众，针对不同信教者的需要推行宣传内容。

道教初创是从下层群众的宣传开始的。东汉的黄巾是内地道教，张鲁是巴蜀的道教，都以农村群众为对象。中国农村长期愚昧落后，缺医少药[②]。以符水治病，驱妖捉鬼，祈福禳灾，与民间巫术、占卜、星相、图谶迷信活动相结合，成为道教传教活动的一部分内容。道教典籍中也保存了这一部分内容。

道教为了取得上层统治阶层的信赖和支持，也尽力满足他们的需要。地主阶级自南北朝开始形成世袭特权阶层，即门阀士族。他们生活优裕，希望长远享受富贵，即使不能永生，也想长寿。道教为了迎合他们的身心各方面的需求，向他们推销养生、服食、炼丹、房中等宗教内容。道教外丹教法在南北朝隋唐盛行不衰，即得力于上层贵族特权阶层的信奉和支持。炼丹要耗资财，费人力，不仅穷人不敢问津，中产人家也无力措办，只有特权大贵族对此道有兴趣。这些内容在道教典籍中也

---

① 隋唐的三阶教，下层流传颇广，后被政府取缔；明清民间秘密宗教，不能取得合法地位，活动也困难。

② 农村落后，目前尚且如此，两千年前的农村状况可以想见。

有记载。

道教和其他宗教一样，着重宣传神的启示，自称他们的经典为神仙颁赐。他们善于制造文书以宣达神意。道教信徒中多有书法家，最有名的王羲之手写《黄庭经》向道士换鹅的故事流传甚广。王羲之是世代信奉天师道的道教徒。

道教宣传的重要内容在《道藏》中都能找到，从中可以窥见道教发展变迁的各个侧面。汉末到明清，社会思潮不断变化，与社会思潮相适应的佛教、道教、儒教也在变化，三教之间又有相互影响、相互渗透的关系。这种相互融通、渗透的关系在《道藏》中都有表现。

综观道教的发展史，大致可以分为四个段落，或称为四个发展时期。

南北朝时，道教得到帝王贵族的支持，跻身于社会上层，这是它发展的第一个时期。唐朝皇族与老子攀亲，自称李耳后裔，大力推行道教，这是第二个发展时期。北宋真宗、徽宗先后崇奉道教，用道教麻痹人民，陶醉自己，借以遮盖北方强邻压境造成的耻辱，这是道教发展的第三个时期。明中叶帝王迷信道教，妄图长生，道士受到宠遇，出入宫禁，干预朝政，以至参加政府上层的权力斗争，这是道教发展的第四个时期。

元朝初年个别道士曾受到皇帝的重视，如丘处机①。但元朝统治者不专重某一种宗教，如基督教、佛教、藏传佛教也都受到重视。中间还发生过一次焚毁道经的劫难。

与道教发展的这四阶段相适应，道教典籍也经历了四次大规模的结集活动。

南朝道士陆修静撰《三洞经书目录》，这是当时编纂的道教全书目录。“三洞”是：洞真部、洞玄部、洞神部。“四辅”是：太玄部、太平部、太清部、正一部。

---

① 道教为了给自己的教派壮声势，有意把元朝皇帝说成道教信奉者的样子，正如印度佛教徒把阿育王说成佛教的信奉者一样。阿育王除了保护佛教外，也保护其他宗教。

道教目录起于南北朝，经历隋唐宋元不断编集、补充，但基本未出陆修静最初创立的规模，按“三洞”、“四辅”的分类原则一直沿袭到今天。

佛教经录有按大小乘流派分的。道教典籍也按经典内容分为：

> 本文类、神符类、玉诀类、灵图类、谱录类、戒律类、威仪类、方法类、众术类、记传类、赞颂类、章表类。

十二类的分类法，跟佛教一样，是为了便于庋存，便于检索，便于图书管理的一种办法。道经数量日渐众多，遇到举行宗教活动，如斋醮仪式，同类的典籍放置在一起，便于取用，也便于用后归类。

“四辅”这一名称最早见于南朝刘宋时期，应在道教风行、流派出现以后。《正一法文经图科戒品》认为：

> 太清经辅洞神部，金丹以下仙业；
> 太平经辅洞玄部，甲乙十部以下真业；
> 太玄经辅洞真部，五千文以下圣业；
> 正一法文宗道德，崇三洞，遍陈三乘。

这种分类方法显然是根据道教流派自己的观点，模仿佛教判教方法的产物。佛教判教，往往给其他流派以应有的地位，把自己信奉的流派放在最高、最重要的地位上。正一派自认为本派教理可以“宗道德、崇三洞、遍陈三乘”[①]，境界最高。

统观道书编集的过程，可以看出随着历史的发展，道教典籍逐渐增多的趋势。第一阶段的道教典籍约1000余卷。第二阶段的道教典籍，唐玄宗令道士史崇玄等搜集道书，编辑总目曰《三洞琼纲》，数量增至3700余卷[②]。道教发展的第三阶段在北宋，真宗时搜集道书总集名曰

---

① “三乘”，这里指“仙业（洞神部）、真业（太平部）、圣业（太玄部）”，与佛教的“三乘”完全不同。

② 后又有五千卷、七千卷、九千卷之说，于史无征，均不可信。

《宝文统录》，增至4300余卷。这时已采用佛教《开元释教录》的分类编目法，按千字文分帙编号。宋徽宗时，崇宁、大观年间，刊行雕版道藏[①]，道书增至5400余卷。金元时期，北方也有道藏雕版，旋成旋毁，没有保存下来。元世祖至元十八年（1281年），道藏经版全毁，经典也丧失殆尽。道教发展的第四阶段在明朝。英宗正统九年（1444年），雕版刊印，次年完成，名曰《正统道藏》，共5300余卷，较宋版道藏略少。万历三十五年（1607年）又续补180卷，合计起来，比宋道藏略增。明以后，道教与佛教均被儒教排挤到不重要的地位。因佛教势力本来大于道教，佛道两教一齐衰败的情势下，道教的势力显得更弱一些。

明中叶以后，内忧外患相仍，国力衰竭，朝廷自顾不暇，对道教不能从财力上支持。清朝当权者及上层贵族起自关外，承袭萨满教传统，对道教不感兴趣，道教历代享有特殊宠遇有所裁抑。道教的发展在上层社会受阻，势力转入民间，转变成秘密宗教团体。这些民间宗教也有自己的经典，但不被政府承认，不能公开传播。日后重新编辑《道教全书》（或称《新道藏》）时，流传于民间的这部分道教典籍应当收入。

《道藏》中所保存的若干思想资料在中国思想史上占有重要的地位。它与佛教一样，各个时代的重要哲学思潮，在这里都有所反映。这些资料丰富了中国哲学史的内容。如魏晋以后，哲学界关心和讨论的中心问题是本体论，以本体论取代两汉的宇宙构成论。这一变化，说明中华民族理论思维的又一次提高。隋唐时期，佛教各大宗派如天台、华严、禅宗等都各在自己学术领域有所建树，佛教的心性论处在时代思潮的领先地位。道教的理论也适应这一时代思潮。世人论道教内丹之学，多认为它由外丹发展而来，这种说法不为无据，但还不能算全面地说明了问题。“内丹说”，实际上是心性之学在道教理论上的表现，它适应时代思潮而生，不能简单地认为内丹说的兴起是由于外丹毒性强烈，服用者多暴死，才转向内丹的。“内丹说”在道教、“佛性说”在佛教、

---

① 《佛藏》雕版刊印，始于北宋开宝年间，世称《开宝藏》。《道藏》踵《佛藏》之后，也是从北宋开始雕版刊印的，只是比《开宝藏》迟了百余年。

“心性说”在儒教，这三教的说法有差异，三教探讨的问题的实质没有两样，都属于心性论。道教的《抱朴子》的道的理论已偏重于本体论，但不纯熟。唐代司马承祯的“坐忘”学说则是典型的心性论。当时道教与佛教相呼应，各自从自己的立场阐发心性之学。佛教、道教倡导于前，儒教反而显得落后，后来韩愈、李翱等人也跟着探索这一领域。这种理论兴趣和思维到唐末、五代更加成熟，成为学术界的中心议题。宋代理学兴起，心性论与治国平天下的封建政治学说相结合，形成理论完备的儒教体系，成为心性论的主力。佛、道两教没有继续发展，仍停留在原来的水平上，反而落后了。

金、元时期出现的全真道及其相关的教派，与以前的及后来的许多道教流派不同。这些特异的道教的政治背景前辈学者已有很好的论述①。应当指出，金、元时期的全真教把出家修仙与世俗的忠孝仁义相为表里，把道教社会化，实际上是儒教的一个支派。儒教在宋代形成后，成为中国封建社会后期的思想支柱。南宋灭亡，儒教并未受到损伤。朱熹建立起来的儒教体系几乎全部在元代得到继承。政统虽然转移而道统赓续。皇帝换了姓氏，中华民族的传统文化反而凭借元朝强大武力推广到更边远的地区②。儒教势力强大，体系完整，超过佛、道两教，其实，它已包含了佛、道两教有关心性修养的内容。

研究道教不能离开佛教，也不能离开儒教。佛教与道教看起来长期有争论，事实上这两教基本上同兴衰、同荣辱、同命运。佛、道两教都受过政治压迫和迫害，佛教所遭受的政治打击的次数比道教还要多些③，原因在于佛教势力强大达到与国争利的地步，政府就出来干预。佛、道两教互相吸收，道教吸收佛教的东西更多于佛教吸收道教的东西。唐代三教鼎立，唐中叶以后的总趋势为三教合一。宋以后，儒教形成自己的庞大体系，以釜底抽薪的方式，吸取佛、道两教的修炼方法，如静坐、养神、明心、见性等。这些都是孔、孟不曾讲过的。

---

① 见陈垣先生《河北新道教考》等有关著作。

② 云南省各县的孔庙是在元朝建立的。

③ 佛教所谓“三武一宗”灭佛事件。

中国的佛教早已中国化，佛、道两教相比较，道教似乎不及佛教机巧。试举聚讼千载的《化胡经》为例。老子化胡本属无稽之谈，佛教徒中不乏有识之士，并非看不出此说的荒谬，但他们任凭《化胡经》广为流布，并不进行反驳。佛教显然是利用道家为自己开路，虽可以认为双方互相利用，毕竟佛教利用道教的成分更多。等到佛教势力强大到足以自张一军时，则发动教徒利用一切手段攻击《化胡经》。有关这个问题的最后一次大辩论发生在元朝，假借元朝统治者的干预，连道藏的经版都销毁了。当然，流传了千百年的《化胡经》，山陬海隅，所在多有，光靠一次行政禁令是毁不尽的。

我们编写的《道藏提要》，仿《四库全书》提要体例，介绍《道藏》每一部书的时代、作者、内容，并附有目录索引、道书撰人编者的简介，力求成为一部较完整适用的工具书。我们尽量利用前人研究的成果。中国学者如刘师培、陈垣、陈寅恪、汤用彤、陈国符、王明、陈撄宁、翁独健诸先生的有关著作，日本学者吉冈义丰、大渊忍尔、福永光司教授的有关著作，都用来作为参考、借鉴。

道教典籍多自称降自天宫，具体作者难以确定。我们除了采用传统考订、训诂方法，如文字、音韵、版本目录等方面寻求证据外，还充分利用佛道二教相互影响、相互渗透的关系，与佛教发展的情况对比；利用中国哲学发展思潮的总趋势来判断某一作品的时代，划出大范围作为标志。我们根据时代思潮的特征，人类认识史的一般规律，结合中国佛教、儒教不同时代所讨论的中心问题多方衡量，力求把一些难以确定年代的典籍给它找出比较接近实际的时代断限。

我们力求对祖国文化建设有所贡献。我们的时代要求这一代人从资料整理开始，为下一时期文化高潮的到来准备条件。我们的工作，如果能起一点铺路奠基的作用乃是我们编写者共同的心愿。

（1991 年，收入《皓首学术随笔·道教编》）

随 笔

二十世纪的文化国耻

1900年敦煌藏经洞被发现，公诸于世。国家为了制止珍贵文物继续流失，把劫掠之余的敦煌文书交给京师图书馆保管收藏。1922年，陈垣先生主持整理《敦煌劫余录》，1929年，胡鸣盛、许国霖先生继续整理、编目新收集的敦煌文书，做了大量工作。北京图书馆的这批敦煌遗书部分曾以缩微胶卷的形式公布，但缩微胶卷有不少不足之处；部分从未公布，不为人们所知。今天全部公之于众，给世界文献宝库增添新内容，意义非同寻常。

新中国成立后，1982年，国家制定古籍整理规划，大规模、有计划地对中国古籍进行全面评估，制定规划。佛教、道教古籍也在规划之内。先着手编订《中华大藏经》（汉文部分，上编）。北京图书馆所藏的两万卷敦煌遗书中，绝大多数为佛教典籍（汉文以外，尚有藏文等其他文种）。有很多为历代藏经所未收。《中华大藏经》（汉文部分）下编已决定收录这一部分珍贵资料。

我们自己几千年的历史经验证明，建立新国家，首先发展生产，然后才是文化建设、思想建设。中国古代最强盛的时期首推汉唐。汉朝建国七十多年以后，经过四代人的努力，创建了灿烂的汉代文化。唐朝盛世号称贞观之治，当时主要在于恢复生产，真正富强是在唐玄宗开元时期，也经历了四代人的努力。清朝的文化繁荣在乾隆时期，经历了顺治、康熙、雍正三代，近百年之久。

新中国建立刚五十年，真正找到发展经济的规律才二十年。我们正处在承先启后、继往开来的伟大转折时期。二十一世纪将是经济有长足发展，建设有中国特色的社会主义、多民族统一大国取得成效的时期。我们继往，继的是五千年文明灿烂之往；我们开来，开的是五千年从未有的社会主义新文化的未来。

时代赋予我们的使命是迎接二十一世纪，为创建社会主义新文化准备充足的思想资料。只有我们所处的新时代，才有可能摆脱前人的局限，吸收古今中外前人的一切有价值的遗产，敦煌遗书的佛教文化当然受到应有的重视。

从事敦煌研究者遍布于全世界。外国学者中也不乏有成就的专家。今天看来，研究中国的文献资料，参加者不嫌人多，但外国学者同中国学者比较，必然受到一定的局限，他们对中国历史、社会、风俗民情毕竟隔了一层。中国学者对敦煌学研究，前几年人数较少，国内的外部条件尚不完备，无形中显得不及外国热闹。随着中国经济发展、政治安定、教育制度改善，我国涌现了大批有才干学识的中青年学者。他们有中国传统文化的基础，又有现代科技的训练，有对祖国文化的爱国热情，却没有西方学者孤傲自大的偏见。从近十年来已发表的学术论著来看，中国学者从事敦煌研究已形成群星灿烂的学者群体。各种学科门类齐全，著作的质和量都已达到相当水平，有些领域已超过外国专家学者的造诣。

建设中华民族文化，主力军只能依靠中国人自己，客卿有他们的优势，可以备用，但不能任主力。外国学者根据他们的兴趣，依托有关财团资助，可以完成某项课题，但他们没有建设中国社会主义新文化的任务，历史主义的研究方法也难以被他们接受，这也是一种研究方法上的局限。

路虽长，靠我们自己走；问题复杂，靠我们自己集体解决，我们的路子会越走越广，前途光明无限。

新学科的建立，离不开新材料、新手段的发现。敦煌千佛洞石室藏书的发现，引发出敦煌学。但是还应指出，一种新学科兴旺发达，主要在于时代的需要、社会的需求。近代自然科学的兴起，动力在于大工业的兴起。西哲有云，一种学说在某国流行的程度，取决于这个国家需要的程度。历史证明，这种看法有道理。敦煌学已有近百年的历史，而敦煌学的大量成果出现，大批学者成长，主要在于符合祖国文化建设的需要。“需要”是主观的要求，个人的需要，即使有强有力者的推动，如秦皇汉武求神仙不死之药，却没有生命力。如果出于民族的需要、历史的需要，这种看似主观的需求却反映着客观实际状况，它具有客观独立的实力。如历史上王朝的兴亡，无非民心的向背。

新中国成立以来敦煌学的兴旺景象，完全是适应祖国文化建设的需求而呈现的景象。

近百年来，中外学者对敦煌学的研究方向，民族学，宗教学，文学，艺术，语言学，音韵学，古代社会经济，历史考订等诸多方面都有可观的成绩，足以为中国建设社会主义新文化添砖加瓦。

敦煌学研究还有待加强，综合研究的体制尚未确立。近百年来，对佛教以外的文书用力较多，对占总量90%以上的佛教文书，人力投入相对较少。敦煌文书分散在世界各地（主要集中在伦敦、巴黎、彼得堡及北京四处），此外散在世界各地及中国各地区也还不少。我们今天已有条件，采用现代科学手段，用电子技术，把分散在各地的敦煌文书作为信息资源集中起来，把过去无法整合的卷子，尽可能使它得到缀合，恢复原貌；把敦煌资料与有关史书、考古实物综合考察；把民俗记载与现实民族调查综合对比；把佛教与同时流行的道教、袄教、摩尼教对比研究；把汉传佛教与藏传佛教对比研究等。

这一切工作都为了一个共同目的——为建设社会主义新文化提供丰富可靠的资料。

敦煌遗书发现于祖国河西走廊，涉及民族主要是汉、藏等几个民族，时限只有东晋到北宋几百年，所保存的文献资料，有完整的，有不完整的，在整个中华民族文化宝库中，不过是一个局部和剖面。这已经引起举世瞩目，世界学者研究了近百年，解决了疑难问题的一部分。整个中华民族遗产比敦煌遗书不知要丰富多少倍，只是由于人为战争和自然灾害，没有很好地保存下来，因而敦煌遗书更觉珍贵。可以毫不夸张地说，中华民族历经千劫百难，屡踣屡起，屹立于世界民族之林，不能不承认它根基深厚、源远流长的文化传统。

我们出版北图馆藏敦煌遗书，既是为了把有用的珍稀文献公诸天下，也为了迎接二十世纪，为新中国，为全世界作出应有的贡献。自己的困难靠自己解决，自己犯的错误，靠自己纠正。世界上文明古国，有的衰落，有的不复存在，只有中国，这个文明古国，古而不老，旧而常新。

北图馆藏敦煌遗书此次影印，不是简单地古籍翻拍，其中每一篇都注入研究者的心力。我们向全世界，向后人，提供可以信赖的第一手资料，我们力图不让后人费第二遍补正之劳。同时也不敢强不知为知，不能判断，宁可缺文，避免盲目武断。

此文写成，正值东南亚金融危机，长江及东北洪水为患。这些外在的困扰将会给中国的经济带来一定困难，也会影响文化建设的进程。伟大的中华民族，比这些困难更大的困难都闯过来了，目前这点困难不在话下。

说到底，我们坚信一条真理，社会进步靠发展生产，文化繁荣是生产发展以后必然的结果。中华民族蒙受着屈辱进入二十世纪，敦煌遗书的发现正值八国联军入侵中国之时。经过几代人的努力，中国人民站起来了。我们正满怀信心地为建设有中国特色的社会主义新文化而在各自的岗位上尽力。

抗日战争时期的北京大学

——西南联合大学时期（1937—1946）

1937年7月，从日本军国主义者在北京近郊卢沟桥制造的七七事变起，中国人民抵抗侵略的全面抗日战争开始了。北京大学的历史也就转入了一个新的时期。北京在7月底陷落，9月3日，日军占据沙滩的红楼和灰楼，10月18日，汉奸组织地方维持会占据理学院等其余校舍，北大校舍从此落入敌伪手中达八年之久。红楼且曾被用为敌寇拘禁、迫害爱国志士的地方。北大师生在七七事变后大部分离开北京，走向抗战的前线和后方。有的就近转入京西山地的游击区，在中国共产党的领导下和农民群众一起坚持了八年的游击战争；有的辗转南下，然后投向延安或其他地区参加了抗日工作；另外一部分则在后方艰苦的条件下坚守文化教育岗位，维持了学校在战时的弦诵不辍。

在北京沦陷后，原在平津的北京大学、清华大学和南开大学（按：清华大学的前身是清华学堂，创办于1909年，是中学程度的留美预备学校。1925年开始招大学生，1928年正式定名为国立清华大学。南开大学是由南开中学发展起来的。创办于1919年）。三校在湖南长沙联合成立长沙“临时大学”，继续开学上课。半年之后，长沙临时大学迁至云南昆明。校名改称“西南联合大学”。从1937年秋直至1946年夏复员迁返京津，在九个学年内三校联成一校，西南联大的历史也即是三校的历史而不可分割。因此，我们即以西南联大的全部校史也就是北大在这一时期的校史。

经过短期的筹备后，1937年10月，长沙临时大学在长沙开学。从平津辗转南下集中在长沙临大的三校教师共约150人，学生1450人（包括一部分他校借读生）。借用长沙韭菜园圣经学校、涵德女学及四十九标营房作为临时校址。文学院各系则在南岳衡山借用圣经学院校址上课。

长沙临大时期正是抗战初期举国振奋的时候。当时临大的许多教师和同学们都准备投身抗战工作，同学们曾提出要求学校实施战时教育，但是国民党政府从开头对抗战就是不坚定的，也根本不愿意真正动员全体人民起来抗战，同学们要求实施战时教育的期望只能落空。于是，又有一次从军运动，许多同学自动走向前线，有的到了共产党领导下的陕北，有的回到家乡推动救亡工作。长沙临大的近1500名同学中，后来随学校迁到昆明的只有800多人。

漫天烽火卷地来，长沙临大在上课的第一个学期中，日军自华北和长江一带步步进逼，蒋介石国民党一面步步败退，一面通过德、意法西斯国家向日军暗中进行妥协投降活动。在战火逐步迫近时，1938年2月，临大结束了第一学期，决定迁校至云南昆明。

在战时内地交通困难的情形下，临大的一部分学生约240人，在闻一多等先生的率领下，步行从长沙迁往昆明（其中长沙至益阳一段乘船，沅陵至晃县一段乘汽车）。自1938年2月20日出发，到4月28日抵达昆明，途经湘、黔、滇三省，历时68天，全程3360里。在这两个多月的步行途中，教师和学生们亲眼看到了国民党统治下土匪、鸦片遍地，人民——特别是少数民族——生活困难的实况。学生们在沿途进行了抗日的宣传，在贵州炉山举行了汉苗联欢大会。数千里的步行也使学生们得到了体力上的锻炼和集体生活的习惯。其余大部分师生则取道香港和越南，从滇越铁路进入云南。

1938年4月，学校迁抵云南后，开始改名为西南联合大学。理、工两院的校舍在最初暂借昆明昆华农校、昆华工校、昆华师范、昆华中学及拓东路迤西会馆、全蜀会馆、江西会馆上课，文法学院不得不暂且在云南南部的蒙自设立分校（一学期后迁返昆明）。同时，在昆明大西门外购地120余亩，建造新校舍。新校舍在1939年夏天开始使用，包括100余所低矮简陋的土墙泥地草顶（部分铁皮顶）的平房及较高大的图书馆和饭厅。联大文、理、法商三院的教室、实验室和学生宿舍全部都在这里，1938 年夏增设的联大师范学院也在新校舍附近，工学院地址不变。在联大时期，学生人数经常约在 3000 人左右，其中大部分集中在新校舍地区。在抗日战争最艰苦的年代里，这里是数千师生艰苦学习和进行民主斗争流血的地方。“一二·一”烈士的墓地和闻一多先生的衣冠冢也在这里。新校舍墙外大路上高插云天的白杨和尤加利树，现如今应已生长得更加粗壮和茂密了。

茅茨土阶的联大校舍是极度简陋的，图书仪器设备也只能勉强应付教学上的低度需要。但是，由于三校合为一校，集中了水平较高的多数有经验有学识的教师，使得联大的教师阵容在数量和质量上都比联合以前三校的任何一校强。联大各系的低年级基础课程很大部分由老教师担任，高年级的专门课程也经常可以开设很多种，战时困难的条件下，联大在教学上仍维持了一定的水平。

西南联合大学时期的民主运动

联大在昆明的八年中，在政治生活方面（当然也直接间接影响到其他各方面）约可分为三个阶段，即：1938 年初至 1941 年初皖南事变发生前，这是政治上以及各方面都比较活跃的时期；1941 年春至 1944 年春，这是皖南事变后国民党统治区内进一步对人民进步势力进行迫害的时期；1944 年春到 1946 年夏联大结束，这是民主运动、学生运动再度上升和高涨的时期。

联大一部分同学在从长沙迁到昆明的两个多月步行中，已形成了若干集体生活的习惯。到昆明以后，以这一部分同学为基础，在地下共产党的领导下有了“群社”的组织，推动了最初三年联大生动活泼的政治生活和学生生活。当时联大学生经常出壁报（如政论性的“群声”，文艺性的“腊月”、“冬青”，画刊“热风”及通俗性街头壁报等），开辩论会、讨论会、时事座谈会，组织学习小组（分哲学、经济、中国问题、文艺、诗歌、戏剧、歌咏、木刻以及俄语、世界语讲习班），组织旅行，在农村和街头做抗日宣传工作。这些活动团结了多数同学，并推动他们在政治上趋向进步，并和校内的少数国民党三青团分子作了艰巨的斗争。

国民党军队在抗战中步步败退，1939 年秋天起，远处西南边疆的昆明也经常遭到日本飞机的疯狂轰炸。联大的校舍曾经多次被炸，上课的时间且一度改为上午 7 时至 10 时和下午 3 时至 6 时。

1941 年 1 月，国民党反动派再度掀起了以皖南事变为标志的反共高潮，在整个国民党统治区内加紧对进步人士的残害压迫，公开大批逮捕共产党人和被认为有嫌疑的人士。昆明和联大的政治空气也突然阴沉下来，许多进步同学被迫离开学校出外逃亡，进步的学生团体如群社等被迫解散。有一位同学曾这样描述皖南事变后的联大："从这时起，联大沉默了，壁报没有了，讨论会没有了，一切团体活动都没有了。同学们见面不敢说一句真话，大家敷敷衍衍，彼此都存着戒心，学校像死一般的沉寂。"

在这个沉闷时期，许多人的思想和活力找不到出路，于是，钻书本的风气盛行起来。每晚图书馆开馆前排队抢座位和借书的行列经常长达数十公尺。抗战的前途怎样？国家和个人的出路何在？这类问题在书本里是不容易得到回答的。而政治上腐化黑暗和经济上枯竭困窘的现状还是经常刺激着同学们在苦闷中探索、思考。有时也突破一下沉闷的空气，作为一股潜流突然迸发起来，例如 1942 年初的"讨孔运动"。

1941 年 12 月太平洋战争爆发。香港许多爱国人士在日军攻占前，无法脱身，而一向以贪污、腐化、反动和愚蠢闻名的国民党行政院长孔祥熙竟以飞机从香港抢运自己的家属女佣乃至洋狗到重庆，消息传来，引起联大同学普遍的愤慨，数年来对国民党反动统治的不满遂在这个事件上爆发出来。新校舍墙头贴满打倒孔祥熙的大字报，吴晗教授在中国通史班上向同学们提出："南宋亡国前有个蟋蟀宰相（按：蟋蟀宰相是出卖民族利益、颠覆宋朝的贾似道），今天有个飞狗院长，可以先后媲美。"于是，由一年级同学倡议，迅速会合了新校舍的同学上街游行。同学们举起旗帜，沿街用粉笔写声讨孔祥熙的口号标语，联大同学的讨孔运动，立即得到后方各地人民的同情和响应，有些学校如浙江大学（当时迁到贵州）的同学也举行了罢课游行。

进入1944年以后，随着德国法西斯在斯大林格勒的溃败，随着民主力量在世界范围的强大，也随着国民党军队在各个战场上的节节溃退，联大师生终于突破阴沉的政治气压，结束三年来的沉闷生活，重新开始了一系列新的、活跃和前进的活动。

1944年的5月4日，曾经被称为联大学生精神复兴的日子。当时国民党政府通令把3月19日改为“青年节”，不让青年们在5月4日纪念这个民主和进步的节日。联大学生鄙视国民党政府的这种反动措施，决定自己来纪念“五四”。5月3日晚，由历史学会（历史系学生的系会组织）召开了“五四青年运动座谈会”，并邀请闻一多等教授出席讲话，到会的同学把南区十号大教室里里外外挤得水泄不通，教授和同学在发言中从纪念“五四”联系到当前政治社会的现状。会场情绪高涨，一直开到深夜，这种热烈的座谈会，第一次冲破了三年来郁闷的空气。

5月4日一早，新校舍墙上贴满了纪念“五四”的壁报，晚间又举行了营火会。文艺社举办的“五四与新文艺运动”讲座，因为听众太多，临时改会场，被一部分反动分子叫嚣破坏，延期到5月8日晚在图书馆前大草坪重开，讲题有：

1. 五四运动的意义与影响。
2. 五四前后新旧文学的辩争。
3. 新文艺中诗歌的收获。
4. 新文艺中散文的收获。
5. 新文艺中小说的收获。
6. 新文艺与文学遗产。
7. 新文艺与西洋文学。
8. 新文艺与法国文学。
9. 新文艺的前途。

连续几天的纪念活动，在联大形成一种节日气氛，并在以后几年每年都举行盛大的“五四周”。联大复原以后，同学们又将这种纪念方式作为一个传统带到北方的三校。

自从1944年的“五四”纪念活动以后，联大的民主运动、学生运动便在中国共产党的领导下一步步更为壮大地向前发展。各种社团从学生自治会、系会、班会以至文艺社、新诗社、剧艺社、阳光美术社、高声唱歌咏队、各体育会等都起了组织和推动作用，联大墙上的壁报成为同学们讨论时事政治问题和斗争的武器，教育了广大同学乃至校外的学生和市民。座谈会、讨论会也经常举行，对于若干重大的政治问题，联大学生常常站在进步的立场向全国发出宣言。联大的影响很快就扩展到昆明乃至外地的大中学校，几次向反动势力进行斗争的大示威、大游行也总是联合昆明各校一同举行的。

1944 年也正是国民党军队从河南、湖北、湖南、广西直至贵州失地数千里大溃退的一年。在联大师生的推动下，这一年的昆明各界“双十节”大会上，通过了要求结束国民党一党专政和蒋介石独裁的宣言。12 月初，日军由湘桂深入到贵州独山，大后方的腹地也因蒋军的腐败溃逃而受到震动。以联大学生为基本队伍，10 月 25 日又举行了云南护国起义纪念大会和会后的大游行。这是讨孔运动后几年来的第一次大游行，游行群众中喊出了“打倒专制独裁”、“扩大民主运动”的口号，显示了人民的意志和力量。

1945 年以后，联大民主运动、学生运动日益高涨。

在 1945 年“五四”前夕，国民党中央党部和云南省党部都曾密令昆明各校限制、防范学生举行“五四”庆祝活动，但联大学生以更盛大的“五四周”完全粉碎了反动统治者的密谋。“五四周”活动从 4 月 30 日的科学晚会开始，华罗庚教授在会上大声疾呼政治必须改革，民主必须实行。5 月 1 日晚的音乐晚会上，青年们用《五月的鲜花》、《民主胜利进行曲》、《黎明快来》、《黄河大合唱》等歌声纪念了自己的节日，唱出自己的要求。5 月 2 日有诗歌朗诵晚会。5 月 3 日晚是青年运动座谈会，会上除了青年运动历史的报告外，还有许多校内外的同学和工人的热烈发言。5 月 4 日清晨，同学们贴出了数十版的壁报特刊。4 日下午，联大等校学生自治会联合举行“五四”纪念会，会后举行了大游行。游行中群众高呼：“立即停止一党专政！”“组织联合政府！”“取消特务组织！”等口号。5 月 5 日有文艺晚会。此外，在这几日中还有球赛、美术展览、火炬竞走、全校聚餐等活动。并以联大全体学生名义发出对国是的意见宣言，严正地指出当时国民党统治区的情况是："抗战八年来，国土连年丧失，人民惨遭涂炭；贪污已成泛滥的狂流，特务作为统治的工具；财富集中，通货膨胀，大多数人民不得不陷于饥饿死亡中；统制思想，排除异己，正义的声音被迫归于喑哑；士兵辗转饥寒，接连溃败；外交固执成见，开罪友邦，社会正义全被凌夷，食血者流度其骄奢淫侈的生活，学术文化日趋贫困，顽固分子大肆其复古谬论。"宣言中提出了立即停止国民党一党专政，组织联合政府，立即取消一切特务活动，立即没收发国难财者的财产等六项要求。这宣言在学生自治会提出草稿后，虽有少数反动分子的阻挠，但经过同学公开辩论，获得绝大多数系会级会的支持，终于以联大全体 2500 名同学的名义通过发出，表现了联大学生进步、民主和团结的精神。这宣言也表明了中国共产党在这时提出的政治上的重大方针政策，已经获得联大绝大多数同学的公开和积极的支持响应。

1945 年 8 月，联大师生热烈欢欣地迎接了抗日战争的最后胜利。学校准备在明年迁返平津，许多经过八年颠沛艰苦生活的师生渴望着重返故土。但是，随着抗战胜利的到来，国民党反动派却正准备着挑起大规模的内战，反人民反民主的反动措施在逐步加紧。联大师生和全国人民一样，原期望着在打退日本帝国主义恢复国土之后建设起一个民主、进步、富强的新中国，而今，统治者却倒行逆施，阻挡历史的前进道路，以维持和巩固其独裁统治。这种情况不能不使联大师生由胜利的欢欣转为忧虑以至愤恨，并且密切地注视着形势的发展。

1945 年 10 月初，蒋介石突然以武力迫使云南地方势力龙云下台，实行云南省政府的"改组"。在双方武装冲突下，昆明市内枪弹飞掠，联大师生在饱受惊扰之后，更直接地受到国民党反动派的特务统治。以云南省代主席李宗黄和警备司令关麟征为首的反动统治者，在云南遍布特务，公开反共反人民，甚至以搜捕散兵游勇为名，遍街逮捕青年学生。

1945 年 11 月，国民党反动派在重庆军事会议之后，动员 200 万以上的军队开始进行反共反人民的内战。11 月 24 日，联大冬青、文艺、社会科学研究会和南院女同学会等 15 个团体决定联名请求学生自治会通电反对内战。自治会决定在 25 日联合云南大学、中法大学和英语专科学校的学生自治会在云大举办反内战的时事晚会。而 25 日报上发表了云南省国民党党、政、军联席会议关于“禁止一切集会游行”的反动禁令。四校自治会决定将晚会改在联大校内举行。25 日晚，联大图书馆前的大草坪上，四所大学以及各中学的同学 6000 人正在开会时，联大校舍被国民党第五军邱清泉部包围戒严，枪弹炮弹在同学们的头顶上往来飞掠，会场的电线也被割断。这种反动的武力迫害只是使同学们反内战的意志更加坚定，晚会在枪林弹雨下仍然照样举行。散会时已是深夜，军警包围戒严新校舍并不许散会群众外出，直到两小时后才得以绕道进城。对此事，云南警备司令曾公然声称：“学生有开会的自由，我也有开枪的自由。”

反动派的这种无理措施引起了同学们的极大愤慨，第二天报纸上中央社发的“昨晚西郊匪警”的诬蔑造谣消息更增加了这种愤慨。26 日晨，新校舍墙上立即贴出了许多罢课抗议的大字报。在联大罢课后，昆明 30 余所大中学校同学也都立即罢课响应，共同组织了昆明各校罢课联合会，通过了罢课宣言和反内战宣言，要求立即停止内战；反对美国助长中国内战，立即撤退驻华美军；立即结束国民党一党专政，召开政治协商会议，成立联合政府；切实保障人身自由；取消省政府禁止集会游行的非法禁令等。

在反动派种种阴谋都告失败以后，11 月 29 日，关麟征、李宗黄、邱清泉等召集的第四次秘密会议上，遂有对学生进行大屠杀的决定。30 日，三青团云南团支部宣传科长周绅，率领了许多特务党棍在军校演习投掷手榴弹。12 月 1 日，便发生了死伤数十名师生的“一二·一”惨案。

12 月 1 日上午，国民党、三青团以及警备司令部、军官总队、鸿翔部队（伞兵）的特务党棍成群结队分头攻打昆明各校。在数百名军官总队的特务暴徒攻到新校舍门口时，同学们立即紧闭校门，把桌椅黑板堆集在门内阻塞通路、隔墙和特务们对垒，特务们曾一度攻破大门进到校内，情况非常紧急，但同学们齐声一呼，大家冲上前去把冲进门来的特务完全击退，并且俘获了一名。特务们同时对校门外的联大师生逞凶，将袁复礼教授和同学围住殴打。当特务投掷手榴弹时，在场的南菁中学教师于再被炸身亡。在数小时的战斗中，新校舍同学以奋不顾身的勇敢精神，付出了数十人受伤的代价，保卫住了校舍未受侵入。

另一队特务大致在同一时间，攻向龙翔街联大师范学院，趁同学们正在吃午饭时闯入了院内，师院的同学们立即放下饭碗和特务搏斗，隔墙昆华工校同学们闻讯也越墙过来支援，同学们发起冲锋将特务打退。这时，特务投出了手榴弹，潘琰、李鲁连和昆工同学张华昌被炸殉难。

大群特务的行凶和四烈士的惨死，使同学们在极度悲愤情绪下更坚定了反内战争民主的决心，更扩大和加强了反内战争民主的宣传和组织，誓以行动为四烈士复仇。“一二·一”惨案的消息在全国范围内也引起了各界人民对反动派的痛斥，延安、重庆、成都、上海等地各界开会追悼烈士，声援昆明学生。联大图书馆做了四烈士的灵堂，这里陈列着烈士们的血衣、遗物，挽联、悼词四周墙壁挂不下，扯上几十条长绳，挽联悬挂在长绳上，形成若干条挽联巷道。一天到晚，人流不断。半月之内来灵堂致祭者达到10万多人。我写了一副挽联，挂在山墙的高处：“挟书者族，偶语者诛，驱四万万人民尽效鹦鹉舌、牛马走，转瞬咸阳成灰，千古共笑秦王计；杀身以仁，舍生以义，将一重重悲愤化作狮子吼、杜鹃魂，行看中国再建，日月长昭烈士心。”还有500多个团体组织了集体分祭，许多人是含着眼泪走进、咬牙切齿走出灵堂的。血淋淋的事实教育了人们，更加认清了反动派的面目。

为了打击反动派的阴谋，同学们在12月16日晚举行了反内战座谈会，在会上群众情绪高昂，一致通过坚持罢课，会后并举行校内的游行。到了第二天，除了极少数的三青团分子之外，绝大多数的同学们坚持了罢课。

党所领导的罢课委员会一方面击破了反动派“无条件复课”的阴谋，另一方面考虑到运动必须在取得相当胜利时有条件地复课，以巩固胜利和继续争取中间派的同学和教师。12 月 27 日，在保障人身自由、言论集会自由、赔偿损失等五项条件取得地方政府公开保证后，同学们在罢委会领导下宣布复课。

“一二·一”运动继承和发扬了中国青年学生自“五四”和“一二·九”以来的光荣历史传统，推进了当时国内反内战争民主的浪潮，使广大群众认识了国民党政权的反动本质，提高了觉悟。在中国共产党的领导下，运动团结了绝大多数同学，胜利地粉碎了反动派的阴谋。“一二·一”运动也锻炼了同学的战斗力量，丰富了学生运动和群众斗争的经验。经过“一二·一”运动的洗礼，许多同学在日后解放战争时期华北和云南的学生运动中成为积极的骨干力量。

1946 年 5 月 4 日，西南联大在抗战时期的使命完成之后正式结束，联大的同学们按志愿分入北大、清华和南开三校，并开始复员迁返京津。同时在联大校址内，树立了西南联合大学纪念碑。碑文简述了联大八年始末，最后一段说：“联合大学初定校歌，其辞始叹南迁流离之苦，中颂师生不屈之壮志，终寄最后胜利之期望，校以今日之成功，历历不爽，若合符契。”

联大的民主运动直接打击了国民党反动派，国民党对联大进步师生恨入骨髓。联大结束，教师与学生纷纷离校，留在昆明的为数很少，又值暑假期间，大、中学校都放假，国民党特务利用这个时机，于 1946 年 7 月 11 日先暗杀了李公朴，又于 15 日暗杀了联大教授闻一多，成为当时震惊中外的“李、闻血案”。李、闻的惨遭毒手，给北京大学师生留下了悲痛的记忆，使北大的师生对国民党反动派更加仇恨。

西南联合大学时期的教学和科学研究活动

长沙临时大学包括三个学校，因而系科的设置比北京大学在北京时多了一个工学院，又多了一个商学系。当时临时大学有下列各系：文科方面有中国文学系、外国语文系、历史社会学系、哲学心理教育学系。理科方面有物理系、化学系、生物学系、算学系、地质地理气象学系。工科方面有土木系、机械系、电机系、化工系。法商科方面有经济系、政治系、法律系、商学系。

学校规模比从前北京大学扩大了，有些学系是北京大学从前所没有的。从长沙迁校到昆明以后，系科又有所增加，比长沙临时大学时又有扩大，还增了一个师范学院。共有5个学院26个系。三校共同有的系，合并后，有教授过多的现象。为了满足教员的教学工作最低授课时数，开设课程很多，甚至有些杂乱。八年来，据不完全的统计，西南联大开过的课程（重复的课程不算）共达1600门以上。这里面不免有因人设课的地方。

当时教授的生活是十分困苦的。随着国民党军事上的退败和政治上的腐化，国民党的反动本质也更加在广大人民中间暴露出来，官僚资本对人民的搜刮愈益加重。到1940年，昆明的物价已在国民党统治区居于首位，并且还不断高涨。依靠薪金收入的工人和公教人员的生活受到极严重的威胁，大部分学生也因营养缺乏而损坏了健康。联大的教师学生已经和广大人民一同成为饥饿线上的挣扎者。通货膨胀和物价上涨的结果使联大教授每月薪金的购买力在一个时期仅合到战前的8元左右，这个数目根本不能维持一家大小最低限度的生活。联大的教授们曾再三向国民党政府提出略增薪金的要求，例如曾联合公开上书希望将大学教授的薪金维持在战前购买力30元左右，而每次都遭到统治者的拒绝或不理睬。像闻一多教授全家从每天的三顿干饭改为两顿，两顿干饭还不能维持时就只能喝稀饭，菜蔬从白菜豆腐而降为豆渣，全家都需束紧腰带忍受饥饿。许多教授因为避轰炸而疏散住在昆明乡间的村镇中，到学校授课每次都要往返步行数十里。即使在如此困难的情况下，多数教师们还是认真地坚持了教学工作。

为了改进教学工作，有许多系编制了一些教材和教本，比如中国文学系编印的《国立西南联合大学国文选》曾增订改选重印了好几次，1944年编选的《国立西南联大语体文示范》由作家书屋代为印行，其他学校也有采用的。工学院也编写了几种大学丛书。西南联大创办的《国文月刊》，从1940年起由开明书店发行，成为国内关于国文教学的定期刊物。

西南联大的定期学术报告会也是当时教学活动中的一个特别的方式。比如从1942年起，中文、历史两系共同组织的文史讲演会，约请校内外的专家轮流主讲，共举行了50余次，其中包括文学、史学、哲学、艺术各方面的问题。此外，新文艺座谈会、诗歌朗诵会，也经常在教授的参加下举行。这种性质的集会，多半和民主革命运动相配合，在广大群众中经常起着宣传、鼓动作用，和上述的文史讲演会一味追寻古代趣味的讲演不同。

关于时事报告（国际、国内政治形势的分析），也是经常举行。这种学术性的报告经常反映两条政治路线的斗争。有些反动教授假借学术报告的幌子替蒋介石的专制独裁吹捧。但是这种讲演越到后来越不受同学的欢迎。也有进步教授通过学术讲演宣传革命的道理，揭露国民党的腐败、无耻、不得人心。这样的讲演经常是听众最感兴趣的。

由于教学设备较差，学校经费又十分困难，西南联大师生在极端艰苦的条件下，克服了许多困难，改进了教学。有的系利用当时的条件，开创了新的教学和研究的领域。比如，中文系开设了“汉藏语调查”及“汉越语研究”的课程就是利用昆明的有利条件，开出来的新课程。通过这些课程也培养了一些从事实际调查的语言学人才。又如，地质地理气象学系建不起气象台，教学工作发生困难，他们就将联大墙外一座旧碉堡改装成一座简单的气象台。如理科与工科各系，经费不足，仪器不足，多半采取了和企业部门合作的方式解决教学和实习的困难。工学院有些系有附属工厂，也利用生产的利润来补助教学经费之不足。

当时勤俭、刻苦的精神也很值得回忆。化学系自制泥炉烧木炭以代替煤气炉和电炉。生物系有一次房屋被敌机炸毁，警报解除后，师生从弹坑中挖出仪器，加以整理，仅仅隔了一天，又照常上课了。当时教学和研究条件十分困难，没有多少钱可供使用，反而使得许多师生经常开动脑筋，工作也踏实一些。没有大量的钱购买书，因而在研究中，只钻书本、查文献、不肯动手的缺点比起以前和以后的情况来，都要少一些。

比如闻一多研究古代诗歌，他就经常从当时云南兄弟民族的民歌中得到启发；有的教授研究三礼，也经常从兄弟民族的婚丧大事、风俗习惯中做比较研究。

北京大学研究院文科研究所于1939年恢复招生，法科研究所也于同年恢复。文科研究所设在城内靛花巷，法科研究所设在冈头村。

1942年，文科研究所与中央研究院合作，组织西北考察团，到西北敦煌一带考察。

因抗战初期，日本飞机经常轰炸市区，文科研究所由靛花巷迁往昆明东北郊龙泉镇宝台山。1944年，敌机不敢来扰乱，又迁回昆明才盛巷。

为教学和科学研究服务的图书馆，在西南联大时期也是在十分艰苦的条件下工作的。临时大学时期，三校的图书没有运出来。为了教学的需要，临时在长沙收集了一部分。临时大学的中文书约5000册，西文书约1000册。学校迁到昆明，改为西南联合大学以后，陆续增加。中文、日文书籍共有34100册，西文书籍共有13900册。1940年，英国牛津大学赠书1454册。外文期刊，清华、北大合起来近百种。但当时北京图书馆也迁到昆明，他们有外文期刊（包括文、理、工各科）共1700多种，对于联大有不少的帮助。在1941年以前，中央研究院历史语言研究所的图书馆设在龙泉镇宝台山，和北京大学也有互相借书的联系，这对于西南联大的教学也有所帮助。

北京大学原来教师中共分为四级：教授、副教授、专任讲师、助教。抗日战争后，与清华大学、南开大学合并后，三校行政管理和人事制度完全划一。抗日战争结束后，三校分家，北大仍旧继承西南联大的教师五级制，院系调整后，才又改为四级制。西南联大教师共分五级，这是参照了清华大学的制度而加以改变的。分为：教授、副教授、专任讲师、教员、助教。有些外籍的在中国短期讲课的教授，称为“客座教授”。此外，有“研究助教”多半是研究院毕业后，不担任教学工作的职称，地位相当于专任讲师。有“半时助教”，教学任务相当于助教的一半，可以进修，但工资只有助教的一半。至于各级行政领导，只有三个常务委员是专职，其余各级负责人如总务长、教务长、各院的院长、各系的系主任都是由教授兼任的。这里也可以看出在西南联大时期的“教授治校”的风气。至于训导长是由国民党系统直接委派的，不一定由教授担任。

临时大学和西南联合大学的常务委员会是北京大学校长蒋梦麟、清华大学校长梅贻琦、南开大学校长张伯苓三人组成。1945 年，蒋梦麟辞去北京大学校长职，国民党教育部派胡适为北京大学校长，胡适当时在美国。胡适未到校前，由傅斯年代理校长。

汤用彤先生和他的治学方法

《汉魏两晋南北朝佛教史》出版到现在快半个世纪。这部著作得到国内外专家学者的重视。汤先生除佛教史外，还有不少其他方面著作，这里不想多说什么评赞的话，可由读者自己去判断。中外学者公认的汤先生的成就还是在中国佛教史这个领域。古人说“鸳鸯绣出凭君看，不把金针度与人”。相处多年的师友都知道，汤先生一辈子从事研究工作，留下了传世之作，但他生前从未讲过他研究佛教史用的是什么方法。现在试图通过汤先生的佛教史著作成果，谈一谈汤先生的治学方法。虽说和汤先生在一起，朝夕相处达三十年之久，先是跟他当学生，后来跟他当助手，对他的治学方法有一些初步感受，但个人的看法难免片面，未必符合实际。汤先生去世近二十年，墓土已拱，无所取证，现在写出来，供参考。

汤先生病逝于1964年，当时痛惜他死得早，不料两年后，即发生了“文化大革命”，以他多病的身体，在北大那个环境，怕也难渡过这一劫难。汤先生去世已十九年。这十九年中，我国经历了极大灾难，又从极大的灾难中得到重生，全国人民满怀信心地向前迈进，文化事业将有一个高潮。这一新时代，可惜汤先生不及见！

传略及著述

汤用彤先生，字锡予，湖北黄梅县人。1893年农历六月十三日（公元1893年8月4日）生于甘肃省渭南县。他的父亲曾在甘肃省任地方官多年，幼年随父亲读五经、四书、古代历史，受过比较严格的封建家庭教育。

1911年春，他由北京顺天高等学堂考入清华学校。顺天高等学堂是一个水平比较高的中学，该校在北京抗战前称为河北高中，地址在地安门东大街，即现在的北京市东城区教师进修学院。当年汤用彤先生在戊班，梁漱溟先生（当时名梁焕鼎）在丙班，张申府先生在丁班，李继侗与郑天挺先生在庚班，一个年级为一班。1916 年毕业于清华学校，同年考取留美官费。因患沙眼，留校工作，教国文，并治沙眼。在清华读书时，与吴宓先生交谊颇深。

1918 年，赴美国留学，读大学课程。当时清华学校与美国的大学的课程基本衔接。1920 年，入哈佛大学研究院，1922 年，取得硕士学位。在哈佛期间，学梵文、巴利文。梵文课程一般要三四年方可卒业，汤先生勤奋过人，提前完成应学习的课程，于 1922 年回国。1922 年到 1926 年，在南京东南大学任哲学系教授、系主任。陈康先生是他那时的学生。陈康后来在德国十余年，通晓古希腊文，成了我国少有的古希腊哲学专家。1926 年夏至 1927 年夏，在天津南开大学哲学系任教授。郑昕先生是汤先生那时的学生，后来成为我国研究康德哲学的专家。1927 年夏至 1930 年夏，在南京中央大学（当时称东南大学）任哲学系教授、系主任。1930 年夏至 1937 年，在北京大学任教授，1935 年起兼系主任。

抗战期间，任昆明西南联合大学哲学系教授兼系主任，并兼任北京大学文科研究所主任。

1946 年到新中国成立前，任北京大学哲学系教授、系主任，兼文学院院长。1947 年夏到 1948 年，休假期间曾赴美国加利福尼亚大学讲学一年，1948 年秋返国，仍任北大哲学系教授、系主任、文学院院长。

1949 年北平解放到 1951 年，任北京大学校务委员会主席、文学院院长。

1951 年夏到 1964 年去世前，一直任北京大学副校长。

解放后，曾任中国科学院历史考古组专门委员、《哲学研究》编委、《历史研究》编委、中国科学院哲学社会科学学部委员。

1949 年任全国人民政治协商会议委员。历任全国人民代表大会第一、二、三届代表，第三届全国政协常务委员。

著作有：《汉魏两晋南北朝佛教史》、《魏晋玄学论稿》、《印度哲学史略》、《往日杂稿》、《魏晋玄学中的社会政治思想》等。未完成的有《梁高僧传校注》。尚有关于佛教史、道教史的论文多篇分别发表于国内各杂志。

如：《康复札记》，《新建设》1961年6月号；

《针灸·印度古医书》，《新建设》1961年7月号；

《谈一点佛书的〈著义〉》，《光明日报》1961年10月19日；

《论中国佛教无“十宗”》，《哲学研究》1962年第3期；

《关于慧琛》，《文汇报》1962年10月14日；

《从〈一切道经〉谈到武则天》，《光明日报》1962年11月21日；

《给巨赞的信〈关于东汉佛教的几个问题〉》，《现代佛学》1963年第2期；

《中国佛教宗派补论》，《北大学报》1963年第5期；

《寇谦之的著作与思想》，《历史研究》1961年第5期；

《读〈道藏〉札记》，《历史研究》1964年第3期。

1954年冬，汤先生患脑出血。先是几个月神志不清，以后逐渐恢复了记忆，在医生的多方抢救下，最后使失去活动的右半边肢体恢复了机能。医生告诉他每天只能上午工作1小时，下午工作1小时。同时，汤先生双目患白内障，一只眼睛已失去视力，但他还是艰难地找资料、翻书。有些重要的发现，就叫助手帮他记下来，有时自己也动手摘录，病中做了不少札记，其中有关于佛教史的，有关于印度哲学史的，还有一部分是翻阅《道藏》时摘录的。在病中，《梁高僧传校注》工作还在进行。还常在床头为哲学系青年教师讲授印度哲学课程。每逢和研究生谈过一次话，当天下午甚至第二天，健康状况立刻下降，有时发低烧。汤用彤先生为青年教师讲课，帮助他们掌握基本知识，从不觉得疲倦。记得朱熹晚年“虽疾病支离，至诸生问辨则若沉疴之去体，一日不讲学则惕然常以为忧”。汤先生只要谈起学问来，什么医生的嘱咐、家人的劝告全都忘了。

汤用彤先生与北大哲学系

旧中国有哲学系的大学不多，北京（当时称北平）一个城市，倒有三个大学有哲学系：清华大学、北京大学和燕京大学。燕京大学归美国教会领导，自成体系，这里且不说。旧中国一切大学的哲学都讲唯心论，轻视唯物论。当时人们称清华哲学系是"逻辑实在论"学派。清华大学哲学系重视形式逻辑思维的风气，在于培养独立思考，构造体系的"哲学家"。有一位教授戏称，清华哲学系出来的学生是"成则为王，败则为寇"。意思是只要学成了，就是了不起的哲学家（"为王"），为王的确实有不少。清华大学的哲学系，金岳霖先生任系主任多年，形成了清华大学哲学系的学风和学派。

北大哲学系不大注重逻辑学，甚至没有一个专职讲授逻辑学的教授。张申府、金岳霖诸先生都曾在北大兼任过逻辑学的课程。1934 年起，由郑昕先生讲授一年级的形式逻辑。郑先生兴趣在康德哲学，逻辑学在北大一直鼓不起同学们的兴趣。北大强调哲学史和佛教思想的研究。哲学史又分为欧洲哲学史、中国哲学史和印度哲学史。研究佛教哲学在北大哲学系也沿袭成风。除汤用彤先生外，还有周叔迦、熊十力几位先生，马叙伦先生讲授庄子哲学也是用佛教法相唯识学说来解释庄子。旧北大的哲学系其特点是重视佛教史的研究和哲学史的研究。汤用彤先生从 1935 年起，到全国解放（1949 年）一直主持北大哲学系，因而哲学系的教学及研究方向，受他的学术领导影响至深。

当时北大哲学系人数很少，不分专业。每年毕业不过四五人。那时同学中间，多半研究欧洲古典哲学，美国的实用主义在教育界影响颇大，但在北大哲学系没有市场。西方的现代哲学，像怀特海、罗素的哲学，在北大哲学系很少引起注意。哲学系师生有兴趣的还是斯宾诺莎、笛卡尔、洛克、休谟、贝克莱、康德、黑格尔。有关佛教方面的有关课程开得比较多，有佛教选读，有因明，还有个别宗派的研究，如天台宗、华严宗、隋唐佛学、佛教概论、新唯识论等。中国哲学史也是着眼断代研究和专题或专著研究，如老庄哲学、周程哲学、王阳明哲学等。

抗日战争时期，北大、清华等校合并为西南联合大学，汤先生任西南联合大学哲学系主任，两校特点在哲学系尚各有一定的影响。

全国解放后，经过1952年的全国院系调整，全国只保留了北大一个哲学系。哲学系的主要课程是马列主义哲学课程，即辩证唯物主义与历史唯物主义，也还有一系列的马列主义专题和专著研究。北大哲学系从此进入了一个新的阶段。专业课程中，在历史唯物主义观点的指导下，重视中、外哲学史和佛教史的研究的风气还相当浓厚。

解放后到“文化大革命”前的十多年间，北大哲学系的毕业生，大都分配到各大专院校担任中、外哲学史课程的教师。一个有学术特色的大学，建立自己的学术重点很不容易，这种学术重点一旦形成学术传统，它发生的影响也是十分深远的。

全国解放后，北京大学的哲学系师生也和全国人民一道，沐浴在党的阳光下，汤先生肩负的行政领导工作比过去更重了。新任北大的校长是马寅初先生，副校长是江隆基同志和汤用彤先生。当时正处在教学改革、全面向苏联学习的时期。江隆基副校长主管教学改革及思想政治教育，汤用彤先生分管基建和财务。这方面的业务对汤先生这样一位老教授来说，不能说没有困难，但这是党的安排，汤先生愉快地承担了这一任务，还学会看施工蓝图，管理得很好。

时间和精力已不允许汤先生战斗在教学第一线，但他仍然是哲学系中国哲学史教研室的成员，有些学术讨论会、政治学习会，他也分在这个小组。院系调整对哲学系来说，是大事，全国所有大学的哲学系教授、副教授都集中到北大来。哲学系教授、副教授达28位之多，这种盛况在全世界也是仅有的。学术上互相讨论的空气十分活跃，汤先生也是其中的积极分子。北大哲学系在1957年以后，才变得沉寂起来，1959年又有点小的活跃，也只限于讨论讨论曹操、老子等问题。在一年一度的“五四”科学讨论会上，汤先生也和大家一起提出论文，参加讨论。1954年大病之后，已不能写长篇文章，他还挤时间一点一滴地积累资料，对佛教、道教方面不断提出新的见解，在《北大学报》上发表的几篇文章，虽是时断时续病中之作，仍然保持他当年精密、严谨的学风。这时期，他的文章命名为《康复札记》。他自己说，不是为了纪念自己的健康恢复，而是要记住党和人民对他的健康的挽救。1963年五一节的晚上，在天安门城楼上看焰火，周总理见到汤用彤先生，关心地问起他身体恢复的情况，并把他领到毛泽东同志身边。毛主席对他说：你的病好了？你的文章我都看了，身体不大好，就写那种短文吧！那天汤先生十分兴奋，表示要更好地把他的知识贡献给人民。他总是每天读书、学习、接待哲学系来问问题的青年师生，直到他的逝世。

治学的基本功

从事社会科学研究，要有起码的基本训练，要求从幼年、少年就要打下基础。好像唱京剧，不论生旦净末丑哪一个行当，都要自幼喊嗓子、练腰腿功夫一样，有些功夫需要从小培养、锻炼。也好像一切单项的运动员都要求以一定的田径运动训练为基础一样。我国上一代的文化人，差不多不自觉地承受了一种传统，文史哲三方面不要求过早地分科，几乎是综合训练的。老一代的学者如范文澜、郭沫若、王国维、陈寅恪等，都在少年时期经受了严格的训练。古文作为一种工具，运用得比较纯熟。涉猎的范围也比较广泛。在过去分科不细，“国学”一门，经、史、子、集无所不包，虽然前人未必自觉地认识到这种学习方法有其合理性，但从实践中培养了不少基础扎实的专家、人才。今天看来，老一辈学者的培养训练方法不免有它浪费时间和精力的地方，但毋庸讳言，其中有它合理的内核。他们不同于乾嘉学者，又超过了乾嘉学者。乾嘉学者如戴、段、钱、王诸人，缺少近代科学的训练，缺少外国语文的知识，接受的是纯经院式的训练，因而局限了自己的视野。汤先生自幼学习英语，后来又学习梵文、巴利文，还通晓法文、日文。他是我国第一代经过近代科学训练的学者，具有广泛的世界文化历史知识，对古代圣贤经传不那么迷信，敢于推敲、怀疑，因此，具有超过前人的条件，对中国古典文献的自由阅读、正确理解，也不是很容易的事。前一代学者从家庭教育、社会上耳濡目染，无形中得到学习的机会，打下了基础正如汤用彤先生在他的《汉魏两晋南北朝佛教史》绪言中自己说过的“幼秉庭训，早览乙部”。

今天的青年人已不可能具备那样的环境和条件，今天的青年人有更多的新知识、新工作要做，接触古典文献的机会比几十年前的人要少得多，应用文言文的机会更少。在今天如何克服时代带来的不利条件，利用时代的有利条件，以最经济的手段、最节约的时间，把古典文献中必要的文史哲知识学到手，这是提到今天青年学者面前的一项新任务，这些知识通过现代手段、科学方法并不是不可以学到，而是可以学得很好。像西欧某些卓有成绩的汉学家，如高本汉、伯希和等人，他们生长在异域，比中国现代青年更加缺少实践汉语的机会，但是他们通过科学方法，不但学得很好，而且还对汉学有所贡献。今天有了电子计算机，有了更完备的索引工具，检阅、查考可以免于记诵之劳，而且比记忆又快又准确，这都是有利的条件。但是，我们必须承认对古文献资料要掌握它、消化它，还要触类旁通，这一关非打通不可。这样，我们的新一代必定能够胜过前一代，这不是大话，而是规律。

前人的经验，比如说，文史哲的基础知识都要具备，而不是过早地分专业，专业分得越细，越使人陷于断港绝河，视野受到限制，没有回旋的余地，当然更谈不上左右逢源了。

汤先生落脚在中国佛教史，在写佛教史以前，他在东南大学、南开大学任教时几乎教过哲学系所有的课程，包括伦理学、逻辑学等，向达先生翻译的亚里士多德的《伦理学》一书，就是在汤先生的指导鼓励下完成的。他在北大哲学系，除了教他的佛教方面的课程外，还讲授哲学概论，这是为一年级学生打基础的入门课。解放前，旧中国各大学没有统一教材，而是根据教师的专长任意讲授。汤先生的哲学概论介绍西方当代主要流派，也讲授哲学界争论的若干主要问题。他讲授欧洲大陆理性主义、英国经验主义。他讲授佛教方面的课程并不限于佛教内部，也涉及古代印度哲学（佛教斥为外道的那些流派）。佛教课程中，既讲授过佛教的历史，也讲授早期佛教的一些主要经典原著。还开设过魏晋玄学，这是断代思想史，也是断代的中国哲学范畴研究。

佛教与道教，有密切关系，两家不断交互影响。社会上只知道汤先生致力于佛教史，而不大了解他对道教的研究功力甚深。《读太平经书所见》一文已奠定了基础。抗战期间，他指导的研究生王明，论文题目为《太平经合校》。经过整理后的《太平经》，现已成为国际国内学术界公认的定本。

这些课程的开设和讲授都为汤先生的中国佛教史奠定了极为广泛的基础。有了中外文、史、哲广泛探索的基础，又具备丰富的背景材料，所以汤先生的佛教史的研究，讲的虽是一个方面，但读者从中得到的感受如饮醇醪，值得回味。

尊重史实的态度

汤先生的佛教史著作已足以说明他是一位史学家，佛教史也是历史的一部分。汤先生的史学成就受到同行的尊重，有人惊叹其渊博，有人心折其谨严，有人欣赏其考证精审，不论从哪一个方面对汤先生著作感兴趣的人，有一个共同的印象，即认为他的著作使人信得过。好像和一个淳朴忠厚的人交朋友，使人感到他值得信赖，听他的话不会有错。我接触到不少中外治中国佛教史的学者，这些学者来自不同的社会，有不同的国籍、不同的世界观，好像不约而同地对汤先生的著作有类似的感受和评价，这不是偶然的巧合，原因是汤先生的研究著作贯穿着尊重历史事实的精神。

研究历史，首先要尊重历史，不能歪曲，不能恣意挦扯自己所需要的资料，故意忽略对自己观点不合的资料，更不能任作者的偏好，混淆客观是非。汤先生曾说过，研究历史不能没有自己的看法和想法（看法和想法包括作者对某些历史事件、历史现象的解释、说明、介绍等）。当历史事实与自己的看法和想法不一致的时候，要毫不顾惜地修正自己的看法和想法，而不能修正历史事实，因为历史事实客观地摆在那里，是不能修正的。汤先生解放前没有接触过历史唯物主义，也没学过辩证唯物主义哲学，他在哲学体系上是个典型的唯心主义者。但他尊重历史，明确地提出史实与想法不一致时，则修正自己的想法，不修正史实。这一点却是科学的实事求是的态度。

研究历史要客观，不夹杂主观成见好恶，这是西方资产阶级学者一贯标榜的一条原则，甚至有一些西方学者用这一条攻击马克思主义者的治史方法，他们说要有了立场观点就是主观主义。这样的攻击，早已被许多研究者所驳斥，这里不再申述。现在要说的是同一件事实，确实会由于立场的不同得出不同的价值判断，如农民起义，官方正史叫做叛乱，等等。现在只就佛教史范围内的一些具体事实来谈尊重历史事实的问题。比如说佛教传入中国的时间，历史上有种种传说。当佛教和道教互相争夺宗教界领导权时，佛教徒力图把佛教产生的时代以及传入中国的时间提前，为了把道教尊奉的老子的地位压下去。汤用彤先生在他的佛教史中，就曾把佛教传入中国的诸说胪列出来，一一加以评论，客观地向读者介绍了佛教传入的时代。

关于佛教净土信仰，社会流传慧远结莲社的说法。汤先生指出，净土念佛一派出于北方，“中唐之世，尚无信徒唱弥陀而求往生西方者，如后代俗僧之所信也”（《往日杂稿》）。并指出，世所推崇之净土三大师昙鸾、善导、道绰均生长于淮水之北，行化亦限于北方，道绰《安乐集》卷下，经叙此土大德，不言远公。

汤先生研究佛教而不信奉佛教，与当时名僧及佛教界名流素不交往。他认为信仰某宗教，必然对它有偏好，有偏好就很难客观地评论其得失。汤先生谨严地、客观地把中国古代佛教这一社会现象当做历史学的一个分支来探讨。

考据之学，到了清代发展得比较充分，方法多为搜集大量的资料，证其真伪，辨其异同。汤先生精通考据方法，他的学术论文充满着考据精神，精密而不烦琐。三十年代，他指导的研究生王维诚完成了一篇《老子化胡考》，取材详备，论据周密，曾引起学术界的重视。这一考证的特点，不只考证了《老子化胡经》伪出（这是一般考据学应当做到的），而且进一步揭示此伪经出现的社会原因，从中看出佛道两教斗争的背景。又如佛教史上国际国内聚讼纷纭的《牟子理惑论》的真伪问题，汤先生也顺利地提出了令人信服的论据，以说明此书不伪。他的态度是尊重史实，让史实站出来作证。

汤先生的考据不同于传统的考据，还在于他不是传统的汉学家，他是受过现代科学训练的史学家的哲学史家，不只懂考据之学，还懂得义理之学。读者容易感到焦循的《孟子正义》和刘宝楠的《论语正义》有差别，前者胜过后者，就在于焦氏兼通义理之学，刘氏只局限于汉学。使考据为史学服务，所以能简要不烦。

功能学派或批判学派的文化社会观

旧社会的大学里，像北大这类学校里，通晓马列主义、历史唯物主义的教授极少。在旧社会，国民党办的学校中，马列主义不能公开讲授。在“五四”前后，李大钊同志曾在北大开设过唯物史观这类课程，但只是昙花一现，以后没有继续下去。

汤先生在解放后才开始和全校师生学习马列主义。解放前汤先生的著作一直用唯心史观。他在佛教研究工作中，比较注意文化与社会思潮的联系。在旧时代的学者中，他的见解值得重视。比如他讲授印度哲学史，讲到佛教早期分布时，没有忽略古天竺北方各地与南方各地的学风差别；讲到中国禅宗的兴起，菩提达摩的禅法与慧能禅宗的差异时，他也注意到北方禅法重坐禅修炼方法，与北方地论宗的关系；讲到慧能禅宗时，注意到五祖弘忍于黄梅东山寺以《金刚经》为主要教材的转变，指出《金刚经》与南方流行的“三论宗”传布地区的关系。这些见解有的已得到国内外学术界的承认。因为他看到了社会上文化思潮流行与佛教有某些联系的大量现象。他讲隋唐佛教史（仅在北大印有铅印本讲义，汤先生生前未公开出版。1982 年，遗稿由中华书局出版，书名为《隋唐佛教史稿》），在归纳隋唐佛教的特点时，曾列举隋唐佛教有四个特点（这里指的特点是与汉魏南北朝相比较而言）。

第一，统一性。南方佛教与玄学理论相融会，重玄谈，思辨探索，佛教流行及发展偏重宗教理论方面。如梁武帝发动群臣批判范缜的《神灭论》，只表现为在文字围攻上而没有行动上的人身迫害。北方宗教重实践、修行、坐禅、造像念佛，对理论的兴趣不大，北方信佛教与反佛教冲突，理论方面的辩论不多，行动上，往往表现为拆庙、杀和尚等活动。隋唐统一，南方北方的特点开始互相吸收，调和统一。政治上的统一也表现在文化上的统一。

第二，国际性。隋唐国势强盛，东西方经济商业来往较多，由长安通向西方的丝绸之路畅通，海上交通也发达。佛教僧侣来往频繁，中国僧人西到印度，东到朝鲜、日本，各国学人互相往来。隋唐时期的佛教也成了国际文化交流的媒介。

第三，自主性。佛教在隋唐时期，各宗派纷纷建立，自成体系，建立自己的传法世系。寺院庙产世袭，庙规僧规也有各宗派的传统，与印度佛教的差异越来越显著。

第四，系统性。各宗派建立了完整的判教体系，把外来各种佛教流派的理论，重新排列、安置，给以适当的位置。从历史事实归纳出佛教的特点，从而得出外来文化与本土文化接触后产生什么后果的问题。

西方有些社会学流派主张世界文化来源只有一个，中国有人也主张文化的出路在于全盘西化。汤先生在一次讲演中说，文化发展，将来的事，我们不是预言家，不相信预言，不过过去的事往往可以作为将来的借鉴。汤先生比较倾向于文化功能学派和批判学派的观点。从汤先生佛教史的著作中看，确曾运用这种方法作为他的研究工作的指导。他从佛教传入后与中土文化的接触过程中看出：外来文化与本土文化必发生影响，但必须适应本土文化环境，即为本土文化所接受；外来文化也要经常改变自己原来的某些方面，以适应本土文化环境，而不能原封不动地移植过来。本土文化有它自己的特点，虽然接受外来文化，但不可能完全改变自己的特性，它的结果，将引起新的变化，外来文化变得适于本土文化环境，本土文化吸收外来文化后，自身也起了变化。他还举例说明他的观点，如“地狱”和“灵魂”的观念，中国人也有，但佛教传入后，含义发生了变化。中国人的理解，轮回是鬼（灵魂）在轮回，佛教主张轮回而不主张有鬼（灵魂）。佛教的“念佛”本来是坐禅的一种方法，中国人理解为念佛即口唱佛名，与印度本来的意义不同。等到完全吸收后，外来文化即已变成中国文化的一部分，已不再是外来文化了。

汤先生当年不懂得历史唯物主义，也未接触过上层建筑与经济基础的相互关系，但他从大量历史事实、文化现象中发现外来文化与本土文化要相适应，不适应即不能生存。陈寅恪先生也看到玄奘的学问不适合中国人好简易的习惯。这些解释虽然还值得进一步讨论，但他们从事实出发，看到这一文化生活中的现象，能尽可能做出科学解释，因而他们能做出有价值、有意义的学术贡献。他的文化功能学派的观点，其合理内核是看到并强调外来文化的传播要适应当地的文化土壤条件。这是他后来较快地接受马列主义的历史唯物观的一个外因。

历史的比较法

在没有学习马列主义以前，汤用彤先生的治学方法，我暂称为“历史的比较法”。从道理上讲，为提高鉴别能力，避免片面性，就要进行比较：古今的比较、中外的比较。我们近代几位有成就的历史学家，所以能够超越封建历史学家，如王国维、陈寅恪，是他们成功地运用了历史的比较法。研究中国古代史，不局限于运用中国古代当时的文献资料，而要对比同时外国的文献资料；不但要从中国看中国，还要从外国看中国，尽量了解当时中国四邻的状况。有了对比，则便于鉴别。在马克思主义历史唯物主义未被认识以前，这是世界上资产阶级史学工作者通常采用的方法。有了历史唯物主义，这种方法也不能废弃，还不失为一种辅助方法，只是不作为第一位的方法罢了。

汤先生研究并讲授西方近代哲学史，讲授印度哲学、魏晋玄学，无形中充实了佛教史的研究。他讲授欧洲大陆理性主义，重点在斯宾诺莎、笛卡尔，讲授英国经验主义，重点在洛克、休谟、贝克莱。这两门课程每年交替开设，他经常采取双方对比的方法。他讲授魏晋玄学课程，也经常采取以王弼与郭象的学说对比的方法。他讲授佛教课，经常采用与印度外道对比的方法。讲授中国佛教史，也经常采用与西方近代哲学的概念、范畴对比的方法。他还对我说过，越是研究中国哲学，越要了解欧洲的哲学和印度的哲学。这是说，他在佛教史撰写的背后，埋藏着人们没有看到的大量的工作和功力，只有深厚的知识积累，才能在他的专业范围内驰骋自如，游刃有余。这种横剖面的比较研究，对哲学史的研究十分必要。因为范畴、概念，每一个民族都有它的特点，不能忽略了这些特点；同时对于认识论，人类的推理、认识外界，又有它一般性、共同性的因素。如果不是这样，我们中国人就无法了解亚里士多德的逻辑学，印度的因明之学也传不进中国来。

较为重要的对比，汤先生用做研究方法的还是古今对比，从历史现象的发展中找寻变化的线索。汤先生的魏晋玄学，未写成书，但有了一个基本体系框架。这也可以说是汤先生在中国哲学史研究中的一项重大贡献。因为魏晋南北朝正逢中国哲学思潮的变革时期，两汉经学神学目的论到魏晋时期已临绝境，这时佛教、道教在社会上也广泛流传。不研究魏晋玄学，佛教、道教也难以深入。汤先生于1936年在北大开始讲授魏晋玄学课，这一哲学形式和内容与以前、以后都有显著的差异。当时，我国学术界人士也都感到这一特定阶段的哲学形态有它的特色，还没有形成一个固定的名称，有人称为“清淡”之学，也有人称为“思辨之学”，还有一些其他的名称。今天“魏晋玄学”这一名称已为多数哲学史家所采用。我记得用“魏晋玄学”概括这个时期哲学特点的是汤先生。他为了纪念这一年开始讲授魏晋玄学的课程，汤先生为他小儿子命名为“一玄”。

昔年章太炎《五朝学》有云：“俗士皆曰秦汉之政踔踔异晚周，六叔（魏、晋、宋、齐、梁、陈）之俗孑尔殊于汉之东都。其言虽有类似。魏晋者俗本之汉，陂陀从迹以至，非能骤溃。”（《章氏从文》文录卷一）汤先生认为历史变迁常具继续性。文化学术异代不同，然其因革推移，悉由渐进，研究历史，不能不弄清它的变迁之迹。他还说，研究时代学术的异同，虽当注意其变迁之迹，即客观现象，更应当注意变迁的理由。变迁的理由又有两个方面，一方面要注意时代思潮的影响，另一方面要注意治学的眼光与方法。新学术的兴起，虽然受时代思潮的影响，如果没有新的眼光与方法，也不能产生组织完备的新时代哲学体系。

汤先生在他的《读〈人物志〉》一文中说：“汉魏之际，中国学术起甚大变化。”即在魏晋时期，细加分别，它变化也很大。如正始名士

（老学较盛），元康名士（庄学较盛），东晋名士（佛学较盛），正始以前，魏初名士（刑名较盛）。占有广泛资料，把历史现象给以排比、归纳，分疏其前后时期的异同，才可以说明一个特定时期的思潮的精神面貌。汤先生从先后对比，提出从两汉到魏晋，在认识上是一大进步。汉代学者对天地万物的总体观，不出宇宙生成论（cosmology），魏晋玄学则由宇宙生成论进而为探究天地万物之本体，哲学的重心不在于宇宙由何物构成，是元气还是什么，而在于本体论（ontology）。不但揭示汉魏两个时期哲学形态不同，而且提出汉魏哲学的性质的不同、认识深度的不同。章太炎早年也看到了汉魏学术不同，对魏晋学术也很欣赏，评价颇高，但章氏没有从思想发展的内部指出从汉到魏晋何以不同，两者的不同意味着什么。从认识论的角度来进行探索，这是汤先生魏晋玄学的研究工作超过章太炎的地方。

在中国佛教史研究方面，汤先生把重点放在魏晋南北朝的断代研究方面，这是有原因的。因为汉末，佛教刚刚传入中国，魏晋南北朝时期，佛教蔚为大宗，道教也逐渐扩大它的影响，中国固有文化与这一陌生的外来文化接触后，动荡激摩，有抵牾，有融会，情况复杂，问题多，困难也大。把这一段搞清楚了，对以后的佛教发展史的研究才可以顺利开展，收到提纲挈领的效果。又由于魏晋南北朝正逢中国哲学思潮的变革时期，两汉经学到魏晋时期已陷绝境，佛教、道教也广泛流传，魏晋玄学思潮是佛教、道教滋生的土壤。抓住这一大变革的环节，经过周密的历史的比较，佛教史的脉络比较容易被发现。又由于佛教是个外来的意识形态，又提出了中外比较的有利条件，这也给有功力、有才能的学者以充分施展专长的机会。

旧中国的哲学界就是旧中国的政治、经济状况的一面镜子。半殖民地半封建的社会症状一一表露在学术界。买办的、封建的货色充斥市场，也充斥学术界。当时中国哲学界几乎成了西方资产阶级哲学流派的分支机构。说分支机构也许夸大了，也许可以说是售货商亭或推销外国流派的小摊贩。胡适的实用主义，张东荪的柏格森主义，其他新学派、新体系，凡是外国时兴的，国内都有一点。汤先生对当时趋时髦、凑热闹的学术界十分看不惯，他曾说，第二等的天资，老老实实做第二等的工作（即从事历史资料考证等工作），而不挂上什么流派的牌号，可能产生第一等的成果；如果第二等的天资，做第一等的工作（建立体系），很可能第三等的成果也出不来。汤先生说，他有自知之明，甘愿做第二等的工作，给后人留下点有用的资料也好。学术研究本无所谓等级高下的差别，这分明是针对当时务虚名、不务实学的一种批评。

史学与史识

在旧中国，从事考据之学的，不少人喜欢引用一些别人看不到的材料借以抬高身价，沾沾自喜。汤先生和几位有成就的历史学者，如陈寅恪先生、陈垣先生却不是这样。他们主要依据的是《五经》、《二十四史》、《高僧传》、《资治通鉴》、《大藏经》等，都是摆在大路边上、人人易见的资料。他的立论也平易朴素，从不自诩有什么惊世骇俗的伟大发现。他的著作平实中见功力，经得起时间的考验。《汉魏两晋南北朝佛教史》出版到现在快半个世纪，仍然被学术界所重视。后来外国出版的同类著作，至目前为止，我所看到的，多半是在他原来的间架上有所增益，没有重大的突破。有的作者由于对古汉语的隔阂，还有不少知识性的缺陷。经得起时间考验的学术著作从来是为数不多的。经得起时间考验的主要原因是，考订谨严，资料翔实，学术界信得过。汤先生自幼身体不大强壮，30 多岁即满头白发，患高血压，写字手颤，写文章也不像有些作家那样，下笔万言，一挥而就，而是反复斟酌，日积月累，逐渐完成的。内行人都佩服他的文章古朴、典雅、平实，寓高华于简古，深具汉魏风骨。

汤先生读书十分仔细，他治学谨严，对原始材料一字一句、一个标点也认真考虑，从不轻易放过。他早年写的几篇《大林书评》（收在《往日杂稿》中）对日本一些著名学者的著作提出评论。有根有据，平心静气地说道理，并严肃地指出他们对古代汉籍的断句、标点的错误，从而造成对古人原文意义的误解。作为一个有修养的中国学者，对中国文化遗产的整理，应当最有发言权，也应当善于运用我们的发言权，为国争光。这一点，汤先生表现出中华民族的学术骨气，旧中国有些文化人，生就一副奴颜媚骨，在洋人面前不敢争是非，这种恶劣影响今天还有待于肃清。

汤先生十分注意一个学者的史识。他经常说，做学问，除了广泛占有资料外，还要有科学的识见，他经常用 insight 这个词。没有史识，光是资料的汇集，不能算做史学著作。有意识地运用历史比较法研究中国佛教史，开创者是汤先生。在汤著佛教史以前也有几本中国佛教史，基本上是封建主义的、资料摘录式的介绍，有成就，但他们的成就受到方法的局限，使问题钻研的深度受到一定的限制。汤用彤先生提出，史学者要有史识。他不同于封建史学者。他对西方现代资产阶级唯心主义哲学有较深的理解，具备现代资产阶级的一些思想方法，对佛教思想进行分析比较，比起那些只会用封建的含混不清的叙述，用佛经解释佛经的中世纪办法提高了一个历史阶段。他能把佛教的传播与发展当做一种社会现象来对待，解放前他用的是唯心史观，但比起那些和尚、居士们对佛教怀着迷信态度的膜拜，成就自然高得多，这是他能超出封建学者的原因。

解放以后，汤先生学习了马克思主义，接受了唯物史观，扩大了眼界，才进一步认识天外有天，感到过去的观点方法与唯物史观比较，又有霄壤之别。汤先生认为过去所强调的"史识"有了质的改变。他表示要下决心学好马列主义，对佛教史重新钻研，对自己过去的著作成绩也要自己重新估价。可惜他的健康一直没有完全恢复，这一深切愿望没有完全实现。解放后汤先生发表了不少短篇论文等著作，但对此并不满足。他一直想把中国佛教史重新写过。汤先生从三十年代到北大以后，日本军国主义侵华行径年年加剧，北京大学师生均有地处国家边陲之感。抗日战争时期，国民党统治区政治黑暗，贿赂公行，安分守己的教育工作者更是衣食不周，过着半饥半饱的生活。抗战胜利后，国民党又发动内战，民不聊生。几十年的内忧外患，一大批知识分子、学者，目击国家多难，不愿与国民党同流合污，又不懂得哪是革命的出路，他们打算在学术中寻求安身立命的道路。他们皓首穷经，潜心研究，工作条件艰苦，心情沉重。虽说做出一些成果，这些成果对挽救国家灾难有什么用，他们自己也茫然。汤先生的佛教史著作，就是在这种阴暗低沉的气氛中写成的。

全国解放后，汤先生不止一次地说过："若不是遇到全中国的解放，可算糊涂过了一生。"汤先生研究史学，把史识放在第一位，直到解放后，学习了马列主义，才真正找到最高明、最科学的指导历史研究的原则——唯物史观。

和汤先生同辈的一些学者，解放后，都在自己的岗位上做出了不同的贡献。抗日前在北大哲学系教书时，朋友过从较密的有蒙文通、熊十力、钱穆、贺麟、郑昕、洪谦诸先生。汤先生早年在东南大学时学生有向达、陈康诸位，在南开大学时学生有郑昕等。抗战前在北大哲学系的学生有熊伟、胡世华、王森、韩镜清、库景仁、齐良骥、韩裕文、石峻等。这些朋友和学生中，有的漂泊海外，有的凋谢，有的成为光荣的共产党员，成了马克思主义者。汤先生若在世，按照他思想发展的逻辑，人们相信他会成为一个光荣的中国共产党党员和马克思主义者的。

1983 年

熊十力先生的为人与治学

三十年代初，我在北大哲学系当学生，后来又在北大教书，熊先生这三十年间，有短暂的时间不在北大，可以说基本上没有离开北大哲学系。这三十年间，国罹劫难，人遭苦厄，社会相、人心相呈现得更加分明，使人加深了对熊老师为人与为学的认识与怀念。

从课堂讲授到书院式的讲学

记得 1934 年考入北京大学时，听高年级的同学们介绍北大的老师们，其中有一位唯一在家里上课的老师，是熊先生。比我高两届的同学说，他们听熊先生讲课还在北大红楼。到了我们这届，1935 年始就不在教室上课了。因为他受不了上下课时间的拘束。熊先生认为听者得不到实际的益处。记得他写给选他课的同学们的一封信，有“师生蚁聚一堂，究竟有何受益”的话，这封信贴在哲学系办公室有很长时间。

熊先生冬天室内不生炉火。北京的冬天差不多有四个多月，听课的学生全副冬装，坐着听讲。熊先生开的课是两个学分，也就是两节课。但熊先生讲起来如长江大河，一泻千里，每次讲课不下三四小时，而且中间不休息。他站在屋子中间，从不坐着讲。喜欢在听讲者面前指指划划，讲到高兴时，或者认为重要的地方，随手在听讲者的头上或肩上拍一巴掌，然后哈哈大笑，声振堂宇。有一次和张东荪谈哲学，张在熊先生面前，也成了学生，一巴掌拍在张的肩上，张东荪不得不眨眨眼，逡巡后退，以避其锋芒。抗战时，听郑昕先生说他在天津南开中学求学时，听熊先生讲课，他怕熊先生的棒喝，每次早一点到场，找一个离老师远一点的位子坐下。我才知道熊先生这种讲课方式由来已久。

听熊先生讲课，深感到他是教书又教人，讲新唯识论、佛家名相通释时往往大骂蒋介石让东北失陷，不抵抗，卖国投降。熊先生不只传授知识，他那种不媚俗、疾恶如仇的品格，感染了听讲的人。

颠沛流离中不废讲学

自从九一八事变以后，北平，昔日故都就成了边城。日本侵略势力逐年向华北延伸。华北之大，摆不下一张安静的书桌。熊先生平时深居斗室，不参与政治运动，但他对同学们的罢课、游行是支持的。同学们罢课，反对华北独立，熊先生的课也上不成，熊先生是同情学生的。对胡适强迫学生上课，也表示不满。七七事变后，北平为日军占领，熊先生冒险，化装成商人，乘运煤的货车逃出北平。随行的有刘锡嘏（公纯），也是北大的学生，一路照料。火车上正值大雨倾盆，衣履尽湿，他生怕熊先生感受风寒，幸好未生病。熊先生辗转到了武汉，又到了四川璧山县。这时已是1938年的冬天。

熊先生从北平脱险后，住在璧山县中学里，中学校长钟芳铭欢迎熊先生住下。熊先生的学生钱学熙夫妇、刘公纯也随熊先生留在那里，熊先生没有闲着，写他的《中国历史讲话》。贺麟先生和我从重庆南温泉去璧山看望他。熊先生兴致勃勃地谈他的《中国历史讲话》的内容梗概，大意是讲“五族同源”说。在民族危急存亡关头，对中华民族的热爱，促使他不知疲倦地撰写他的这一著作。我们去时，熊先生很得意地讲述了他如何撰写“回族”的起源问题。他说，这个问题使他苦苦思考了很久，才解决的。这时，他已同时着手写他的《新唯识论》语体文本。由钱学熙译为英文，刘公纯代他抄写。

在四川八年，熊先生生活很不安定，物价飞涨，大后方民不聊生，熊先生只好投靠老朋友、老学生，艰难度日，和家属不在一起。但他没有一天不讲学，没有一天不修改他的《新唯识论》语体文本。他看到国民党横行霸道，胡作非为，还是指名道姓地骂蒋介石，却从不显得灰心丧气，给人的印象是勇猛精进，自强不息。

熊先生在1939年离开璧山中学，住到南温泉鹿角场学生周鹏初家。我当时也在南温泉，每星期天到熊先生处。后来，我回到昆明，他中间到过嘉定乌尤寺，和马一浮主持“复性书院”。不久，书院遭到日军的轰炸，熊先生膝部中弹片受伤，他也离开了“复性书院”，和马一浮先生还发生过小的不愉快。熊先生回到璧山来凤驿，与梁漱溟先生住在一起，借住在一所古庙西寿寺。我和贺麟先生同去看过他。那天晚上，梁先生还讲述了他到延安，和毛泽东同志在一个大炕上，连续谈过八个通宵的事。熊先生这时还没有忘了讲学，韩裕文从“复性书院”退出，随同熊先生。熊先生对韩裕文也分外关心。按通常习惯，我们对熊先生自称学生，熊先生命韩裕文称“弟子”。“弟子”，大概有及门或入室的意思吧。韩裕文是我在大学的同班同学，为人笃实，学问也朴实，对中国的理学、西方的古典哲学，有很深厚的基础。在熊先生那边，学了一两年，因为生活无法维持，不得不离开，到了昆明贺麟先生主持的“西方哲学名著编译会”当专职的翻译，每月有了固定收入，略相当于大学的讲师。1947年间，赴美留学，因肺癌不治，半年后病逝于美国。熊先生为此十分伤痛。如果天假以年，韩裕文在哲学上的成就必有可观。

梁漱溟先生在重庆北碚金刚碑创办了勉仁中学，熊先生被邀到勉仁中学去住。梁先生的几个学生，黄艮庸、云颂天、李渊庭等也成了熊先生的学生。这时熊先生也还是修订他的《新唯识论》语体文本。我在西南联大哲学系，利用暑期，在北碚勉仁中学熊先生处住一两个月。熊先生在北碚除了给勉仁中学讲讲哲学，还结识了郭沫若先生。郭沫若听说熊先生爱吃鸡，滑竿上捆了两只鸡去看熊先生。以后两人通信，讨论先秦诸子及中国传统文化问题，这时郭还向熊先生介绍周恩来同志，他的信上说“周恩来先生，忠厚长者”，愿来看望先生。熊先生与郭沫若结下的友谊，到全国解放后，一直维持着。

在北碚时，牟宗三、徐佛观（后来改为复观）等都常来熊先生处，牟宗三也住在那里。

胸怀坦荡　古道热肠

熊先生的老朋友邓高镜先生，抗日战争期间，没有到大后方去，北平收复后，熊先生回到北京大学，又见到他。见他生活潦倒，很困难，熊先生自己还约集林宰平、汤用彤诸先生按月给他生活费，由我每月发工资后汇寄给他。这种资助一直到邓老先生逝世。

抗战时期南京的支那内学院迁到四川的江津，称支那内学院蜀院。欧阳竟无先生是内学院的创立者，有一大批弟子。熊先生、吕徵先生、汤用彤先生都从欧阳先生问学。吕先生是欧阳先生的事业的继承人。梁启超当年在南京也从欧阳先生学佛学。熊先生的哲学体系已突破佛教思想体系，融佛入儒，欧阳先生认为他背离佛教，背离师说，命人写《破新唯识论》以驳斥熊先生的学说。熊先生又著《破破新唯识论》。从此师生不相来往。我和熊先生相处30年间，熊先生谈起欧阳先生，总是带有十分敬意，认为他是一代伟人、有造诣的学者，没有不满的言词，只是在学术观点上不一致。欧阳先生在江津病危，熊先生听说后，还是到江津内学院探视，希望与老师最后见一面。当时内学院的同仁，认为欧阳先生垂危，怕见了熊先生情绪激动，受刺激，反而不好，没有让熊先生与欧阳先生见面。熊先生出于师生情谊，前往做最后的诀别。事后人们谈论起这件事，都认为熊先生做得对。

马一浮先生与熊先生多年来是学术上的知己，互相了解，也互相欣赏。熊先生的《新唯识论》出版时，马先生为此书作序。文中有“生肇敛手而咨嗟，奘基矫舌而不下”的话，认为此书的见解超过道生、僧肇、玄奘、窥基。抗战期间在“复性书院”有一段时期有点不愉快而分手，后来抗战胜利后，两人友好如初。我和熊先生通信，有些见解，熊先生认为有道理的，也把信转给马先生看，马先生的信，也有时熊先生转给我。熊先生的生日，马先生有诗相赠，有云“生辰常占一春先”，因为熊先生的生日在农历正月初四。

全国解放后，熊先生在北京时，收了一个义女，命名“仲光”，和他自己的女儿幼光、再光排行。仲光喜静，爱读佛书，帮助熊先生料理家务，抄写稿子。熊先生一生很少和师母在一起，子女也不学哲学，在北京及在四川，都是独立生活。晚年有一女儿作为弟子，又能听他讲学，十分满意。他说"伏女传经，班女受史，庞女传道"，今得仲光，又多了一个可以传道的人。熊先生南下后，仲光留在北京未随去。

熊先生一生没有积蓄，有时靠亲友的资助，抗战时期有几年很困难。熊先生对他的学生凡是去看他的，他都留下，吃住在一起。学生给老师带点礼物，如带只鸡，送点药物，熊先生也不客气，慨然收下，相处如一家人。但是在学问上有错误（对古人的思想理解不对），熊先生也不客气地指出，从不说敷衍、客气话。有问必答，甚至问一答十。跟熊先生在一起，令人有虚而往、实而归的感觉。和熊先生相处，好像接近一盆火，灼热烤人，离开了，又使人思念难以忘怀。

昂首天外　挥斥八极

北京大学蔡元培当校长时，依照西方大学的规章，教授要开三门课程。只担任一门课的，聘为专任讲师，外校教授在北大讲授一门课程的，聘为兼任讲师。当年鲁迅就是兼任讲师，我在北大时，清华大学的张申府、金岳霖先生都担任过北大的兼任讲师，林宰平、周叔迦先生也是兼任讲师。熊先生经蔡元培先生介绍到北大哲学系，是专任讲师，每月薪水 120 元。那时蒋梦麟主持北大。熊先生的为人，不会与人俯仰，只是做自己的学问。他这个讲师的名义一直继续到七七事变，离开北京为止。他从不参加系里的开学、毕业、迎新送旧的活动。他这个讲师，在任何教授面前屹然而立。不论什么人来访问，他从不和人谈论天气，一谈起来，就是讲学问。除学生们前来请教的以外，在北平常和熊先生来往的，有汤用彤、林宰平、蒙文通、贺麟、张东荪诸先生。都是这些先生到熊先生家，熊先生从不回访。抗战时期在重庆，有不少国民党的达官显宦来访，居正是当年辛亥革命时的朋友，陈铭枢从欧阳竟无先生学过佛学，与熊先生也友好。熊先生住北碚时，陈铭枢请熊先生在一个背山面江风景优美的饭馆吃饭。熊先生朝江面看风景，陈铭枢面对熊先生，背对着江面。熊先生问陈，你为什么不看看风景，陈说，你就是很好的风景。熊先生哈哈大笑，声振堂宇，说："我就是风景?"熊先生对他们也是讲他的"体用不二"的道理。不论什么人，只要常到熊先生处，听他讲学，不知不觉地就成了他的"学生"了。熊先生有一种气势，或者说有一种"境界"把来访的人慑服住。

我的老朋友韩裕文，曾对我说过，熊先生告诉他，做学问，不能甘居下游，要做学问就要立志，当第一流的学者，没有这个志向，就不要做学问。做学问，要像战场上拼杀一样，要义无反顾，富贵利禄不能动心，妻子儿女也不能兼顾。天才是个条件，但天才不能限制那些有志之士。他还告诫，青年学者，要爱惜精力，他在勉仁中学写了一联赠一青年学者："凝神乃可晋学；固精所以养气。"他对韩裕文讲过像×××，人很聪明，可以成器，他就是爱嫖，这也成不了大器（据说此人现在台湾）。

全国解放后，董必武同志、郭沫若同志函电邀请他到北京来。熊先生路过武汉，当时李先念、林彪等主持中南工作，设宴招待他，他还是讲他的唯心主义哲学。到北京后，对人讲，林彪心术不正，怕不得善终。老朋友们劝他不要随便乱说。到北京后，毛泽东同志给他送了几本书，还写了信。熊先生申明，他拥护共产党，爱新中国，一辈子学的是唯心论，无法改变自己的哲学主张。我们的党没勉强他，还出钱帮他出版了好几种唯心主义的著作。他的表里如一，爱国、热爱学术的精神，受到共产党的尊重。

他住在上海，担任全国政协委员，到北京开会，他先说明，我保证"三到"（开幕、闭幕、照相），其余的大小会都不参加。会议期间他有机会去与多年的老朋友叙叙旧，也很高兴。他与钟泰、张难先、吕秋逸过从。陈毅同志也前往拜访。鼓励他写他的书，帮他出版。解放后，熊先生的心情基本上是舒畅的。

以理想滋润生命，以生命护持理想

从熊先生和许多良师益友的身上，使我懂得了应当走的路和如何去走。教训深刻而又使我铭记不忘的，我首先想到的是熊先生。

熊先生这个人，以他的存在向人们展示了一种哲学的典型。一生坎坷，没有遗产留给儿孙，家庭关系处理得也不尽妥善。几十年来，没有见他穿过一件像样的考究的衣服。伙食注意营养，却不注意滋味，甚至可以说他吃了一辈子没有滋味的饭，人们认为值得留恋的生活方式，熊先生毫不沾边。熊先生博览群书，不讲究版本，手头藏书很少，可以说没有藏书。我认识的学者中，熊先生是唯一没有藏书的学者。别人也许觉得他贫困，他却显得充实而丰足。别人也许认为他不会安排生活，他却过得很幸福、坦然。他也像普通人一样，有时为了一点小事发脾气，过后，却深自谴责，好像雷阵雨过后，蓝天白云分外清新，他胸中不留纤毫芥蒂，真如古人所说的，如光风霁月。他具有只有他才具有的一种人格美。

我常想，是一种什么力量使他这样？这里面大有学问。我感到熊先生在生命深处埋藏着一个高远的理想，有了这个理想，使他百折不回，精进不已，勇往直前，义无反顾。在四川北碚时，熊先生说他在北平寓所有一副自写的对联："道之将废也，文不在兹乎。"胡世华同学看了想要，熊先生送给了他。前不久遇见胡世华，问起这件事，他说确有此事，还补充说：熊先生取下这副对联，在上面写上"此联吾自悬于座，世华见而索之"。"文化大革命"之后，不知此联是否尚在人间。这十个字，充分说明了熊先生的理想。他孜孜不倦，汲汲遑遑，从南到北，开门授徒，著书立说，无非是为了这个理想。熊先生讲学，不问对象（有学人，也有官僚政客、商人）是否值得讲，听讲者是否真正愿意听，他总是苦口婆心、锲而不舍地讲授。讲述的中心，无非是要人们认识中华民族传统文化的价值。他中年以后，建造自己的哲学体系，"舍佛归儒"。除了在他著作中写出来的、理论上发现的佛教哲学缺失外，还有一个埋藏在他内心深处的"第一因"——对中华民族传统文化的热爱。有了这种深挚的爱，虽长年病躯支离，却肩负起振兴中华文化的责任。这种深挚而悲苦的责任感，是二十世纪多灾多难的中国爱国的知识分子所独有的。对中国传统文化了解得愈深刻，其深挚而悲苦的文化责任感也愈强烈。这就是熊先生理想的动力。①

熊先生抽象思维、辨析名相的功力为常人所不及，《因明大疏删注》即是明证。但熊先生的著作中反复申明的，倒不在于抽象思维的训练，而是教人端正学习的态度。他指出学问的精髓不在于言说文字，而在善于体认言说文字之外的中心恻怛的心怀（超乎小我的感情），他一再教人不要把学问当做知解看待，要学会体认心之本体。他在著作中反复叮咛：玄学不同于科学，中国哲学不同于西方哲学。这里不存在抬高中国哲学，贬低西方哲学的意思。熊先生只是提供人们如何正确理解中国传统文化的一把钥匙。因为中国传统文化的核心部分，熊先生称为“玄学”（与西方玄学、形而上学意义不同），它既有思辨之学，又有道德价值观、美学观等更丰厚的内容，这些内容确实是近代西方意义的哲学所包容不进去的。

“道之将废也，文不在兹乎。”这说明进入二十世纪，中西文化接触后，引起中国有识之士的广泛而深刻的反省。西方侵略国家挟其船坚炮利的余威，给中国的经济生活以破坏，连带引起社会生活、政治生活以至家庭生活的变革。面临前所未有的大冲击、震荡，发展下去，必然引起知识分子深刻的世界观的动荡。春秋战国在中国历史上曾被认为是个大变革，它与“五四”以后的变革相比，简直微不足道。熊先生的哲学的核心问题，与其说它讲的是哲学问题，不如说它讲的是文化问题，传统文化的前途、出路问题。

熊先生“弃佛归儒”，正是由于儒家传统带有浓重的民族特色，而佛教（特别法相唯识之学）更多思辨特色。思辨精神与中华民族的生死存亡的关系不是那么直接。“为生民立命”，在西方近代哲学家看来，本不是哲学家的事，而中国知识分子则认为责无旁贷。熊先生与欧阳竟无先生的分歧在于：熊先生以佛为妄而舍佛归儒；欧阳竟无先生在抗战前后发表的关于《大学》、《中庸》的论著，以及对孔孟的评价，也有

① 有这种思想感情的，事实上不只熊先生一个人，而是一批这样的仁人志士。哲学家个人的具体遭际，以及对文化的认识、观点的差异，各人的表现也不尽相同。

"舍佛归儒"的倾向，只是欧阳先生认为儒家高明博大，佛亦不妄，佛儒交相融摄，更趋向于儒而已。

熊先生为了他的理想，生死以之。他很早就宣称他不能接受马列主义，不能相信唯物论。像他这样一位爱国的知识分子，这是可以理解的。

我和熊先生相处多年，相知甚深。我过去一直是儒家的信奉者。新旧中国相比较，逐渐对儒家的格、致、诚、正之学，修、齐、治、平之道，发生了怀疑，对马列主义的认识，逐渐明确。在1956年，我与熊先生写信说明，我已放弃儒学，相信马列主义学说是真理，"所信虽有不同，师生之谊长在"，"今后我将一如既往，愿为老师尽力"。熊先生回了一封信，说我"诚信不欺，有古人风"。以后，书信往来，就不再探讨学问了。熊先生历年给我的信很多，可惜毁于十年劫灰中！

学马列主义，也不能在言语文字上打转，也要身体力行，这方法和态度还是从熊先生的教诲中得来的。熊先生是我永不能忘的老师。

赘语

海外不少学者和同行们，出于对熊先生的关怀，流传着不少传闻和推测。有人认为新中国对待旧社会的老专家实行压迫，他们失去了讲学的自由，受到不公正的待遇，解放后一直受折磨，饮恨而终。我对此不得不做一些必要的说明。

先说解放前熊先生在北大所受的待遇。熊先生在旧北大一直当讲师。七七事变后，教授可以到西南联大报到，仍能教书，不致失业，而熊先生不是教授，迁到大后方，拒绝收容他，任他漂泊西南天地间达八年之久。全国解放后，董必武等政府领导人请他来北京。北京解放不久，教授的待遇按小米折价，刚从美国回来的华罗庚和熊先生的工资都按最高标准定为400公斤小米。

抗战胜利后全解放前，熊先生住在沙滩北大孑民堂后院的两间改造过的集体宿舍里，面积约20平方米。解放后，国务院在交道口附近给他租了一处住房，北房五间，并为他购置了必要的家具。他和义女仲光来京后，即住在这里。两三个月以后，熊先生嫌这个院子嘈杂，又搬了一次家，搬到西城宝禅寺街，住在最后一进院子，是个独院。在这里未住多久，国务院又给熊先生在北海鸦儿胡同购买了一所小四合院，出门不远就是什刹海后海。住在这里不到一年，熊先生感到年老，不耐北方严寒，打算到上海依儿子世菩，这是他唯一的儿子，当时世菩在上海招商局任工程师。熊先生的客人、学生来往的人多，世菩向招商局申请，扩大他的住房面积，以便安置年老的父亲。格于制度，没有办到。最后由国务院指示上海市委，在愚园路给他安排住房，这个地方比较安静、宽敞。熊先生的工资仍按月由北大汇寄，后来熊先生嫌每月汇寄麻烦，工资由上海市委统战部支付。

旧中国不曾限制唯心论，只限制唯物论，但熊先生的著作出版，遭到种种挫折，有的书是熊先生自己出钱印的。解放后，他的书由国家出钱，出版了七八种，公开发行。说到这里，也附带说一说陈寅恪先生。陈先生抗战期间，为英国庸医所误，双目失明，仅有光感。解放后，中山大学在他的楼前特别用白色涂刷了一条小径，以便于他借助白色反光饭后散步。陈先生用的药品，国内买不到的，由香港购进，24 小时有护士 3 人轮流护理。还请他到北京担任历史所所长。陈先生的朋友、学生多在北京，他也有意北来。由于敦请陈先生的那位学生说话不慎，惹得陈先生不高兴，他拒绝北来。

熊、陈这两位老先生备受政府礼遇，这些事实都说明中国共产党是尊重学有专长的专家学者的。到了“文化大革命”，是非颠倒，国家遭难。外人只看到知识界、文化界人士在“文化大革命”中所遭受的折磨，误认为是共产党政府搞的。“四人帮”是共产党的敌人，共产党的开国元勋，上至主席、元帅、将军，包括周恩来总理在内，下至一般干部、一般群众，受到迫害以及遭难而死的，何其多也。这些罪恶行径，应与共产党政府无关，这是不得不说明的。

贺麟先生

1934年，我考入北大哲学系。一年级听汤用彤先生讲授哲学概论，郑昕先生讲逻辑课，引发了钻研哲学的兴趣。第二年学习西方哲学史。三年级学黑格尔哲学及斯宾诺莎选修课。四年级毕业论文，贺先生指导，论文为《朱子哲学》。

北大哲学系的老师都主张自学，从不把着手教。如能主动读书，可以有较大收获；如混日子，也不难混下去。后考上研究生，导师汤先生。北大文科研究所规定，导师外还要有一位副导师，我的副导师是贺麟先生。现在看来，这是个很好的制度，学生可以兼采导师的长处，中国哲学与西方哲学相结合，对以后成长有利。学生听课也自由，不限制听课时数，有充分时间读书、准备论文材料。

在抗战时期，国家多难，大家在流亡中，学生生活有困难，老师很愿意予以帮助，师生关系比在北平时显得更亲近了很多。

大学毕业时，面临就业选择，哲学系留一名助教，同学石峻留作助教。同班毕业的还有两人，我和韩裕文。韩去外县教中学，我也考虑去教中学。正值北大法学院周炳琳先生到重庆中央政治学校任教务长，请贺先生教哲学概论课。贺先生约我去担任助教，帮他改改学生的读书报告。我觉得这可以有更多时间读书，就答应了。

中央政治学校是国民党培养干部的学校，当官的多，没有什么学术空气。贺先生教哲学概论课，给学生以新鲜感，很受欢迎。第二年，贺先生不再在中央政校教书，回到昆明。有好几个学生自动转学，改进西南联大哲学系，陈修斋、樊星南就是其中优秀的。

学校设在重庆南温泉。这一年，我看到许多国民党军政要员。校长是蒋介石。蒋介石去学校时，随行的文人有吴稚晖、陈立夫等人，军人有何应钦、陈诚等人。这一批文武大员，没有一个像有独立人格的人。蒋介石训话时，学员要保持立正姿势，学校职员也要站着听蒋训话。教员自由参加。贺先生受特别礼遇，他可以不参加这种训话。

这一年，贺先生给我开了一个书单子，读了不少西方伦理学及哲学史的书。寒假期间，听说北大恢复文科研究所，招收研究生（报考研究生要附上一篇论文），我也准备了一篇《王阳明哲学》的论文。这时，熊十力先生逃出北平沦陷区，也来到重庆南温泉附近——鹿角场，住在他学生周鹏初家。他们听他讲中国哲学的一些问题和读书中遇到的问题。写《王阳明哲学》这篇论文时，有些问题向他请教，采取闲谈的方式，不像上课那样正规。熊先生有时教书，有时也评论政治，回忆清末的一些掌故。每去一次，都有收获。

我在初中时，军训教官粗暴对待同学，使我对国民党没有好感。在中央政治学校，亲眼见到国民党上层官僚集团的腐败无能，更生了一层反感。这个学校有学生 200 人，职员 200 人，校内工人 200 人，上下等级分明。有一位高级职员，在食堂饭桌上大讲某年某次，“委员长亲自骂过我，骂的什么话……”说者不以为耻，反引以为荣。更令人诧异的是，许多听者不以此举为可耻，反露出某种艳羡之色。“知耻近乎勇”，不知耻可以无所不为，还有什么希望？

在研究哲学的道路上，对我帮助最大，甚至可以说有终生影响的老师中，贺先生是其中一位。

大学四年，有三年在北平，一年在长沙和昆明。此后十几年间，我和贺先生都未离开北大哲学系（贺先生离开北大哲学系在 1956 年，我们才分开，但都在北京，经常见面）。

贺先生治学，有现代人的特点。从听他的西方哲学史、斯宾诺莎、黑格尔哲学，到参加他主持的西洋哲学名著编译会，长期学术熏陶，受益最深的，是接受了他的中西哲学比较法。我们这个时代是个中外文化交流的时代（有时主动，有时被动）。中国人的衣食住行，语言词汇，无不带有中外交流的痕迹。贺先生从事翻译事业，也是从行动上贯彻了中外交流的思想。

贺先生受旧社会长期教养，又接受西方近代科学训练，他身上体现了中外道德观结合的痕迹。他在北大、在联大，并不是一帆风顺的。有的教授留学回国后，就担任教授。贺先生留学回来，是先从讲师做起，一步一步走过来的。我初进北大时，他还是讲师，后来升为副教授、教授。贺先生在清华大学与张荫麟是同学。和张荫麟两人一同去拜见梁启超。贺先生对我说："梁启超对张说（用广东话）：'你有作（jie）学者（xuejie）的资格呀。'他没说我有作学者的资格。"清华是贺先生的母校，从美国回来，他想回清华。金岳霖先生主持哲学系，认为贺先生治学，不重视逻辑，喜欢讲直观方法，不大符合清华哲学系的学风，没有请他到清华，贺先生接受了北大的聘书。

1948年，北平面临解放前夕，国民党骨干纷纷南下，担任训导长的陈雪屏逃往南京，陈的训导长职务交给贺先生。训导长当时的任务是监视学生，管理学生，不使学生有反对政府的行动。贺先生没有站在国民党立场监视学生，而是设法保护学生免于逮捕，被捕的设法保释。北大学生送给他一面锦旗（不是绸制的，是用红布写的），写着"青年的保姆"。贺先生主持"西洋哲学编译会"，解放前夕共有成员4名，其中有3个地下党员。北京大学也有向贺先生告状的，贺先生置之不理。这4个编辑工作人员为汪于嵩、黄楠森、邓艾民、王太庆，后来成为新中国的哲学专家。

贺先生为人忠厚，即使别人对不起他，他也从不记仇，不报复。"文化大革命"期间，文化教育界是重灾区，贺先生又是学术界的重点人物，有些人乘势落井下石，批他的政治，还批他的学术，批他的翻译。政治错了，连翻译的黑格尔哲学也要打倒。事后贺先生对我说："政治可以批判我走错了路；我翻译黑格尔的《小逻辑》，确实呕心沥血，字斟句酌，连我的翻译也说得一无是处，感到屈辱。""四人帮"垮台后，那位学生登门道歉，申明当时迫于形势，言不由己，贺先生对此人并未介怀，不再计较。

北大哲学系的教师，学问虽有专长，但对应付日常生活，跟行政部门打交道，很不行。贺先生在北大燕东园分到的住房，不见阳光，他不去争，一直住到工作调动，才搬到城里干面胡同宿舍。

贺先生为人忠厚，没有架子，平等待人。几十年来，我没有见他发过脾气，即使遇到极不痛快的人和事，也不疾言厉色。他是西方哲学专家，但更具有东方文化熏陶下的涵养。在南温泉中央政治学校时，他说，从前曾国藩和他的老师倭仁交换日记看，借以互相促进。他知道我也有记日记的习惯，便也和我交换看日记。日记本来不是写给别人看的，对某人某事的不满，日记中可以自由发泄。贺先生在我的日记上，有时批注几句话，规劝我对人对事不宜过于严苛；为学读书不能过于峻急。他还说：办事能做到日后不要失悔是最好的结果。青年人为了一时快意，不顾后果，给人以伤害，到了自己懂得道理多时，会感到后悔。我也从贺先生的日记中看到他对待青年的爱护。他还善于发现青年的长处，青年身上容易犯的毛病也予以宽容。可惜我这本日记毁于“文化大革命”，没有保存下来。

贺先生和我在昆明翠湖公园散步，谈起沈有鼎先生。贺先生说，沈为人聪明，善于思考，可惜他文人相轻的坏习气太深，难成大器。沈曾对贺先生说；“金龙荪（金岳霖字龙荪）那点学问只能骗骗冯芝生（冯友兰字芝生）罢了。”一句话骂了两位大师，太刻薄，连老师也骂，而且骂得没有道理，不可取。

在昆明时，经常听贺先生讲宗教对文化的重要性，他特别指基督教，也一再提到《圣经》值得研究。当年我年轻，翻开《圣经》，见到有些以水变酒、使跛子行走等神奇法术，认为没有什么看头，对宗教的社会作用很不理解。贺先生说：中国文化是礼乐；在西洋，他们的礼乐包容在宗教中。宗教与文化是一回事。光从哲学著作中还不足以认识西方文化的全部。我对文化、哲学摸索了多年，自己已进入老年，才深刻懂得贺先生这一见解的深刻、正确。宗教是人类知识的源头。人类知识起源于宗教这个母体，以后每前进一步，又必须摆脱它的限制。不了解一个民族的宗教，即无法认识一个民族的文化。

欧洲最大的宗教是基督教，中国的宗教是什么呢？最后我终于找到中国的宗教是儒教。西方的礼乐包含于基督教，中国的礼乐包含于儒教之中。

贺先生凭借他的学术感召力，赢得学术界的钦重。解放前，他是中国哲学会的成员兼秘书，主编中国哲学界唯一的刊物《哲学评论》。那时，中国哲学会不是专门研究中国哲学的学会，而是全中国的哲学界同仁的学会，是逻辑、西方哲学、中国哲学、伦理学共同发表研究成果的园地。现在台湾的中国哲学会仍沿袭当年在大陆的格局。

解放后，贺先生最大的贡献是推动了西方哲学名著翻译，培养了一代西方哲学和黑格尔研究的人才。黑格尔的几本主要著作都有了可供传世的汉译本，完全是贺先生主持、推动的功劳。近、现代中国翻译著作，影响最大的有两部书，一部是严复译的《天演论》，一部是贺麟译的黑格尔的《小逻辑》。《天演论》为近代中国革命敲响了警钟，完成了它的历史使命。《小逻辑》为今后若干年中国研究黑格尔哲学，建立了基本资料，这部书不曾风靡一时，却成为中国精神文化财富。

记得 1948 年，有一次在他家，他发现我身体瘦弱，有些病相。他告诫我：你 30 岁刚过，不可过劳，这是中国学者很难度过的年龄，颜回 32 岁，僧肇 31 岁，你可得小心。物价贵，生活困难，是实情，也要把身体养好，心情要开朗。

冯友兰先生在中国哲学史领域里的贡献

那是在1932年，我在北平大学附属高中读书，国文老师讲课，选了不少辅助教材，其中有关于老子年代的学术争论。那时起，开始知道胡适、梁启超、张煦、冯友兰、唐兰几位先生对老子年代的见解，他们争辩的问题引起了我对哲学史的兴趣。

由于这种偶然的机会，使我后来在考入北大文学院时选中了哲学系。记得有一次开中国哲学年会，冯友兰先生的论文是《朱子的理与气》。冯先生说，朱子的“理”意为“形式”（form），朱子的“气”意为“料”（stuff），还说，stuff或译为“士大夫”，可见士大夫还够个料，不是废物。记得会上还听了邓以蛰先生讲中国画的“气韵生动”；胡适先生的题目是《程绵庄的哲学》。约在1934年，北大学生会邀请校外专家作学术报告，冯先生讲的题目是《新三统五德论》。冯先生运用发展观阐明社会变革与学术变革之间的关系，印象极深，至今不忘。

大学的第四年，北大、清华两校被迫南迁，只在湖南住了半年，文学院设在南岳衡山脚下。冯先生开设了朱子哲学课，金岳霖先生讲知识论课。因为这两位先生都是清华大学哲学系的老师，北大的学生平时听不到他们的课，我都选修了。冯先生的“朱子哲学”课的内容和朱子关系不大，只是借用朱子哲学的某些范畴，发挥冯先生自己的体系。授课的讲义随讲随印，后来在云南蒙自石印出版，书名定为《新理学》。冯先生在书的扉页上题诗云：

印罢衡山所著书，

踌躇四顾对南湖[①]。
鲁鱼亥豕君休笑，
此是当前国难图。

在蒙自半年，西南联合大学新校舍建成，文学院迁回昆明。冯先生此后一直在西南联大讲授中国哲学史课，还曾用《新世训》代替教育部规定的伦理学课程。冯先生写《新知言》，注意禅宗的方法论，曾在全校作过关于禅宗的讲演。抗日战争期间，冯先生曾应聘到重庆讲学半年，我曾替冯先生讲授过中国哲学史课程。教材还是采用冯先生的书，对冯先生的观点有了一般的了解。

冯先生的《中国哲学史》比胡适的《中国哲学史大纲》在国内外有更长远的影响。五四时期，胡适的《中国哲学史大纲》（上）曾引起过学术界的广泛重视，因为它改变了中国哲学的面貌，从取材到立论都带有现代化的标志，远远超出了封建时代的眼界。胡适的《中国哲学史大钢》只有先秦部分，汉以后没有写下去。胡适过多地采用了美国实用主义观点，对古代哲学学说的评论往往停留在表层。金岳霖先生曾指出，胡适写的中国哲学史，好像是一个外国人谈论中国的哲学。[②] 胡适批评庄子哲学，说他“使人变成达观的废物”，这种评论显得没有说服力。又由于胡适抱着西方学术界的偏见，认为中国只有思想，没有哲学，以致后来他主持的北大文学院哲学系没有中国哲学史课程，只有中国思想史课程。胡适在历史系开设中古思想史，讲授的内容还是中国哲学史的资料。

冯友兰先生认为中国不但有哲学，而且中国哲学有它内在的体系。他不是简单、轻率地对待古人，而是力图把古人的体系按古人自己的思路，用现代人的表达方式表示出来，他称为同情的理解。冯先生自己说，讲到庄子，令人读了似乎站在庄子的立场上说话；讲到孟子，令人

---

① 南湖在蒙自城外，学校附近是一所公园，称南湖公园，是西南联大师生朝夕游憩的地方。

② 见冯友兰著《中国哲学史》审查报告二，商务印书馆出版。

读了似乎站在孟子的立场上说话。这种方法显然比胡适的方法深入了一层。

冯先生具有系统的现代科学方法的素养，又有高度抽象概括的能力。他讲的中国哲学史，能把一些长期讲不清楚的问题讲清楚。比如把先秦名辩思潮中的惠施哲学归结为“合同异”，把公孙龙的哲学归结为“离坚白”。现在的中国哲学史界都接受了这一观点，并认为本来应当是这样的。其实，这只是前辈学者留下的成果，后来者顺利地接受下来罢了。冯先生以前的学者都没有这样简明。像这样的例子还多①，都表明冯先生善于以简驭繁、高度概括，值得学习、借鉴。

哲学史上下数千年，重要的哲学家，有资格上哲学史的，列举一二百家不算难事。这样做，只能给人以流水账的印象，好的哲学史，不在讲述的人头多少。冯先生的哲学史（包括《中国哲学史新编》）在几千年的断限内，有重点地浓墨重彩、着意介绍的不过十几家，该简化的简化，该突出的突出。先秦各家是中国哲学的源头，对这一段的哲学花了大量篇幅，这是必不可少的。好像西方哲学史不能不详细介绍古希腊哲学一样。汉以后，重点介绍董仲舒、王充。魏晋时期重点介绍了王弼和郭象，并把他们从《老子注》和《庄子注》的附庸于老、庄的地位分离出来，使他们独树一帜。这种见识在今天看来认为是理所当然的，可是当时，无疑是一个创举。

宋明时期重点放在程朱，这些篇章写得精彩而充实。

更值得称道的，也是表现冯先生哲学史的卓越见识的地方，还在于他的中国哲学史的分期。

《中国哲学史》旧著分为“子学时代”和“经学时代”。子学时代的断限约为四百年，经学时代断限约为两千多年。没有真知卓识，是不敢这样处理的。冯先生当年还没有接受用社会发展史、历史唯物主义的观点来观察社会，但他通过广泛而深入的科学实践，感觉到这两大时代

---

① 把佛教哲学列入中国哲学史，是从冯先生开始的。冯先生虽然对佛教部分自己感到不满意，但他的开创之功不可湮没。

的哲学有着本质的差异。子学时代的特点是建造，经学时代的特点是阐述。子学时代奴隶制解体，封建制尚在形成中，新兴的阶级及集团各有自己的社会力量，必然要有自己的代言人。秦汉以后，政权统一、政教合一的格局越来越完备，很多哲学学者“以述为作”，借古代经典为招牌，装进新的内容，冯先生称之为“旧瓶装新酒”，从而形成经学时代的特点。这两大段落的划分，今天看来，还是经得起考验的。

秦汉开始，中国建立了大一统的封建政权，高度集中的中央政府管辖着广大分散的农村。政治上要求高度集中，不集中就不能维持国家的统一；经济上却出于小农经济的本性，只能极端分散。政治上的高度集中与经济上的极端分散这一对矛盾贯穿了两千多年。强化集中统一，严格等级制，是中央政府的要求；希望自给自足，不要政府过多干预，使小农生产安居乐业，是自然经济的特点。在朝的强调集中统一，在野的强调分散自由。这一对矛盾直到鸦片战争始（1840 年）才告一段落，此后中国历史进入近代阶段。

为了更好地协调政治的集中统一和经济的极端分散这一对矛盾，从汉代董仲舒开始，历魏晋、唐、宋、元、明、清，一直在解决这个问题。这一大段（两千多年）恰恰是冯先生《中国哲学史》中所指的“经学时代”。

整个经学时代，学派寿命最长的有两家：以孔孟为旗帜的儒家和以老庄为旗帜的道家。儒家偏重在朝，道家偏重在野。在朝讲孔孟，在野讲老庄。有时同一个人，做官时讲孔孟，不做官时讲老庄。这两大流派都有广泛的社会基础。朝廷的势力总是大于农民，所以孔子的势力大于老子。《六经》中留下注释最多的是儒家的《周易》，先秦诸子中留下注释最多的是《老子》。冯先生的哲学史叙述的流派中，儒家占的篇幅最多，道家所占的篇幅较少，也是符合历史实际情况的。

自从 1949 年起，中华人民共和国成立，过去没有占重要地位的马克思主义哲学占了主导地位。学术界广大知识分子先后接受了马克思主义的观点和方法。据我所认识的老先生中间，有陈垣、汤用彤、朱光潜、贺麟、郑昕、冯友兰先生。学术界也有不愿放弃旧观点的，如熊十力、梁漱溟、陈寅恪诸先生。不论接受或放弃，他们都是认真考虑后才做出抉择的。这里只说冯先生和他的《中国哲学史新编》。

冯友兰先生的新旧两种哲学史很不一样，两书的差别是显而易见的。这里只想说明新旧哲学史之间的衔接关系。在旧哲学史中已包含着后来新观点的某些重要因素。

历史唯物主义的一个重要观点是发展观点，在旧哲学史中已有充分的表现。历史唯物主义强调社会存在决定社会意识，旧哲学史中在讲到某一时代的新思潮时已充分注意到社会变迁与思想变迁的密切联系。马克思主义哲学有两个突出特点，一个是阶级性，一个是实践性。阶级性是为了广大人民群众（儒家传统说法为关心天下忧乐），实践性是为学不尚空谈理论，这也是中国传统哲学的重点（为生民立命，为万世开太平）。旧哲学不是马克思主义哲学，但旧哲学与新哲学之间可以找到某些衔接点。正如佛教传入中国内地时，东方人不懂得佛教，很自然地把佛教与中国的方术祠祀相比附，认为黄老与浮屠教义“差不多”一样。马克思主义哲学不是排斥过去的旧哲学，而是继承旧哲学中一切有价值的遗产，消化、吸收以后，使它转化成新生的哲学的一部分。新哲学有容纳、改铸旧哲学的功能。

冯先生的新旧哲学史是先后衔接的，而不是“尽弃其所学”，另起炉灶。

冯先生相信历史是发展的，解放后，这一观点更有所加强。冯先生相信历史是连续的，解放后，这一观念也有所加强。在极“左”思潮盛行时期，冯先生曾受到不公正的批判，这些批判并没有动摇他的信念，他相信文化不能中断，新文化只能在旧文化的基础上建立，不能凭空构建。冯先生的哲学史一改再改，这里且不说他的某些章节的是非得失，而要大书特书他热爱优秀传统文化，随时给它注入新血液，排除其中不应保留的东西，使它获得新生命。他对“周虽旧邦，其命维新”的新解释是足以说明他的爱国主义情怀的。

冯先生在旧哲学史中曾提出过历史是不断前进的，历史是已存在的事实，它不会错。正因为有这种观点，他到晚年写《中国哲学史新编》

知识训练与人格铸造

六十年前，一个偶然的机会，在昆明西南联大附中替一位朋友代课，担任附中初中二年级一个班的语文课（当时称为国文）。班上有四十几位十一二岁的小同学，白祖诚是其中的一位。他性格内向，不大活跃，勤奋稳重，为人朴诚，有自信心，与同学们相处融洽。他的语文学习比较扎实。当时附中规定每隔一周写一篇作文，两小时内当堂交卷。作文课最能表现学生的思想爱好和倾向，对白祖诚的了解一半是通过作文写作逐步加深了印象。发作文时，针对作文中发现的问题，选择代表性的、易犯的语法修辞错误及错别字予以评论。同学们听到的是自己的事，记得牢，为后来的提高打下基础。

此后几十年间与白祖诚没有定期交往，但经常从其他联大附中同学断断续续地得知他的经历和遭遇，关怀并未中断。

最近唐绍明同志（他也是联大附中的同学）谈起白祖诚，知道他离休后，写了一本《回忆与思考》文集，即将问世，希望我为此书写几句话。关于这部文集，记录着他自己的风雨晦暝，都是他自己的切身感受，我不必说什么。几十年来，我一向在学校当老师，在大学教书，到头来深感大学教育办得好不好，中学教育是关键。想借此机会谈谈有关中学教育的问题。

中学时期正是青少年知识身体成长、定型的关键阶段，也是世界观初步形成的时期。联大附中我教过的这一班同学分散在全国各地，有的人已在国外定居。不同的机会，不同的条件，不同的性格，研究不同的学科，他们在文艺界、艺术界、外交界、科学界、工程界、理论界各有各的成就，也有遭遇坎坷，蹭蹬一生的。他们成就有大小，贡献有多少，使我十分欣慰的是，他们都经历了风风雨雨的生活考验，一步一个脚印，实现了自己的价值，作为一个“人”，他们都及格了。一个人民教师，看到当年的一群青少年如此优异的表现，感到十分欣慰。孟子说过为天培育英才是最大的快乐，这话不假。

青少年时期，只要打好两个基础，一生受用不尽。一是打好知识技能基础，养成运用语文的能力。今天有不少大学生以及研究生，只知道专业范围内的一点点知识，对祖国的历史、文化所知甚少，文章写不通，标点用不对。这种不正常的现象是中学时期没打好基础造成的。这一关没有通过，终生受累。另一个基础是树立正确的世界观，作为世界观可以有不同的层次，世界观可拔高到高深的哲学体系，也可以低到起码的是非善恶的准则。自己明白哪些事应当做，哪些不应当做，哪些绝对不能做，守住这一条底线，就有了主心骨。这也是世界观。有了这个基本认识，遇事不会摇摇摆摆，随风飘荡。这种品格也要从青少年做起。从以上这两点来看，当年的西南联大附中做得还是比较成功的。

当年四十几个青年，现在他们都为自己的历史作出了及格的答卷，无愧于一个“人”字。明朝王阳明讲到人的品格好比衡量黄金价值，主要看它的成分纯度，不在于它的重量。

现在全国上下都关心素质教育。素质教育应当包括哪些内容，世界上有哪些国家在这方面有好经验，还在探寻中。作为教育战线上的一名老战士，我想，素质教育就是育人成才，培养全面发展、对社会对群体有用的人。一方面是知识技能，一方面是品格。这两方面分开来，是两个方面，却集中到一个被培养的对象身上。

回想起六十年前与一群青少年相处的日子，又看到白祖诚同志所写的《回忆与思考》的稿子，不仅联想起当前人们关注的素质教育这个热门话题。知识丰富，品格残缺，充其量不过是养成一批“会行动的电脑”，与育人教育毫不相干。

（白祖诚：《回忆与思考》序）

赞百年北大

北大九十周年校庆时，我写过一篇短文——《北大的老与大》，表示我对母校的钦敬仰慕之忱。“老”是指北大校史源头长远，可以上溯到西汉武帝立五经博士时期，这是我国最早为国家培养人才、储备人才的机构。古代的“太学”可视为北京大学的前身。

北大是从古代中国太学演化来的，早期北大的教学内容，课程设置，都与古代中国太学有直接联系。北大无论怎么变，它为国家培育人才的职能未变。只是古代与近代有不同的国家制度、有不同的人才标准罢了。北大的“老”是历史悠久，却不是老惫衰朽。北大的“大”，在“五四”时代，它体现在容纳新思潮，改造旧学风，新旧并存，百舸争流，给新思潮以滋长发育的土壤。新中国北大的“大”更应体现在融铸人类文化中一切有价值的成果，构建具有中国特色的社会主义新体系，为共产主义的未来铺路架桥。这里所说的人类文化有价值的成果，既包括中国外国东方西方古代的成果，也包括近现代中国外国东西方文化有价值的成果。

二十世纪前半叶，爆发了两次世界大战，一些国家没落了，一些国家兴起了。近百年来世界变化之大为亘古所未见。母校北大在近百年巨变中发挥了它可能的、应尽的作用。

北大的“老”表现在政治上的爱国主义传统，学术上治学严谨的传统。继承了乾嘉学术，又超过了乾嘉诸儒。

在用人方面，尊重知识，善于不拘一格聚积人才。就几十年来，我在北大所见所闻，北大长辈教师中很少出自北大本校的，如汤用彤、朱光潜、贺麟、洪谦、郑昕、张颐几位先生，都不是北大毕业。没有高学历，而有真才实学的专家，与有高学历的同样受到重视，如梁漱溟、熊十力诸先生。未到外国留学而在外语系当教授，并成为外国语言文字知名专家的，如卞之琳等是国内有数的研究莎士比亚的专家，自学成材，未上过大学的钱学熙成为教授英语的骨干。

北大师生长期生活在视野开阔、群星灿烂的学术环境中，培养成的人才，确有它不同于其他大学的地方。新中国成立后，师生人数成倍增长，北大毕业生遍天下。北大毕业生在各个不同岗位上，或多或少都有所奉献，但未听说北大同学结小团体，立小山头的行径。北大同学对人对事敢提意见，能挑毛病。于是有人说，北大培养的学生眼高手低。我想，眼高手低是个缺点，但作为一个知识分子，分不出高低，眼手俱低，以己之昏昏使人昭昭，是不可能的。古人说“观过知仁”，从缺点中发现其缺点不无可取之处。这也许是出于对北大的偏爱吧。

光阴荏苒，告别九十周年校庆又迎来百年校庆，北大的老与大，性质未变。爱国主义传统未变，北大师生心系天下安危，胸怀万民忧乐。北大师生身处在学术前沿，敢于创新，为追求真理，在地狱入口处，不徘徊，不犹豫，屹立在各自学科前沿，开拓前进，推陈出新。

二十世纪伊始，八国联军侵占北京，新建的北京大学遭到八国联军驻军践踏，侵略军撤退后，仪器图书一片狼藉。北大是蒙受着耻辱跨入二十世纪的。

新中国成立后的北大，特别是近二十年来的北大，在大好形势下，义不容辞地肩负起新的历史使命。作为全国建立最早的综合大学，适应时代需要，将发挥其积累深厚的多学科综合优势，开拓新领域，培育新人才。必将在人文学科方面充分发挥其人才优势，综罗百代，融铸中西，致广大，尽精微，承先启后，继往开来，为建设有中国特色社会主义的新文化，尽心竭力，务期成功。

从孔门说诗看孔子教学

《论语》有一段关于孔子和弟子谈论《诗》的记载：

> 子夏问：“‘巧笑倩兮，美目盼兮，素以为绚兮。’何谓也?”
>
> 子曰：“绘事后素。”
>
> （子夏）曰：“礼后乎?”
>
> 子曰：“起予者商也，始可与言《诗》已矣。”（《论语·八佾》）

子夏所问的诗，前两句原保存在《诗经·卫风·硕人》篇①，原诗描述一个美女的形态和神采。子夏长于文学，这几句诗对他来说，应该不难理解。子夏却要追问这首诗是什么意义（何谓也）。孔子告诉子夏，这诗的意思是说“先打好白底，然后再在上面彩画”（绘事后素）。子夏由此又推衍出“礼节仪式的重要性不是第一位的”（礼后）的结论。抛开原诗的字面含义，探求更深的言外之意，驰骋联想，尽情发挥的解诗方法，在今天大学中文系也未必得到教师的认可，却得到孔子的赞许，认为子夏得到读诗的诀窍（起予者商也，始可与言《诗》已矣）。

这里看出孔子的教学方法的一些特色。孔子善于因材施教，对不同的对象提出不同的要求，善于启发学生去独立思考，要学生举一反三，反对死记硬背，鼓励学生充分发挥各人的创造性。

师生问答涉及范围相当广泛，讲如何做人（仁），如何做官（为

① 后一句不见于今本《诗经》，可能孔子所据为另一版本。

政），如何对待父母（孝），都是一些大题目。没有发现孔子如何教学生识文断句的记载，孔子不对学生讲授文化启蒙识字的初级课程。孔子以“文、行、忠、信”为教，都是比较抽象宽泛的大题目。

孔子的儿子孔鲤在庭前经过，孔子问他学过《诗》没有，又一次孔鲤从庭前经过，孔子问他学过《礼》没有。孔子不知孔鲤学过什么课程，可见他不参与初级班的教学工作。汉末马融设帐授徒，不亲自为初级班讲授，命高年级弟子为低年级弟子讲授。这种办法或来源于孔子，也未可知。

孔子教学方式类似大学的讨论班（seminar 或称读书班），而不同于今天大学的课堂讲授，先生讲，学生听；先生说，学生记。《论语》还记载：

> 子曰：“参乎，吾道一以贯之。”
> 曾子曰：“唯。”
> 子出。门人问曰：“何谓也？”
> 曾子曰：“夫子之道，忠恕而已矣。”（《里仁》）

孔子以后，孔子的传人孟子也不主张死记书本知识，他说：“尽信书，则不如无书。吾于武成，取二三策而已矣。”（《孟子·尽心》下）孔孟开创的借题发挥，多方引申的学风，一代一代传下去，形成后来汉儒的“家法”，即所谓学派。《汉书·儒林传》所列的都是各学派的代表人物。

孔门说诗的精神在于即兴阐发，因人因事而异。后来学者扣住诗的一章一句，给以固定的解释、注疏，不符合孔子的精神。《诗经》三百篇，孔子提出解释的总原则是“思无邪”。《诗经》分明有男女相赠答的爱情诗，也有男女幽会的描写，不能说它“无邪”。孔子曾明确批评“郑声淫”，淫，当然是“邪”的。孔子的“思无邪”，指的是孔子对《诗》的诠释原则，阐发诗的微言大义时，即使对那些男女爱情诗，淫奔之诗，也不能按照原诗的“邪”思去阐发。像“巧笑倩兮，美目盼兮”描写美人的诗句，孔子要联系上“礼仪”这些大道理，从文句以外阐发出新义。这种解诗法，在当时具有革新意义，是个创举。孔子开创了阐发微言大义的诠释学。孔门说诗新义为解诗开了新生面，新义世代相传，形成文字，记录成册，有齐、鲁、韩等众多流派。《毛传》也是一派。所谓讽刺××，歌颂××，都是诗经的阐发义，诠释学，不能当做《诗经》的注疏来理解，它本来不是用来解释《诗经》的文句的。

北宋的几位诗人（如欧阳修等）和南宋的朱熹，对《诗经》进行重新估价，力求恢复《诗经》的本来面貌，取得了不少成绩，他们功劳不可没。但是，我们也应指出，《毛传》说诗，是孔门说诗的正统。这种学风直到清代王夫之，还恪守不渝。

《毛传》作者比朱熹更接近《诗经》流传的年代。朱熹凭直观，一眼便能看出《诗经》的那些男女爱情诗、幽会诗，而《毛传》作者反而看不懂，这是不可能的。说《毛传》作者有意曲解，也没有根据。《毛传》继承孔门的传统，它讲的是《诗经》“发挥义”。时代不同，年代隔久了，后人把《诗》的“发挥义”当成《诗》的本有义，与《诗》的原文对不上号，强为解释，就显得支离难通。所谓歌颂××，讽刺××，本来可以因时、因地、因事而异，不是固定不变的。后人忘记了，或者不理解这种孔门说诗方法，把记录的文字看死了，僵化了。这样，既不能联系当前发生的“实际”，进行讽刺或歌颂，又无助于了解《诗经》的本来意义。为读者着想，要求恢复《诗经》的本来面目，是可以理解的，也是正确的。近代学者如闻一多、胡适、郭沫若等，沿着朱熹等人的方向继续探索，利用近代社会学、民族学的成果，把《诗经》的研究推进了一大步，他们对恢复《诗经》本来面目做了贡献。

我们也应看到，汉代经学又有汉代的特点，它善于联系实际，发挥微言大义，起过积极的社会作用。后人忽略古今社会的差别，也没有考虑到古人说经与今人研究《诗经》用字的差别，于是产生汉学与宋学的对立。“知人论世”，做到并不易。

人才问题杂议

一、人才涌现的条件

我国历史长，人才多。遍考人才辈出的时代，往往在历史的转折时期。殷周之际，以武王、周公为代表的西周贵族集团打败了商王朝，建立了周王朝，这一批人才和他们制定的管理奴隶制国家的典章制度维系了八百年之久。

春秋战国之际，列国纷争，百家争鸣，出现了群星灿烂的局面。一大批思想家、政治家、军事家、科学家、诸子百家不但对中国，而且对世界、对人类的精神财富做出了贡献。

秦汉之际，结束了战国纷争，开创了大一统的封建王朝，奠定了此后两千年的政治格局。

两汉之际，三国时期，隋唐之际，五代宋初，宋元之际，元明之际，明清之际，以及新旧中国的交替之际，都出现了大批优异的人才。

在新旧制度交替之际，容易出人才，也必然出人才。古代历史学家把国家的兴起归于“天命”。我们不信“天命”，却相信人才的成长，靠天赋，也靠锻炼。否认“天赋”，等于不承认人的差别，这不对。歌唱家要有好声带，运动员要有好体质。同时也要承认歌唱家要练声，运动员要训练技术。天赋与锻炼，不可或缺。

为什么人才多涌现于改朝换代之际？

凡是人才都不同于庸众，它比普通人有些“出格”。太平年月，一切按常规办事，“出格”人才不但没有脱颖而出的机会，甚至遭到庸众的排斥、压制。鲁迅曾说过，从前猴群中，有猴子试着用两只脚走路，群猴认为它大逆不道，把它咬死，从此，猴群中只有四只脚走路的被保存下来。汉朝李广是个将才，如果生活在秦汉之际刘邦打天下的时代，他的才干决不在开国功臣绛、灌之下，早已封侯。偏偏生在汉代太平盛世，用俗吏考勤的规章制度来要求李广，尽管他战绩卓著，只落得被迫自杀的结局。汉武帝对匈奴也打了不少胜仗，主要靠汉朝积累了半个多世纪的雄厚的物力致胜。汉武帝用的大将多是靠裙带关系录用的，像卫青、霍去病、李广利等，都不能算做头等人才。

“五四”以后，中国出现了工人阶级，进入了规模更大的世界范围的新旧交替时代。这是前所未有的大变革。几千年相因袭的旧习惯、旧制度受到前所未有的冲击。如果说，以前人才辈出多在改朝换代之际，从旧中国到新中国的这一变革，可以说是亘古未有最大的新旧交替“之际”。

新中国诞生前，面临中国革命的实际，要求用武力夺取政权，农村包围城市，最后夺取大城市，建立全国政权。革命的现实，要求中国出现推翻旧中国、建立新中国的人才。时代的要求加上革命的锻炼，果然一大批革命领导人涌现出来。他们差不多都是能文能武的全才。革命要求打仗，不会打仗的成不了人才。革命要求组织群众，不会做群众工作的成不了人才。长期的锻炼、培养，我们国家以毛泽东为首的第一代革命家，人才都集中到党政军这三个方面。这三方面的人才又是互相融通的。我军的政委也能打仗，军事首长也往往能兼任地方行政干部。这种人才的优势一直维持到新中国成立之后若干年。长期的革命战争，使得新中国的人才绝大部分集中到党、政、军三大部门，建国后，工业建设、文教建设、现代科学建设、商业流通网络的建设，需要大量的人才，可惜没有引起注意，或者可以说，人才培养的重心没有从打天下的格局转变到治天下的轨道上来。选拔、任用、培养人才的着眼点仍然放在党、政、军这三大部门。建国后，若干年来，文教、财贸、工交、科技各部门的干部的配备，相对来说，都较弱于党、政、军三大部门。我国面临向全世界开放的新局面，我们从事企业、农业的干部显得无能为力。成千上万企业长期亏损，难于扭转，农牧业遇到低水平的丰收，就造成卖粮难，卖猪难；小的天灾，就无力抗拒。有百万人口以上的大城市，没有很好地发挥大城市的综合功能，甚至有人把大城市当成包袱，连吃菜、乘车、运垃圾、住房子，都被看成额外的负担。有时中央领导过问某一项工作，这项工作会有起色；未过问的，依然不能处理。可是中央领导又怎能从冬贮大白菜、做豆腐、运垃圾都一一管起来？古人说“百年树人”，这并不等于说培养人才非整整一百年不可，但人才的成长，发挥社会效益，短期突击是不行的。

人才出于时代的需要，人才必须经过实践锻炼。革命战争时期靠打仗、发动群众来锻炼人才。今天的人才的成长，靠打新的战争——工业仗，农业仗，商业仗，全世界是战场。长期形成的习惯，党政军干部要第一流人才，而工业、农业、商业（广义的）好像用不着第一流人才。这种旧眼光不改变，就难以跟上时代的步伐。

试与西方先进国家比一比，可以发现他们的第一流人才都集中到企业（工商界）当总经理，当董事长，而在政界（包括他们的总统、总理）基本上没有第一流人才，甚至是些第二三流的人才。除去东西方社会制度不同这个差别外，双方也有共同的规律，比如说，要使生产力不断发展，这是社会赖以存在的根本依据。今后人才的培养、选拔，除了党、政、军三大门类外，还有三大门类，即工、农、商。工、农、商的人才得不到应有发展，或发展得不够快，就要受制于人。这是关系到国家安危的大事，千万不能大意。

二、“德”与“才”

人才的德与才，一向被政治家所重视。汉武帝曾说过：

> 盖有非常之功，必待非常之人。故马或奔踶而致千里，士或有负俗之累而立功名。夫泛驾之马，跅弛之士，亦在御之而已。其令州郡察吏民有茂材异等可为将相及使绝国者。（《汉书·武帝纪》）

汉末三国时期，曹操就看到这二者不一定具备于一身。他的《求贤令》中说：

> 夫有行之士，未必能进取，进取之士，未必能有行也。陈平岂

笃行，苏秦岂守信邪？而陈平定汉业，苏秦济弱燕。由此言之，士有偏短，庸可废乎？有司明此义，则士无遗滞，官无废业矣。

从《求贤令》提出的要求看，他求的“贤”即今日所谓“能人”，而不是传统所谓“圣贤”。他认为人才长于此或短于彼。与曹操同时的刘邵，著有《人物志》，是专门评论人才的著作。他的观点与曹操基本相同，他说：

夫人材不同，能各有异，有自任之能，有立法使人从之之能，有消息辨护之能，有德教师人之能，有行事使人谴让之能，有司察纠摘之能，有权奇之能，有威猛之能。夫能出于材，材不同量。材能既殊，任政亦异。（《材能》）

刘邵的人才观比前人有所发展，他没有把才和德对立起来，而是把“德”也看成是才能的一个方面。他还论证人才长处伴生着它的短处：

厉直刚毅，材在矫正，失在激讦；
柔顺安恕，每在宽容，失在少决；
雄悍杰健，任在胆烈，失在多忌；
精良畏慎，善在恭谨，失在多疑。（《体别》）

刘邵这些分析，有科学根据，不是泛泛议论。

魏晋之际，曹魏与司马氏政治斗争激烈，双方都注意延揽人才，一方面要求发现人才、重用人才，同时又要求人才对自己忠诚可靠，不能“反水”。于是出现了从理论上集中论证才与德的关系的学说。当时关于才德关系的论述有四派不同的主张，即所谓“才性四本”之论。

四本者：言才性同，才性异，才性合，才性离也。尚书傅嘏论同，中书令李丰论异，侍郎钟会论合，屯骑校尉王广论离。（《世说新语·文学》刘孝标注引《魏志》）

才指办事才干，性指德性①，才性四本的讨论，在当时的实际意义就是讨论识别人才、判断才与德的关系和任用人才的原则。

才德兼备，是用人者所期望的，而事实上才与德颇难兼备于一人，更多的情况下，有的人有才无德，有的人有德无才，也有的人才德俱缺。才德俱缺，不属于选任人才的范围，用不着考虑。

“才性同”说，认为才能与德性完全一致，才能大的，德性也高；才能小的，德性也低下。傅嘏持此说。

“才性异”说，认为才能大小与德性高下相背异。有才的无德，有德的无才。李丰持此说。

“才性离”说，认为才能与德性两相分离，才能归才能，德性归德性，完全是两回事。两者可以相结合而不必相结合。用人时，要么用他的才能，要么用他的德性。

“才性合”说，认为才能与德性两者应当结合，也可以结合。

“四本之论”是曹魏与司马氏两大政治集团政治斗争的产物。主张“才性同”与“才性合”的两派，傅嘏与钟会都是司马懿父子的死党，为司马氏夺取政权立过大功。主张“才性异”与“才性离”这两派的代表人物为李丰与王广。王广为王凌之子，王凌被司马氏杀死，李丰对司马氏采取观望立场，至少被司马氏认为不可靠，这两人后来都被司马氏杀害。钟会平蜀后也被司马氏杀死，那是鸟尽弓藏，另当别论。有德无才，成不了气候，也干不了大的坏事；有才无德，可能干出更大的坏事。当时曹魏政权在台上，是既得利益集团，他们要求保住现有的利益不想有更大的作为，他们这一派的人，主张在才与德不一致的情况下，宁可用有德无才的人，也不用有才无德的人。

司马懿父子，当时正积蓄力量，采进取势态，他们这一派的人才理论家主张，放手用人，有才干的人才也是最忠实的人才（“才性同”、“才性合”）。这是在魏晋之际新形势下“用人唯才”的一种理论。等到曹魏政权覆灭，司马氏篡权成功，“才性四本理论”开始失去了政治斗

---

① 性当时指德性，“王安丰遭艰，至性过人”。（《世说·德性》）

争的实际意义。到了南北朝时期，流为贵族子弟附庸风雅、作为清谈的资料。①

才与德的关系，古人虽然发表了不少议论，有的偏重于用才，有的偏重于任德。从汉末历宋、元、明、清，直到现在，仍然成为用人机构所关注的课题。这种争论，带有中世纪的封建主义的人才观的特点。封建社会所谓“德”，基本内容即对君主或王朝的“忠诚”。至于为人民，为社会，为群众谋福利，维护民族根本利益的道德品质，并不是经常被提到最重要地位。有时国家、民族的利益与君主个人利益不一致时，只好为了君主利益，牺牲国家、民族的利益。宋代名将岳飞的“德”与“才”都很突出，当爱国与忠君不得兼顾时，他只能顾忠君这一头。封建主义的德与才标准必然带着封建主义的狭隘性。“文化大革命”中有多少忠于社会主义事业的干部被“四人帮”迫害致死，临终前，怀揣着“红宝书”含冤离开了人世。封建主义的“德”，所谓“孤臣孽子之心”，“臣罪当诛兮，天王圣明”带给社会主义的灾难，决不可低估。

才德的关系，用现代化的标准看，关键不在于用人唯才或唯德，而在于用人唯民主，唯法制。唯有民主可以真正从群众中选拔真才，靠一两个“伯乐”是不够的，何况伯乐不常有，有时伯乐也有失误；唯有法制，可以制裁贪污渎职以及无能之辈。

还应看到，人是会变的。肯上进的人，给以机会，可由中材进为上乘；不求上进的人，随时会掉队。一个人的道德品质也是随着人的社会地位、环境而改变着。古代关于德才的许多议论可供借鉴，其共同缺点是把“才”与“德”看死了，认为生性如此，终生不变，这不符合事实。林彪叛国摔死后，有些批判文章说林彪当年上井冈山时就存心搞阴谋，连仗也不会打。我认为林彪不是一贯无才无德，只是晚节不终，后

---

① 南齐王僧虔《诫子书》：“汝开《老子》卷头五尺许，未知辅嗣何所道，平叔何所说，马郑何所异，《指》《例》何所明，而便盛于麈尾，自呼谈士，此最险事。……且论注百氏，荆州八帙，又才性四本，声无哀乐，皆言家口实。……汝皆未经拂耳瞥目，……而终日欺人，人亦不受汝欺也。”（《全齐文·王僧虔诫子书》）

来变坏了的。

在社会主义体制下，人才的成长与阶级社会的人才成长有相同处，也有不同处。社会主义的一个特点是有整体性、计划性。生产有计划，流通有计划，人才培养和使用也有计划。与计划性相联系的是组织性。有组织，有集中领导，我们就能把千万人的力量融合成整体力量，因而我国能在十几年内办成外国人要几十年才能办到的事。

如果能发挥社会主义的优越性，有计划、有组织，集中领导，人才成长得就快。我们迅速取得的原子能科学的成就，航天技术的成就，既出了成果，又培养了人才。

同时，运用得不好，也有不利的一面。西方资本主义世界，提倡自由竞争，人自为战，优胜劣汰，才智之士，奋勉上进，容易出头。社会主义不鼓励个人奋斗、自由竞争，人才流动受到限制，缺少像战国时期人才流动的机会。有的人才归部门支配。楚汉相争时期，发生过“萧何追韩信”的故事，韩信不被楚用，弃楚归汉，汉王不用，他又要另寻去处。我国现在的用人制度统得太死，“韩信”想跑也跑不了，用不着萧何去追。韩信不被追回，不被重用，终于成不了“韩信”。

经济体制统得过死，不利于流通，造成经济损失，这个积弊已被发现，正在纠正中。人才体制统得过死，造成的损失不易用币值计量，也不是一眼就看得出的，似乎还未引起重视。正因为不能用币值计量，又不易看得见，我们就更要给以足够的重视。

三、创业人才与守成人才

以大家熟知的三国历史人物为例，江东孙氏集团中，孙策为创业人才，其弟孙权为守成人才；北方曹操为创业人才，其子曹丕为守成人才；西蜀刘禅低能庸劣，创业、守成都不够格。三国分立并存的局面，当然是当时的政治、经济等各方面力量相互制约决定的。但是也应看到三方处在关键地位的领导人的素质，也是维持鼎立的一个条件。

有的人，虽干了创业的事，但不算创业人才，像隋文帝杨坚即是。杨坚充当了唐王朝的铺垫。

唐太宗有一次和大臣们谈论创业与守成哪一个艰难。房玄龄说创业难，魏征说守成难。两人争辩，相持不下。唐太宗说，房玄龄参加过唐朝创业的全过程，故深知创业之艰难；魏征于唐太宗即位后，参加中央政府，故认为守成难。他认为两人都有道理，创业艰难，守成也不易。古人关于创业与守成的争辩，对我们今天的人才讨论不无启发。

古代，封建社会的改朝换代，从旧王朝的覆灭到新王朝的建成，这一段时间叫做创业过程。这段时间一般不太长。（至于通过宫廷政变，夺取政权，情况各异，与现在我们讨论的创业无关，另当别论。）秦汉以后到清朝建国，二十多个朝代，少的不到十年，多的十几年。中国共产党从成立到中华人民共和国的创建，历史上算是最长的，也只有二十多年。

创业有风险，打天下要死人，此中艰难是人所共见的。取得天下之后，任务在守成，不至于非流血死人不可，人们往往忽略了它的艰巨性。

创业以后，国家要安定，生产要恢复和发展，这个过程一般总要五十年左右，差不多要经过两代人不断努力才能办到。历史上盛夸的汉、唐盛业，这两个王朝从开国到人民丰衣足食，差不多都用了五十年左右的时间。汉初，“天子不能具纯驷，将相或乘牛车”。唐太宗几次要到泰山封禅，由于河南到山东数千里，田地荒芜，人烟稀少，沿途地方供应困难而作罢。

小农经济社会，由于生产规模的狭小，使得人们视野狭隘，看到仓里的粮食多了，容易自满。小农经济的特点是经不起贫困，耐不得富有。创业时可以兢兢业业，成功后有时忘乎所以。李自成和他的将士们经得住血和火的考验，一进北京，被纸醉金迷轻歌曼舞打垮了。

创业要创业人才，守成要守成人才。这两种人才各有特点，很难兼备于一身。最明显的例子莫过于五代时期的后唐庄宗李存勖。他亲手创业，取得成功，可以说他按规划完成了预定的任务。由于他不能守成，亲手创建的事业又亲手把它断送掉。史书记载：

庄宗以雄图而起河、汾，以力战而平汴、洛，家仇既雪，图祚中兴，虽少康之嗣夏配天，光武之膺图受命，亦无以加也。然得之孔劳，失之何速？岂不骄于骤胜，逸于居安，忘栉沐之艰难，狗色禽之荒乐。外则伶人乱政，内则牝鸡司晨。……大臣无罪以获诛，众口吞声而避祸。夫有一于此，未或不亡，矧咸有之，不亡何待！（《旧五代史》中华书局版，卷三四）

宋代欧阳修在《新五代史·伶官传序》中也有议论李存勖的成败，说：

方其盛也，举天下之豪杰莫能与之争；及其衰也，数十伶人困之，而身死国灭，为天下笑。（《新五代史》中华书局版，卷三七）

假使这位李存勖创业之后，立即去世，他将不失为英主而载入史册，当不至于“为天下笑”。

创业与守成的难易，可以从两个方面来分析：

第一，国家政权的创业时间比较短，守成则需要的时间较长。恢复生产，起码要半个世纪，不能再少。这就要求守成者要比创业时期付出更大的毅力，半个世纪绝不是咬咬牙可以熬过来的。

第二，创业时的敌人是看得见的，它就站在自己阵营的对面。守成时，要克服的敌人既有看得见的（外在的），也有看不见的（内在的）。像“狗色禽之荒乐”、“伶人乱政”、“牝鸡司晨”这类败坏事业的敌人，不都是来自外部，更多的情况下来自创业者的身边的亲信，来自思想上生活上的弱点。

还要看到“守成”不同于仓库保管员，只要攥紧钥匙，就算尽到职责。守成是在相对安定的政治环境下，发展生产力，开创新局面。看起来，守成人才不像创业人才有轰轰烈烈的壮举，也看不到血与火的考验，但守成搞不好也要死人，有时要付出血的代价。有时一个大的决策的失误，造成的损失不下于一次人的战役的伤亡。历史上的长平之役，赵卒被坑四十万人。我国的历史上，由于措施失当，造成赤地千里、灾民遍野，广大人民遭受的伤亡要比四十万人多得多。

封建社会的小农经济模式，所谓创业与守成，都带有小农社会的特点。创业者要敢冒风险，守成者要勤俭持家。皇帝是全国小农经济的总管，皇帝身上也必然体现小农经济的一些特点。如刘邦、李世民、朱元璋、李自成等，都属于这一类型：成则为王，败则为寇。成功了，则贵为天子，富有天下；不成功，则身家难保，要有几分冒险精神，带有政治赌博的气质。“兴仁义之师”、“吊民伐罪”，那是事后追加的理由。

守成人才。也有小农经济的特点，省吃、俭用，积粮备荒，控制大规模的兴建。发展生产、扩大再生产的观念，古人不曾有过。守成失败，天下大乱，于是重新整顿封建社会秩序。一治一乱的历史现象交替出现。这是小农经济模式与封建大一统的政治模式长期共存的矛盾。

今天所谈的“创业”与“守成”和历史上的创业、守成有本质的不同。历史上的创业，是小农经济封闭型的社会。今天要创的业，是社会主义的大业，不再是小生产而是现代化大生产。创业，不是一家一姓取得政权，而在于推进全社会生产力的大发展，使物质生活极大的丰富，精神境界极大的提高。守成本身就包含着创业的因素。这是现代化的社会的创业观与守成观与封建社会的创业观与守成观的极大的差异。没有开创精神就不能守成，不进则退，停滞即死亡。

今天对创业人才与守成人才的要求，显然与封建社会对这两种人才的要求有本质的不同。用旧标准培养不出新人才，如果连旧标准还达不到，那就谈不上创业和守成了。小农经济、小生产的眼界狭小，往往只看到眼前微小的近利，而不见全局。不克服小农经济的局限性，谈不上创业，更难以守成。

（原载《群言》1986 年第 12 期）

旧中国知识分子的爱国主义

二十世纪对全世界来说，是很不平凡的一百年。他的前五十年爆发了两次世界大战。第一次世界大战，战场中心在欧洲；第二次世界大战，战火波及欧、美、亚、非，有二十亿人口被卷入。世界地图重新画过，历史也要增加新的篇章。这里只说中国。

一

二十世纪的中国也经历了差别明显的两个阶段。前后两段大体各占五十年。

有五千年文明史的古国，文化底蕴深厚，它的创造发明曾对世界文明作出过卓越贡献。鸦片战争后，列强侵掠日甚一日，丧权辱国条约一个接着一个被迫签字，国耻、国难纷至沓来。一旦受到此种空前的奇耻大辱，其精神所受震动的强烈，远非不曾经历此种苦难的国家人民所能理解。中国人民带着屈辱跨进二十世纪的门槛。八国联军占领北京，城区分驻八国的侵略军。北京大学属于沙皇俄国占领区，教室用做马厩，教学仪器被破坏弃置，狼藉满地。市区大街天天有侵略军杀人示威，把砍下的人头挂在高处示众。今天仍可看到当年西方记者拍摄的老照片，侵略军用来记载他们的战绩。中华民族发愤图强，摆脱民族危难的强烈念头，化为全国、全民的共同意志。

八国联军侵华的第二年，强迫清政府又一次签订了丧权辱国的《辛丑条约》，今年恰恰是《辛丑条约》一百周年。孙中山推倒帝制，建立民国，但清政府签订的不平等条约仍未能废除。1949 年新中国建立以后，才废除一切不平等条约，中国人真正站起来了。

二十世纪的后五十年，新中国建立，中国得以行使一个主权国家应有的权利。中间走过弯路，受过挫折，犯过错误，但终于靠自己的力量，纠正了错误，探索前进，才取得今天的成绩。

新中国建国已过了五十年，人们深感把一个贫穷落后、发展不平衡的大国建成现代化，还要走很长的路。这里不需要预言，只能根据中国的国情，结合历史经验，进行可能的瞻望。

“多民族的统一大国”是两千年秦汉以来的国情。“多民族统一大国”这个现实可谓来之不易。它是无数志士仁人从理论实践，进行千百年长期探索得来的。

中华民族的历史表明，他是几千年来生活、栖息在广大的黄河、长江流域，众多的族群部落的融合、交流的结果。传说舜南巡，死于苍梧，禹会诸侯于涂山，与今天考古发现的华夏古遗存，有了可以理解的联系。南方的河姆渡、北方的龙山、红山文化，都说明华夏民族生存的空间的广大，又从发现出土的带有龙凤形象的古器物及生活物品看，及民间古老传说，伏羲、女娲、洪水、天地开辟故事，人类起源，南北相望，此类传说十分相似。过去我们过于看重已有的文献记载，对文物考古见到的少，而且未给予足够的重视，认为黄河流域是文化的源头，不算错，但不全面。近年来，荆楚文化的大批发现，又有四川三星堆文化，长江三峡工程发现巴文化，使我们扩大了视野，打开了思路。《山海经》这部传说很久的地理书，也要重新研究，给以新的评价。

长江黄河广大流域成为中华民族的生活基地，又是文化基地。由于生活、文化的长期融合，才出现几千年稳定巩固的政治结构，多民族统一的大国。因此，中华民族几千年来形成了融合、交流、共同发展的好传统。从春秋战国开始酝酿建立统一大国，古人讲平治天下的途径。秦始皇开始实现了这个设想。秦始皇以后汉到清末，维持多民族统一大国的政治格局，长达两千多年，不是偶然的，这是中华民族从生活实践中共同认可的。多民族的统一大国是中国几千年民族赖以延续、国家赖以生存的根基。

秦汉以后则是探索多民族统一大国如何完善和巩固的途径与可能。

经过千百年无数聪明才智之士的实践论证，前人的目的已达到了，而且做得很有成绩。我们几千年物质建设、文化建设的实物具在，均可以证明前人的成功。

十六世纪，西方欧洲社会发生了变化，他们社会变化的结果到十九世纪逐渐扩大影响到亚洲。清朝乾隆盛世已与西方发生接触，以后与西方接触越来越频繁，直到鸦片战争，引发了正面冲撞。中国从天之骄子天朝王国的地位跌落下来，成为半殖民地。这个打击对全体中国人民太大，此后一波未平，一波又起，国家由富强小康趋于贫弱。

二十世纪中国的遭遇，引起有识之士的深刻反思，“五四”以后，西方科学知识大量涌进，震动了朝野上下。二十世纪的中华民族，二十世纪的中国，这个大环境中成长起来的一批知识分子阶层，春秋战国以后，中国又出现规模空前的“百家争鸣”。这个新的“百家争鸣”，超出中国已有的百家流派，还有外国的百家，势如潮涌，参加进来，规模之大，前所未有。

二十世纪八十到九十年代之间，社会上学术团体纪念名家、专家、大师百年诞辰的纪念会接连不断。史学家有郭沫若、陈垣、陈寅恪、侯外庐、吕振羽、翦伯赞等人；经济学家有马寅初、孙冶方等；语言学家有罗常培、魏建功、王力、吕叔湘；文学家有冰心、陆侃如、冯沅君、郑振铎、茅盾、沈从文、闻一多、老舍、朱自清、叶圣陶等；哲学家有熊十力、汤用彤、金岳霖、朱光潜、宗白华、梁漱溟、冯友兰，逝世于台湾的有方东美、钱穆，逝世于美国的有陈康、萧公权等。这里只是随手列举，不能详备。以毛泽东为首的一代革命家，领导中国翻身自强，已家喻户晓，不必多说。这些事实都足以说明二十世纪是人才辈出、群星灿烂的特殊时代。说它千载一遇也不过分，因为二十世纪的后五十年，地球上有五分之一的人口改变了命运。

学历史的人都知道，人才随时都存在，只有社会大变革、新旧交替之际，才能有脱颖而出的机遇。汉初人才多出于丰沛，光武中兴，大臣多出于南阳。民国以来，人才多出于闽粤、两江两湖。北方京师首善之区，往往成为保守势力的堡垒。

我们比较熟悉的文化学术界之所以人才辈出，有其共同原因。中国哲学产生于中国这块土地上的人才，二十世纪的中国哲学家只能产生在二十世纪的中国，他们受过中国传统文化的熏陶，又亲身接受过现代科学的洗礼。其中的大师们不能说人人学贯中西，但都受过近现代文化、科学的影响，有的还经过严格的科学训练。

（1）他们都和全国人民共同遭受列强欺凌，有着刻骨铭心的切身体会。凭着知识阶层对新事物的敏感，对过去的文化、历史有较多的认识，他们的爱国热忱、忧患意识更甚于一般群众。新旧文化交替之际，他们身上既有旧学传统，又有新学烙印。

（2）他们受过传统旧制度的折磨，有对新思潮的向往。即使他们中间有人反对白话文，提倡文言体，他们的精神还是现代型的，如林纾用文言文体翻译西方小说，这是新潮下的产物。学衡派坚持用文言写作，他们还是推动着现代化的道路前进，反对回到中世纪。

（3）他们都不同程度地构建自己的新体系，他们的体系中各人条件不同，其体系有的朴实，有的善巧，有的中国成分多些，有的外国成分多些。他们的共同倾向是以他们的新体系为中国文化建设尽力。

（4）他们有的对中国传统的缺点看得多，有过激的批判。但总的倾向在于除旧布新，清理旧文化，创建新文化。因而，国学大师也接受进化论，自称不好读古书的金岳霖先生以《论道》名其哲学著作。

二

中国哲学家是在中国这块土地上哺育成长起来的知识分子。他们的经历与中国近代史同步，他们的生活遭遇与中华民族同命运。他们所从事专业、学科不同，但他们都认同中国多民族统一的大国的现实情况。他们观察问题的着眼点，也都是从这里出发的。熊十力先生精于玄思，他不是历史学家。1939 年抗战期间，他和几个学生在重庆璧山县中学借住、讲学，写他的《新唯识论》语体文本。我和贺麟先生去看望他，他很兴奋地对贺先生说，我正思考“五族同源”的问题，最难解决的回族起源，现在解决了。说到高兴处，在贺麟先生肩上拍了一掌，放声大笑。当中华民族危急存亡的关键时刻，多民族统一大国的命运也牵动着这位哲人的心。1948 年冯友兰先生在美国讲学，他说："当时我有一种感觉，我在外国讲些中国的旧东西，自己也成了博物馆里的陈列品了。当时我想，还是把自己的国家搞好。我常想王粲《登楼赋》里的两句话：'虽信美而非吾土兮，夫安可以久留？'"他启程回国，上船以前过海关的时候，查护照的人看见上面打的是"永久居留"的签证，就说："你可以保存这个签证，什么时候再到美国来都可以用。"冯先生说"不用了"，把签证交给他就上船了。

每一个爱国的知识分子都深知"多民族统一大国"，是中国几千年来立国的基石。靠了它，形成了中国特色的思想文化传统，生活准则、宗教信仰、伦理规范，都要符合这一基本国情。这一现实，连反对中国的敌对势力也看到了它的重要性，有的力图破坏民族的团结，有的制造国家领土的分裂，阻挠统一。

回顾中国哲学发展史，即可发现中国过去的一切哲学流派都是研究中国文化中的民族的和睦共处、融合交流，维护国家安全统一的学问，它成为几千年的思潮主流。

二十世纪已过完，正走向二十一世纪的时刻，站起来的中国人继续走现代化的道路。国家的处境已不像二十世纪初期那样列强环伺，危机四伏，已不同于严复《天演论》发表的时代。记得庆祝金岳霖先生从事教学六十五周年的大会上，金先生感慨万分，语重心长地说："从少年起就怕亡国，现在总算放心了。"在场的我们这一辈的老学生都深为感动，为之动容。现在我们的国土上还有强国插手，千方百计分裂我们的国土。我们公海航行时还受到强国无理阻挠，领海领空还受到无理侵扰。证明富民强国的路还很长，还要继续走。迄今为止，二十世纪的梦魇并未完全消失。二十世纪学人传下的接力棒，发展学术、爱护祖国两重任务，我们二十一世纪的学人还要接过来，传下去。

中国哲学家在中国这块土地上研究哲学，外来新学说必须吸取，上一辈学人已经树立了榜样。以往的经验表明，任何外来的新学说，必须有一个与中国已有的学说相结合的过程。按照中国人所理解的模式来理解外来思想，由于语言和民族传统不同，不可能与发源国家有同样的理解。也就是说，外来外国新学说、新思想，自觉或不自觉地加工后，才能起作用，发生社会影响。有时中国人理解的外来新思想到中国经过移植，看上去有些走样，却更能化为中国文化的新成分；原封不动地照搬，往往不成功。尽管有人认为失去原味，却正是具有深厚传统文化的民族的优势所在。

中国哲学的繁荣昌盛时期，是在古代封建社会。封建社会的影响既深且久。因此，未来二十一世纪的中国哲学必须以最快的速度跳出中世纪封建哲学的模式，全力迎接新时代的现代思潮。由于中国哲学走出中世纪并不太远，过去，中国哲学提倡干预生活，深入生活，不走纯学术的传统还要保留。西方哲学的发展，由混沌到分析，又由高度分析到综合，看来这是未来学术的大趋势。这是一条认识发展的必由之路，中国也要这样走，才能以更高明的方式，构建成完备的新体系，适应新时代。先有宗教，后有哲学，哲学是从宗教分离出来的学问。今天的哲学要以崭新的面貌出现，接过当年宗教曾负担过的职能，化解人们的心理精神困惑，解答人们的终极追求，干预生活，深入生活，提高人类的精神境界，使人性的优点、特点得到充分培养，全面发展。人们有信心，也有能力通过自己的理性力量来对待一切可能遇到的疑难问题。

将来，人们不靠神仙皇帝，不靠外力，而是靠哲学来指导人生。二十世纪的中国给中国锻炼了几代哲学家，我们要在前人开创的道路上继续前进。

将来人类进入大同社会，国家组织消亡，还会有宗教和哲学存在。如果社会再发展，宗教消亡后，哲学还会存在，因为哲学可以兼容宗教的职能，宗教不能兼容哲学的职能。哲学将与人类共存。

（《二十世纪的中国与中国的哲学家》）

爱国主义与历史责任感

新中国成立以来，在教育方面有失误。失误之一是：学校教育、社会教育中关于中华民族的历史讲得不够，爱国主义讲得不够。

中华人民共和国建国四十周年，取得举世瞩目的成就。作为一个伟大的社会主义祖国的公民，仅仅知道新中国四十年的历史是远远不够的。新中国是从旧中国演变来的。中国之所以为中国，中华人民共和国之所以伟大，因为它源远流长，有深厚的文化基础，有优良的文化传统，也有多年遗留下的积弊。中国的特点，与全世界各国比起来，它古而不老，旧而常新。世界上有许多国家有古而无今，也有许多国家有今而无古，连绵不断，五千年间历尽坎坷，不断前进，日新不已的只有我们中国！

新中国成立以来，学校教育中大力发展、充实了科学知识、文化知识，增加了对世界的了解，这是必要的，它促进了中国建设的步伐，开拓了人们的眼界，有益于我国现代化。但是也发现了一些不足，对我国的历史讲得少了，青年人不大了解中国的历史，有一点知识也残缺不全。

今天面临开放的时代，如果不了解祖国的历史，很难保证在祖国困难的情况下挺身而出，为祖国分忧，更不用说为国献身了。不了解祖国历史，“爱国主义”只是一句抽象的话，没有内容。

帝国主义殖民统治者，深深懂得要防止被统治者的反抗行动，首先要消灭他们的反抗意识，使他们忘掉祖国的历史，不知道哪是他们的祖国。不知祖国的人，才有可能为殖民者效忠。越南亡于法国，甲午战后台湾被日本割去，“九·一八”以后日本建立傀儡“满洲国”，他们都不让当地人民有历史知识。这可以从反面说明历史与爱国的关系。有了历史知识，激发人们的爱国主义，占领者就难以安坐江山。

历史是一面镜子，从前人的得失中起到鉴往知来的作用，使人少犯前人同样的错误。我们的历史长，内容丰富，文献资料齐全，在世界上是仅有的。很多文明古国，没有文字记录，靠口头传说，很难区分哪是史实，哪是传说。传说中，又难以区分哪些是古代神话，哪些是借神话反映的事实。只有中国，有文字可考的历史达四五千年，连绵不断的系统的历史记载，也有三千年。

我们的大学里，学习中国古代史的时间太少，要改进。常言说："有话即长，无话即短。"我们的历史这样长久，长期以来强调"厚今薄古"，有副作用。

中小学学历史，应以故事、人物为主，不必过分要求系统性。高中以后，多讲些规律性，但也不能脱离历史事实。过去的历史课，抽象的规律讲得多，没有足够的历史事实把它填充起来，使听者感到空洞无物，提不起学习的兴趣。

社会教育，也要加强历史知识，通过历史博物馆、图书馆、历史人物纪念馆、革命博物馆，实施形象教育。三国时期不过几十年，有一部《三国演义》普及了三国时期的历史知识。如果多有几部五千年间的"三国演义"，那等于给中国人民增加了智慧。现有的历史"演义"小说，水平不高，不能吸引人，须重新撰写。

历史课程要加强，现有师资要充实。中小学历史教师，不一定完全由师范院校培养，大专院校的历史系学生，都可以到中学教历史。这不但缓解了大专院校历史系毕业生分配的困难，还可以加强、提高目前历史教师水平，可谓一举两得。

有了祖国的历史知识，才能培养出对祖国的历史责任感。"天下兴亡，匹夫有责"，这是有祖国、爱祖国的呼声。古人心目中的"天下"，即是祖国。不知道自己的祖国在哪里，长期当奴隶的人，喊不出这样的口号，因为他们已不拥有自己的"天下"，当然不可能产生他们的历史责任感。

（《群言》1989 年第 12 期）

总后记

《中国文化书院导师文集》从2010年5月份策划、启动，到现在已经两年零七个月了。从开始的讨论，到今天的编辑、出版，中国文化书院同仁以及导师家属、学生、出版社都付出了很多努力与艰辛，可以说，大家一路相伴，风风雨雨，因而今天能看到这十五卷触手可及的《导师文集》，幸甚大焉！

最初，按汤一介先生的意见，计划给九十岁以上的导师各出一卷文集，按年龄数下来就有二十多位，分别是梁漱溟（院务委员会主席）、冯友兰（名誉院长）、袁晓园（导师）、邓广铭（导师）、张岱年（名誉院长）、虞愚（导师）、季羡林（院务委员会第二任主席）、何兹全（导师）、侯仁之（导师，1911年生）、启功（导师）、金克木（导师）、周一良（导师）、吴晓铃（导师）、杨宪益（导师）、阴法鲁（导师）、任继愈（导师）、石峻（导师）、牙含章（导师）、宫达非（导师）、吴江（导师，1918年生）、王元化（导师）、李慎之（导师）先生等。但最终因各种原因，如有些先生离世多年，亲属虽多方联系没有音信，还有其他“原因”，因此有七位先生的文集无法出版，故而原计划的二十二卷就成了今天大家能看到的十五卷文集。

当时我们在拟定策划案上，写了很多“豪言壮语”——“二十一世纪，中华民族与中华文化处于伟大复兴的前夜，中国文化书院应当继承前贤，担当起时代所赋予的‘反本开新’的历史使命。为此，中国文化书院联合出版社，意图为中国文化书院的导师们编辑出版一套《中国文化书院导师文集》。”其目的是“为表彰中国文化书院导师们为中国文化与社会所做出的贡献，以表达我们深切的敬意与纪念”。编辑方法和要求，则是“选取导师们代表性文章或散文、随笔，文字30万字以内为宜，由这些中国文化书院导师们的直系亲属或其学生担任，文章多能体现导师们的真性情与人生本色，内容活泼，不限定内容的范围，没有固定规则，每本有一简明的内容提要，选取导师们的自述文章作为代序前言，最后由编者写编后记或者跋语。《文集》体现亲情，反映导师们的人格风貌，也能反映后人对前人的认识”。

所以就这个问题回到最初，汤先生最早和我讨论这件事的时候，我也是有顾虑的。因为导师们的学术地位很高，文集、选集出的并不少。当然，也有如研究藏学并护送“班禅”进藏的“特使”牙含章先生，研究佛教因明学的虞愚先生，今天学界亦少有人知。如此，我们中国文化书院再编一套学术文集，其意义和现实作用何在？最终我们决定，从“学术生活史”的概念，编辑一个含有学生、亲属的纪念文章、评论文章的亲情感性文本。我以为，这样的文本，更具有生命及其理由。

中国文化书院自 1984 年成立，到 2014 年就是三十年了。成立之初，中国文化书院“是推动八十年代中国‘文化热’的北京三大学术团体之一；九十年代以来的‘国学热’，中国文化书院同样起到了一定的作用：分布在海内外的中国文化书院导师们，在各个领域、各个学科、各个专业都做出了不同的努力，为中国文化的现代化进程做出了应有的贡献”。因此，这次编辑出版《中国文化书院导师文集》自然成为我们的责任与使命。

十五卷《导师文集》的出版面世，我特别感激汤一介先生、乐黛云先生，是他们提出并促进完成这样一个任务；还要感激书院副院长李中华教授、魏常海教授，是他们的热情支持，使得编辑以及具体编辑环节都得以顺利实现；书院秘书长苑天舒、院长助理江力，以及在书院工作了二十多年的办公室“管家”刘若邻，更是多年来的得力助手。没有他们的参与以及支持，也不会有《导师文集》的及时出版，这是我要深深感谢的！

另外也要感谢老朋友张云昌先生，我们在“大家文丛”、“四为书系”等文集出版方面有着良好愉快的合作，他也是这套文集的发起人之一，感谢他以及继任耿明山社长和中国三峡出版社为了这套书初期付出辛劳的副总编肖玉平先生以及编辑们！

话说到这里该谢幕了，我们要谈谈这套书的出版者东方出版社。中国文化书院与《新华月报》合作“文化中国”学术栏目，故因张杰先生结缘东方出版社，并把《中国文化书院导师文集》交付东方出版社出版。这是我要深深感谢的！同时我要感谢《中国文化书院导师文集》所有的导师、亲友以及编辑者，没有你们的支持、宽容与理解，是不可能有这套文集的出版。

最后说说书名，汤先生提出一个“师道·师说”，我觉得是神来之笔，突出了这套文集所给予的内容与含义，因此决定这套文集的名称：《师道·师说——中国文化书院九秩导师文集》。

仅以此书系，献给2014年——“中国文化书院”建院三十周年！

王守常

2012年12月18日于北京大学治贝子园